D1677317

A. Herlth   E. J. Brunner
H. Tyrell   J. Kriz (Hrsg.)

Abschied von der Normalfamilie?

Partnerschaft kontra Elternschaft

Springer-Verlag
Berlin Heidelberg New York London Paris
Tokyo Hong Kong Barcelona Budapest

Dr. Alois Herlth
Universität Bielefeld, Institut für Bevölkerungs-
forschung und Sozialpolitik
Universitätsstraße 25, 33615 Bielefeld

Prof. Dr. Ewald Johannes Brunner
Universität Tübingen,
Institut für Erziehungswissenschaft I
Münzgasse 22-30, 72070 Tübingen

Dr. Hartmann Tyrell
Universität Bielefeld, Fakultät für Soziologie
Universitätsstraße 25, 33615 Bielefeld

Prof. Dr. Jürgen Kriz
Universität Osnabrück, Fachbereiche
Psychologie und Sozialwissenschaften
Knollstraße 15, 49088 Osnabrück

ISBN 3-540-56999-5 Springer-Verlag Berlin Heidelberg New York

Die Deutsche Bibliothek - CIP-Einheitsaufnahme
Abschied von der Normalfamilie?: Partnerschaft kontra Elternschaft / A. Herlth (Hrsg.).- Berlin;
Heidelberg; New York; London; Paris; Tokyo; Hong Kong; Barcelona; Budapest: Springer, 1994
ISBN 3-540-56999-5
NE: Herlth, Alois (Hrsg.)

Satz: Reproduktionsfertige Vorlage von den Autoren
26/3130 – 5 4 3 2 1 0 – Gedruckt auf säurefreiem Papier

Vorwort

Der Untertitel dieses Buches "Partnerschaft kontra Elternschaft" muß und soll auf
den ersten Blick Irritationen bei Leserin und Leser hervorrufen - legt er doch den
Eindruck nahe, als müsse man sich entscheiden und die Wahl des einen schlösse
das jeweils andere aus. Dem steht natürlich die Erfahrung vieler entgegen, die
gerade, weil sie sich für Elternschaft, d.h. für eine dauerhafte Bindung an Kinder,
entschieden haben, die Partnerschaft vor allem in der Form der ehelichen Bindung
an einen bestimmten Partner erst recht wollen. Und viele, die sich an einen
Partner dauerhaft binden wollen, betrachten dies ganz und gar nicht als Entscheidung gegen zukünftige Kinder - eher ist das Gegenteil der Fall. Dennoch
gibt es auch die anderen Erfahrungen: Kinder können dem Partnerglück im Wege
stehen - ja sie können als 'Bedrohung' der Zweisamkeit empfunden werden;
Partnerbindungen sollen, gerade um Schaden von den Kindern abzuwenden,
aufgegeben werden - die Partnerschaft gefährdet die gedeihliche Entwicklung der
Kinder; man erwartet von den Kindern die Akzeptanz eines Partners oder einer
Partnerin, die nicht mehr deren Väter bzw. Mütter sind, oder man entzieht den
Kindern durch "Alleinerziehen" ihre leiblichen Väter bzw. Mütter. Diese und
andere ähnliche Beobachtungen lassen den Verdacht entstehen, daß eine dauerhafte Verknüpfung von Partnerschaft und Elternschaft keineswegs mehr so selbstverständlich ist, daß hier vielmehr zwei "Lebensformen", deren Einheit bislang stets
durch die "Familie" garantiert erschien, sich "entkoppeln" und mehr und mehr
"in Spannung" zueinander geraten.

Dieser Verdacht war Anlaß zu einem wissenschaftlichen Kolloquium, das im
Herbst 1991 an der Universität Bielefeld stattgefunden hat und vom dortigen
Institut für Bevölkerungsforschung und Sozialpolitik in Kooperation mit der im
Springer-Verlag erscheinenden Zeitschrift "System Familie" veranstaltet worden
ist. Das Kolloquium, dessen wissenschaftliche Leitung den Herausgebern dieses
Sammelbandes oblag, hatte Familiensoziologinnen und -soziologen sowie Fa-
milientherapeutinnen und -therapeuten mit dem Ziel zusammengebracht, über ihre
jeweiligen Beobachtungen und Erfahrungen in diesem Spannungsfeld von Partnerschaft und Elternschaft zu berichten und zu diskutieren. Ihre Beiträge sind in
überarbeiteter Form und um wenige weitere Beiträge ergänzt in diesem Sammelband zusammengetragen. Bei den hier veröffentlichten Beiträgen geht es weniger

darum, detaillierter aufzuzeigen, welchen Wandlungsprozessen die Familie gegenwärtig ausgesetzt ist, sondern vielmehr darum, begreiflich zu machen, was da mit der Familie geschieht und welche Konsequenzen das für die Zukunft der familialen Lebensformen hat. Dabei geht es ganz zentral um die Chancen der dauerhaften Verknüpfung von Partnerschaft und Elternschaft, wie sie uns im Bild der "Normalfamilie" noch gegenwärtig ist.

Wir danken den Autorinnen und Autoren, die diesen Sammelband mit ihren Beiträgen tragen, dem Institut für Bevölkerungsforschung und Sozialpolitik sowie der Zeitschrift "System Familie" für die Unterstützung beim Zustandekommen dieses Bandes und Frau Brigitte Nußbeck für Mühe und Engagement bei der Erstellung der Druckfassung.

Bielefeld, Tübingen, Osnabrück   A. Herlth, E.J. Brunner
im November 1993   H. Tyrell, J. Kriz

Inhaltsverzeichnis

4. Partnerschaftsprobleme und Scheidung

5. Familientherapie und Familiensystem

Autorenverzeichnis

Prof. Dr. Elisabeth Beck-Gernsheim
Universität Hamburg, Institut für Soziologie, Allende-Platz 1,
20146 Hamburg

Prof. Dr. Hans R. Böttcher
Friedrich-Schiller-Universität, Institut für Psychologie, Leutragraben 1,
07743 Jena

Prof. Dr. Ewald Johannes Brunner
Universität Tübingen, Institut für Erziehungswissenschaft I, Münzgasse 22-30,
72070 Tübingen

Dr. Renate Feierfeil (1992 verstorben)
Psychologisches Institut der Universität Freiburg, Belfortstraße 18,
79098 Freiburg im Breisgau

Dr. Klaus Gilgenmann
Universität Osnabrück, FB Sozialwissenschaften, Seminarstraße 33,
49074 Osnabrück

Iris Gutmann, Dipl.-Psych.
Psychologisches Institut der Universität Freiburg, Belfortstraße 18,
79098 Freiburg im Breisgau

Dr. Alois Herlth
Universität Bielefeld, Institut für Bevölkerungsforschung und Sozialpolitik,
Universitätsstraße 25, 33615 Bielefeld

Dr. Elke Horn
Rheinische Landes-und Hochschulklinik, Bergische Landstraße 2,
40629 Düsseldorf

Prof. Dr. Dagmar Hosemann
Evangelische Fachhochschule Darmstadt, Zweifalltorweg 12, 64293 Darmstadt

Prof. Dr. Franz-Xaver Kaufmann
Universität Bielefeld, Fakultät für Soziologie, Universitätsstraße 25,
33615 Bielefeld

André Kieserling, MA
Universität Bielefeld, Fakultät für Soziologie, Universitätsstraße 25,
33615 Bielefeld

Heiner Krabbe, Dipl.-Psych.
Trialog, Beratungsstelle für Familienkrisen, Trennung und Scheidung,
Von-Vincke-Straße 6, 48143 Münster

Prof. Dr. Jürgen Kriz
Universität Osnabrück, Fachbereiche Psychologie und Sozialwissenschaften,
Knollstraße 15, 49088 Osnabrück

Jan Künzler, MA
Universität Würzburg, Wittelsbacherplatz 1, 97074 Würzburg

Prof. Dr. Rosemarie Nave-Herz
Carl von Ossietzky Universität Oldenburg, Institut für Soziologie,
Ammerländer Heerstraße 114-118, 26129 Oldenburg

Dr. Yvonne Schütze
Max-Planck-Institut für Bildungsforschung, Lentzeallee 94, 14195 Berlin

Prof. Dr. med. et phil. Helm Stierlin
Ruprecht-Karls-Universität, Psychosomatische Klinik, Mönchhofstraße 15 a,
69120 Heidelberg

Dr. Hartmann Tyrell
Universität Bielefeld, Fakultät für Soziologie, Universitätsstraße 25,
33615 Bielefeld

Partnerschaft versus Elternschaft

Hartmann Tyrell und Alois Herlth

Universität Bielefeld, Institut für Bevölkerungsforschung und Sozialpolitik, Universitätsstraße 25, 33615 Bielefeld

Das 'Normalverständnis' von Familie bezieht sich in der westlichen Kultur seit etwa 200 Jahren auf die institutionelle Koppelung zweier grundlegender Beziehungsmuster, nämlich von liebesfundierter Ehe *und* Elternschaft. Diese Koppelung bildet das institutionelle Gerüst des modernen ('bürgerlichen') Familientypus, den Emile Durkheim treffend als 'Gattenfamilie' gekennzeichnet hat. Gattenbeziehung und Elternschaft haben zwar auf der einen Seite ihren je eigenen Sinnzuschnitt, werden aber auf der anderen Seite als miteinander kompatibel vorausgesetzt und stehen in einem denkbar engen, stark normativ getönten *Verweisungszusammenhang*. In diesem kulturellen Rahmen setzt 'legitime' Elternschaft die eheliche Paarbildung als dauerhafte Lebensgemeinschaft unerläßlich voraus, und die Übernahme von Elternpflichten erscheint im Regelfall als die 'natürliche' Folge der Eheschließung, d.h. Eheschließung bedeutet in der Regel zugleich Familiengründung (vgl. Luhmann 1982, S. 184; Kaufmann 1990, S. 20).

'Familie' in diesem Sinne besagt dann das dauerhafte Zusammenleben von Eltern mit ihren Kindern, wobei aber zugleich kulturell der größte Wert darauf gelegt wird, daß die Eltern 'für sich', d.h. in ihrem Verhältnis zueinander, etwas Besonderes sind, nämlich verheiratet und Intimpartner. Systemtheoretisch gesprochen: Ehepartnersubsystem und Eltern-Kind-Subsystem sind auf eigentümliche Weise einander überschneidend und doch differenziert ins Familiensystem 'eingebettet'. Obgleich nun dieses Familienmuster nach wie vor einen hohen Attraktionswert hat - so sind etwa unsere Vorstellungen von einem glücklichen Familienleben auch heute an diesem Normalverständnis orientiert (vgl. Beck 1986, S. 187) - lassen doch die gegenwärtigen Beobachtungen von Familiensoziologen und Familientherapeuten erkennen, daß die stabile Koppelung von Partnerschaft und Elternschaft in einer drastisch zunehmenden Zahl von Fällen nicht mehr gelingt oder sogar entschieden vermieden wird. Ganz offensichtlich geraten Partnerschaft und Elternschaft zunehmend *in Spannung* zu einander.

Wir wollen im folgenden dieses neuartige Spannungsverhältnis zwischen Partnerschaft und Elternschaft eingehender analysieren und damit die Struktur des Problems erkennbar zu machen, das den zentralen Diskussionsgegenstand dieses Sammelbandes darstellt und das plakativ auf die Formel "Partnerschaft versus Elternschaft" gebracht werden kann. Der 1. Abschnitt dieser Einleitung wird das genauer vor Augen führen.

Die Beschreibung der modernen Gattenfamilie als Koppelung von Liebesehe und Elternschaft macht, wie im 3. Abschnitt näher zu zeigen sein wird, wesentliche Unterschiede gegenüber den vormodernen Strukturen des häuslichen Lebens offenkundig. Was diesen gegenüber im Zuge des 19. Jahrhunderts dann als 'Familie' zu institutioneller Geltung gekommen ist, besagte zu allererst die Einheit von Ehe und Elternschaft. Dabei ist, wie im 2. Abschnitt verdeutlicht werden soll, diese Einheit (bis in den Sprachgebrauch der Familiensoziologie hinein) so nachdrücklich zur Geltung gebracht worden, daß sie die *Differenz* von Ehe/ Partnerschaft und Elternschaft geradezu 'unsichtbar' gemacht hat. Heute allerdings ist diese Differenz aufdringlich sichtbar. Es sind neue Konfliktlagen entstanden, die der 4. Abschnitt dieser Einleitung anhand der fünf Kategorien 'Entkoppelung', 'Polarisierung', 'Inkompatibilität', 'Ambivalenz und Substitution' sowie 'Kollision' detaillierter darlegen wird. Der Schlußabschnitt trägt einige Ideen zur Zusammenarbeit von Familientherapie und Familiensoziologie vor.

1 Das Spannungsverhältnis: Partnerschaft versus Elternschaft

Daß sich seit dem Ende der sechziger Jahre mit der 'Familie' dramatische Veränderungen vollzogen haben, ist heute unabweisbar und dringt mehr und mehr ins öffentliche Bewußtsein. Der Geburtenrückgang, die Rückläufigkeit der Eheschließungen, die Zunahme des unverheirateten Zusammenlebens, der Anstieg der Scheidungsziffer, die gewandelte Sexualmoral, der Anstieg der Erwerbstätigkeit bei Müttern kleinerer Kinder u.s.w. - alles das sind öffentlich vielfach behandelte Themen. Die deutsche Soziologie, zumal die Familiensoziologie, hat hier nicht gerade 'Früherkennung' geleistet; in den letzten Jahren aber hat sie energischer begonnen, den vielschichtigen familialen Wandel einerseits empirisch zu vermessen und andererseits genauer zu bestimmen, d.h. ihn theoretisch zu deuten und 'auf den Begriff zu bringen'. Was das letztere angeht, so konkurrieren inzwischen eine Reihe verschiedener Beschreibungen und Leitformeln in der familiensoziologischen Debatte. Die Rede ist von "postmoderner Familie" und "Pluralisierung der familialen Lebensformen" (Lüscher et al. 1988), von "Individualisierung" und einem 'nachholenden' Modernisierungsschub zumal auf der Frauenseite (Beck u. Beck-Gernsheim 1990), vom "Bedeutungswandel von Ehe und Familie" (Nave-Herz 1989) oder auch von "Deinstitutionalisierung" (mehr der Ehe als der Elternschaft - Tyrell 1988).

Mit diesen Leitformeln sind durchaus unterschiedliche Positionen bezeichnet, für die sich u. E. ein gemeinsamer Nenner aber doch finden und formulieren läßt. Man kann dafür auf den Begriff der *"Optionserweiterung"* zurückgreifen, den Kaufmann (1990, S. 78ff.) anbietet. Das Neue der aktuellen Situation liegt dann vorzugsweise darin, daß Optionen, wie sie die alte Familienordnung gerade *nicht* nahelegte, bzw. normativ ausschloß, nun positiv zugänglich werden: in den Horizont des Wähl- und Entscheidbaren tritt jetzt auch die *Nicht*heirat der Lebenspartner, der *Verzicht* auf Kinder, die Elternschaft *ohne* Ehe, die Erwerbstätigkeit *beider* Eltern, die Scheidung *trotz* gemeinsamer Kinder u.s.w. Die institutionelle Monopolstellung der 'Gattenfamilie' löst sich damit auf, eine Mehrzahl von je für sich zugänglichen (teilweise auch sequentiell wechselbaren) Lebensformen etabliert sich, und die 'individualisierten' Individuen (gerade auch die weiblichen) haben nun die Wahl und wollen diese haben.

Dieser Sicht der Dinge soll hier ihr Recht nicht bestritten werden. Sie bleibt aber, wie wir meinen, ein Oberflächenbefund, und es gilt, schärfer hinzusehen. Tut man das, so drängt sich zunächst der Eindruck einer allmählichen Auflösung des institutionellen Verweisungszusammenhangs von ehelicher Intimbeziehung und Eltern-Kind-Bindung auf, was in der einschlägigen neueren Literatur als Entkoppelungsvorgang beschrieben wird (Kaufmann 1990, S. 80ff.; Peukert, 1991 S. 29). Diese "Entkoppelung des bürgerlichen Familienmusters" (Peukert) läßt sich - wie etwa Kaufmann verdeutlicht - in eine Reihe von Einzelaspekten zerlegen (z.B. Entkoppelung von Sexualität und Fortpflanzung, von Liebe und Ehe, von biologischer und sozialer Elternschaft), doch erscheint uns die Entkoppelung von Partnerschaft und Elternschaft für den Wandel der bürgerlichen Familie und die Erosion des zugrundeliegenden Normkomplexes von entscheidender Bedeutung zu sein.

Doch auch dieser Entkoppelungsbefund trifft u.E. noch nicht den Kern des Problems. Unsere These, was den aktuellen familialen Wandel angeht, ist darüber hinausgehend die einer zunehmenden *Dissonanz* zwischen diesen beiden Beziehungsmustern; genauer noch: Partnerschaft und Elternschaft sind in den letzten Jahrzehnten in wachsendem Maße (in der Sprache Max Webers) in ein *Spannungsverhältnis* zueinander geraten. Der fraglose und normativ gestützte Verweisungszusammenhang, in den die 'bürgerliche Kultur' Liebesehe und Elternschaft gebracht hat, scheint nicht mehr zu tragen. Stattdessen sehen wir Anlaß für den Verdacht zunehmender Inkompatibilität und gehen davon aus, daß das ein wachsendes Labilitäts-, Stör-, Konflikt- und Schmerzpotential auf dem Feld der Partner- und Eltern-Kind-Beziehungen im Gefolge hat.

2 Die Differenz von Ehe/Partnerschaft und Familie

Unser Anliegen ist es zunächst, eine optische Täuschung oder doch eine Art 'Sehschwäche' zu korrigieren, die Gemeingut von Familientherapeuten wie Familiensoziologen und Familienforschern aller Art ist und von der wir meinen, daß sie sprachverursacht ist. Es handelt sich um eine Sehschwäche für die Differenz von Partnerschaft/Ehe und Familie, und sie entstammt den Einheits- und Ganzheitssuggestionen des Begriffs 'Familie'. Uns ist selbstverständlich: wo Vater und Mutter und die gemeinsamen Kinder beisammen sind, da ist die Familie vollständig beisammen; es fehlt daran nichts. Der moderne 'bürgerliche' Familienbegriff hat die Nächstzusammengehörigkeit von Eltern und Kindern im

Blick; seine Aufmerksamkeit liegt also nicht bei dem besonderen, nur ihnen eigenen Verhältnis der Eltern, das herkömmlich 'Ehe' heißt und 'Liebesehe' sein will. Vielmehr legt der Familienbegriff uns in seinem 'bürgerlichen' Verständnis (und explizit im Hegelschen) die Einheit von Ehe und Familie nahe, und zwar als fraglose Subsumierbarkeit der Ehe oder heute besser: der 'Partnerschaft' (Leupold 1983) unter die Familie. Man kann auch sagen: der Begriffsgebrauch läßt die Partnerschaft oder intime Zweierbeziehung in der Familie verschwinden; er 'mediatisiert' die Partnerschaft und bekommt sie - systemisch gesprochen - nur als 'Subsystem' der Familie in den Blick.

Wir dagegen möchten den Blick schärfen für die Differenz, d.h. die Nichtidentität von Liebesehe/Partnerschaft und Familie. Daß Ehe und Familie nicht kongruent sind, ist nun natürlich durchaus nichts Neues. Man denke nur an die katholisch-kirchliche Redeweise von "Ehe und Familie", welche impliziert: die Ehe (nur sie) ist sakramentaler Natur, sie liegt der Familie voran (Tyrell 1982). Oder man denke an Durkheims Begriff der 'Gattenfamilie', dessen Pointe ja war, daß Ehe und Familie zeitlich nicht ineinander aufgehen; denn die Ehe überdauert (als 'empty nest') das Zusammenleben als Familie; Ehe und Elternschaft 'kohabitieren' also nur temporär und befristet. René König (1974, S. 49 ff.) hat (im Anschluß an Durkheim) mit Blick auf die "moderne Individualkultur" dann sogar von einer "gewisse(n) Entgegensetzung von Ehe (als persönlicher Beziehung zu zweit - H.T./A.H.) und Familie" gesprochen.

Uns geht es nun aber um mehr als bloß um zeitliche Inkongruenz. Deutlich ist zunächst schon: jede 'Familiengründung' stellt ein (heutzutage riskant gewordenes) 'Koppelungsmanöver' dar. Gekoppelt werden zwei verschiedene Beziehungsmuster: Liebesehe/Partnerschaft und Elternschaft. Daß diese Koppelung von vielen Familien in ihrem Alltag offenbar - wie immer das im familiendynamischen Einzelfall gelingt - 'geräuschlos' und 'unauffällig' praktiziert wird, daß diese Familien also nicht mit einem chronischen Differenz- oder Dissonanzbewußtsein von Partnerschaft und Elternschaft leben, trifft zu - und ist bemerkenswert. Aber solche Latenz hebt die Differenz nicht auf; jeder zum Thema gewordene Seitensprung eines der Partner z.B. macht die Differenz sofort manifest. Die Liebesehe oder Partnerschaft ist der Elternschaft gegenüber nicht nur schlicht ein anderes Beziehungsmuster, sie ist vielmehr ein ganz heterogen verfaßtes: sie ist nicht nur personell enger geschnitten, indem sie (unmittelbar) nur das Paar betrifft, sondern ist etwas qualitativ Differentes. Sie mißt ihr Glück oder Unglück an eigenen, der Elternschaft gegenüber ganz transzendenten Ansprüchen. Die heterogene Verfaßtheit von romantischer Liebe und Liebe zum Kind ist auf systemtheoretischer Grundlage Gegenstand des Beitrages von Klaus Gilgenmann in diesem Band.

Wir lassen das erst einmal so stehen und möchten zunächst nur auf einige sozialwissenschaftliche Sprachgepflogenheiten, vor allem aber auf bestimmte konzeptionelle Weichenstellungen hinweisen, die der genannten Sehschwäche Vorschub geleistet haben, bzw. es weiterhin tun könnten. Es geht uns vor allem um Positionen, die, was die Familie angeht, einen starken Einheitsakzent setzen und uns nicht sehen lassen, daß die Familie (altertümlich gesprochen) eine 'societas commixta' ist, daß ihre Einheit eine synthetische Einheit ist und daß diese synthetische Einheit eine (riskante) Einheit aus zweierlei ganz heterogenem Stoff ist. Vier solcher Positionen seien hier genannt:

Erstens fällt (mit Lenz 1990, S. 223) auf: gerade die deutsche Familiensoziologie ist seit ihren Anfängen in der Nachkriegszeit dezidiert Familien-Soziologie - mit einem gänzlich unterentwickelten Sensorium für Ehe-, Partnerschafts- oder Scheidungsprobleme. Dies Defizit fällt erst in letzter Zeit dramatisch auf. In den USA liegen die Dinge traditionell anders: die einschlägige spezielle Soziologie ist dort schon vom Titel her eine, die mit "marriage and the family" befaßt ist. Allerdings dominiert auch in Amerika seit den 50er Jahren die Familiensoziologie. Wenn wir es richtig sehen, so hat das mit Talcott Parsons zu tun, mit der 'Entdeckung' der Sozialisationsfunktion der Familie und nicht zuletzt mit dem Begriff der 'Kernfamilie'.

Das führt unmittelbar auf den zweiten Punkt: Parsons' Entscheidung für den Begriff der Kernfamilie (die möglicherweise eine Absage an den Gattenfamilienbegriff war) war nicht allein eine Entscheidung für einen Familientypus, dem universelle Geltung zuschreibbar schien. Wichtiger ist hier: der Begriff suggeriert die Vorstellung einer irreduziblen *Letzteinheit* (des Verwandtschaftssystems), wie geschaffen, ja optimal disponiert für das Sozialisationsgeschäft; 'unterhalb' der Kernfamilie kann es eigentlich nur defiziente Sozialisation geben. Hinzukommt für Parsons die quadratische Rollenkonstellation aus Vater, Mutter, Sohn und Tochter (differenziert nur nach Geschlecht und Generation). Geführt und integriert wird das Ganze durch die instrumentell-expressive Koalition der Eltern. Alles scheint hier auf Elternschaft (und nicht Ehe) abgestellt; auch ist die Spaltbarkeit (Scheidbarkeit) der Kernfamilie bei Parsons eher heruntergespielt. Allerdings sollte man die Komplexität der Parsonianischen Modellierung der modernen Familie auch nicht unterschätzen. In ihrer Mitte, zwischen Eltern und Kindern, ist auf engstem interaktivem Raum ein grenzziehendes Tabu wirksam (Parsons 1964). Innerhalb der Familie gibt es funktionsspezifische Subsysteme, zumal das Mutter-Kind-Subsystem und das der Ehepartner, und immer ist Parsons von zwei Elementarfunktionen ausgegangen, die die Familie in der modernen Gesellschaft wahrnimmt: "first, the primary socialization of children ...; second, the stabilization of the adult personalities" (Parsons u. Bales 1955, S. 16; auch Tyrell 1979, S. 32ff.). Die Differenz der beiden Funktionen ist allerdings nicht sonderlich profiliert, stattdessen wird beider enge "connection" herausgestellt (Parsons u. Bales 1955, S. 17); daß sie mit der Differenz von Ehe und Elternschaft zu tun haben, versteht sich aber.

Wir nennen als Drittes den inzwischen abgedankten Holismus in der Familientherapie (Brunner 1986, S. 25 ff.). Dieses Ganzheitsdenken besagte vor allem Abstandnahme von den Individuen. Es erklärte das System Familie zu einer Kompakteinheit aus interdependenten Individuen, und zwar 'oberhalb' von diesen. Die Ganzheit wird dabei doppelt plausibilisiert, einerseits über die Entgegensetzung gegen die Individuen: das Verhalten der Familienmitglieder (zumal das 'auffällige' oder deviante) wird nicht mehr aus Motivlagen oder psychischen Dispositionen erklärt, sondern funktional aufs Familienganze bezogen und von dort 'hergeleitet'. Andererseits stammt die familiale Ganzheit aus der Nähe und der verdichteten Interaktion der Individuen (als Teile); hier herrscht typisch der simplifizierende Gedanke der vollständigen Interdependenz, demzufolge Änderungen an einer Stelle im System Änderungsdruck auch überall sonst nach sich ziehen. Es ist klar, daß dieser Gedanke mit der Vorstellung von Systemdifferenzierung in der Familie nicht gut zusammengeht, denn Systemdifferenzierung - oder Subsystembildung - setzt ja *familieninterne Grenzen*, also Interdependenzunterbrechungen voraus (vgl. den Beitrag von Jan Künzler in diesem Band). Auf der anderen Seite hat es gerade in der Familientherapie gute Tradition, das "Funktionieren" von Familien an das Gelingen von stabiler interner Grenzziehung (und Subsystembildung) gebunden zu sehen (vgl. Minuchin 1977; Ewald Johannes Brunner in diesem Band). Unbedingt ist dies, was die Konzeptualisierung der internen Komplexität von Familien angeht, gegenüber dem Holismus ein Fortschritt. Aber von dem Gedanken, die Familie als zunehmend riskante Koppelung zweier (qualitativ heterogener) Systeme oder Beziehungsformen zu nehmen, ist auch das noch relativ weit entfernt.

Um nicht nur von 'historischen' Positionen zu reden und um auf die aktuelle Theoriebildung zu kommen, sprechen wir zum vierten die familiensoziologischen Überlegungen von Niklas Luhmann an und beziehen uns auf seine programmatische Beschränkung auf eine und nur eine Funktion der Familie in der funktional differenzierten modernen Gesellschaft, nämlich 'Intimkommunikation' (Luhmann 1990, S. 207ff.). Wir wollen diesbezüglich gar nicht ins Detail gehen und nur eine grundsätzliche Frage aufwerfen. Wenn an der von uns beschriebenen Disjunktion von Liebesehe/Partnerschaft und Elternschaft etwas dran ist, so fragt sich natürlich, ob es dann sinnvoll ist, für die Familie als Koppelung des Heterogenen von *einer* Funktion auszugehen? Wenn die Familie "als ein System mit enthemmter Kommunikation" beschreibbar ist (Luhmann 1990, S. 203), ist sie das im Partnerschaftskontext und im Elternschaftskontext in demselben Sinne? So zu fragen, ermutigt ja nicht zuletzt Luhmanns "Liebe als Passion" (Luhmann 1982), ein Buch, das (nicht zufällig) weitgehend ohne Familien- und Elternschaftsbezüge auskommt. Auch ließe sich die angesprochene Tendenz einer "Entkoppelung von Ehe und Elternschaft" (Kaufmann 1990, S. 79ff.) als Vorgang der funktionalen Differenzierung beschreiben. Wie auch immer: die hier vertretene These von der Differenz von Intimbeziehung und Elternschaft wirft die Frage der Funktionsbestimmung neu auf (s. den Beitrag von Franz-Xaver Kaufmann in diesem Band).

3 Die bürgerliche Einheitssemantik

Der nächste Schritt ist 'ein Schritt zurück': Es geht - hier in sehr verkürzter Form - um die Herkunft von Sinn und Begriff der 'Familie', mithin um 'Familiensemantik'. Es ist von der Entwicklung einer Semantik zu sprechen, die *Einheitssemantik* war, indem sie die Heterogenität von Liebesehe und Elternschaft zur 'Familie' zusammenfügte. Einerseits interessiert hier die Unwahrscheinlichkeit andererseits der überwältigende Erfolg dieser Familiensemantik.

1) Unwahrscheinlich ist die Einheit der Familie von hinten her, d.h. aufgrund ihrer historischen Entwicklung; sie konnte nämlich an die semantischen Bestände Alteuropas, an das 'ganze Haus', in keiner Weise anschließen (Schwab 1975). Das 'ganze Haus' hatte seine 'Ganzheit' darin, daß es 'societas commixta' war, 'zusammengesetzte Gesellschaft' - zusammengesetzt aus drei 'societates' und Herrschaftsverhältnissen: dem ehelichen, dem elterlichen und der Herrschaft über das Gesinde. Seine Einheit hat das 'ganze Haus' vom Hausherrn und Hausvater her: nur er partizipiert an allen drei 'societates' - herrschaftlich. Man spricht geradezu von der "Einheit von Vater und Haus". Die so geartete semantische Strukturierung der häuslichen Verhältnisse macht die Einheit dessen, was wir 'Kernfamilie' nennen, 'undenkbar'; jedenfalls: die semantische Tradition des 'ganzen Hauses' hat für die besondere Einheit und Zusammengehörigkeit von Vater, Mutter und Kindern keinen Begriff; sie sieht hierfür nur zwei societates vor und kann entsprechend - vom Hausvater her - nur sagen: "mit Weib und Kind".

2) Der semantische Wechsel vom Haus zur Familie (seit der zweiten Hälfte des 18. Jahrhunderts) baut auffällig stark auf die Sprache der Liebe. Die Familie wird zur Liebeseinheit, wo es nur als natürlich gilt (und zugemutet wird), daß alle Familienmitglieder einander (gegenüber Dritten) exklusiv präferieren. Solcherart gelingt dann auch der Einbau der (an sich ja gänzlich selbstgenügsamen) romantischen Liebe in die Familie; dies auch in dem Sinne, daß die Liebesehe von sich aus aufs gemeinsame Kind verweist und ihre Ausweitung auf dieses nur 'natürlich' scheint. Es gelingt - mit anderen Worten -, die Elternschaft in fragloser Sinnähe zur romantischen Liebe zu halten. Das sollte aber nicht darüberhinwegtäuschen, daß die Elternliebe, auch die Mutterliebe, mit ihren normativen und stark altruistischen Untertönen eine andere 'Liebessorte' ist und auch historisch aus anderen (ungleichzeitigen) Quellen stammt als die romantische (Geschlechter-) Liebe (vgl. den Beitrag von Klaus Gilgenmann in diesem Band).

3) Die Familiensemantik versieht die Zusammengehörigkeit von Eltern und Kindern mit dem nachdrücklichen Sinn von 'Vollständigkeit': zu einer ganzen Familie gehört nicht mehr, aber auch nicht weniger als Vater, Mutter und Kind. Elternschaft ist hier immer biparental gemeint, und das Fehlen eines Elternteils ist - nun gerade vom Kind her - ein definitiver Mangel. Der Eindruck einer 'societas commixta' aus Elternschaft und Ehe wird dadurch dementiert. Für dieses Dementi ist vielleicht noch wichtiger der Unmittelbarkeitssinn der familialen Zusammengehörigkeit. Der verweist auf ein Doppeltes: einerseits auf Interaktionsnähe und Direktzugänglichkeit, andererseits auf einen neuartigen familiär-vertraulichen Kommunikationsstil, mithin auf 'Enthemmung' und Distanzabbau. Dies ist 'gemeint', wenn man in Deutschland im frühen 19. Jahrhundert dazu überging, sich im Familienkreise - jeder jeden - zu duzen. Man vergesse nicht: ehedem hieß es: "familiarity breeds contempt".

4) Das Einheitsbewußtsein der Familie läßt sich auch nicht stören von jener Innen/Außen-Semantik, die sich um 1800 nachdrücklich 'zu Wort meldet' und einer folgenreich neugefaßten Geschlechterpolarität Ausdruck gibt: "Der Mann muß hinaus ins feindliche Leben ...". Hier wird nun aus der Not einer Asym-

metrie (mit Parsons: infolge der 'boundary role' des Vaters) die integrative Tugend der Mutter. In der Trias der "Hausfrau, Gattin und Mutter" leben noch die drei 'societates' des 'ganzen Hauses' fort; aber in der 'Familie' setzt sich 'die Mutter' durch; selbst Gesetzestexte führen sie als "Herz der Familie" und nehmen sie damit als Garantin der Einheit und des Zusammenhalts der Familie. Die Mutter ist - liebend - in zwei Komplementärrollen eingebunden: Als Komplementärrolle einerseits zum 'infantilisierten' Kind: zu dem als hilfs-, schutz-, erziehungsbedürftig und zudem als 'unschuldig' konzipierten Kind hat man im 18. Jahrhundert die dauerabkömmliche, aufopferungsbereite Mutter 'hinzuerfunden'. Neben die Generationsdifferenz tritt andererseits die des Geschlechts: hier bindet die Mutter mit ihrer 'Herzenswärme' den Mann und Vater an Haus und Familie; sie soll dabei auch liebende Gattin sein; aber sobald Kinder da sind und die Frau Mutter ist, liegt auf der ehelichen Intimität nur noch ein schwacher, diskreter Akzent. Solcherart 'verschwindet' die Liebesehe in der Familie; fast wird sie 'versteckt'.

5) Wir machen uns meist nicht klar, wie weit - was die Scheidungsthematik angeht - das späte 18. Jahrhundert entfernt war von der 'Katastrophenwahrnehmung' der Scheidung, wie sie sich in Deutschland seit der Mitte des 19. Jahrhunderts endgültig festgesetzt hat. Dem aufklärerischen Vertragsgedanken und der peuplistischen Logik des 'Polizeistaates' war die Scheidung nichts Anstößiges. Der Liebesbegriff der romantischen Ära hat den (modern gesprochen) Zerrüttungsgedanken zur Konsequenz: die 'lieblos' gewordene Ehe hat ihren Bestandssinn eingebüßt; sie ist 'gescheitert' und kann aufgelöst werden. Diese Konsequenz mißfiel schon Hegel, und gegen sie (und gegen die im Allgemeinen Landrecht von 1793 leicht gemachte Scheidung) entwickelte dann Carl von Savigny den Begriff der "Ehe als Institution", der der Ehe eine 'vorrechtliche' (sittliche) Geltung und "Würde" zuspricht und ein Bestandsrecht 'sui generis', nämlich jenseits der Wünsche und Interessen der Individuen. Die Scheidung ist damit nicht nur ein Fall des privaten Unglücks, sie wird zu etwas öffentlich Bedenklichem und rückt ein in den Kreis der (statistisch zu registrierenden) "sozialen Pathologien der Moderne" (Blasius 1985, S. 359); sie wird ein Fall für die Moralstatistik. Auf dem Standpunkt Savignys stand 1842 auch Karl Marx; dessen liberalen Gegnern hält er vor: "Sie stellen sich auf einen eudämonistischen Standpunkt, sie denken nur an die zwei Individuen, sie vergessen die Familie, sie vergessen, daß beinahe jede Ehescheidung eine Familienscheidung ist" (Marx u. Engels, S. 148 ff.). Die Subsumtion der Ehe unter die Familie wird an dieser Stelle Programm; für mehr als ein Jahrhundert der familialen (und institutionellen) 'Domestizierung' der 'Liebesehe' und ihrer Risiken waren damit semantisch-kulturell die Weichen gestellt.

4 Neue Konfliktlagen

Ganz offensichtlich scheint nun gegenwärtig die 'synthetische' Einheit der Familie in eine Krise geraten zu sein. Die Heterogenität von Partnerschaft und Elternschaft liegt heute offen zutage. Aber nicht nur diese Heterogenität interessiert hier, sondern - wie schon gesagt - das Spannungsfeld von Partnerschaft und Elternschaft. Man kann mit Beck-Gernsheim (1992 - dort allerdings bezogen auf den Geschlechtergegensatz) von 'neuen Konfliktlagen' sprechen. Diesen gehen die folgenden Darlegungen unter den schon angesprochenen fünf Stichworten nach.

1) Daß der normative Verweisungskonnex von Ehe und Elternschaft sich zunehmend, wenn auch nicht auf der ganzen Linie, lockert, kann bereits als Tatbestand angenommen werden: wer unverheiratet Kinder hat oder als Ehepaar 'willentlich kinderlos' ist, wird gesellschaftlich kaum mehr diskriminiert. Erkennbar sind aber noch weitergehende Tendenzen, die auf eine zunehmende *Entkoppelung* von Partnerschaft und Elternschaft verweisen. Es geht um Tendenzen des Normalitätsabbaus der Biparentalität, d.h. um Tendenzen des Abkommens von der Norm der paarweisen Elternschaft. Beobachtungen dazu stehen im Zentrum des Beitrages von Dagmar Hosemann in diesem Band, der den "Entkoppelungstendenzen" aus der Sicht der Familientherapie und Sozialpädagogik nachgeht. Wir wollen an dieser Stelle nur hinweisen auf vorsichtige, aber möglicherweise sich bald verstärkende Tendenzen zu einer individualistischen Konzeption und Praxis von Elternschaft, die das Alleinerziehen positiv nimmt und den Bezug auf die biparentale Norm abschüttelt. Sie deuten sich an in einigen qualitativen Studien über Alleinerziehende aus den letzten Jahren, die vorwiegend Frauenstudien sind, zudem solche mit Großstadtakzent (vgl. Meyer u. Schulze 1989, S. 104ff.; Schöningh et al. 1991, S. 59ff.). Die Rede ist von sog. 'neuen Alleinerziehenden'. Dabei ist an zweierlei zu denken. Im einen Falle geht es um das, was Tyrell gelegentlich "unbemannte Mutterschaft" genannt hat. Wesentlich daran ist, daß Frauen sich für ihr Kind, darin aber gegen den Mann entscheiden - gegen einen Mann, der das Kind 'nicht will' oder kein stabiler Partner ist oder für familiales Zusammenleben 'nicht taugt'. Das heißt dann u.U.: Mutterschaft statt Partnerschaft. Jedenfalls gehört hier kein Vater zum Kind (vgl. aber auch Nave-Herz 1992). Es könnte überdies sein, daß es in bestimmten großstädtischen Milieus tendenziell schwieriger wird, männliche Partner für eine gemeinsam zu tragende Elternschaft zu finden. Im übrigen: die Neuregelung des § 218 dürfte (in welchem Umfang auch immer) ergänzt werden von wohlfahrtsstaatlichen Anstrengungen, die Frauen zur Mutterschaft ermutigen sollen; dies wird, wo etwa die Beratung erfolgreich ist, dann aber häufig zur Mutterschaft allein und ohne den zur Abtreibung ratenden Partner führen. Der Effekt wäre damit eine Verstärkung der Tendenz weg von Ehe und Biparentalität. Auf der anderen Seite deuten die genannten Studien auf einen Typus von Scheidungen hin, wo Frauen 'familienuntaugliche', verantwortungsunwillige Männer (die sich etwa auf den familialen Zeitrhythmus nicht einstellen können) sozusagen abstoßen und dann die Erfahrung machen, daß es allein besser geht. Der Mann mit seinen Ansprüchen erscheint

hier eher als Belastung. Zumindest aus der Sicht der Mutter gibt es keinen Vaterbedarf. Und daß es ohne Mann geht, hat dann u.U. auch seine wohlfahrts- staatlichen Rahmenbedingungen; die niederländische Frauenhausuntersuchung von van Stolk u. Wouters (1984) spricht geradezu vom "Wohlfahrtsstaat als Kon- kurrent der Männer".

Man könnte dagegen nun allerdings eine Gegenrechnung aufmachen und darauf hinweisen, daß die Logik der Biparentalität sich andernorts nicht nur behauptet, sondern gerade verstärkt zur Geltung kommt, so z. B. im Handeln von elterlich aktivierten, 'familiarisierten' und 'kindorientierten' Vätern. Die Eltern- rollenstudie von Lüscher u. Stein (1985) beschreibt uns heutige junge Eltern als "stärker parallel als komplementär" auf ihre Kinder bezogen.

Dies ist nur ein Hinweis darauf, daß mit den hier angesprochenen Entkop- pelungstendenzen noch längst kein neues kulturelles Muster erkennbar ist. Es gibt gegenläufige Tendenzen ebenso wie die Beobachtung, daß im Alltag faktisch vollzogene Entkoppelung im Falle von Ehescheidung eher als persönliches Un- glück interpretiert wird, denn als willentliche Wahl. Daher müssen wir hier noch einige zusätzliche Akzente setzen, die teilweise in den anderen Beiträgen dieses Sammelbandes noch eingehender dargestellt und diskutiert werden.

2) Mit der *Polarisierungsthese* nehmen wir ein Stichwort von Kaufmann (1988) und Huinink (1989) auf. Uns geht es zunächst nur darum, daß Elternschaft zunehmend zu etwas positiv Gewolltem und Gewolltem ("verantwortete Eltern- schaft" - Kaufmann 1981) wird. Andererseits aber wird sie von immer mehr Paaren, wie uns Nave-Herz (1988) empirisch eindringlich gezeigt hat, (bis zur 'Nicht-mehr-Realisierbarkeit') aufgeschoben bzw. bewußt abgewählt; man will hier zumindest einstweilen nur die Partnerschaft, ehelich oder nicht-ehelich. Die Soziologie reagiert auf diese Entwicklung bereits mit dem Plädoyer "für eine Soziologie der Zweierbeziehung" - jenseits der herkömmlichen Familiensoziologie (Lenz 1990). Als Auseinanderentwicklung der Lebensrealitäten von Paaren hier und Familien dort zeigt sich der Polarisierungseffekt vielleicht am deutlichsten im Scheidungskontext. Folgt man der Bamberger Untersuchung von Schneider (1990), so fällt der Kontrast ins Auge zwischen den langwierigen, konfliktreichen Trennungen im Familienfall und den deutlich kürzeren und 'unbelasteteren' Trennungen im Falle von nichtehelichen Lebensgemeinschaften und kinderlosen Ehen.

3) *Inkompatibilität* meint zunächst: Partnerschaft und Elternschaft werden heute für sich jeweils anspruchsvoller und schwieriger. Das bringt sie in der familialen Koppelung leicht in Schwierigkeiten miteinander. Ähnliche Fragen hatten schon - mit Blick auf die Familienentwicklung und den Übergang aus der 'schieren' Partnerschaft in die Elternschaft - die 'parenthood as crisis'-These und desgleichen sozialpsychologische Studien zur Ehezufriedenheit junger Eltern auf- geworfen. Auch könnte man fragen: wieviel Latenz der Partnerschaft verkraften (etwa: junge) Familien? Der Aspekt möglicherweise zunehmender Inkompatibilität wird in den Beiträgen von Yvonne Schütze, von Renate Feierfeil u. Iris Gutmann sowie von Jan Künzler (alle in diesem Band) unter Rückgriff auf soziologische und familientherapeutische Befunde eingehender und differenzierter analysiert.

Wir würden jetzt aber stärker noch herausstellen: Partnerschaft und Elternschaft sind zeitlich anders verfaßt. Findet die Labilität der ersteren (als Faktum) kulturell zunehmend Akzeptanz, so fordert die Elternschaft um des Kindes willen umso nachdrücklicher Bindung, also stabile Verhältnisse. Oder geht es bei der Partnerschaft zunehmend um eine Personenwahl, die revidierbar sein soll, so gibt es im Elternschaftsfalle, was das Kind angeht, weder die Möglichkeit der Wahl, noch die der Abwahl.

4) Mit dem Stichwort *Ambivalenz und Substitution* sind Folgeprobleme zunehmender Inkompatibilität gemeint. Folgt man soziologischen Gegenwartsdiagnosen (z.B. Beck 1986; Kaufmann 1988), so breitet sich kulturell ein Mobilitätsimperativ aus, der auch das Regelsystem für Intimbeziehungen berührt. Die Maxime lautet dann: Fixiere dich nicht! Du sollst Dich lösen können! Die Maxime ermutigt zur Partnermobilität und legitimiert sie. Hans R. Böttcher und Rosemarie Nave-Herz gehen in ihren Beiträgen (in diesem Band) auf das Problem der zunehmenden Partnermobilität - zum einen durch Erfahrungen aus der Familientherapie und zum anderen durch soziologische Forschungsbefunde fundiert - näher ein. Worauf wir in diesem Zusammenhang besonders aufmerksam machen wollen, ist, daß die zunehmende Partnermobilität und Beziehungsinstabilität den Sinn und auch die motivationale Basis für Elternschaft verändert haben oder doch verändern können: "Das Kind wird zur letzten verbliebenen, unaufkündbaren, unaustauschbaren Primärbeziehung" (Beck 1986, S. 193). Die Wirkung davon ist höchst zwiespältig: Die Bindung ans Kind (Elternschaft) kann vor allem von Müttern in einem nie dagewesenen Maße als Restriktion, als 'Entzug', als Aussperrung aus der 'normalen' Sozialwelt (Beruf, Konsum, Freundeskreis, Partnerschaft usw.) erlebt werden. Über solche ambivalenten Gefühlslagen wird in der Literatur vielfach berichtet. Andererseits aber kann Elternschaft in einer Sozialwelt der Fluktuation gerade um ihrer (im Durkheimschen Sinne) 'nomischen' Kraft willen, d.h. weil sie Verpflichtung, Halt und Sinn verbürgt, gerade gewollt und gesucht werden. Das Kind kann hier zum Stabilitätsgaranten der eigenen Identität, mithin zum Partnersubstitut werden.

5) Mit *Kollision* fassen wir hier die Scheidungssituation ins Auge. Zwar ist der Sinn der Scheidung 'nur' die Trennung vom Partner, doch ist die (zumindest partielle) Trennung eines der Partner vom Kind die zwangsläufige Folge. In den Beiträgen von Heiner Krabbe und Elisabeth Beck-Gernsheim (in diesem Band) findet man eine vertiefende Analyse des Kollisionsaspektes, und zwar wiederum einmal aus der Sicht der Beratungspraxis und zum anderen mit soziologischem Blick auf den familialen Wandel. Wichtig ist dabei vor allem die Sicht des Kindes. Der Konflikt der Eltern mag sich zwar offen vor dem Kind abspielen, aber im Entscheidenden gehört er in die innerfamiliale Umwelt des Kindes und betrifft eine Zusammengehörigkeit der ihm Nächststehenden, an der es selbst nicht teilhat; gerade das Kind also macht die Erfahrung der Differenz von Partnerschaft und Elternschaft. Und je mehr nun heutige Familien - von beiden Eltern her - im zuvor angedeuteten Sinne kindzentrierte Nahumwelten sind, desto mehr geht es im Verhältnis zwischen dem 'ausscheidenden' Elternteil und den Kindern um (beiderseits) gravierende und schmerzliche Zugehörigkeitsverluste. Was die

Kollision von Partnerschafts- und Elternschaftslogik angeht, so muß für die Situation nach der Scheidung hinzugefügt werden: setzt sich im Scheidungsfall die erstere durch, so dominiert nachher die Rücksicht aufs Kind. In familialen Zugehörigkeitsfragen, also was den neuen Partner der Mutter oder die neue Partnerin des Vaters angeht, hat das Kind nun typisch eine Art Veto- oder Mitspracherecht; mit den Worten einer Berliner alleinerziehenden Mutter: er muß für zwei "der Richtige" sein.

5 Familiensoziologische und familientherapeutische Perspektiven

Will man das zuvor skizzierte Entwicklungsspektrum und Spannungsfeld als ganzes in den Blick nehmen und analysieren, so sind es vor allem drei Gründe, derentwegen es sich für die 'gesellschaftsbeobachtende' Familiensoziologie empfiehlt, das Gespräch mit der systemisch orientierten Familientherapie zu suchen: 1. Der eher globale Zugriff des Familiensoziologen auf die Familienentwicklung erfährt in der 'optischen Naheinstellung', wie sie die Familientherapie typisch wählt, eine überaus wichtige Ergänzung: was der Familiensoziologie zumeist nur als statistisches Datum in den Blick kommt (Scheidungsziffern etwa), stellt sich der Familientherapie - am einzelnen Fall - als komplexer, mehrdeutiger Prozeß dar, wobei hier kein Fall dem anderen gleicht. Es geht um den 'Ausgleich' von makroskopischer und mikroskopischer Perspektive. 2. Der behaupteten Diversifizierung und 'Widersprüchlichkeit' der aktuellen gesellschaftlichen Familienwirklichkeit ist familiensoziologisch schwerlich gerecht zu werden ohne die Veranschaulichung und Erhellung, die die Familientherapie - primär im Blick auf 'Familienpathologien' - so materialreich bereitstellt. In der familiensoziologischen Forschung kann man häufig die Erfahrung machen, daß Familien auch dem Forscher gegenüber eine an den Normen eines "guten Familienlebens" orientierte Außendarstellung betreiben, die es dem Forscher erschwert oder sogar unmöglich macht, Einblick in innerfamiliale Konflikte zu nehmen. Außerdem läßt sich begründet vermuten, daß "gestörte" Familien wohl häufiger als andere die Kooperation mit dem Forscher (Interviewer) verweigern. So tendiert familiensoziologische Forschung u. U. zu einer verzerrten Wahrnehmung der Familienwirklichkeit, deren Korrektur durch die Befunde der Familientherapie nicht nur zweckmäßig, sondern auch notwendig ist. 3. Das wachsende Stör- Konflikt- und Schmerzpotential, mit dem auf dem Feld von Partnerschaft und Eltern-Kind-Beziehungen, wie zuvor angedeutet, wohl zu rechnen ist, macht die Kooperation von Familientherapie und Familiensoziologie unabweisbar. Die entscheidende Frage ist: inwieweit lassen sich die Störungen des Familienlebens als Niederschlag der hier beschriebenen gegenläufigen Prozesse beschreiben? Die Beiträge von Helm Stierlin und Ewald Johannes Brunner (in diesem Band) gehen dieser Frage familientherapeutisch fundiert und kritisch nach.

Es gibt im weiteren auch *systematische* Gründe, die eine verstärkte Kooperation zwischen Soziologie und Familientherapie nahelegen. Man wird zwar nicht von gemeinsamen systemtheoretischen Grundlagen von Familiensoziologie und Familientherapie sprechen können, wohl aber von teilweise gemeinsamer systemischer Orientierung, die das Gespräch nahelegt und attraktiv macht. Aus diesem Grunde halten wir es für unerläßlich, systemtheoretische Grundlagenfragen der Familienforschung mitzuerörtern. Die Beiträge von André Kieserling, Jürgen Kriz und Franz-Xaver Kaufmann (zu Anfang in diesem Band) stellen - durchaus kontrovers - den Bezug zur Systemtheorie her, der in dem Beitrag von Elke Horn am Ende dieses Bandes nochmals auf seine Relevanz für die familientherapeutische Praxis hin überprüft wird.

Auf soziologischer Seite gibt es ferner ein kaum übersehbares Defizit an begrifflicher und theoretischer Durchdringung dessen, was Familien sind und was in ihnen geschieht. Gerade diesbezüglich aber macht die systemische Familientherapie eine Reihe von elaborierten Angeboten, die der Rezeption wert sind (und in der amerikanischen Familiensoziologie auch teilweise rezipiert werden). Solche Annäherung von Familiensoziologen und Familientherapeuten lohnt aber nun insgesondere im Blick auf das Verhältnis von (ehelicher) Partnerschaft und Elternschaft. Wie die partnerschaftlich-ehelichen Beziehungen (mit dem ihnen eigenen 'Sprengstoff') und andererseits die Elternschaft (mit ihren spezifischen Belastungen) - als 'Subsysteme' - in Familiensysteme 'eingebettet' sind, wie sie einander stützen, aber auch stören können usw., - davon hat die Familiensoziologie kaum artikulierte Vorstellungen. Gerade die 'Fusion' von Partnerschaft und Elternschaft, wie sie das 'intakte' Familienleben in 'geräuschloser' Kompatibilität praktiziert, aber auch der Familienbildungsprozeß von der Intimbeziehung zu zweit zum Elternpaar mit Kindern - dies und vieles mehr ist familiensoziologisch einstweilen nur unzureichend begriffen. Auch hier scheint die Familientherapie mit ihrer Nahperspektive auf das Familiengeschehen, mit ihrem diagnostischen und therapeutischen Grundinteresse und ihrer systemischen Orientierung in mancher Hinsicht weiter oder doch anregender zu sein.

Literatur

Beck U (1986) Risikogesellschaft. Auf dem Wege in eine andere Moderne. Suhrkamp, Frankfurt/Main

Beck U, Beck-Gernsheim E (1990) Das ganz normale Chaos der Liebe. Suhrkamp, Frankfurt/Main

Beck-Gernsheim E (1992) Arbeitsteilung Selbstbild und Lebensentwurf. Neue Konfliktlagen in der Familie. Kölner Zeitschrift für Soziologie 44:273-291

Blasius D (1985) Scheidung und Scheidungsrecht im 19. Jahrhundert. Zur Sozialgeschichte des 19. Jahrhunderts. Historische Zeitschrift 241:329-360

Brunner EJ (1986) Grundfragen der Familientherapie. Systemische Theorie und Methologie. Springer, Berlin ua

Huinink J (1989) Das zweite Kind. Sind wir auf dem Weg zur Ein-Kind-Familie? Zeitschrift für Soziologie 18:192 - 207

Kaufmann FX (1981) Zur gesellschaftlichen Verfassung der Ehe - heute. In: Böckle F et al (Hrsg) Christlicher Glaube in moderner Gesellschaft. Herder, Freiburg i. Br., Teilbd 7, S 44-59

Kaufmann FX (1988) Familie und Modernität. In: Lüscher K, Schultheis F, Wehrspaun M (Hrsg) Die "postmoderne" Familie. Familiale Strategien und Familienpolitik in einer Übergangszeit. Universitätsverlag, Konstanz, S 391-415

Kaufmann FX (1990) Zukunft der Familie. Stabilität, Stabilitätsrisiken und Wandel der familialen Lebensformen sowie ihre gesellschaftlichen und politischen Bedingungen. Beck, München

König R (1974) Materialien zur Soziologie der Familie Köln, 2. Aufl. Kiepenheuer u Witsch, Köln

Lenz K (1990) Institutionalisierungsprozessse in Zweierbeziehungen. Schweizerische Zeitschrift für Soziologie 16:223-244

Leupold A (1983) Liebe und Partnerschaft: Formen der Codierung von Ehen. Zeitschrift für Soziologie 12:297-327

Lüscher K (1988) Familie und Familienpolitik im Übergang zur Postmoderne. In: Lüscher K, Schultheis F, Wehrspaun M (Hrsg) Die "postmoderne" Familie. Familiale Strategien und Familienpolitik in einer Übergangszeit. Universitätsverlag, Konstanz, S 15 - 36

Lüscher K, Stein A (1985) Die Lebenssituation junger Familien - die Sichtweise der Eltern. Universitätsverlag, Konstanz

Luhmann N (1982) Liebe als Passion. Zur Codierung von Intimität. Suhrkamp, Frankfurt/Main

Luhmann N (1990) Sozialsystem Familie. In: Luhmann N (Hrsg) Soziologische Aufklärung 5. Westdeutscher Verlag, Opladen, S 196-217

Marx K, Engels F (1972) Werke Bd 1. Dietz-Verlag, Berlin

Minuchin S (1977) Familie und Familientherapie. Theorie und Praxis struktureller Familientherapie. Lambertus, Freiburg i.B.

Meyer S, Schulze E (1989) Balancen des Glücks. Neue Lebensformen: Paare ohne Trauschein, Alleinerziehende und Singles. Beck, München

Nave-Herz R (1988) Kinderlose Ehen. Eine empirische Studie über die Lebenssituation kinderloser Ehepaare und die Gründe der Kinderlosigkeit. Juventa, München

Nave-Herz R (1989) Zeitgeschichtlicher Bedeutungswandel von Ehe und Familie in der Bundesrepublik Deutschland. In: Nave-Herz R, Markefka M (1989) (Hrsg) Handbuch der Familien- und Jugendforschung, Bd I. Luchterhand, Neuwied u Frankfurt, S 211-222

Nave-Herz R (1992) Ledige Mutterschaft: eine alternative Lebensform? Zeitschrift für Sozialisationsforschung und Erziehungswissenschaft 12:219-232

Parsons T (1964) Beiträge zur soziologischen Theorie. Luchterhand, Neuwied

Parsons T, Bales, RF (1955) Family, Socialization, and Interaction Process, Glencoe, Ill. The Free Press

Peukert R (1991) Familienformen im sozialen Wandel. Leske u Budrich, Opladen

Schneider NF (1990) Woran scheitern Partnerschaften? Subjektive Trennungsgründe und Belastungsfaktoren bei Ehepaaren und nichtehelichen Lebensgemeinschaften. Zeitschrift für Soziologie 19:458-470

Schöningh I, Aslanidis M, Faubel-Diekmann S (1991) Alleinerziehende Frauen. Zwischen Lebenskrise und neuem Selbstverständis. Leske u Budrich, Opladen

Schwab D (1975) Familie. In: Brunner O et al (Hrsg) Geschichtliche Grundbegriffe. Historisches Lexikon zur politisch-sozialen Sprache in Deutschland. Bd 2. Klett, Stuttgart, S 253-301

Stolk van B, Wouters C (1984) Die Gemütsruhe des Wohlfahrtstaates. In: Gleichmann P et al (Hrsg) Macht und Zivilisation. Materialien zu Norbert Elias' Zivilisationstheorie 2. Suhrkamp, Frankfurt M., S 242-260

Tyrell H (1979) Familie und gesellschaftliche Differenzierung. In: Pross H (Hrsg) Familie - wohin? Rowohlt, Reinbek, S 13-77

Tyrell H (1985) Literaturbericht. In: Bundesministerium für Jugend, Familie und Gesundheit (Hrsg), Nichteheliche Lebensgemeinschaften in der Bundesrepublik Deutschland. Kohlhammer, Stuttgart Kohlhammer, S 93-140

Tyrell H (1988) Ehe und Familie. Institutionalisierung und Deinstitutionalisierung. In: Lüscher K, Schultheis F, Wehrspaun M (Hrsg) Die "postmoderne" Familie. Familiale Strategien und Familienpolitik in einer Übergangszeit. Universitätsverlag, Konstanz, S 145-156

Familien in systemtheoretischer Perspektive

André Kieserling

Universität Bielefeld, Fakultät für Soziologie, Universitätsstraße 25, 33615 Bielefeld

1 Zu neueren Entwicklungen der Systemtheorie

Einige Beiträge dieses Bandes scheinen davon auszugehen, daß es möglich sein könnte, Familien als soziale Systeme zu beschreiben. Dem soll hier nicht widersprochen werden.

Mit einer solchen Beschreibung kann man jedoch sehr verschiedenartige Vorstellungen verbinden je nachdem, welchen Systembegriff man der Beschreibung zugrundelegt. Vorwiegend hat man es heute mit dem Weiterwirken einer frühneuzeitlichen Tradition zu tun, die bei System an eine Menge von Erkenntnissen aus einen Prinzip gedacht hatte. Das System wäre danach in erster Linie eine Einrichtung zur Ordnung des Wissens. Daran anschließend sprechen auch heute noch einige Autoren von Systemen, um eine lediglich analytisch abgrenzbare Einheit zu bezeichnen. Der Beitrag von Jürgen Kriz in diesem Bande ist ein überzeugendes Beispiel für diese Art von Argumentation.

Neben dieser eher analytischen Tradition, die in der Soziologie etwa durch die Theorie von Parsons repräsentiert ist, gibt es jedoch in neueren Beiträgen zum Thema seit bald zwei Jahrzehnten die deutliche Tendenz, die Frage nach der Einheit des Systems in anderer Weise zu beantworten als lediglich durch den Hinweis auf die wissenschaftlich konstruierte Einheit seines Begriffs. Systeme müssen danach als Einheiten begriffen werden, die sich selber erzeugen. Man spricht mit Hinblick darauf auch von operativ geschlossenen Systemen und verbindet damit die These, daß solche Systeme auf der Ebene ihrer eigenen Operationen keinen für sie instruktiven Umweltkontakt herstellen können. Umweltabhängigkeiten, die auf anderen Ebenen der Realität liegen, sollen damit natürlich nicht bestritten sein. Nach ersten Anwendungserfolgen dieser Theorie, die an Zellen und Gehirnen erzielt wurden, wird heute über Möglichkeiten ihrer Anwendung auf psychische und auf soziale Systeme diskutiert, und mit Recht steht dabei die Frage im Vordergrund, mit welchen Konzepten man jene Umweltabhängigkeiten der operativ geschlossenen Systeme beschreiben kann.

Eine Antwort darauf liegt im Begriff der strukturellen Kopplung. Operativ geschlossene Systeme können im Verhältnis zueinander strukturell gekoppelt sein. Der Aufbau struktureller Kopplungen ermöglicht es den daran beteiligten Systemen, einander laufend zu irritieren. Das wie immer determinierte Verhalten des einen Systems wird im Kontext der rekursiven Verfügung über die elementaren Verhaltenseinheiten des anderen relevant, zum Beispiel in der Form, daß es dort zu Unsicherheiten über den nächsten Schritt kommt. Soweit strukturelle Kopplungen bestehen, können beide Systeme auf solche Störungen mit der Entwicklung jeweils eigener Strukturen reagieren. Das steigert die Fähigkeit der aneinander gekoppelten Systeme, sich wechselseitig zu irritieren, während auf der anderen Seite die Welt im übrigen auf Distanz gebracht wird. Strukturelle Kopplungen leisten mithin eine Engführung von Irritationswahrscheinlichkeiten mit der Folge, daß ein Beobachter daraufhin Langfristabhängigkeiten in den Entwicklungspfaden der jeweils gekoppelten Systeme erkennen kann. In der Arbeitsgegenwart des Systems sind die strukturelle Kopplungen jedoch immer im Modus der Gleichzeitigkeit und damit als etwas gegeben, was kausal unbeeinflußbar ist und darum auch nicht geändert werden kann, sondern hingenommen werden muß.

Die folgenden Überlegungen, die Beispiele für strukturelle Kopplungen vorstellen werden, haben nicht die Absicht, in die laufende Kontroverse über die operative Geschlossenheit auch der sozialen und psychischen Systeme einzugreifen oder sie durch Zufuhr neuartiger Argumente zu bereichern. Sie gehen stattdessen davon aus, daß auch an diesen beiden Themen eine fürs Erste ausreichende Startplausibilität bereits erzeugt worden ist und beschränken sich vor diesem Hintergrund darauf, einige Konsequenzen für das Verständis von Familien zu skizzieren. Dabei werden wir an eine größere Zahl grundbegrifflicher Vorgaben von Luhmann anschließen, die daher einleitend und mit gerade noch vertretbarer Vereinfachung expliziert werden sollen.

2 Psychische Systeme - soziale Systeme - Personen

1) Von psychischen Systemen kann man sprechen mit Hinblick auf operative Einheiten, die sich durch den Einsatz bewußter und intentional gebundener Aufmerksamkeit reproduzieren. Psychische Systeme sind autopoietisch geschlossene Systeme, die eigene Elemente nur durch das Netzwerk der eigenen Elemente produzieren und reproduzieren können und die auf dieser Ebene ihrer Selbstreproduktion zwangsläufig autonom sind (Luhmann 1987). Daß psychische Systeme sich einem Körper zuordnen und sich nur mit Hilfe dieser Identifikationshilfe in der phänomenal gegebenen Welt verorten können, steht dem nicht entgegen. Denn zugänglich für das Bewußtsein ist auch dieser Körperbezug nur in der allgemeinen Form von Bewußtheit überhaupt. Noch in der besonderen Zuspitzung des Schmerzes transzendiert er nicht den Zusammenhang der eigenen Operationen in Richtung auf etwas, was selber nicht mehr Bewußtsein wäre, und das seinerseits hochkomplexe Eigenleben des Organismus wird operativ nicht mitvollzogen, wenn das Bewußtsein sich von Gedanke zu Gedanke weiterbewegt. Auch muß man sehen, daß schon die einheitliche Identifikation des Lebendigen als Körper eine Zutat des beobachtenden Bewußtseins ist. Für sich selbst wäre der

damit bezeichnete Zusammenhang der organischen Reproduktionen nicht in dieser Weise zugänglich. Eine an sich ganz andersartig geordnete Komplexität wird pauschal als Einheit in Anspruch genommen, und diese Reduktion ist möglich, weil ein Wechsel des operativen Kontextes vorliegt, der die dafür erforderliche Distanz produziert. Nur weil das Bewußtsein nicht lebt (sondern denkt), muß es in keinem erdenklichen Sinne wissen, wie das Leben es fertigbringt, sich zu kontinuieren, um es als Einheit des eigenen Körpers erleben zu können. Die Körpervorgänge bleiben für das Bewußtsein fremde und daher wesentlich unbestimmbare Komplexität. Was an ihnen bestimmbar ist, sind nicht eigentlich sie selbst, sondern der Kontext ihrer Inanspruchnahme durch Bewußtsein und durch Kommunikation. So jedenfalls kann es ein Beobachter sehen, der Systemreferenzen unterscheidet. In genau dieser Hinsicht ist die Beziehung des Bewußtseins zu seinem Körper ein für strukturelle Kopplung hochinstruktives Modell.

2) In der Selbstreflexion erlebt das Bewußtsein den Zusammenhang der eigenen Reproduktion und dessen Geschlossenheit als in allem, was es sonst noch erfährt, immer schon impliziert. Es erlebt sich als eine von innen heraus unüberschreitbare Einheit, die alle Referenzen auf Externes als Momente der eigenen Selbstverwirklichung ordnen muß - also weder durch angeborene Ideen noch durch von außen angelieferte Daten im Sinne der frühneuzeitlichen Erkenntnistheorie determiniert wird. Ein Bewußtsein, das sich in diesem spezifischen Sinne als Subjekt entdeckt, muß sich als dasjenige beschreiben, was allem anderen und sich selbst zugrundeliegt. Es wird zum Gegenüber der Welt abstrahiert, und es hält sich mit hoher Plausibilität für den einzigen Fall dieser Art. Andere psychische Systeme können vor diesem Hintergrund lediglich als Objekte interpretiert werden. Deren eigene Subjektivität bleibt dem reflektierenden Bewußtsein operativ unzugänglich, und das Problem der Intersubjektivität ist auf diese Weise nicht zu lösen. Diese Einsicht, für die man den späten Husserl zitieren kann, macht jedoch auch die Interpretation des Bewußtseins als Subjekt von Welt problematisch. Die Systemtheorie verzichtet daher auf die entsprechenden Hypostasierungen einer spezifischen Systemreferenz. Sie verzichtet daher auch auf die Differenz zwischen transzendentalem und empirischem Bewußtsein und rechnet stattdessen mit einer durch plurale Systembildung konstituierten Welt, die aber nur systemspezifisch bestimmbar wird. Das bedeutet nicht zuletzt, daß für jeden Bestimmungsversuch eine spezifische Systemreferenz gewählt werden muß und daß es für diese Wahl keinen kosmologisch zureichenden Grund mehr gibt, sondern allenfalls Bewährungserfolge in spezifischen Operationskontexten. Alles Beobachten von Systemen, auch das durch Wissenschaft disziplinierte, liegt daher auf der Ebene einer Beobachtung zweiter Ordnung und findet sich seinerseits der Beobachtung exponiert. Nach dieser Wendung verliert es jedoch seinen Sinn, irgendein bestimmtes System als Subjekt zu bezeichnen.

3) Für eine allgemeine Theorie sozialer, kommunikationsbasierter Systeme ist die Einsicht in die operative Geschlossenheit psychischer Systeme ein wichtiger Ausgangspunkt (Luhmann 1984, S. 148-191). Sie besagt unter anderem, daß

psychische Systeme im Verhältnis zueinander intransparent und von wechselseitig unbestimmbarer Komplexität sind. Sie können einander weder durchschauen noch mit einer für Zwecke der Bestimmung jeweils eigener Operationen ausreichenden Sicherheit berechnen. Wenn psychische Systeme einander beobachten, wird diese Komplexitätsindeterminiertheit jedoch in eigentümlicher Weise produktiv. Sie kann auf ihrer eigenen Ebene nicht behoben werden, weil es hier eine gegenüber allen Berechnungserfolgen des einen durchschlagende Freiheit des anderen zur Wahl des jeweils durchkreuzenden Verhaltens gibt. "Behoben" wird sie vielmehr durch Ausdifferenzierung emergenter Ordnungsniveaus, die sich als soziale Systeme beschreiben lassen. Innerhalb dieser sozialen Systeme kann es dann zu einer Art von Eigentransparenz kommen, die dazu führt, daß das Soziale für sich selber bestimmbar wird. Das setzt die operative Geschlossenheit auch der sozialen Systeme, und zwar auf der Grundlage von Kommunikation voraus. Der Anschluß von Kommunikation an Kommunikation kann dann leicht sein oder schwerfallen ganz unabhängig davon, wie viel oder wenig die daran beteiligten psychischen Systeme voneinander zu wissen glauben. Die Ausdifferenzierung sozialer Systeme läßt also die ihr zugrunde liegende Differenz der psychischen Systeme, die für sich genommen nicht ordnungsfähig wäre, intakt. Diese Ordnungsunfähigkeit wird sogar als Grundlage weiterer Kommunikation laufend reproduziert: Und gerade eine intime Vertrautheit der psychischen Systeme mit den Reduktionsweisen des anderen kann die Fortsetzung der Kommunikation erheblich erschweren, weil es dann schwerfällt, die dafür erforderlichen Gehalte an Neuheit zu rekrutieren - womit wir immerhin schon bei Ehen wären.

4) Von Personen kann man sprechen mit Hinblick auf den sozial konstruierten Zusammenhang individuell zurechenbarer Verhaltenserwartungen (Luhmann 1991). Durch Personalisierung wird die sozial unbestimmbare Komlexität eines psychischen System in die sozial bestimmbare Komplexität dessen übersetzt, der sich immer schon bekannt gemacht und damit auf bestimmte Erwartungen festgelegt hat auf Erwartungen, deren Zusammenhang nur durch ihn selbst garantiert wird und an die erinnert werden kann, wenn das Verhalten sich davon entfernt. Anders als psychische Systeme, die ihre Einheit in der Geschlossenheit ihrer Reproduktionsweise haben, sind Personen immer schon sozial konstituierte Einheiten. Während man sich das Bewußtsein und dessen Reproduktion in wie immer rudimentärer und gleichsam tierischer Form auch außerhalb von Kommunikation vorstellen kann, kommt es zur Personalisierung des Bewußtseins nur im Kontext seiner Beteiligung an Kommunikation. Die Einheit der Person ist also keine operative Einheit. Sie hat ihre Realität gar nicht in dem System, das als Person bezeichnet wird. Ähnlich wie der Körper von sich aus nicht schon organische Einheit ist, sondern erst als Artefakt der Beobachtung organischer Komplexe durch das Bewußtsein bezeichnungfähig wird, so ist auch die Personalisierung des Bewußtseins nicht als dessen Eigenleistung anzusehen, sondern als Form seiner strukturellen Kopplung an Kommunikation (Luhmann 1988, S. 339). Ob das psychische System sich selber mit derjenigen Person identifiziert, als welche es sozial beobachtet wird, ist eine andere Frage. Deutlich immerhin sind die Wider-

stände der Kommunikation, wenn das Bewußtsein darauf aufmerksam zu machen versucht, daß es für sich selber gar keine Person oder jedenfalls nicht diese bestimmte Person sei: Es kann Änderungen nur als Einbau neuer Erwartungen in eine im übrigen unveränderte Struktur registrieren lassen, und je eingreifender die Innovation, um so höher die Anforderungen an diejenigen Symbole, mit denen die Fortgeltung des davon Unbetroffenen bekräftigt wird.

Diese terminologischen Festlegungen machen es möglich, den Stellenwert der Beobachtung von Personen im Kontext der gesellschaftlichen (3) ebenso wie im Kontext der als Familie ausdifferenzierten (4) Kommunikation zu bestimmen. Danach sollen Fragen einerseits nach der Binnendifferenzierung der Familie (5), andererseits nach den strukturellen Bedingungen eines Lebens außerhalb von Familien diskutiert werden (6).

3 Personen und gesellschaftliche Differenzierung

In systemtheoretischer Terminologie bezeichnet der Begriff der Gesellschaft dasjenige soziale System, das alle anderen sozialen Systeme in sich einschließt und in dessen Umwelt daher keine weiteren sozialen Systeme, sondern nur Systeme eines anderen Typs vorkommen können. Die Gesellschaft ist das einzige soziale System, das keine soziale Umwelt hat.[1] Alle anderen Sozialsysteme müssen dagegen in der Gesellschaft ausdifferenziert werden und haben insofern eine Umwelt, die immer schon Merkmale sozialer Ordnung aufweist. Ihre Ausdifferenzierung setzt ein Kontinuum der gesellschaftlich konstruierten Realität voraus, auf das die dadurch erzeugten Differenzen nicht zutreffen (Luhmann 1988, S. 338). Es ist wichtig zu sehen, *daß Personen an diesem Kontinuum teilhaben.* Sie zerfallen also nicht entlang von Hauptlinien der sozialen Differenzierung in unabhängig voneinander bewegliche Erwartungskomplexe, auch wenn es natürlich möglich ist, sie je nach Operationszusammenhang in sehr verschiedenartiger Weise zu behandeln. Ihre symbolisch generalisierte Identität wird vielmehr in Anspruch genommen als etwas, was beim Übergang der Person aus einem sozialen System ins andere in wesentlichen Hinsichten konstant bleibt. Sie kann in einem bestimmten sozialen System nur fungieren, wenn angenommen werden kann, daß sie auch außerhalb dieses Systems dieselbe bleibt. Insofern kann man auch sagen, daß die Einheit der Person die Grenzen aller sozialen Systeme unterläuft, die in der Gesellschaft gebildet werden. Soziologisch wird man deshalb erwarten können, daß Formen der gesellschaftlichen Differenzierung und Formen der Inanspruchnahme von Personen nicht unabängig voneinander gewählt und nicht unabhängig voneinander gewechselt werden können. Die Soziologie rechnet denn auch seit Durkheim mit einem im Prinzip erforschbaren Zusammenhang zwischen der funktionalen Differenzierung der modernen Gesellschaft und einer darauf zugeschnittenen Individualisierung der Personen. Wir wollen diesen Abschnitt verwenden, um eine systemtheoretische Deutung jener allgemeinen Individualisierungsthese vorzustellen.

Daß die Personen individualisiert werden, besagt nicht zuletzt, daß die Einheit der Person kein zureichender Grund mehr ist, um Erwartungen und Ansprüche aus einem Rollenzusammenhang in den anderen zu transferieren. Denn es gilt gesellschaftlich nun als Zufall, welche Rollen in einer bestimmten Person zusammentreffen. Die durch die Person konstituierten Zusammenhänge zwischen einer Mehrzahl von Funktionssystemen werden in jedem dieser Systeme nur selektiv und nur nach Maßgabe der jeweils eigenen Funktion rekonstruiert. Es gilt die Regel, wonach solche Zusammenhänge solange als unerheblich anzusehen sind und ignoriert werden müssen, bis eine funktional spezifische Begründung dafür gefunden ist, sie zu berücksichtigen. Alles andere erscheint daraufhin als Korruption und wird bis in die moralische Bewertung hinein entmutigt. Der Lehrer, der ein Haus bauen möchte, soll sich bei der Notengebung nicht davon beeindrucken lassen, daß der Vater des Schülers über die Kreditvergabe einer großen Bank mitentscheidet, bei der er selber als Kunde auftritt. Umgekehrt wird es bei der Kreditvergabe eine Rolle spielen, daß der Lehrer sich in unkündbarer Stellung befindet, nicht aber daß er auf die Karriere von Kindern der eigenen Mitarbeiter einen wie immer schwer isolierbaren Einfluß hat. Das Gegenteil würde nicht nur eine konsistente Ordnung der Zensurenvergabe, sondern auch die Rationalität ökonomischer Entscheidungen verzerren.

Man sieht gerade an der Schematik eines solchen Lehrbuchbeispiels, daß es den Funktionssystemen der modernen Gesellschaft nicht möglich ist, ihre eigene Gesellschaftlichkeit durch Orientierung an der Einheit von Personen zu artikulieren. Personen werden vielmehr mit Hilfe systemspezifischer Kriterien für Relevanz abgetastet, die ihre Einheit in eine Differenz zerlegt. Daß unter dem Kreditvertrag dann der Name der Lehrers steht, verleiht denn auch keineswegs allem, was dieser Person in Zukunft widerfährt, einen Informationswert für die Entscheidungsprozesse der Bankorganisation. Sollte bekannt werden, daß sie Spielschulden hat oder aus dem Schuldienst entlassen wurde, würde dies bei Entscheidungen über die Verlängerung des Kredits zu berücksichtigen sein. Andere Ereignisse von wie immer unbestreitbarer biographischer Relevanz können und müssen dagegen ignoriert werden. Sie werden durch Vorschaltung von Rollenfiltern, die das Interesse an der Person auf einige wenige Zusammenhänge begrenzen, in den Hintergrund des Irrelevanten zurückgedrängt, das weder nützt noch stört, und schon ihre Thematisierung würde daraufhin eher befremdlich wirken.[2] Es gehört mit zu dieser Indifferenz, daß es der Person selbst überlassen bleibt, jene als Geschäftsgrundlage ausgewiesenen Interdependenzen zu reproduzieren. Wie (und mit welchen Rückwirkungen auf andere Engagements) sie das fertigbringt oder auch nicht fertigbringt, ist ihre Sache.

Diese gesellschaftlich erzeugte Indifferenz gegenüber der Komplettperson hat ihre Entsprechungen auf der Ebene der elementaren Interaktion unter Anwesenden. Hier werden funktional spezifische Zusammenhänge für Leistungsrollen und Komplementärrollen ausdifferenziert, in denen sich Personen in den ausdifferenzierten Rollen des Politikers und des Wählers, des Arztes und des Patienten, des

Lehrers und des Schülers gegenüberstehen. Die Leistungsrolle ist dabei typisch
am weitesten ausdifferenziert in dem Sinne, daß es in ihr überhaupt keine legitime
Rücksicht auf andere eigene Rollen mehr gibt. Dank dieser Abdichtung, die im
wesentlichen durch durch Mechanismen der Organisation und der Professions-
bildung erreicht wird, können die Komplementärrollen in dieser Hinsicht offener
angelegt sein. Hier können und müssen andere eigene Rollen zum Thema werden.
Art und Umfang ihrer Berücksichtigung werden jedoch durch eine Regel diszipli-
niert, die man mit Parsons (1951, S. 87) als eine Verteilung von Beweislasten
interpretieren kann. Wer in den Bereich der anderen Rollen hineinfragen möchte,
trägt die Beweislast dafür, daß dies im anstehenden Kontext erforderlich ist. Die
Rückfrage, warum er dieses oder jenes überhaupt wissen möchte, ist zugelassen
und muß gegebenenfalls beantwortet werden. So kann ein Arzt selbst in Enklaven
der bürgerlichen Lebensführung seines Patienten hineinfragen und sich für Dro-
genkonsum oder Ehebruch interessieren, aber er muß eine spezifische Begründung
parat halten, die den Verdacht auf Indiskretion ausräumt. Das bloße Interesse an
der Person wäre nicht ausreichend.

In diesen beiden Hinsichten ist die Familie anders gebaut als jedes andere
Funktionssystem der modernen Gesellschaft. Und genau das spricht dafür, sie
anhand derjenigen Stellung zu charakterisieren, die sie der Einheit von Personen
im Zusammenhang ihrer eigenen Operationen zumißt. Das soll im folgenden
Abschnitt geschehen.

4 Personen im System der Familie

Wie jedes soziale System ist auch die Familie darauf angewiesen, die Einheit der
Gesellschaft, in der sie ausdifferenziert wird, als Einheit einer Differenz von
System und gesellschaftlicher Umwelt zu rekonstruieren. Differenzen sind nicht
von Hause aus operationsfähig, denn nur Systeme können operieren. Daß dabei
eine Differenz zwischen System und Umwelt produziert wird, kann nur ein
Beobachter sehen, der dafür seinerseits ein System sein und operativ auf eigenen
Beinen stehen muß. Dieser Beobachter kann aber auch das System selbst sein -
und dieses Können wird für Sinnsysteme zum Müssen (Luhmann 1984, S. 92-147).
Sinnsysteme erfahren alles, was ihnen überhaupt zugänglich wird, in der Form
von Sinn. Daher nehmen für diese Systeme auch die Grenzen zwischen System
und Umwelt die allgemeine Form von Sinn an. Auch dann können die Operationen, die das System reproduzieren, nur auf der einen Seite dieser Differenz
vollzogen werden. Aber in Sinnsystemen ist es möglich, die operativ erzeugte
Differenz zugleich als Schema der Beobachtung eigener Operationen zu verwenden. Es wird dann im System laufend zwischen internen und externen Referenzen unterschieden, und dies in einer Weise, *die im Kontext der Bestimmung
eigener Operationen etwas besagt*. Das setzt sehr spezifische Sinnformen voraus,
die nicht beliebig gewählt werden können, sondern hochselektiven Bedingungen

der Brauchbarkeit unterliegen. So können nach der oben vorgestellten Analyse nicht alle sozialen Systeme sich an der sie transzendierenden Einheit von Personen orientieren, um die eigene Gesellschaftlichkeit zu artikulieren. Die Familien aber sind dazu in der Lage.

Familien ordnen die Differenz von System und gesellschaftlicher Umwelt, indem sie sich an den Personen ihrer Angehörigen orientieren (Luhmann 1990a; 1990b). Sie halten ihre eigene Kommunikation offen für alles, was diese persönlich wichtig nehmen, und das schließt den Gesamtbereich ihres externen Verhaltens in anderen Funktionssystemen ein, und zwar unter dem hochselektiven und eben darum instruktiven Gesichtspunkt der persönlichen Betroffenheit. Hier und nur hier ist die Einheit der Person das organisierende Prinzip der Kommunikation. Während Art und Umfang der Personalisierung von Kommunikation für andere Systeme eine Variable darstellt, die sehr unterschiedliche Werte annehmen kann und vielfach ausdrücklich blockiert wird, ist sie für die Familie eine alternativenlos vorgezeichnete Struktur. Es gibt für die Familie keine legitimen Grenzen der Relevanz für das, was ihren Mitgliedern als Person widerfährt. Die gesamte gesellschaftliche Existenz der Angehörigen kann in der Familie zum Thema werden, obwohl die Familie als soziales System nur den als Privatleben ausdifferenzierten Aspekt dieser Existenz mit eigenen Operationen erfassen und ordnen kann. Familien haben ihre für die moderne Gesellschaft typische Form in einer gesellschaftsuntypischen Orientierung ihrer Kommunikation an der Einheit von Personen. Das setzt die Ausdifferenzierung der Familie in der Gesellschaft voraus.

Durch Personorientierung wird die Familie durch zahllose Ereignisse in ihrer gesellschaftlichen Umwelt betreffbar, über die sie selber nicht verfügen kann und die ohne eingebaute Rücksicht auf sie produziert werden.[3] Das gilt nicht nur für Karrieren der Angehörigen im System der Arbeit oder der Arbeitslosigkeit, es gilt für deren Engagement in den Funktionssystemen der modernen Gesellschaft schlechthin. Die Familie spricht mit und kann eigene Zuständigkeit reklamieren, wenn Prozesse geführt oder verloren werden, wenn Notenkarrieren in Schulen in Gang kommen oder wenn Zahlungsentscheidungen im System der Wirtschaft bevorstehen. Man hat die Familie oft durch den Partikularismus ihrer Loyalitätsstruktur oder auch durch die eigentümliche Enge der für sie typischen Binnenmoral gekennzeichnet. Ebenso wichtig ist es jedoch, daß mit Hilfe dieser Orientierung an Personen ein spezifischer Universalismus realisiert wird, wie er sich auch in anderen Funktionssystemen der modernen Gesellschaft findet: Ein spezifisches Schema der Informationsverarbeitung wird universell relevant gesetzt und kann daraufhin *ohne eine vorweg feststehende Begrenzung der in Betracht kommenden Themen* praktiziert werden. Die These, daß die Ausdifferenzierung von Funktionssystemen nicht themenspezifisch erfolgen kann, weil jedes dieser Systeme sich auf die Gesellschaft bezieht, bewährt sich auch an Familien.

Dem entspricht auf der Ebene der Interaktion eine eigentümliche *Umkehr der Beweislast*. Während in unpersönlichen Beziehungen derjenige, der in den Bereich der anderen Rollen hineinfragt, anhand von spezifischen Kriterien begründen muß, warum ihn dies etwas angeht, ist in der persönlichen Kommunikation von

Familien derjenige rechenschaftspflichtig, der die Antwort auf eine solche Frage verweigern möchte. In unpersönlichen Beziehungen gilt die Vermutung der Irrelevanz des externen Verhaltens von Personen, und es sind die spezifischen Durchbrechungen dieser Vermutung, die als Ausnahme von der Regel begründet werden müssen. Wie gesagt: Wenn eine Organisation wissen möchte, wo eines ihrer Mitglieder den gestrigen Abend verbracht hat, muß sie einen Grund dafür nennen, der sie zu dieser Frage legitimiert, etwa: daß man für Nachtdienst eingeteilt war. In der Familie dagegen gilt die pauschale Vermutung der Relevanz auch und gerade des externen Verhaltens, und man kann auf Fragen danach nicht einfach zur Antwort geben: das geht Dich nun einmal nichts an. Vielmehr fällt es schwer, überzeugende Begründungen für Ausweichverhalten zu produzieren, und man muß jedenfalls so tun, als würde man sich auf das Thema einlassen.

Handlungsbereiche, an denen diese Beweislastverteilung sich suspendiert findet und Geheimhaltung legitimiert werden kann, sind selten und bedürfen der kulturellen Unterstützung. Das gilt etwa für Sexualität mit dem bemerkenswerten Zusatzmerkmal, daß hier schon die Geheimhaltung selber geheimgehalten werden muß,[4] aber es gilt etwa auch für all das, was mit dem Einkauf und der Unterbringung von Geschenken für bevorstehende Festtage zusammenhängt. Von solchen Grenzfällen abgesehen, beruht die Kommunikation in Familien auf einer vorbehaltlosen Zugänglichkeit der Personen füreinander, und Diskretionspflichten kondensieren nur an den Außengrenzen des Systems, also im Verhältnis zu Nichtangegehörigen unter Einschluß auch der jeweiligen Herkunftsfamilien. Im Schutze solcher Diskretion können die Personen in den Familien auch mit Merkmalen und Verhaltensweisen sichtbar werden, deren Publizität nur um den Preis einer Entwürdigung oder um den Preis eine Diskreditierung dessen herstellbar wäre, als was sie außerhalb der Familie bekannt sind. Nicht nur das öffentlich darstellbare, auch das nicht darstellbare Verhalten findet sich einbezogen, und auch die Kosmetik, im engeren wie im weiteren Sinne des Wortes, findet unter den Augen der Familienmitglieder und damit im Horizont möglicher Thematisierungen statt. Dazu gehört auch das gesamte Körperverhalten unter Einschluß aller präsumtiv unbewußten Anteile daran.

In der Sprache von Erving Goffman (1959) kann man auch sagen: *die Familie ist die Hinterbühne aller Vorderbühnen und aller Hinterbühnen, zu denen ihre Angehörigen kraft gesellschaftlicher Existenz einen Zugang haben.* Sie ist dies in guten wie in schlechten Zeiten, und sie ist selber nicht in Vorderbühne und Hinterbühne differenziert.[5] Einerseits sind alle Darstellungsfehler, die den Personen unterlaufen, in der Familie als beichtfähig und heilbar anerkannt. Anderseits wird gegen alle Evidenz angenommen, daß es eine eigenständige Darstellungsproblematik innerhalb von Familien nicht geben kann. Erwartet wird spontanes, um seinen Darstellungswert unbekümmertes Verhalten, und an der Verstörung durch die Affektiertheiten von Kindern eines bestimmten Alters läßt sich der Stellenwert dieser Erwartung ablesen. Anzeichen dafür, daß das nicht gelingt, werden oberhalb einer gewissen Schwelle sehr rasch als Symptome für Vertrauensverlust gewertet (Luhmann 1973, S. 35). Als Ergebnis dieser laufenden Thematisierung von Personen kommt es in den Familien zu einer gesellschaftlich ganz ungewöhnlichen Tiefenschärfe ihrer sozialen Erfassung. Sie werden füreinander wie für das soziale System ihrer Kommunikation mit Merkmalen und mit Gewohnheiten bekannt, die nirgendwo sonst in der Gesellschaft registriert sind - und deren Veränderung daher auch nirgendwo sonst in der Gesellschaft bemerkt würde.

5 Interne Differenzierung

Es gehört zu den grundlegenden Einsichten der Systemtheorie, daß Ausdifferenzierung und Binnendifferenzierung eines Systems in einem Zusammenhang der wechselseitigen Verstärkung stehen (Luhmann 1984, S. 256ff.). Je unwahrscheinlicher das Prinzip der internen Differenzierung eines Systems gewählt wird; je weniger es sich zum Beispiel an anderweitig schon konstituierten Unterscheidungen ausrichtet oder diese lediglich reproduziert, umso deutlicher kann ein Beobachter das System von seiner Umwelt unterscheiden. Umgekehrt setzt ein autonom gewähltes Prinzip der internen Differenzierung hohe Schwellen der Indifferenz im Verhältnis zur Umwelt voraus. Es liegt daher nahe, die Frage nach der Ausdifferenzierung eines sozialen Systems der Familie auch unter diesem Gesichtspunkt zu verfolgen.

Es ist leicht zu erkennen, daß es nicht die Form der gesellschaftlichen Differenzierung selbst ist, an der eine interne Differenzierung der Familie ansetzen könnte. Die Differenz der gesellschaftlichen Funktionen wird in der Familie gerade nicht durch eigene Systemdifferenzierungen nachvollzogen, denn als Einheit von Personen lassen sich die gesellschaftlich ausdifferenzierten Systemreferenzen nicht isolieren. Wenn Ulrich Beck (1986, S. 218f.) von der "biographischen Seite des institutionell Getrennten" spricht, gibt er genau denjenigen Gesichtspunkt wieder, unter dem die gesellschaftliche Differenzierung in der ihrerseits ausdifferenzierten Familienkommunikation reflektiert wird. Im historischen Vergleich fällt außerdem auf, daß das Zusammenleben in Haushalten nicht länger auch die unterschiedlichen Schichten zusammenführt. Die Einheit der Differenz der Schichten bleibt innerhalb der Familie ohne kommunikativen Vollzug, denn anders als in der alteuropäischen Institution des Hauses (Schwab 1975) sind moderne Familien mit Hinblick auf Schichtung homogen.[6] Theoretisch mag man das so formulieren, daß die strukturelle Kopplung der Familie an das System der Schichtendifferenzierung aufgelöst wurde. Das entspricht der allgemeinen These einer Umstellung des Gesellschaftssystems von primär stratifikatorischer auf primär funktionale Systemdifferenzierung.

Heutige Familien haben ihre "innere Form" dagegen an einer stärker funktionsbezogen gewählten Differenz, die als solche keine gesamtgesellschaftliche Relevanz besitzt. Sie hängt mit der Ausdifferenzierung eines Systems der Eheleute zusammen. Und sie läuft darauf hinaus, daß zwei unterschiedliche Arten von Liebe differenziert und unter abstrakteren Bedingungen der Kompatibilität aufeinander bezogen werden, nämlich die exklusive Liebe der Gatten zueinander und die inklusive Liebe als diejenige Grundlage, auf der die Familie selbst integriert werden kann (Luhmann 1990a, S. 212). Dafür muß man sich zunächst klarmachen, daß Systemdifferenzierung keine Dekomposition des Gesamtsystems in eine Mehrzahl von Teilsystemen voraussetzt. Sie ist auch als Ausdifferenzierung eines Teilsystems möglich, das dann den Rest des Systems als Umweltstruktur behandeln kann, zu der eine Art von objektivierender Distanz möglich ist. In diesem Sinne kann man von der Ausdifferenzierung eines Subsystems der Eheleute und Eltern sprechen, der nicht unbedingt eine entsprechende Systembildung unter den Kindern korrespondieren muß. Auch die Kinder können ein System bilden, etwa ein System zur Verteidigung ihres abweichendes Verhalten gegen die Beobachtung durch die elterliche Autorität. Aber das ist, sieht man von den geläufigen Tabus gegen das "Petzen" einmal ab, sicher kein typischer Fall und wohl auch kein in sich selbst unproblematischer. Typisch dagegen ist die kommunikative Absonderung der Gatten innerhalb eines Systems, das ja als undifferenzierte Einheit den strengen Anforderungen an Intimität nicht genügen kann, zu denen die kulturelle Semantik von Liebe in ihrer Kulminationsform als Ehe verpflichtet.

Es gibt eine Reihe von Umständen, die sich gleichsinnig in Richtung auf die Ausdifferenzierung eines Subsystems der Eheleute bemerkbar machen. Zunächst einmal konstituiert sich das System der Ehe in anderen Zeithorizonten als das System der Familie. Es hat eine Vergangenheit, die historisch weiter zurückreicht und als Systemgeschichte auch noch den Übergang zur Familiengründung getragen hat. Und es hat eine Zukunft, die über das Selbständigwerden der Kinder hinausreicht. Man weiß, daß auch sie einmal heiraten und dann mit jeweils anderen Partnern ein eigenes System bilden werden, an dem die Eltern nicht teilhaben können. Gerade das Postulat der allgemeinen Zugänglichkeit von Intimität forciert das Bewußtsein der Differenz von Ehe und Familie. Und gerade füreinander bilden die Gatten denn auch keine Einheit, die sich in der Erzeugung und Aufzucht von Nachwuchs erschöpfen würde. An der formulierten Bereitschaft, gemeinsam zu altern, haben die Kinder nicht teil.

Ferner ist die Erziehung der Kinder auf ein gewisses Maß an Konsistenz im Verhalten der Eltern angewiesen, das sich bei höheren Ansprüchen nicht einfach von selber ergibt und auch nicht einfach aus dem educogenen Charakter von Situationen folgt. Man muß also darüber reden, und man muß Situationen herstellen, in denen dies ohne Beobachtung durch die Kinder geschehen kann. Das Erziehungsverhalten muß integriert werden, was Unterschiede auf einen Kontinuum abnehmender Permissivität, wenn sinnvoll gewählt, keineswegs ausschließen muß. Aber die Hand, die diese Abstimmung leistet, bleibt unsichtbar. Die Erziehung wird wie hinter einem Einwegspiegel, der die Beobachtungsmöglichkeiten asymmetrisiert, in die Wege geleitet.

Ein weiteres Motiv, das eine Differenzierung des Systems nahelegt, liegt im tendenziell asozialen Charakter von Sexualität. Ihr Vollzug ist nicht auf Beobachtung durch Unbeteiligte angelegt, und in den Familien gewinnt sie gerade durch die Exklusion auch noch der eigenen Kinder eine zusätzliche Komponente an

Intimität. Es gibt denn auch selbst in Familien keine Verpflichtung auf Konsistenz, die auch noch das Sexualverhalten der Eltern einschließen würde, und
typisch wird seine Beobachtung durch andere als die daran Beteiligten als peinlich
empfunden. An dieses Reservat können weitere Themen anschließen, die in
Anwesenheit der Kinder besser nicht behandelt werden.

Schließlich muß man sehen, daß Konflikte innerhalb von Kleinsystemen
normalerweise nicht gut isoliert werden können. Ihre Verselbständigung tendiert
vielmehr zur Gesamtspaltung des Systems unter Einbeziehung auch der daran
Unbeteiligten. Diese werden in die Rolle des objektivierenden Dritten hineingezo-
gen und von den Parteien mit Hinblick auf Unterstützung umworben. In Familien
ist eine solche Generalisierung des Konfliktes aufgrund der diffusen Kontakt-
struktur zunächst einmal hochwahrscheinlich. Zugleich fehlt es gerade in kritischen Fällen an distanzierter Autorität, die den Konflikt verbindlich entscheiden
könnte, und die Schwelle zur Gewalt ist daher im Vergleich mit anderen sozialen
Systemen relativ niedrig angesetzt. Unter diesen Umständen ist schon viel gewonnen, wenn das Konflikthandeln auf bestimmte Interaktionen isoliert und dort unter
Ausschluß von Zuschauern abgewickelt werden kann. Gerade an der negativen
Einheit des Subsystems Ehe bewährt sich dann dessen Ausdifferenzierung. Nicht
jeder Streit der Gatten schlägt durch, und das Bemühen um eine Schonung der
Kinder wirkt wie ein Filter, an dem zahllose Bagatellkonflikte hängen bleiben.

6 Inklusion und Exklusion

Es ist bekannt, daß viele Personen sich heute für ein Leben außerhalb von Familien entscheiden, und ihr Anteil an der Gesamtbevölkerung nimmt zu. An einer
dazu passenden Semantik für selbstgewähltes Alleinbleiben wird in den zuständigen Diskursen gearbeitet, aber man kann schon jetzt erkennen, daß dafür nicht
viel an Innovation erforderlich sein wird. Es ist gar nicht nötig, daß Intellektuelle
und andere Moralunternehmer sich rüsten, um für die vorgebliche Abweichung zu
werben, denn die Entscheidung dafür wird gesellschaftlich durchaus respektiert
(Wehrspaun 1988, S. 159). Sie wird als Begleiterscheinung einer allgemeinen
Privatisierung von Entscheidungsthemen wie Eheschließung und Familienbildung
erlebt, und auch der wie immer besorgte Seitenblick auf das Aggregat möglicher
Folgen und Rückwirkungen (etwa die Verfügbarkeit großer, familiengünstiger
Wohnungen in Stadtzentren betreffend) hat das Thema nicht etwa remoralisiert,
sondern lediglich einen neuartigen Satz von Ansprüchen an Politik ausgelöst. In
der vergleichenden Perspektive einer Theorie der gesellschaftlichen Differenzierung, welche die Familien neben den anderen Funktionssystemen der modernen
Gesellschaft sieht, ist dieser Sachverhalt in hohem Maße bemerkenswert.

Er ist es deshalb, weil der Ausschluß aus einem Funktionssystem der modernen Gesellschaft sich in seinen Konsequenzen normalerweise nicht isolieren läßt.
Er zieht vielmehr den Ausschluß auch aus anderen Funktionssystemen nach sich

(Luhmann 1992). Zwar kann keines dieser Systeme in die Inklusionsmechanismen des anderen hineingreifen und mit eigenen Operationen festlegen, wer dort und in welchem Umfange zu beteiligen ist. Offenbar ist nicht einmal die Erziehung, der man das mit Hinblick auf die Inklusionswege der Wirtschaft lange Zeit zutraute, dazu in der Lage. Aber das lockert natürlich nicht die gleichwohl bestehenden Zusammenhänge, sondern erschwert lediglich ihre Zurechnung, ihre Kontrolle, ihre Kritik. Wer nicht erzogen wurde und deshalb nicht lesen kann, für den ist sinnvolle Beteiligung an politischen Wahlen kaum möglich, und es sind Beispiele bekannt, wo darüber diskutiert wurde, den Analphabeten das Wahlrecht abzuerkennen. Wer nicht verklagt oder nicht wirksam verurteilt werden kann, kann an den unpersönlichen Kontaktnetzen etwa im Bereich der Wirtschaft kaum teilnehmen, weil dann die Informationslasten und Risiken für andere zu hoch liegen. Wer konsistent gegen wissenschaftlich gesicherte oder alltagspraktisch brauchbare Wahrheiten verstößt, riskiert den Verlust seiner Anerkennung als ernstzunehmender Absender von Kommunikation mit Folgen, die auch in anderen Handlungszusammenhängen nicht ignoriert werden können.

Von dieser Regel der kumulativen Verstärkung der einen Exklusion durch die andere scheinen die Familien eine Ausnahme zu bilden. Sie stellen einen der wenigen Kommunikationszusammenhänge bereit, auf die der Einzelne verzichten kann, ohne in jene Dynamik der fortschreitenden Marginalisierung hineinzugeraten. Eine ähnliche Spezifikation der Exklusion kann im übrigen wohl nur am Religionssystem beobachtet werden. Und wie im Falle der Familien ist dies auch bei der Religion ein Merkmal von unzweideutiger Modernität. In der alten Welt hing die Inklusion der Person von ihrer Familienzugehörigkeit ab. Und über die "Gesellschaftsfähigkeit" von Atheisten wurde bis weit in die Moderne hinein ganz ernsthaft diskutiert. Die Entwicklung seither hat jedoch deutlich gezeigt, daß weder das eine noch das andere System als unverzichtbare Bedingungen einer gesellschaftlich komplexen Lebensführung angesehen werden können.[7]

Das Eingehen und Auflösen von persönlichen Beziehungen wird dadurch in einer Weise autonom gesetzt und entscheidungsabhängig gemacht, für die es sonst wenig Beispiele gibt.[8] Auch unter diesem Gesichtspunkt kann die Familie ihre Kontinuität heute nur noch sich selber verdanken.

Anmerkungen

[1] Im Anschluß an Thomas Luckmann (1970) wird dieser Sachverhalt auch als Desozialisierung der Natur beschrieben.

[2] Prägnant dazu Fuchs (1992, S. 216): "Die Totalität der Person ist außerhalb der Familie (...) nur kontraproduktiv (und zumeist nur in Peinlichkeit) kommunikabel."

[3] Nach Belegen für diese Indifferenz der anderen Funktionssysteme muß man nicht lange suchen. So ist die Placierung von Süßigkeiten in Supermärkten darauf berechnet, öffentlich sichtbare Interaktionskonflikte zwischen Mutter und Kind zu provozieren - in der gewiß nicht unrealistischen Erwartung, daß das Kind sich unter solchen Umständen durchsetzen kann.

[4] Luhmann (1990a, S. 201) schreibt: "Daß diese Ausnahmen strukturwidrig praktiziert werden müssen und weitgehend darauf angewiesen sind, daß schon die Nachfrage entmutigt wird, zeigt ihren prekären Status an und ist mitverantwortlich für die Besonderheiten der Sozialisation im Bereich der Sexualität."

[5] Lediglich bei der Vorbereitung auf den Empfang von Gästen dringen szenische Aspekte auch in das Familienleben ein, etwa wenn Konflikte verborgen oder Abwesenheiten einzelner Mitglieder erklärt werden müssen.

[6] Daß Familien auch weiterhin schichtspezifisch sozialisieren, soll damit natürlich nicht bestritten werden. Aber von den Kindern wird heute kein Mitvollzug der Schichtungsdifferenzierung verlangt, sondern nur das sich Einstellen auf die Besonderheiten der jeweiligen Herkunftsschicht, die im Alltag differenzlos gegeben ist.

[7] Die Einsicht in diesen Sachverhalt entzieht übrigens allen anthropologischen Interpretationen der Funktion von Familie und Religion den Boden. Wer den Menschen ein konstitutives Bedürfnis danach unterstellt, sich an Familie oder Religion zu beteiligen, zeigt nur, daß er sie als Individuen nicht ernst nimmt. Aussagen über Universalität und Notwendigkeit der entsprechenden Funktionen müssen am System der Gesellschaft festgemacht werden.

[8] Eine Erwähnung verdient eine der wenigen Schranken, die dem Prinzip einer im Exklusionsbereich neutral gewordenen Familie bis heute entgegenstehen: Aufgrund dogmatischer Fixierungen verweigert die katholische Kirche den Geschiedenen den Zugang zu den Sakramenten und damit zugleich die Inklusion in die Komplementärrollen des eigenen Systems, ähnlich wie sie umgekehrt den Zugang zu den Höchstleistungsrollen des Geistlichen an die Bereitschaft zum Zölibat koppelt. Aber das wird gesellschaftlich nur noch als Anachronismus (Tyrell 1993, S. 21) und wissenschaftlich als Beispiel für eine Reproduktionsfähigkeit von Schlechtanpassung (Hagemann 1971) beobachtet.

Literatur

Beck U (1986) Risikogesellschaft: Auf dem Weg in eine andere Moderne. Suhrkamp, Frankfurt

Fuchs P (1992) Die Erreichbarkeit der Gesellschaft: Zur Konstruktion und Imagination gesellschaftlicher Einheit. Suhrkamp, Frankfurt

Goffman E (1959) The Presentation of Self in Every Day Life. Doubleday, New York

Hagemann K (1971) Der Zölibat der römisch-katholischen Kirche. Hain, Meisenheim am Glan

Luckmann T(1970) On the Boundaries of the Social World. In: Natanson M (eds) Phenomenology and Social Reality: Essays in Memory of Alfred Schutz. Nijhoff, Haag, S 73-100.

Luhmann N (1973) Vertrauen: Ein Mechanismus der Reduktion sozialer Komplexität. 2. erweiterte Auflage. Enke, Stuttgart

Luhmann N (1984) Soziale Systeme: Grundriß einer allgemeinen Theorie. Suhrkamp, Frankfurt

Luhmann N (1987) Die Autopoiesis des Bewußtseins. In: Hahn A, Kapp V (Hrsg) Selbstthematisierung und Selbstzeugnis. Suhrkamp, Frankfurt, S 25-94

Luhmann N (1988) Closure and Openness: On Reality in the World of Law. In: Teubner G (eds) Autopoietic Law: A New Approach to Law and Society. de Gruyter, Berlin - New York

Luhmann N (1990a) Sozialsystem Familie. In: ders. Soziologische Aufklärung 5: Konstruktivistische Perspektiven. Westd.-Verlag, Opladen, S 196-217

Luhmann N (1990b) Glück und Unglück der Kommunikation in Familien: Zur Genese von Pathologien. In: Luhmann N (Hrsg) Soziologische Aufklärung 5: Konstruktivistische Perspektiven. Westdeutscher Verlag, Opladen, S 218-228

Luhmann N (1991) Die Form "Person". Soziale Welt 42:166-175

Luhmann N (1992) Inklusion und Exklusion. MS Bielefeld

Parsons T (1951) Values, Motives and Systems of Action. In: Parsons T, Shils EA (eds) Toward a General Theory of Action. Harvard Univers. Pr., Cambridge, Mass, S 45-275

Schwab D (1975) Familie. In: Brunner O, Konze W, Kosellek R (Hrsg) Geschichtliche Grundbegriffe: Historisches Lexikon zur politisch-sozialen Sprahe in Deutschland, Bd. 2. Stuttgart. Klett-Cotta, S 253-301.

Tyrell H (1993) Katholizismus und Familie - Institutionalisierung und Deinstitutionalisierung. MS Bielefeld

Wehrspaun M (1988) Alternative Lebensformen und postmoderne Identitätskonstitution. In: Lüscher K, Schultheis F, Wehrspaun M (Hrsg) Die postmoderne Familie: Familiale Strategien und Familienpolitik in einer Übergangszeit. Univers.-Verlag, Kontanz, S 157-169.

Zur systemtheoretischen Konzeption von "Familie"

Jürgen Kriz

Universität Osnabrück, Fachbereiche Psychologie u. Sozialwissenschaften, Knollstraße 15, 49088 Osnabrück

1 Probleme systemischer Theoriebildung

Es gibt offensichtlich unterschiedliche Beweggründe dafür, an einer theoretischen Konzeptualisierung des Phänomenbereichs "Familie" zu arbeiten. So ist es z.B. fraglos legitim, aus der Makroperspektive des Soziologen zu versuchen, eine hochabstrakte Theorie zur Beschreibung gesellschaftlicher Prozesse auch für das soziale Mikrosystem "Familie" fruchtbar zu machen. Entsprechende Vorschläge sind elaboriert worden (Luhmann 1987, 1988) und haben breite Beachtung gefunden - trotz oder wegen der Warnungen: "Diese Theorieanlage erzwingt eine Darstellung in ungewöhnlicher Abstraktionslage. Der Flug muß über den Wolken stattfinden, und es ist mit einer ziemlich geschlossenen Wolkendecke zu rechnen. Man muß sich auf die eigenen Instrumente verlassen" (Luhmann 1987, S. 12f.).

Es scheint mir aber genau so legitim zu sein, unterhalb jener Wolkendecke, quasi bodenständig und in intendierter Nähe zu lebenden Menschen und mitgeteilten Erfahrungen, darauf zu beharren, daß alle Zeichensysteme (und somit auch Theorien) im Sinne der (semiotischen) Pragmatik von Menschen für Menschen im praktischen Lebensvollzug Bedeutung haben. Unter dieser Maxime ist die o.a. Geschlossenheit der Wolkendecke bedauerlich - reichen die gelegentlichen Durchblicke auf die Überflieger doch nicht aus, um irgendwie Orientierungshilfe erfahren zu können. Zwar formen sich die Kondensstreifen hochoben zu Zeichenfolgen wie "A-u-t-o-p-o-i-e-s-e" oder "operationale Geschlossenheit" - doch ist unklar, was sie für die Bodenständigen bedeuten sollen, ja, ob überhaupt intendiert ist, daß sie etwas (im eigentlichen Sinne) be-deuten sollen.

So bewegt viele Menschen im Zusammenhang mit psychosozialen Phänomenen (im weitesten Sinne) z.B. das Problem, wie sich Interaktionsmuster (neben materiellen Gegebenheiten und bio-medizinischen Prozessen) auf Bewußtseinsprozesse auswirken, oder, andersherum, wie bestimmte Prozesse von Wahrnehmung und Bewußtsein sich in persönlichen und interaktionalen Äußerungen manifestieren, deren Strukturen dann als Persönlichkeit und familiäre Interaktionsmuster von außen beobachtbar werden. Wen solche Fragen beschäftigen, findet aber wohl kaum Orientierungshilfe in Statements, wie den folgenden (Baecker 1992, S. 235):

"Zunächst einmal ist festzuhalten, daß sowohl soziale wie auch psychische Systeme operational geschlossene Systeme sind, also auch gegeneinander oder füreinander geschlossene, um nicht zu sagen: verschlossene Systeme sind... Ein noch
so mächtiger Gedanke, eine noch so prächtige Vorstellung, eine noch so ein-
leuchtende Einsicht sind keine Kommunkation. Und umgekehrt ... eine noch so
mitreißende Mitteilung, eine noch so bedeutungsschwere Information sind keine
Gedanken.... Es gibt keinen Input und keinen Output aus dem Bewußtsein in die
Kommunikation oder umgekehrt".

Nun ist auch ein Markstück zweifellos keine Coca-Cola-Flasche. Trotzdem
macht es wenig Sinn, im Zusammenhang mit Cola-Automaten von "operationaler
Geschlossenheit zu reden" und "Input" und "Output" zu leugnen. Auch ist eine
Lochkarte phänomenal von einem Mikroprozessor zu unterscheiden und dieser
von einem Drucker. Trotzdem macht es Sinn, von "Informationsverarbeitung" mit
"Input" und "Output" zu reden - ohne daß jemand dabei die Vorstellung hätte,
dies würde meinen, daß hier Lochkarten durch den Computer geschoben würden,
oder daß Löcher in jenen Karten-Inputs "dasselbe" wären, wie elektrische Ströme
im Prozessor und/oder diese "dasselbe" wie die Druckzeichen am Papier des
Outputs. Aus der Platitüde, daß Gedanken und (interaktive) Kommunikationen
phänomenal sinnvoll getrennt werden können, folgt somit nichts weiter - außer
man verwendet Begriffe wie "Input" und "Output" in ziemlich absurder Weise.

Obwohl es also der ständigen Erfahrung eines Menschen entspricht, daß das,
was er kommuniziert, oft zuvor in seinem Bewußtsein war - ja, daß er einen Teil
dessen ausdrückt, was er zuvor gedacht hat - wird er nun von jenseits der Wolken
belehrt, daß es "keinen Input und keinen Output aus dem Bewußtsein in die
Kommunikation oder umgekehrt" "gibt" (man beachte zudem die Ontik in solchen
Aussagen!). Und er liest voller Staunen die Ausführungen über Kommunikationen
- die doch offenbar den Gedanken (!) des Schreibers entspringen müssen, wenn
man von der Möglichkeit absieht, der Weltgeist selbst führe hier Hand und Feder.
Es mag zur besonderen Ästhetik begrifflicher Loopings oberhalb der Wolkendecke gehören, daß jemand seine *Gedanken* über Kommunikationen *kommuniziert*,
der gleichzeitig behauptet, Gedanken und Kommunikationen wären füreinander
verschlossene Systeme ohne In- und Output. Aber für ein Verständnis seiner
Erfahrungswelt trägt dies wohl kaum bei.

"Operationale Geschlossenheit" ist somit primär in karikierter Form erfahrbar:
Einerseits als operationale Geschlossenheit autopoietischer Konzept- und Begriffs-
welten - die sich zwar zirkulär aufeinander beziehen, aber zu praktischen Lebens-
vollzügen und -erfahrungen keine Anschlußfähigkeit aufweisen - dies konstituiert
offenbar die o.a. "geschlossene Wolkendecke". Zum anderen zeigen die Interaktionsmuster der "Autopoietiker" einen zunehmenden Trend zu erfahrbarer
operationaler Geschlossenheit, indem in rascher Folge mit Buchdeckeln versehene
Aufsatzsammlungen bestimmter Autoren-Cercles entstehen - wobei jeweils
innerhalb der Cercles in solchen Buchserien nicht nur die Namenslisten, sondern
auch die Ideen allzu wenig Varianz (hingegen beachtliche Abgeschlossenheit
gegenüber anderen Konzepten) aufweisen.

Solche Phänomene sind wissenschaftssoziologisch nur allzu verständlich - und
sie sind keineswegs neu. Statt eigener Bewertungen sei daher darauf verwiesen,

daß - in einem anderen Sektor der Systemtheorie - kürzlich der Nobelpreisträger Prigogine es für angezeigt hielt, den Nobelpreisträger Erwin Schrödinger mit folgender Warnung zu zitieren:
"...es gibt eine Neigung zu vergessen, daß die gesamte Wissenschaft an die menschliche Kultur überhaupt gebunden ist... Eine theoretische Wissenschaft, die sich nicht dessen bewußt ist, daß die Konzepte, die sie für relevant und wichtig hält, letztlich dazu bestimmt sind, in Begriffe und Worte gefaßt zu werden, die für die Gebildeten verständlich sind, und dafür, zu einem Bestandteil des allgemeinen Weltbildes zu werden - eine theoretische Wissenschaft, sage ich, in der dies vergessen wird und in der die Eingeweihten fortfahren, einander Ausdrücke zuzuraunen, die bestenfalls von einer kleinen Gruppe von Partnern verstanden werden, wird zwangsläufig von der übrigen Kulturgemeinschaft abgeschnitten sein; auf lange Sicht wird sie verkümmern und erstarren, so lebhaft das esoterische Geschwätz innerhalb ihrer fröhlich isolierten Expertenzirkel auch weitergehen mag." (Schrödinger, E.: Are there Quantum Jumps? Brit. Journ. for the Philosophy of Science, vol.III, S. 109-110 zit. nach Prigogine u Stengers 1981, S. 25)

2 Probleme einer systemtheoretischen Konzeption von "Familie"

Wenn wir uns nach diesen Ausführungen weniger von den eleganten Loopings oberhalb der Wolkendecke sondern von bodenständigen Problemen und Erfahrungen leiten lassen wollen, so scheinen für eine systemtheoretische Konzeption von "Familie" u.a. folgende Fragen von besonderer Relevanz zu sein

- was unterscheidet eigentlich eine "Familie" von zufällig zusammengewürfelten Personen (die hinsichtlich Alter, Geschlecht, etc. mit den Mitgliedern der Familie sogar identisch sein könnten)?
- Was meinen wir, wenn wir die Erfahrungen mit Familien in Begriffen wie "Familien-Regeln", (rigiden) "Strukturen" etc. thematisieren?
- Wie können wir uns die oft erfahrene "Starrheit" dieser Strukturen erklären, was könnte zu Veränderungen beitragen?
- In welcher Weise können wir unserer Erfahrung Rechnung tragen, daß individuelle (und hier u.a. bewußtseinsmäßig-kognitive und somatische), familiäre, gesellschaftliche und materielle Prozesse miteinander verwoben sind?

Diese und viele weitere Fragen im Zusammenhang mit Erfahrungen im Kontext von "Familie" machen deutlich, daß hier unterschiedliche (oder besser: von diversen Fachdisziplinen unterschiedene) Systemebenen zusammenfließen. Dies dürfte daran liegen, daß der "Familie" nach wie vor die unmittelbare Befriedigung sowohl biologisch/materieller, als auch psychischer und ebenso kulturell-sozialer Grundbedürfnisse zugeordnet wird: So ist trotz aller Alternativen auch heute noch die zentrale Bedeutung der Familie für biologische Reproduktion, Sexualität, und materielle Grundversorgung (Nahrung, Kleidung, Wohnung) einerseits, für Intimität, Verständnis, Geborgenheit, Vertrauen andererseits und letztlich für die Aneignung der Regeln für die gesellschaftliche Konstruktion der Wirklichkeit (Berger u. Luckmann 1970) in der Primärsozialisation wohl nicht zu bestreiten.

Aus diesem Grunde wäre es beispielsweise für Psychologen ein Fehler, beim fachspezifischen Fokussieren auf Aspekte von Psychotherapie die Vernetzung psychologisch relevanter Prozesse mit biologisch-materiellen und gesellschaftlichen Prozessen ganz aus dem Auge zu verlieren (vgl. Kriz 1985). Dies gilt in analoger Weise auch für die jeweils anderen Fach-Perspektiven. Gleichwohl ist trivial, daß eine hinreichend handhabbare Theorie zur Beschreibung und Erklärung familiärer Prozesse je nach Fachdisziplin unterschiedliche Schwerpunkte haben wird: So mag z.B. der an inhaltlichen Aspekten interessierte Soziologe weniger den o.a. Fragen, sondern eher dem Problem nachgehen, wie empirisch festgestellte Veränderungen im familiären Bereich von gesamtgesellschaftlichen Veränderungen abhängig sind, und dabei die Veränderung von Eigenschaften familialer Lebenszusammenhänge in Beziehung zum Wandel im Geflecht aus kulturellen Leitbildern, sozialen Normen und Kontrollmechanismen setzen (vgl. Kaufmann 1988).

Solche problemorientierte Einengung des Fokus ist auch dann notwendig, wenn Theoretiker den Wunsch haben, eine möglichst umfassende Konzeption von Systemtheorie vorzulegen; denn auch diese wird je nach fachspezifischer Fragestellung auszudifferenzieren sein und somit unterschiedliche Aspekte eines Gesamtprozesses in das Zentrum der Betrachtungen rücken.

Dies spricht dafür, die jeweilige systemtheoretische Konzeption von "Familie" auf die Beantwortung der für relevant erachteten Probleme auszurichten - d.h. im Rahmen therapeutischer Erfahrung z.B. an den o.a. Fragen. Allerdings mag auf den ersten Blick - bzw. nach Beeinflussung durch die sozialwissenschaftlich-/psychologisch vorherrschende "System"-Diskussion - erstaunen, daß solche Freiheit bei der Systemkonzeption überhaupt besteht. Erliegt man doch - trotz der obigen Argumente - allzuleicht der Suggestion, kommunikative Interaktionen, innerpsychische Prozesse und biologische Lebensvorgänge aufgrund ihrer phänomenologischen Unterschiedlichkeit auch drei unterschiedlichen "Systemen" zuordnen zu müssen (jenseits der o.a. Frage von "Input" und "Output"). Damit aber kämen andere Systemkonzeptionen automatisch in den Verdacht der logischen oder begrifflich-terminologischen Inkonsistenz - die zwar ggf. aufgrund ihrer Nähe zu lebenspraktischen Fragen vielleicht entschuldbar sei, aber keineswegs den hehren Anspruch "der Wissenschaft" erfülle.

So ist z.B. meinen Entwürfen einer "Personenzentrierten Systemtheorie" (Kriz 1985, 1990) trotz wohlwollender Aufnahme die Tatsache indirekt vorgeworfen worden, die "Unterscheidung zwischen psychischen und sozialen Systemen" nicht "klar durchzuhalten" (Schiepek 1991, S. 153). In der Tat sehen diese Entwürfe vor, auf der sozialen Mikro-Ebene - Paar- und Familienbeziehungen, Klient-Therapeut-Interaktionen etc. - die Beziehungen zwischen intrapsychischen, kommunikativen, perzeptiven, biologischen und materiellen (Teil-)Prozessen eines

Gesamtsystems zu konzeptualisieren und damit den Fokus auf die Wechselwirkungen zwischen diesen Teilprozessen richten zu können, statt von unterschiedlichen Systemen bzw. jeweils System-Umgebungs-Relationen zu sprechen - und die Beziehungen zwischen solchen dann operational abgeschlossenen Systemen mit so vagen Konzepten wie "Interpenetration" bzw. "strukturelle Koppelung" zu thematisieren.

Bevor im folgenden für eine noch stärker an psychologischen Fragen orientierte System-Schneidung plädiert wird (die der suggerierten System-Ontik als "natürlicher" und einzig möglicher Trennung in psychische, soziale und biologische Systeme noch "inkonsistenter" erscheinen muß), scheint es angebracht zu sein, das Problem der Systemgrenzen - und damit z.B. auch der System-Umwelt-Relation - von einem anderen, vielleicht etwas "neutraleren", Standpunkt aus zu beleuchten:

3 Zur naturwissenschaftlichen Systemkonzeption

Werfen wir einen Blick auf die Konzeption von "Systemen" in den "harten" Naturwissenschaften. - Nicht deshalb, weil Naturwissenschaft per se oder der Import ihrer Konzepte in die Sozialwissenschaften eine größere Dignität oder gar einen höheren Erklärungswert hätte. Vielmehr deshalb, weil der Phänomenbereich oft besser abgrenzbar, weniger vordergründig ideologisch durchsetzt und stattdessen von hoher Pragmatik geprägt ist - denn der Erklärungswert naturwissenschaftlicher Konzepte für die (naturwissenschaftliche) Praxis wird sehr viel schneller deutlich und bildet ein besseres Korrektiv gegenüber lebensfernen Sprachspielen, als dies in den Sozialwissenschaften der Fall ist. Begriffe und Konzepte müssen sich dort letztlich auf von Menschen (irgendwie) Erfahrbares beziehen, weshalb das Abwerfen terminologischer Nebelbomben in jener scientific community weniger Beifall findet.

Eines der gut studierten Phänomene moderner naturwissenschaftlicher Systemtheorie ist die Selbstorganisation von makroskopischen Konvektionsstrukturen - große, Myriaden von Molekülen umfassende gemeinsame Bewegungsmuster, wie sie der Benard-Instabilität (z.B. makroskopische "Bienenwaben-Struktur") oder Bildung bestimmter Wolkenformationen zugrundeliegen, deren Selbstorganisations-Dynamik wesentlich durch die Lorenz-Gleichungen beschrieben werden kann (vgl. Kriz 1992). Z.B. entstehen Konvektionsmuster in Form sehr großer Bewegungsrollen bei Luftschichten i.w. (ohne hier auf Details einzugehen) unter der Bedingung einer hohen Temperatur-Differenz zwischen einer "unteren Schicht" und einer "oberen Schicht" (zu deren Ausgleich eben die Konvektion stattfindet). Es handelt es sich hier also um ein dynamisches System aus wohlkoordinierten (d.h. "regel-mäßigen") Bewegungen von jeweils vielen Milliarden Molekülen pro Rolle, wobei die Strukturen (die Rollen selbst, ihre spezifische Drehrichtung und die zeitlichen Änderungen dieser Richtungen) selbstorganisiert sind (beschreibbar durch die o.a. Gleichungen).

An diesem einfachen Beispiel lassen sich nun einige wesentliche Aspekte klären, die allzuoft in der wabernden Begrifflichkeit sozialwissenschaftlicher System- und Selbstorganisations-Diskussion mißverstanden werden (besonders dann, wenn diese sich einer "assoziativen Ausdeutung" naturwissenschaftlicher Begriffe und Konzepte bedient):

1) *Systemgrenzen*: Sowohl oberhalb als auch unterhalb der Konvektionsrollen befinden sich Luftmoleküle. Diese sind chemisch prinzipiell genau so zusammengesetzt und befinden sich dort natürlich ebenfalls in Bewegung. Und sogar die o.a. "Temperatur" ist letztlich nichts anderes als "Bewegung von Luftmolekülen".Weder die Art der Moleküle ("Elemente") noch "Bewegung" an sich "grenzt" also "das" System gegenüber der Systemumwelt ab. Es ist vielmehr die spezifische Struktur der Bewegungsdynamik (in Form der Konvektionsrollen), die so in der "Umgebung" nicht zu finden ist. Die Exklusivität einer bestimmten Operation zur Unterscheidung "System" und "Umwelt" ist hier also gegeben, gleichzeitig wird aber auch überdeutlich, daß diese Unterscheidung eher konzeptionell denn ontisch-substanziell ist: Betrachtet man statt Konvektions-"Bewegung" z.B. die Veränderungsdynamik der "Ozon-Konzentration", käme man wahrscheinlich auf ganz andere "System"-"Umwelt"-Schneidungen derselben "Molekülmenge".

2) *Offenheit/Geschlossenheit:* Die derzeitigen naturwissenschaftlich fundierten System-Konzepte (Synergetik, dissipative Strukturen, Hyperzyklen) stimmen darin überein, daß Selbstorganisationsprozesse nur in offenen Systemen denkbar sind (zumal der Begriff des "geschlossenen Systems" ohnehin nur im Zusammenhang mit physikalischen Extrembereichen - z.B. "schwarzer Strahler" - thematisiert wird). Dort, wo sich die System-Debatte auch in den Sozialwissenschaften zumindest einer hinreichenden Präzision bedient, geht es also konsequenterweise nur um den Aspekt "*operativer* Geschlossenheit". Dieser im Bereich von Logik und Mathematik klar definierte Begriff wird aber in seiner Bedeutung zur Beschreibung empirischer Phänomene zumindest aufgeweicht:
Im Rahmen der mathematischen Modellierung durch die Lorenz-Gleichungen könnte man in sofern von "operationaler Geschlossenheit" reden, als die modellierten Größen durch die Art der Differentialgleichungen in Form nicht-linearer Rückkoppelungen aufeinander bezogen sind und die spezifische Bewegungsdynamik eben exklusiv definieren. Doch was ist damit für das Verständnis gewonnen?
Jedenfalls bedeutet "operative Geschlossenheit" keineswegs - wie ausgeführt -, daß nur innerhalb des Systems Moleküle - oder Bewegungen von Molekülen - der gleichen Art zu finden wären. Sie bedeutet auch nicht, daß die Moleküle "außerhalb" und ihre Bewegungen nicht auf die "innerhalb" und deren Bewegungen einwirken - denn gerade "Wärme" von "außen" ist notwendig, und Wärme ist eben Molekül-Bewegung. Sie bedeutet ferner keineswegs, daß die an der Dynamik beteiligten Elemente (unterster Ebene) "gleich" sein müßten: Denn die "System-Luft" und die "Umgebungs-Luft" besteht u.a. aus Sauerstoff, Stickstoff, Staubteilchen etc., die auf dieser (chemischen) Betrachtungsebene phänomenal

sehr verschieden sind (so wie auch Gedanken und Kommunikationen). Die Gleichheit oder Ungleichheit der Elemente (hier Moleküle) hat somit mit der Frage der Systemgrenzen überhaupt nichts zu tun.

3) *System-Umwelt-Relation:* Diese wird z.B. in der Sprache der Synergetik über die Kontrollparameter präzise formulierbar. Es handelt sich dabei um Größen innerhalb des Systems, deren kontinuierliche geringfügige Veränderung bei bestimmten Systemzuständen zu qualitativen Strukturveränderungen in der Dynamik führen können (sog. Phasenübergänge). Diese Ordnungsparameter sind quasi hochsensible Rezeptoren für bestimmte Veränderungen in der Umgebung (etwa Temperaturdifferenz i.o.Beispiel).

Man könnte durch diese Beziehungen assoziativ an des Konzept des "re-entry" von Spencer Brown (vgl. Luhmann 1988) erinnern und damit den Aspekt "operatinaler Geschlossenheit" betonen wollen. Im Gegensatz aber zu Konzepten wie "Interpenetration" oder "struktureller Koppelung" spielt auch hier die *Abgrenzung* zwischen System und Umwelt eine untergeordnete Rolle - zugunsten des Aspekts, die System-Umwelt-Relation so präzise zu fassen, daß Stabilität und Phasenübergänge in den Fokus rücken. D.h. es interessiert gerade, wie und wann sich Veränderungen in der Umgebung auf die (interne) Systemdynamik auswirken. Übrigens wird hier auch deutlich, daß "Selbstorganisation" und "Autonomie" keineswegs in prinzipiellem Widerspruch zu "Intervention" und "Planbarkeit" stehen müssen (wie die psychotherapeutische bzw. sozialwissenschaftliche Diskussion in assoziative Deutung dieser Begriffe bisweilen zu suggerieren versucht).

Nachdem wir uns mit der Zurückweisung jeglicher System-Ontik des Irrtums entledigen konnten, die Frage der System-Grenzen, System-Umwelt-Relation und operationalen Geschlossenheit sei etwas, was dem betrachteten Gegenstand inhärent und damit bereits aus diesem begründbar wäre, können und müssen wir uns auf andere Begründungen für eine System-Konzeption (rück-)besinnen. Natürlich könnte man nun z.B. für die "Eleganz der Begrifflichkeit" als ein solches Kriterium plädieren. Aber dies wäre eben nur eine von vielen Möglichkeiten (und nicht mehr die einzig "richtige", "logische" oder "konsisitente"). Daher erscheint es nun vielleicht auch weniger "unlogisch" und "unwissenschaftlich", den o.a. Weg einzuschlagen und die Entscheidung über die Wahl einer bestimmten Systemkonzeption an die Begründung zu knüpfen, welche Fragen und Probleme überhaupt gelöst werden sollen.

4 Systemperspektive "Person"

Aus der Makro-Perspektive des Soziologen mag es sinnvoll sein, den Fokus auf die Redundanzen zwischen Kommunikationen zu richten und so zu tun, als könnten Kommunikationen unmittelbar an Kommunikationen anschließen. Bei dieser Perspektive geraten dann psychische Prozesse (und noch mehr biologische) zur "Systemumgebung". Diese spielt in der Tat bei der Kommunikation in sozialen Makro-Systemen nur eine periphere Rolle für die Abfolge von Kommunikationen - etwa für den Austausch diplomatischer Noten, beim offiziellen Schriftverkehr zwischen zwei Konzernen etc.

Je enger der Fokus aber eingestellt wird, desto mehr treten andere Phänomene ins Interesse. Wenn man z.B. eine spezifische von zwei Personen A und B hervorgebrachte Kommunikationssequenz K(A)--->K(B) analysiert, so wird in den meisten Fällen die Konzeption, daß K(B) an K(A) "angeschlossen" habe, große Erklärungsdefizite übrig lassen. Die Bedeutung von K(A) wird für B nämlich u.a. von der bisherigen Kommunikation abhängen. Und da den Kommunikationen selbst gewöhnlich (s.u.) kein Gedächtnis zugesprochen werden kann, geht es darum, ob und wie die bisherigen Kommunikationen von B erinnert werden - d.h. B's psychische Prozesse kommen ins Spiel.

Zum Verstehen von K(A) durch B und der Selektion von K(B) aus dem Spektrum möglicher Alternativen gehören aber auch Wahrnehmungs- und Bewußtseinsprozesse, wie sie mit Begriffen wie "Abwehr", "Projektion", "Verzerrung", "Perseveration", "Denkstörung", "Schlußfolgern" etc. etc. thematisiert werden. Daraus folgt, daß es sinnvoll erscheint, nun zumindest K(A) und (!) Bewußtseinsprozesse als "Umgebung" zu verstehen, unter denen B seine Kommunikationen hervorbringt (und Analoges gilt für A). Auch biologische Prozesse können nun ggf. von hoher Relevanz sein (d.h. zu Kontrollparametern des Prozesses werden) - etwa wenn B Drogen genommen hat, unter denen die Wahrnehmung von K(A) und/oder das Spektrum möglicher K(B) völlig verändert wird.

Natürlich kann man weiterhin den Fokus der Fragen auf die Redundanzen der Kommunikationen zwischen den "Familienmitgliedern" (A, B, C, D..) richten. Hier würde es Sinn machen, vom familiären Kommunikationssystem zu sprechen, das in der "Umgebung" aus Bewußtseins- und Körperprozessen (allerdings auch aus anderen gesellschaftlichen Kommunikationsprozessen und materiellen Manifestationen als deren erfahrbares "Gedächtnis") operiert.

Man könnte in diesem Zusammenhang aber genausogut z.B. die Frage nach der "Persönlichkeitsstruktur" von B thematisieren - eine Frage, die nach der Struktur in den Kommunikationen von B zielt (da wir keine direkte Möglichkeit haben, Gehirnprozesse - und damit z.B. Wahrnehmung oder kognitive Verarbeitung - direkt zu beobachten). Unter dieser Perspektive würde man somit die System-Umwelt-Grenzen völlig anderes "schneiden": Die Systemdynamik würde sich auf die Hervorbringung von B's Kommunikationen in einer "Umgebung" beziehen, zu der sowohl B's "Bewußtsein", seine körperlich-biologischen Prozesse, als auch andere Kommunikationen gehören.

Mein Plädoyer ist nun, den zentrierenden Fokus einer systemtheoretischen Konzeption für solche Fragestellungen, die Psychologen interessieren, im letzteren Sinne auf die "Person" einzustellen - ohne damit in individualistische oder gar intrapsychische Beschränkungen zurückzufallen. Unter dieser Perspektive gerät z.B. der Aspekt der Interaktionsmuster zwischen den Familienmitgliedern keineswegs aus dem Blickwinkel. Wir können weiterhin in Anwendung der Terminologie von v. Foerster von spezifischen "Trivialisierungen" sprechen, die in einem typischen "Eigenverhalten" beobachtbar werden und somit eine "Familie" auch für einen Beobachter schnell von ansonsten gleichen zufällig zusammengewürfelten Personen unterscheiden lassen (von Foerster 1988, S. 30f.; Kriz 1989, S. 24f.).

Diese Unterscheidung wird z.B. darin bestehen, daß in Familien weit mehr Äußerungen zu finden, mit denen man sich auf gemeinsame Vergangenheit ("wir haben doch gesagt, daß...") , Zukunft ("wir wollten doch ...") und Wirklichkeit ("wir wissen doch, daß..") bezieht, als dies bei der Zufalls-Gruppe der Fall wäre. Ebenso könnten z.B. auch "familiäre" Beziehungen zu bestimmten Personen eben nur in diesen Familien eine Rolle spielen: So ist z.B. auch bei Ein-Eltern-Familien der nicht anwesende Vater häufig in den Köpfen präsent, beeinflußt die Art der Wahrnehung, der Erwartungen und Erwartungserwartungen und damit auch der bobachtbaren Kommunikationen. Darüber hinaus würden zwischen "echten" Familienmitgliedern mehr gegenseitige Ansprüche von Intimität, Verständnis, Geborgenheit, Vertrauen (aber auch Gehorsam, "Selbstverständlichkeiten", Pflichterfüllung etc.) thematisiert werden. Und auf diese Äußerungen würden wiederum mit höherer Redundanz andere Äußerungskategorien zu beobachten sein. Kurz: die Freiheitsgrade der Interaktionen sind (gegenüber dem gesellschaftlich möglichen Spektrum) reduziert (familientypische "Trivialisierung" - ggf. verbunden mit einer höheren Differenzierung einzelner Themenbereiche) und die Abfolge wird "regelhafter" ("Eigenverhalten" bzw. "Attraktor" in der Dynamik).

All dies wäre auch weiterhin thematisierbar. *Aber:* Wir würden unter der personenzentrierten Perspektive die Zentrierung anders wählen - was sich in der folgenden Frage präzisieren ließe:
Welche Wahrnehmungen (von Kommunikationen aber auch von materiellen Manifestationen - wie Wohnung etc.), welche Kognitionen und Emotionen (und deren Verknüpfungen mit bio-medizischen Prozessen - z.B. durch "Drogen", "Sucht" etc. thematisiert) führen dazu, daß Person A, Person B, Person C ... sich jeweils so äußern, daß dem Beobachter in der Abfolge dieser Äußerungen eine Struktur ("Regel") deutlich wird. Ohne dies hier ausführen zu können, ist zu erwarten, daß die Attraktoren der Äußerungen damit zusammenhängen, daß auch die Wahrnehmungen und kognitiven Verarbeitungsprozesse Attraktoren aufweisen (z.B. daß Äußerungen der anderen in ihrem Sinngehalt gar nicht in ihrer möglichen Komplexität erfaßt, sondern auf relativ wenige Kategorien reduziert werden - vgl. Kriz 1990).

Als Wissenschaftler, die an der *Erklärung* solcher Dynamiken interessiert sind, würden wir z.B. ergänzend fragen: Welche "Lebenserfahrungen" (z.B. frühkindliche) mögen hinter den (je individuellen) Mustern der Wahrnehmungen, Kognitionen, Emotionen stehen und wie mag dann die weitere - koevolutionäre (Willi 1985) - Entwicklung dieser individuellen Muster mit den interpersonellen Mustern (familiärer Kommunikationen) gewesen sein?

Als Therapeuten, die an der "Ursachen"-Forschung vielleicht weniger interessiert sind - zugunsten einer differenzierteren Beobachtung der gegenwärtigen
Dynamik - würden wir z.B. ergänzend fragen:Wie geht es jemandem (A,B,C..)
der das ausdrückt, was er gerade ausdrückt - d.h. was mag er "wirk-lich" meinen
und was sind seine kommunikativen, perzeptiven, kognitiven, emotionalen Umge-
bungsbedingungen für diese Äußerungen?

Bei diesen beispielhaft genannten Frage-Perspektiven geht es also im Kern um
das Thema (einmal in der Tradition des Soziologen Max Weber formuliert): Was
sind die Bedingungen, daß je subjektiv gemeinter Sinn der Äußerungen als
interaktionelle Muster (Redundanzen) beobachtbar wird (Muster, die ggf. so starr
erscheinen, daß sie von jedem beibehalten werden, obwohl doch alle darunter
leiden; sich jeder als Opfer fühlen mag und doch gleichzeitig als Täter mit
beteiligt ist)? Und man könnte zur deutlicheren rekursiven Dynamisierung noch
ergänzen: Was sind die Bedingungen, daß sich (u.a.) interaktionale Muster in je
subjektiven Sinnstrukturen niederschlagen?

Eine solche System-Perspektive würde nicht länger ignorieren - oder in den
Randbereich der theoretischen Betrachtungen verbannen -,

1. daß Menschen einen großen Teil ihrer Kommunikationen als intentionalen
Ausdruck hervorbringen, um anderen und/oder sich etwas etwas anzuzeigen (die
terminologische Nähe zum symbolischen Interaktionismus ist hier kein Zufall),
2. daß bei einem großen Teil menschlichen Ausdrucks bewußte und unbewußte
Vorgänge zusammenspielen,
3. daß selbst bei völlig unbewußten "Äußerungen" (im allgemeinsten Sinne)
immer noch angenommen werden kann, daß hier u.a. perzeptive, kognitive,
emotionale, biochemische Prozesse eine wesentliche Rolle spielen und daß daher
4. familiäre Interaktionen (und andere Äußerungen), Wahrnehmungen, Kognitionen und Emotionen, Teilaspekte eines Gesamtprozesses sind, die jeweils in der
Dynamik aufeinander wirken (ohne operationale Abgeschlossenheit eines dieser
Teilprozesse)
5. oder, wenn man auf den (beobachtbaren) Aspekt der Äußerungen fokussiert,
jede Äußerung nicht in exklusiver Form an irgendeine vorhergehende "anschließt", sondern deren Hervorbringung in einer "Umgebung" geschieht, zu der
neben vorhergegangenen Äußerungen der Familienmitglieder auch Wahrneh-
mungsprozesse, kognitiv-emotionale Verarbeitungs- (und damit auch: Erinne-
rungs- und Erwartungs-)prozesse, materielle und soziale Manifestationen etc.
gehören.

Literatur

Baecker D (1992) Die Unterscheidung zwischen Kommunikation und Bewußtsein. In: Krohn W, Küppers G (Hrsg) Emergenz: Die Entstehung von Ordnung, Organisation und Bedeutung. Suhrkamp, Frankfurt, S 217-268

Berger PL, Luckmann T (1970) Die gesellschaftliche Konstruktion der Wirklichkeit. Eine Theorie der Wissenssoziologie. Fischer, Frankfurt

Foerster v H (1988) Abbau und Aufbau. In: Simon FB (Hrsg) Lebende Systeme. Wirklichkeitskonstruktionen in der Systemischen Therapie. Springer, Berlin, S 19-33

Kaufmann FX (1988) Familie und Modernität. In: Lüscher K et al (Hrsg) Die "postmoderne" Familie. Universitäts-Verlag, Konstanz

Kriz J (1985) Grundkonzepte der Psychotherapie. Eine Einführung. Urban & Schwarzenberg, München

Kriz J (1988) Pragmatik systemischer Therapie-Theorie. Probleme des Verstehens und der Verständigung Teil I. System Familie 1:92-102

Kriz J (1989) Synergetik in der Klinischen Psychologie (Forschungsbericht 73, Universität Osnabrück)

Kriz J (1990) Pragmatik systemischer Therapie-Theorie. Der Mensch als Bezugspunkt systemischer Perspektiven Teil II. System Familie 3:97-107

Kriz J (1992) Chaos und Struktur. Systemtheorie Bd I. Quintessenz, München

Luhmann N (1984) Soziale Systeme, Grundriß einer allgemeinen Theorie. Suhrkamp, Frankfurt

Luhmann N (1988) Sozialsystem Familie. System Familie 1,2:75-91

Schiepek G (1991) Systemtheorie der klinischen Psychologie. Vieweg, Braunschweig

Prigogine I, Stengers I (1981) Dialog mit der Natur. Neue Wege naturwissenschaftlichen Denkens. Piper, München

Willi J (1985) Koevolution: Die Kunst gemeinsamen Wachsens. Rowohlt, Reinbek

Läßt sich Familie als gesellschaftliches Teilsystem begreifen?

Franz-Xaver Kaufmann

Universität Bielefeld, Fakultät für Soziologie, Universitätsstraße 25, 33615 Bielefeld

1 Familie in makrosoziologischer Perspektive

Die Antwort auf die Frage, ob die Familie ein gesellschaftliches Teilsystem sei, ist selbstverständlich vom zugrunde gelegten Systembegriff abhängig. Dennoch wollen die nachfolgenden Überlegungen nicht ein Exerzitium der Auslegung unterschiedlicher Systemtheorien sein. Es geht vielmehr darum, die heuristische Fruchtbarkeit systemischen Denkens für das soziologische Verständnis aktueller familialer Entwicklungen und ihrer politischen Beeinflußbarkeit nutzbar zu machen.

Die Legitimation von Familienpolitik als spezifischem Politikbereich impliziert nämlich die Anerkennung einer makrosystemischen Struktur 'Familie', da in irgendeiner Weise absehbare Wirkungen von familienpolitischen Maßnahmen nur insoweit zu erhoffen sind, als von einer einigermaßen homogenen 'Wirklichkeit Familie' ausgegangen werden kann.

Familien als soziale Systeme zu begreifen, hat sich heute im human- und sozialwissenschaftlichen Denken weitgehend durchgesetzt. Hiervon zeugt nicht nur der Titel 'System Familie' für eine führende familienwissenschaftliche Zeitschrift. Daß Familien sich von ihrer Umwelt abgrenzende soziale Einheiten darstellen, innerhalb derer intensive Wechselwirkungen stattfinden, ist eine jedem Laien klarzumachende Tatsache; und damit sind auch zentrale Begriffselemente des in Einzelheiten ja durchaus variablen systemischen Denkens angesprochen. Insoweit bestehen große Ähnlichkeiten zwischen der sozialpsychologischen, der familientherapeutischen und der *mikro*soziologischen Perspektive.

Aber in diesem Beitrag geht es nicht um die einzelne Familie, also im soziologischen Sinne um die Familie als 'Gruppe' (vgl. Tyrell 1983), sondern um eine *makro*soziologische Perspektive. Wir richten das Augenmerk auf die Gesamtheit der familialen Lebensformen in einer Gesellschaft und stellen die Frage, was man gewinnt, wenn man diese Gesamtheit in systemischer Perspektive betrachtet. Auf den ersten Blick erscheint dies als ein eher fruchtloses Unterfangen, zumindest für moderne oder gar 'postmoderne' Gesellschaften (vgl. Lüscher et al. 1988). Was 'Familie' heißt, scheint hier seine bisherigen klaren Konturen zu verlieren und einer Vielzahl von Lebensformen Platz zu machen, denen man je nach Perspektive mehr oder weniger 'familiären' Charakter zuschreiben kann. Auch wenn es 'Familie' als eindeutigen, hochinstitutionalisierten Lebensbereich gegeben hat, so scheint er sich in der Gegenwart aufzulösen oder zumindest nachhaltig zu verändern. Aber eine Reihe von Beobachtungen legen die Vermutung nahe, daß trotz der zunehmenden Privatheit und Eigenartigkeit (Schulze 1987) der einzelnen Familien in der Gegenwart diese auch einen gesellschaftlichen Kommunikationszusammenhang bilden, dessen Charakteristika bisher nur wenig aufgeklärt sind.

Auffallend sind zunächst *Gleichförmigkeiten der demographischen Entwicklung*. Die Häufigkeiten der Eheschließung, der Ehescheidung, der Geburten, das durchschnittliche Alter bei der Eheschließung oder bei der Geburt der Kinder, über die uns die Zivilstandsstatistik der meisten Länder recht zuverlässig orientiert, weisen charakteristische zeitliche und räumliche Gleichförmigkeiten auf. Selbst im internationalen Vergleich gibt es auffallende Parallelen der Familienentwicklung: In den meisten westeuropäischen Ländern gehen die Geburten höherer Ordnung und die Eheschließungsziffern seit 1965 stark zurück, nehmen die nichtehelichen Partnerschaften zu und steigen die Scheidungsraten an. Allerdings ergeben sich auch charakteristische nationale Unterschiede, beispielsweise hinsichtlich des Ausmaßes der Zunahme nichtehelicher Geburten. Auffällig ist z.B., daß die nichtehelichen Geburten vor allem in den Ländern und Gebieten stark zugenommen haben, die bereits vor dem 1. Weltkrieg, also vor der starken Verbreitung der Geburtenkontrolle, hohe Nichtehelichenquoten aufwiesen. Für Österreich, wo sich auch auffallende regionale Unterschiede der Nichtehelichenquoten gleichermaßen in jüngster Zeit wie im 19. Jahrhundert nachweisen lassen (Haslinger 1982), wurden hierfür weit zurückliegende Bedingungen - Unterschiede im Erbrecht und im Erfolg der Gegenreformation - namhaft gemacht (Kytir u. Münz 1986). Eine praktische Wirksamkeit dieser Faktoren im Horizont gegenwärtiger Familienentwicklung ist sehr unwahrscheinlich; wie aber kommen erneut die gleichen Unterschiede zustande?

Die Beobachtung derartiger statistischer Regelmäßigkeiten setzt einen hochgradigen *gesellschaftlichen Konsens* hinsichtlich dessen voraus, *was als 'Familie' gilt*. Zumindest in den durch eine alte christliche Tradition geprägten modernen Gesellschaften ist das Muster monogamer gegengeschlechtlicher Partnerschaft in Verbindung mit einer sozio-biologisch definierten Elternschaft als konstitutives Merkmal von 'Familie' fest verankert. Aber auch über diese allgemeinsten Definitionsmerkmale hinaus lassen soziologische und ökonomische Analysen der familialen Verhältnisse klare Typisierungen erkennen, die im Zeitablauf und im internationalen Vergleich große Ähnlichkeiten und auch hinsichtlich ihrer Veränderungen klare Muster aufweisen; sie beziehen sich z.B. auf die Verwandtschaftsverhältnisse, die Wohnverhältnisse und Haushaltformen. Wie lassen sich derartige soziale Gleichförmigkeiten erklären? Auf diese Frage geben die dominanten mikrosoziologischen Richtungen der Familiensoziologie, welche Familie im wesentlichen als Gruppe, Lebenswelt, soziales System oder Haushalteinheit verstehen, keine befriedigenden Antworten. Wir müssen uns vielmehr dem weniger entwickelten Bereich einer Makrosoziologie der Familie zuwenden, welche nähere Bestimmungen der gesellschaftlichen Verfassung der Familie und

ihrer Veränderungen im Zuge der neuzeitlichen Entwicklungen anstrebt.[1] Erst in
diesem Kontext kann die Frage präzisiert werden, inwieweit sich Familie als
gesellschaftliches Teilsystem begreifen läßt.

2 Soziale Differenzierung und Familie

Unter den soziologischen Theorieangeboten mit gesellschaftstheoretischem Anspruch findet sich eine weithin geteilte Grundvorstellung, daß nämlich ein zentrales Transformationsmoment der neuzeitlichen Gesellschaftsentwicklung in der
Ausdifferenzierung funktionsorientierter Makrostrukturen zu finden sei. Aufbauend
auf Beiträgen soziologischer Klassiker - G.F.W. Hegel, H. Spencer, E. Durkheim, G. Simmel - haben insbesondere T. Parsons und N. Luhmann das diffen-
zierungstheoretische Denken weiterentwickelt.

Bereits Hegel (1821) verstand den neuzeitlichen Prozeß der mit Industrialisie-
rung und Französischer Revolution offenkundig in Gang gekommenen Trans-
formation als Differenzierungsprozeß von Familie, bürgerlicher Gesellschaft und
Staat, und zwar in der Weise, daß die bürgerliche Gesellschaft als der Raum der
freien Entfaltung der Individuen 'zwischen' die Gliederungen der aristotelischen
Tradition - Oikos und Polis - tritt und diese damit gleichzeitig verändert (vgl.
Riedel 1969, S. 119 ff.). In der Rezeption und Fortentwicklung der Hegelschen
Gesellschaftstheorie - z.B. bei L.v. Stein und K. Marx - geriet die Familie als
eigenständiger gesellschaftlicher Bereich aus dem Blickfeld, obwohl sie - durchaus
im Sinne Hegels und in Abkehr von der vertragstheoretischen Konstruktion des
allgemeinen preußischen Landrechts - rechtspolitisch und gesetzestechnisch als
eigenständiger institutioneller Bereich eine neue gesamtgesellschaftliche Stabilitäts-
grundlage erhielt (vgl. Schwab 1967).

Die zweite Quelle des differenzierungstheoretischen Denkens ist das Nachdenken über die Folgen der Arbeitsteilung, so bei H.Spencer und E. Durkheim
(vgl. Rüschemeyer 1985). Diese Tradition, welche ihren deutlichen Niederschlag
in der Parsonsschen Problemstellung gefunden hat, weist der Familie keinen
systematischen Platz zu. Einen eigenständigen Zugang zur Differenzierungs-
problematik hat G. Simmel (1890) entwickelt, in dem vor allem der Zusammenhang zwischen der gesellschaftlichen Differenzierung und der psychischen Differenzierung im Sinne wachsender Autonomiechancen thematisiert wird; im Horizont dieser Fragestellung hat Schulze (1985) die spezifische Bedeutung der
Familie herausgearbeitet.

Generell bedeutet soziale Differenzierung die Entstehung oder das Bestehen
von abgrenzenden Strukturen, welche meist mit Bezug auf ein postuliertes größe-
res Ganzes erkennbare Gliederungsgesichtspunkte abgeben. Theorien gesellschaftlicher Differenzierung unterscheiden sich nicht zuletzt danach, ob solche Struktur-
gesichtspunkte aus der Perspektive des beobachtenden Theoretikers oder/und der
beteiligten Akteure thematisiert werden.

Gesellschaften können sich nach unterschiedlichen Gesichtspunkten differenzieren. Mit Luhmann (1977, 1990) lassen sich drei Grundformen gesellschaftlicher Differenzierung unterscheiden:

1. segmentäre Differenzierung in gleichartige multifunktionale Einheiten, so z.B. in Stammesgesellschaften;
2. stratifikatorische Differenzierung im Sinne von durch unterschiedlichen Status unterschiedenen sozialen Einheiten (z.B. Stände), wobei diese häufig in Beziehungen der Über- und Unterordnung stehen. Dieser Differenzierungstypus dominiert in vormodernen Hochkulturen;
3. funktionale Differenzierung als Herausbildung thematisch spezialisierter Gesellschaftsbereiche, im Rahmen derer bestimmte, gesellschaftlich unentbehrliche Leistungen mit einer gewissen Exklusivität erbracht werden.

Luhmann bestimmt gesellschaftliche Modernisierung zentral als Umbau der Gesellschaftsstrukturen von der Dominanz stratifikatorischer zur Dominanz funktionaler Differenzierung. Auch in dominant funktional strukturierten Gesellschaftssystemen gehen jedoch die beiden anderen Differenzierungsprinzipien nicht verloren. So betont z.B. Tyrell, daß das Familiensystem moderner Gesellschaften segmentär in Millionen von einzelnen Familienhaushalten gegliedert ist. Auch 'vertikale' Strukturdifferenzen lassen sich in modernen Gesellschaften beobachten. Sie werden einerseits als Strukturen sozialer Ungleichheit, andererseits als emergente Ebenen der sozialen Organisation thematisiert. So unterscheidet z.B. Parsons (1959, S. 4 f.) "four levels of structural organization ... the 'primary' or 'technical' level ... the 'managerial' level, the 'institutional' level and the 'societal' level". Luhmann (1975, S. 10) unterscheidet drei "Systemtypen ... Interaktionssysteme, Organisationssysteme und Gesellschaftssysteme". Kaufmann (1982, S. 256 ff.) unterscheidet fünf Ebenen sozialer Emergenz: Individualebene, Interaktionsebene, Organisationsebene, institutionelle Ebene, Gesellschaftsebene. Schulze (1985, S. 37 f.) schließlich fügt als sechste die Gruppenebene hinzu und formuliert die institutionelle in die teilsystemische Ebene um. Trotz gewisser terminologischer und theoriebezogener Unterschiede ist die Ähnlichkeit der Differenzierungen evident und verweist auf den Realitätsbezug der Unterscheidungen.

Will man 'Familie' als gesellschaftliches Teilsystem begreifen, so muß im Sinne der hier natürlich nur andeutungsweise skizzierten Vorstellungen dreierlei dargetan werden: Zum einen sind *Funktionen* im Sinne von einigermaßen exklusiven Leistungen anzugeben, welche Familien für andere gesellschaftliche Teilbereiche im Sinne einer funktionalen Notwendigkeit erbringen; zum anderen ist zu plausibilisieren, inwiefern 'Familie' auf der Emergenzebene gesamtgesellschaftlicher Institutionen als *eigenständiges thematisches Feld* präsent ist. Schließlich muß versucht werden, den *Zusammenhang zwischen der institutionellen Ebene und der Gruppenebene* von Familie zu verdeutlichen.

Bevor diese Aufgabe direkt angegangen wird, seien anhand von Theoriestücken zweier prominenter Gesellschaftstheoretiker die damit verbundenen Schwierigkeiten noch verdeutlicht.

T. Parsons' Gesellschaftstheorie bezieht die Kohärenz ihres im Laufe der Zeit verschiedentlich reformulierten Ansatzes aus dem Postulat von genau vier funktionalen Grundproblemen, die in jedem sozialen System gelöst werden müssen: Adaptation, Goal-attainment, Integration, Latent pattern maintenance[2] - bekannt unter dem Namen AGIL-Schema. Funktionale Differenzierung bedeutet in diesem Ansatz die Behauptung, daß Subsystembildung in sozialen Systemen sich als Strukturbildung im Hinblick auf eine spezialisiertere Lösung dieser funktionalen Grundprobleme vollzieht. Dieses Theorem wird auf alle Emergenzebenen sozialer Organisation angewandt, primär jedoch auf die Differenzierung der Gesellschaftsebene in vier Subsysteme.

Trotz begrifflicher Klarheit ist der analytische Stellenwert dieses Theorems alles andere als eindeutig. Wie insbesondere Johnson (1961, S. 56ff.) verdeutlicht, fallen in modernen Gesellschaften die 'functional subsystems' nicht mit den 'structural subsystems' zusammen: "A functional subsystem of society ... is not composed of concrete groups; it is composed of all those aspects of the total social structure which have a bearing on *one* of the four functional problems of the society. A structural subsystem, on the other hand, is made up of concrete groups." Funktionale Subsysteme sind demzufolge lediglich analytische Einheiten des Beobachters, keine strukturell, d.h. empirisch abgegrenzten Funktionsbereiche. Demzufolge ist auch die Zuordnung von "Familie" zum AGIL-Schema bei Parsons keineswegs eindeutig. Wie Tyrell (1988, S. 213ff.) zeigt, bildete die Analyse familialer Strukturen zwar den Ausgangspunkt für die Entwicklung des AGIL-Schemas, aber mit der Verlagerung seines Interesses auf die Gesellschaftstheorie verlor Parsons die Familie weitgehend aus den Augen. "Im übrigen aber sind die Konstruktionsprobleme unübersehbar, die sich bei der gesellschaftstheoretischen 'Unterbringung' der Familie ergeben. So räumte Parsons (1972, S. 21) selbst als unschön ein, daß die Familie gleich dreien der vier gesellschaftlichen Subsysteme funktional zuzuordnen sei" (Tyrell 1988, S. 215). Indem Parsons das auf die adaptive Funktion spezialisierte gesellschaftliche Subsystem als 'economy' und das auf Zielerreichung ausgerichtete als 'polity' bezeichnet und beiden ein spezifisches Kommunikationsmedium - Geld bzw. Macht - zuweist, und indem er Austauschbeziehungen zwischen den einzelnen gesellschaftlichen Subsystemen postuliert (vgl. Parsons u. Smelser 1956) legt er jedoch eine Identität der Grenzen funktionaler und struktureller Subsysteme nahe, die zu fortgesetzten Mißverständnissen seiner Theorie angeregt hat.

N. Luhmanns Gesellschaftstheorie ist zunächst in kritischer Auseinandersetzung mit dem Parsonsschen Theorieprojekt entstanden. Mit Bezug auf den hier interessierenden Begriff der funktionalen Gesellschaftsdifferenzierung besteht die wesentliche Umdisposition im Verzicht auf das Postulat *notwendiger* Systemfunktionen. Die Ausdifferenzierung 'gesellschaftlicher Funktionssysteme' wird statt dessen als historischer Prozeß verstanden, wobei weder die Zahl noch der Inhalt der Funktionen und demzufolge der Funktionssysteme prädeterminiert werden. Während Parsons mit seinem Postulat notwendiger Systemfunktionen 'Gesellschaft' als eine bestimmbare Ganzheit (praktisch: des Nationalstaates) postuliert, ist 'Gesellschaft' bei Luhmann lediglich ein Grenzbegriff sozialer

Kommunikationsmöglichkeiten; andererseits gibt er den gesellschaftlichen Funktionssystemen klarere empirische Konturen. In seinem ersten Beitrag zur Theorie gesellschaftlicher Differenzierung (Luhmann 1965) wurde im wesentlichen auf die Institutionalisierung von Grundrechten im Rahmen moderner Verfassungen als Stabilisierung erreichter Strukturdifferenzierung abgehoben. In der Folge konzentrierte sich Luhmann vor allem auf die Analyse semantischer Entwicklungen zur Plausibilisierung seiner Theorie. Dies hängt damit zusammen, daß er als Elemente sozialer Systeme heute ausschließlich *Kommunikationen* gelten läßt, womit seine Theorie einerseits eine in der Soziologie sonst unerreichte Prägnanz erhält. Damit wird sie aber gleichzeitig konsequent von der Deutungsebene der Akteure abgekoppelt, welche primär an der Wahrnehmung sozialen *Handelns* - d.h. der Verbindung von Kommunikation und Verhalten - orientiert sind.

Luhmann behauptet, "daß die gesellschaftliche Evolution innerhalb des sprachlich Möglichen zur Ausdifferenzierung funktionsspezifischer Sondercodes geführt hat, deren Benutzung dann sehr rasch eine Ausdifferenzierung entsprechender Funktionssysteme erzeugt" (1986, S. 149). Für Europa verlegt Luhmann diesen Prozeß im wesentlichen ins 18. Jahrhundert, und er benennt die dabei entstehenden gesellschaftlichen Funktions- oder Teilsysteme als "Politik, Wissenschaft, Erziehung, Wirtschaft, Recht" (1981, S. 5). Sporadisch werden auch andere gesellschaftliche Teilsysteme thematisiert: Religion, Kunst, Gesundheitssystem, nicht jedoch Familie. Dies scheint mit der spezifischen Vorliebe Luhmanns für schriftliche Kommunikation und deren Reflexion im Rahmen teilsystemspezifischer Wissenschaften zusammenzuhängen. Familiale Kommunikation ist aber im Regelfalle nicht schriftlich dokumentiert und von Verhalten als non-verbaler Kommunikation nicht zu trennen. Zudem fehlt es bisher weitgehend an einer 'Familienwissenschaft' als handlungsrelevanter Reflexionstheorie von Familie.

3 Familiale Funktionen und Sondercodes

Bereits frühzeitig hat Tyrell (1978) versucht, dem Prozeß funktionaler Gesellschaftsdifferenzierung deutlichere Konturen zu geben. Ausgehend von den offensichtlichen Implikaten einer *institutionellen Trennung* und *funktionalen Fusion* postuliert er insbesondere folgende Merkmale funktionaler Gesellschaftsdifferenzierung:

1. Zwischen den sich ausdifferenzierenden Teilbereichen entstehen "Schwellen der legitimen Indifferenz", also "Freisetzung von externen Rücksichten".
2. Die "Sicherstellung von teilsystemischer relativer Autonomie" - insbesondere durch die Institutionalisierung von Grundrechten (Luhmann 1965) - bedeutet eine "Delegitimierung älterer Kontroll- und Interventionsstrukturen".
3. Funktionale Spezialisierung setzt die gesellschaftliche Anerkennung einer gewissen Exklusivität der Funktionserfüllung, ein tendenzielles Monopol mit Bezug auf bestimmte Leistungen voraus. "Die Teilsysteme müssen für ihr Tätig-

keitsfeld ... auf Dauer freigesetzt sein von konkurrierenden Zuständigkeitsansprüchen", und die unter ihren Prämissen operierenden Akteure müssen "eine Art Pauschalkredit" genießen.

4. Im Zuge der funktionalen Differenzierungen entwickeln sich im Rahmen gesellschaftlicher Teilsysteme "spezifische Handlungslogiken, Rationalitätsmuster und Motivlagen", ein Prozeß, den Tyrell als "thematische Reinigung" bezeichnet. Es entstehen mehr oder weniger eigenständige Sinnsphären, die mit Bezug auf andere gesellschaftliche Teilbereiche - aber auch mit Bezug auf ältere, 'vermischtere' Systemstrukturen - als "inkommensurabel" erlebt werden (alle Zitate Tyrell 1978, S. 183 f.).

Bereits eine oberflächliche Inspektion dieser Tyrellschen Kriterien legt nahe, 'Familie' den Status eines gesellschaftlichen Teilsystems zuzuerkennen: 1. Offensichtlich wird Familien als institutionellem Ort von Privatheit ein hohes Maß an legitimer Indifferenz gegenüber allen öffentlichen, aber auch gegenüber wirtschaftlichen und zunehmend auch religiösen Anlegenheiten zugesprochen. 2. Dementsprechend können wir eine zunehmende Freisetzung des familialen Binnenraums von externen sozialen Kontrollen - selbst der Verwandtschaft - beobachten. 3. Familien monopolisieren erfolgreich das Recht auf Fortpflanzung und die damit verbundenen Leistungen der frühkindlichen Sozialisation. 4. Die "'Kultivierung' teilsystemischer Verhaltensstile" (Tyrell 1978, S. 184) ist im Falle der Familie besonders offenkundig; allenfalls kann man sich fragen, inwieweit eine thematische Reinigung des 'Familialen' fortgeschritten ist; aber wie Luhmann (1990a) zu Recht hervorhebt, sind Themen anderer gesellschaftlicher Lebensbereiche nur insoweit Thema legitimer familialer Kommunikation, als sie auf die *Person* der beteiligten Familienmitglieder bezogen bleiben. Dieser Personenbezug ist das primäre, nicht die außerfamiliale Thematik.

Auch R. Mayntz bestätigt den teilsystemischen Charakter von Familie: "Die Familie, konkreter die Gesamtheit von Familien in einer Gesellschaft, läßt sich heute als ein auf dem Wege der Funktionalisierung befindliches Teilsystem mit einem niedrigen Grad organisierter Systemhaftigkeit beschreiben, das diesen seinen Status durch funktionale Reduktion erlangt hat" (1988, S. 38). Insbesondere die zunehmende Wahrnehmung der öffentlichen Bedeutung von Familie und die Entstehung von Familienpolitik signalisiert ihr zufolge die Entwicklung zu einem eigenständigen gesellschaftlichen Teilsystem.

Dennoch ist gerade in jüngster Zeit die Frage umstritten, ob Familie als gesellschaftliches Teilsystem gelten kann. Luhmann verneint diese Frage explizit: "Der Modus der personbezogenen re-entry schließt natürlich aus, daß es 'die' Familie als ein einziges Teilsystem der Gesellschaft geben kann - so wie 'die' Wirtschaft der Gesellschaft. Es gibt nur Einzelfamilien, und es gibt weder eine Organisation, noch ein Medium (Liebe), das die vielen Familien eint, kurz: Die Gesamtheit der Familien hat als Gesamtheit keine gesellschaftliche Funktion ... es macht nicht einmal Sinn zu sagen: Das Funktionssystem Familie sei segmentär differenziert[3] ... von jeder Zusammenfassung dieser Art kann und muß abgesehen werden, weil nur auf diese Weise die gesellschaftliche Funktion der Familien erfüllt werden kann" (1990a, S. 210f.).

Es scheint bemerkenswert, daß Luhmann - soweit ich sehe ausschließlich in diesem Kontext - eine Unterscheidung der von ihm sonst synonym gebrauchten Begriffe 'Funktionssystem' und 'gesellschaftliches Teilsystem' einführt: "Im Kontext der modernen Gesellschaft können sie (scil. die Familien) nur noch ihrerseits Funktionssysteme sein. Das führt ... auf die Frage ... wie erreicht die Familie eigenständige autopoietische Geschlossenheit, wenn die Familie im Differenzierungsschema der großen gesellschaftlichen Teilsysteme gar nicht mehr vorgesehen ist, sich also auch gar nicht mehr in ein gesellschaftsstrukturell gegebenes Raster einfügen kann?" (1990a, S. 199f.). Familie ist also bei Luhmann zwar ein "Funktionssystem" (auf der Gruppenebene?), aber kein "gesellschaftliches Teilsystem".

Wie also lassen sich die Eigenschaften gesellschaftlicher Teilsysteme genauer bestimmen? Offensichtlich braucht nicht jeder Prozeß funktionaler Differenzierung zu einem gesellschaftlichen Teilsystem zu führen. Tyrell (1978, S. 188f.) sieht zwei mögliche Entscheidungskriterien für die Frage, ob funktionsspezifische Ausdifferenzierungen als *gesellschaftliche* Ausdifferenzierung oder aber z.B. als Ausdifferenzierung im Rahmen eines gesellschaftlichen Teilsystems[4] gelten können: Der Rekurs auf einen "gesamtgesellschaftlichen Funktionshaushalt" oder "die gesamtgesellschaftliche Ausrichtung der Rollenstruktur der einzelnen Teilsysteme". Während Parsons offensichtlich den ersten Weg gewählt hat, lehnt Luhmann diesen ab und rekurriert nach Tyrell auf den zweiten: Es entstehen in jedem Funktionssystem typische, zumeist professionalisierte Rollen (z.B. Politiker, Beamte, Manager, Ärzte, Juristen), welche die Leistungen des Funktionssystems für ein spezifisches Publikum kontrollieren und sicherstellen. Und er fügt hinzu: "In Schwierigkeiten gerät man mit dem Luhmannschen Argument allerdings auf dem hochsegmentierten Familiensektor ... sichtlich nimmt die nichtprofessionalisierte Privatsphäre der Familie gesellschaftsstrukturell eine Sonderstellung ein."

Überblickt man das Luhmannsche Werk, so zeigen sich allerdings *verschiedene* Versuche, das Problem der von ihm meist als 'Funktionssysteme' bezeichneten Teilsysteme in den Griff zu bekommen. Lange Zeit schien - ähnlich wie bei Parsons - die Existenz spezifischer Kommunikationsmedien das entscheidende Argument abzugeben (zuerst Luhmann 1974), doch blieb dieser Ansatz nicht ohne triftige Kritik (Künzler 1989) und tritt in neueren Arbeiten zugunsten der Hervorhebung binärer Schematisierungen, also den sog. Codes zurück. In der zusammenfassenden Ausarbeitung seiner Systemtheorie (Luhmann 1984) sucht man die Begriffe Funktions- oder Teilsystem im Sachregister vergebens. Als Beispiele von Funktionssystemen werden das "Wirtschaftssystem", das "Funktionssystem Politik" und das "Erziehungssystem" skizziert, wobei jedoch für die beiden letztgenannten - insbesondere das Erziehungssystem - deutliche Defizite hinsichtlich der Entwicklung eines symbolisch generalisierten Kommunikationsmediums konstatiert werden (1984, S. 628). In einem neueren Aufsatz wird "Das Kind als Medium der Erziehung" postuliert, aber gleichzeitig auf das Defizit hingewiesen, daß dieses Medium sich nicht binär codieren lasse (Luhmann 1991, S. 34ff.). Im Unterschied zu anderen Funktionssystemen sei "im Falle des Erziehungssystems die Ausdifferenzierung selbst von Organisation abhängig" (1991, S. 36). An anderer Stelle skizziert Luhmann die Ausdifferenzierung von Funktionssystemen als "Zusammenhang von 1. spezifischen gesellschaftlichen Funktionen; 2. Sondercodierungen von Kommunikationsbereichen ...; 3. allmähliche Entwicklung der entsprechenden evolutionären Errungenschaften, wobei der Funktionsbezug die evolutionäre Stabilisierung begünstigt; 4. Ausdifferenzierung von codespezifisch operierenden Funktionssystemen" (1986, S. 149). Der Fall 'Familie' sei im folgenden anhand dieser anspruchsvollsten Systematik geprüft.

1) Die Kataloge der von verschiedenen Autoren vorgeschlagenen familialen 'Funktionen' sind lang und vielfältig und seien hier nicht wiederholt. Zumeist wird hinsichtlich dieser Funktionen keine klare Systemreferenz angegeben und auch zwischen normativ erwarteten und faktisch erbrachten Leistungen nicht klar unterschieden. Es ist also zu unterscheiden zwischen
a) *Aufgaben* der Familie, d.h. den von ihr bzw. den Familienmitgliedern gesamtgesellschaftlich mit einer gewissen Verbindlichkeit *erwarteten* Leistungen;
b) der Vielfalt *typischerweise* erbrachten *Leistungen* von Familien - für ihre Mitglieder, für Dritte wie Verwandte oder Nachbarn, sowie - vermittelt über einzelne Familienmitglieder - bestimmte Einrichtungen anderer gesellschaftlicher Teilsysteme;
c) *gesamtgesellschaftliche Funktionen*, d.h. solchen Leistungen von Familien, welche sie weitgehend exklusiv erbringen und deren aggregierte Effekte für andere gesellschaftliche Teilsysteme als unentbehrlich gelten.[5]

Für eine Charakterisierung von 'Familie' als gesellschaftlichem Teilsystem ist lediglich die dritte Kategorie von Bedeutung. Wir müssen unser Augenmerk also auf die gesellschaftsweit institutionalisierte Exklusivität bestimmter Leistungen der Familie richten. Diese Exklusivität scheint mir heute im wesentlichen für den Bereich der *Fortpflanzung* zu gelten, und die Verbindlichkeit dieser Exklusivität scheint in den meisten westlichen Gesellschaften in jüngster Zeit eher zu- als abgenommen zu haben. Normativ wird dies durch den *Sinnkomplex 'verantworteter Elternschaft'* legitimiert, der sich erst im 20. Jahrhundert gebildet hat, und zwar insbesondere im Zusammenhang mit der Forderung nach Geburtenkontrolle und ihrer Ausbreitung (vgl. Kaufmann 1981, S. 53ff., 1990, S. 39ff.).
Zur Begründung der auf den ersten Blick wohl eher überraschend klingenden These, daß im Gegenzug zur offenkundigen Liberalisierung der Partnerschaftsbeziehungen die normative Verbindlichkeit von Elternschaft im Laufe des 20. Jahrhunderts zugenommen habe, sei in erster Linie an das im 19.Jahrhundert noch weit, wenngleich regional unterschiedlich verbreitete Findelkinderwesen erinnert (vgl. Hunecke 1987). Erst nach dem 2. Weltkrieg sind die Waisenhäuser weitgehend verschwunden, und erst in jüngster Zeit hat die Heimerziehung generell an Akzeptanz eingebüßt. Der Normkomplex 'verantwortete Elternschaft' besagt primär, daß, wer ein Kind gezeugt hat bzw. zur Welt bringt, auch für seinen Unterhalt, seine Pflege und seine Erziehung verantwortlich ist.[6] Diese Norm ist einerseits als Elternrecht, andererseits als Pflicht zur elterlichen Sorge rechtlich

verankert, beinhaltet aber als soziale Norm erhebliche Erweiterungen. Diese werden insbesondere im Zuge der häufig als Deinstitutionalisierung von Ehe und Familie interpretierten Optionserweiterung der letzten Jahrzehnte sichtbar, welche - hauptsächlich im Zuge der gesellschaftsweiten Akzeptanz von Geburtenkontrolle - zu einer Entkoppelung von Sexualität und Fortpflanzung und damit auch zur Entkoppelung von Liebe und Ehe sowie von Ehe und Elternschaft geführt haben (vgl. Kaufmann 1990, S. 80ff.). Die Norm verantworteter Elternschaft führt dabei in einer Art Umkehrschluß zur außerhalb des Einflußbereichs der katholischen Kirche bereits weitgehend akzeptierten Maxime, daß nur solche Kinder zur Welt kommen sollen, für die die leiblichen Eltern - oder zumindest die Mutter - bereit und in der Lage sind, die Verantwortung zu übernehmen. Der erbitterte Kampf um die Regelung der Schwangerschaftsunterbrechung hat seinen normativen Hintergrund nicht nur in den emanzipatorischen Ansprüchen der Frauen, sondern auch in dieser Norm. Ihre Wirksamkeit zeigt sich z.B. in der weitgehenden Ablehnung des insbesondere in katholischen Kreisen bei Schwangerschaftskonflikten empfohlenen Auswegs, das Kind auszutragen und zur Adoption freizugeben, sowie in den erheblichen Gewissenskonflikten der meisten Frauen, die diesen Weg gegangen sind (vgl. Colomb u. Geller 1992). Die feste normative Verknüpfung von Fortpflanzung und Familie bzw. Elternschaft zeigt sich ferner in den Einstellungen und im Verhalten von Adoptiveltern, welche dazu neigen, den Tatbestand der Adoption zu verheimlichen (Hoffmann-Riem 1984), sowie in den spezifischen Konflikten, die im Zusammenhang mit den neuerdings reproduktionstechnisch möglichen Formen fragmentierter Elternschaft auftauchen (Hoffmann-Riem 1988). Schießlich deutet auch die immer häufiger erhobene Forderung nach einem gemeinsamen Sorgerecht unverheirateter oder geschiedener Eltern und das häufiger werdende Bemühen entsprechender Väter um Kontakt mit ihren Kindern auf eine verstärkte Institutionalisierung von Elternschaft hin (Jopt 1987; Baer 1989; Kraus 1993). Trotz fortschreitender Optionserweiterungen hat es den Anschein, daß im Bereich der Fortpflanzung auch 'postmoderne' Gesellschaften dazu tendieren, am normativen Modell der Filiation festzuhalten und es lediglich unter verschärfende Spezifikationen, insbesondere des Kindeswohls, zu stellen. Wo aber aus praktischen Gründen die Norm nicht eingehalten werden kann, wird versucht, durch Adoptionsvermittlungen, Pflegefamilien oder familienähnliche Heimgruppen wenigstens eine Annäherung an das familiale Modell zu erreichen.

2) Damit ist zumindest eine Leistung gefunden, die der Familie als *exklusive* Aufgabe mit hoher gesellschaftlicher Verbindlichkeit zugesprochen wird. Es stellt sich als nächstes die Frage, ob die aggregierten Effekte der damit erwarteten familialen Leistungen für andere gesellschaftliche Teilsysteme als *unentbehrlich* gelten müssen. Dies ist offensichtlich der Fall. Mit Bezug auf das 'Erziehungssystem'[7] konstatiert Luhmann (1991, S. 35): "Die Mediensemantik 'Kind' garantiert (scil. trotz fehlender binärer Codierbarkeit) hinreichend, daß damit das System Erziehung nicht am Ende ist. Es wachsen immer neue Kinder nach." Dieses 'Nachwachsen von Kindern' ist jedoch kein natürlicher, sondern ein hochgradig sozial vermittelter Prozeß, auf den die Familie ein gesellschaftliches

Monopol besitzt. Offenbar wäre also das Erziehungssystem ohne die Leistungen der Familien 'am Ende', und das gilt nicht nur in quantitativer, sondern auch in qualitativer Hinsicht.

Auch mit Bezug auf die übrigen gesellschaftlichen Teilbereiche ist die Notwendigkeit familialer Leistungen offenkundig. Familien bilden - in der frühkindlichen Phase vorwiegend allein und dann im Zusammenwirken mit dem Erziehungssystem - *Humanvermögen*, d.h. sie produzieren die *personelle Umwelt* aller anderen gesellschaftlichen Teilsysteme, von der deren Leistungsfähigkeit abhängig ist.[8] Das gilt selbst für den Fall, daß Nachwuchsdefizite in einem Land durch Zuwanderung ausgeglichen werden. Zwar entstammen dann die Humanpotentiale, auf die die organisierten Akteure der einzelnen gesellschaftlichen Teilsysteme zur Rekrutierung ihrer Mitglieder zurückgreifen, von Familien aus einem anderen nationalen oder gar ethnischen Kontext. Daraus können u.U. größere Passungsschwierigkeiten hinsichtlich der vorhandenen Kompetenzen und Motivationen resultieren, die sich als Nachteile in der Konkurrenz um begehrte Positionen auswirken. Aber im Prinzip können Fortpflanzungs'defizite', also eine als defizitär eingeschätzte Funktionserfüllung des familialen Teilsystems einer (National-) Gesellschaft innerhalb gewisser, nur politisch zu bestimmender Akzeptanzgrenzen durch Zuwanderung kompensiert werden (vgl. Kaufmann 1990, S. 59f.). Solange solcher Nachwuchs aber nicht aus 'Kinderfarmen' oder eingefangenen Straßenkindern der Dritt-Weltstädte stammt, ist damit in analytischer Perspektive die Abhängigkeit der übrigen gesellschaftlichen Teilsysteme von den Leistungen des familialen Teilsystems selbstverständlich nicht in Frage gestellt.

3) Nachdem die Existenz einer spezifischen gesellschaftlichen Funktion nachgewiesen wurde, ist im Anschluß an das erwähnte Prüfschema Luhmanns (1986, S. 149) die Frage eines spezifischen *binären Codes* zu erörtern, der es gestattet, zwischen familialen Systemreferenzen und ihrer Umwelt in eindeutiger Weise zu unterscheiden. Luhmann selbst macht die Differenz von familialem System und Umwelt am Begriff der *Person* fest. "Auch nicht familienbezogenes Verhalten wird in der Familie der Person zugerechnet und bildet ein legitimes Thema der Kommunikation. ... die Person, das ist ein Orientierungsgesichtspunkt, mit dem das System seine eigenen Grenzen unterlaufen kann, ohne sie dadurch aufzuheben oder zu verwischen" (Luhmann 1990a, S. 200f.). Wie bereits erwähnt, faßt Luhmann 'Familie' jedoch nicht als gesellschaftliches Teilsystem, sondern als davon deutlich abgehobenes 'Funktionssystem', als dessen Funktion "nach wie vor die gesellschaftliche Inklusion der Vollperson" (ebd., S. 208) postuliert wird. "Nach wie vor" soll heißen, daß hier eine Funktion persistiert: "Als segmentäre Gesellschaft, aber auch als stratifizierte Gesellschaft war das umfassende System menschlicher Kommunikation, die Gesellschaft, in sehr spezifischer Weise auf Familien und deren Kontinuitäten angewiesen. Über Familien wurden die Teilnehmer den gesellschaftlichen Teilsystemen zugeordnet" (ebd., S. 198). Moderne Funktionssysteme sind jedoch für ihre interne Differenzierung auf familiale Segmentierung *nicht* angewiesen und nehmen Personen typischerweise nur in funktions- und rollenspezifischer Weise in Anspruch. Deshalb beschränkt sich die

Inklusion der Vollperson nunmehr auf die Familie - auf die einzelne Familie. "Gerade wenn man (anders als in älteren Gesellschaften) *jedem* die Chance einer familialen Inklusion offenhalten will, erfordert dies zwingend den Verzicht auf Funktionssystemeinheit" (ebd., S. 211), also wohl das, was Luhmann hier unter gesellschaftlichem Teilsystem verstehen würde. Es ist verständlich, daß er von *diesem* Ausgangspunkt her die Existenz eines gesellschaftlichen Makrosystems Familie negiert, aber dieser Ausgangspunkt wirkt relativ willkürlich, denn was 'Person' oder 'Nicht-Person' heißt, darüber besteht alles andere als ein gesellschaftlicher Konsens. Der Personbezug eignet sich nicht als binärer Code, sowenig wie 'Kind' im Zusammenhang mit dem Erziehungssystem.[9]

Ein gesellschaftsweit akzeptierter binärer Code für 'Familie', der alle wünschenswerten Eigenschaften der Asymmetrie besitzt, steht jedoch mit dem Vorstellungskomplex *verwandt/nicht verwandt* zur Verfügung. Er ist über das Familien- und Eherecht sowie über das Erbrecht gesellschaftsweit standardisiert und bietet darüber hinaus schicht-, regions- und familienspezifischen Modifizierungen Raum. Als Code beinhaltet 'Verwandtschaft' keine Information darüber, wer im Einzelfalle als verwandt gilt; die These, Verwandschaft sei der Code des gesellschaftlichen Teilsystems Familie bedeutet lediglich, daß mit der Anerkennung des positiven Designationswertes 'verwandt' bestimmte Anschlußmöglichkeiten für 'familiäre' Kommunikationen gegeben sind, die über den Bereich des Familienhaushalts hinausreichen. Wer in diesem Sinne als verwandt gilt, ist keinesfalls nur von den rechtlich bestimmten Verwandtschaftsgraden abhängig, welche heute zunehmend durch spezifischere Zuschreibungen unterlaufen werden. Als Sekundärcode kommt dabei sowohl Sympathie-Liebe als auch Reziprozität im Hinblick auf unterschiedliche Unterstützungsformen in Frage.

Es ist auffallend, wie sehr die Analyse der Verwandtschaftsbeziehungen in der Familiensoziologie gegenüber der Analyse der Kernfamilie zurückgetreten ist.[10] Dies hängt mit der schon von Parsons hervorgehobenen Bedeutung der strukturell isolierten Kernfamilie im dominierenden Verwandtschaftssystem der Mittelschichten zusammen. Während jedoch für Parsons im Anschluß an Durkheim "das eheliche Band in einem ganz eigenartigen und in anderen Systemen nicht in gleicher Weise anzutreffenden Sinne den strukturellen Grundstein des Verwandtschaftssystems bildet" (1943 u. 1964, S. 96), scheint sich in jüngster Zeit die Verbindlichkeit der Ehebeziehung bei gleichzeitiger Verstärkung des Filiationsprinzips abzuschwächen. Sollte durch die in diesem Band dokumentierten zunehmenden Spannungen zwischen Partnerschaft und Elternschaft die Entkoppelungstendenz zwischen Ehe und Elternschaft sich verstärken, wären erhebliche Veränderungen im Verwandtschaftssystem zu erwarten, ohne daß damit jedoch die Kategorie der Verwandtschaft selbst in Frage gestellt würde.[11] Wie die neuere Netzwerkforschung zeigt, ist der von Parsons hervorgehobene Aspekt der strukturellen Isolierung von Kernfamilien ja keineswegs mit einem Verlust der Verwandtschaftsbeziehungen verbunden (vgl. Kaufmann et al. 1989). Vielmehr zeigen jüngste Untersuchungen des Deutschen Jugendinstituts (Betram, Hrsg., 1991, 1992), wie sehr der familiale Definitions-, Interaktions- und Hilfezusammenhang den Bereich der einzelnen Haushalte überschreitet, so daß die in der Familiensoziologie vorherrschende Identifikation von 'Familie = Kernfamilie = Haushalt' im Sinne einer Wiedergewinnung der Verwandtschaftsperspektive revisionsbedürftig wird. Neben den hier hervorgehobenen normativen Gesichtspunkten dürfte im übrigen auch die erhebliche Steigerung der Lebenserwartung im Alter und die damit erwartbare Koexistenz von mehr als zwei durch Filiation verbundenen Kernfamilien zu einem erneuten Interesse an Intergenerationsbeziehungen Anlaß geben (Lüscher u. Schultheis 1993).[12]

4 Familie im gesellschaftlichen Kommunikationszusammenhang

Die weiteren von Luhmann vorgeschlagenen Merkmale funktionaler Ausdifferenzierung - die Entwicklung entsprechender evolutionärer Errungenschaften und die Ausdifferenzierung von codespezifisch operierenden Funktionssystemen - bieten im Hinblick auf ein postuliertes Makrosystem 'Familie' gewisse Interpretationsschwierigkeiten.

Zum ersten ist offensichtlich, daß die mit der Ausdifferenzierung und kulturellen Typisierung der Kernfamilie einhergehende Intimisierung und Emotionalisierung familialer Alltäglichkeit mit Bezug auf die gesteigerten Erfordernisse der Primärsozialisation unter den Bedingungen von Modernisierung und Individualisierung *evolutionäre Vorteile* bietet. Die für die moderne Kernfamilie typische Verknüpfung von Haushaltsfunktionen (und damit verbundener Regeneration von Humanvermögen) einerseits und emotionaler Stabilisierung der Familienmitglieder als Folge familialer Kohäsion andererseits stellt eine Leistungskonfiguration dar, deren Personfunktionalität schwerlich überboten werden kann. Aber es handelt sich hier primär um wechselseitige Leistungen *der Familienmitglieder*, nicht unmittelbar um gesamtgesellschaftlich evolutionäre Errungenschaften. Es fällt auch schwer, die exklusive Ausdifferenzierung der Fortpflanzungsfunktion als evolutionär vorteilhaft zu behaupten, vor allem für die Länder, deren Nachwuchs in quantitativer Hinsicht eindeutig unterhalb des Bedarfes bleibt. Wenn jedoch Personhaftigkeit im Sinne kommunikabler Identität psychischer Systeme (Luhmann 1990a, S. 200, 207) oder Verantwortlichkeit (Kaufmann 1989, S. 218ff.) als funktionales Erfordernis moderner Gesellschaften dargetan werden kann, so muß auch die Institutionalisierung eines Familiensystems, das der Entwicklung von Identität förderlich ist (vgl. Lüscher 1985) als evolutionäre Errungenschaft gelten.

Was die zweite Bedingung, die *Ausdifferenzierung des Funktionssystems* betrifft, so stoßen wir wiederum auf die Äquivokation von 'Funktionssystem' und 'gesellschaftlichem Teilsystem'. Daß Familien als Funktionssysteme auf der Mikroebene existieren, ist unbestritten, aber in welchem Sinne kann von einem Funktionssystem auf den Makroebene die Rede sein? Und was heißt hier - über das bereits Gesagte hinaus - Funktionssystem? Der hochsegmentierte Charakter des Familiensystems, also die weitgehende Unabhängigkeit der einzelnen Familien voneinander, stellt zweifellos eine Besonderheit dar, die aber, wie gezeigt wurde, gerade Bedingung der gesamtgesellschaftlichen Funktionalität des Familiensektors als Ganzem ist. Segmentäre Strukturen finden wir im übrigen auch in anderen Funktionssystemen, beispielsweise im Bereich der öffentlichen Verwaltung.

Die einleitend erwähnten Gleichförmigkeiten, welche innerhalb des gesellschaftlichen Familiensektors zu beobachten sind, lassen es zudem plausibel erscheinen, daß die Unabhängigkeit der einzelnen Familien doch keine totale ist, sondern, daß Familien auch in einem *gesellschaftlichen Kommunikationszusammenhang über 'Familiales'* stehen. Dieser ist allerdings in geringerem Maße organisiert als in den anderen Funktionsbereichen. Elemente dieses gesellschaftlichen Kommunikationszusammenhangs lassen sich wie folgt spezifizieren:

1) Grundlage ist zweifellos das *Rechtssystem*, in dem vielfach auf Familie Bezug genommen wird und dessen soziale Wirkungen vielfältig sind (vgl. Eekelar 1983; Commaille 1987). Hier werden grundlegende Typisierungen vorgenommen und die Grenzen legaler Variationen bestimmt, aber auch wesentliche Vorgaben für die Art und Weise der Abhängigkeit von Familien in ihrer Umwelt formuliert. Rechtliche Tatbestände als solche und insbesondere ihre Veränderung spielen jedoch für die einzelnen Familien nur in Ausnahmesituationen (wie z.B. bei Scheidungsprozessen) eine direkte Rolle.

2) Über die rechtliche Institutionalisierung hinaus ist Familie Gegenstand *öffentlicher Kommunikation*. Das gilt insbesondere in den Ländern, die eine eigenständige Familienpolitik ausdifferenziert haben, so zuerst in Frankreich, wo sich bereits im 19. Jahrhundert ein deutliches gesellschaftspolitisches Interesse an der Stabilisierung der Familie als Bollwerk gegen anomische Tendenzen der Gesellschaftsentwicklung und als Garant der demographischen Reproduktion artikulierte (vgl. Schultheis 1988); ähnliche Überlegungen führten zur Legitimation der familienpolitischen Komponente in den skandinavischen Wohlfahrtsstaaten (vgl. G. u. A. Myrdal 1934; A. Myrdal 1945). In der Bundesrepublik Deutschland hat der öffentliche Diskurs über Familien vor allem durch die periodische Familienberichterstattung in den letzten zwei Jahrzehnten an Profil gewonnen (vgl. Walter 1992). Im angelsächsischen Raum hat sich dagegen bisher ein vergleichbarer, am Konzept 'Familie' orientierter politischer Diskurs kaum entwickelt. Dies dürfte zum einen mit der dominierenden 'malthusianischen' Einstellung zu Bevölkerungsfragen (Eversley 1982), zum anderen mit dem radikaleren Liberalismus und Individualismus der angelsächsischen 'Civic Culture' zusammenhängen.[13] Aber auch über die politischen Diskurse hinaus können wir in allen Ländern eine mehr oder weniger ausgeprägte 'Familienrhetorik' beobachten (vgl. Lenoir 1985; Lüscher et al. 1989), also eine oft ideologisch gefärbte Auseinandersetzung über das, was Familie heißt, sein soll, leistet oder nicht leistet usw. Es liegt auf der Hand, daß mit dem Verblassen traditionaler Legitimationen die Humanwissenschaften, insoweit sie sich mit Familie beschäftigen, zu bevorzugten Lieferanten von Denk- und Argumentationsfiguren dieser Familienrhetorik werden. Das gilt seit den 30er Jahren für die USA, in Europa ist seit etwa einem Jahrzehnt eine

Konjunktur des Themas 'Familie' in den verschiedensten Wissenschaften zu beobachten. Auch wenn sich bis heute kein klares Konzept einer gesellschaftlich anerkannten 'Familienwissenschaft' entwickelt hat, so können doch die wissenschaftlichen Anregungen zur Familienrhetorik als Ansätze zu einer Reflexionsinstanz des gesellschaftlichen Teilsystems Familie betrachtet werden.

3) Weder das Recht noch die Familienrhetorik beeinflussen im Regelfalle das Familienleben unmittelbar, aber sie sind offensichtlich auch nicht wirkungslos. So scheinen z.B. die öffentlichen Diskurse über Ehe zu einer Psychologisierung des Alltagsbewußtseins beigetragen zu haben (Schülein 1990, Mahlmann 1991). Wie aber können wir uns den *Zusammenhang zwischen gesellschaftsweiten Kommunikationsprozessen und den Kommunikationen der einzelnen Familien* vorstellen?
a) Zum einen ist auf unterschiedliche *Massenmedien* zu verweisen: 'Familienserien' des Fernsehens mögen überwiegend klischeehaft sein, ebenso wie Trivialromane; daneben finden sich 'Familienseiten' mit sinn- und hilfreichen Artikeln, aber auch spezialisierte Zeitschriften, welche Partner oder Eltern als Zielgruppe ansprechen usw.
b) Aus kommunikationstheoretischer Perspektive ist jedoch zu vermuten, daß die Wirksamkeit derartiger Informationsangebote von *Verstärkungsprozessen in interpersoneller Kommunikation* entscheidend abhängig ist. Derartige Kommunikationen können zum einen zwischen einzelnen Familienmitgliedern und Repräsentanten anderer gesellschaftlicher Teilsysteme stattfinden: Anwälte beraten über Rechtsfragen der Familie, Ärzte über Familienhygiene, Lehrer und Sozialarbeiter verwickeln Eltern in Erziehungsgespräche, Ehe- und Erziehungsberater brauchen sich über mangelnde Klientel nicht zu beklagen usw.
c) *Netzwerkbeziehungen* sind wohl die wichtigsten Kommunikationszusammenhänge mit Bezug auf Familiales, und sie sind nach wie vor überwiegend *verwandtschaftlich* geprägt. Sie beziehen darüber hinaus häufig Personen in ähnlicher Lebenslage und mit ähnlichen Lebensstilen mit ein. Auf diese Weise entstehen spezifische Selektivitäten bereits im Umfeld der Familien, die im Regelfall die Wahrscheinlichkeit des Anfallens 'akzeptabler' Informationen erhöhen. Ein nicht unerheblicher Teil der Alltagskommunikation in und zwischen Familien dreht sich um - Familie! Es bilden sich somit über die einzelnen Familien hinausgehende Kommunikationszusammenhänge, die - wenngleich natürlich in von Lebensstil und Lebenslage abhängiger Weise - für das gesellschaftlich verbreitete Wissen über Familie eine größere Offenheit aufweisen als Einzelfamilien. Der überwiegend informelle Charakter derartiger Kommunikationen entspricht wiederum dem spezifischen Charakter familialer Lebensweise mit ihrer Gebundenheit an einen funktional diffusen Alltag.

4) Schließlich ist nicht zu übersehen, daß 'Familie' allgemein als *gesellschaftlicher Wert* anerkannt ist. Der Wunsch nach einem 'glücklichen Familienleben' rangiert nur wenig hinter der meist erstplazierten 'Gesundheit' in der Hierarchie erfragbarer Wünsche. Und nicht nur der grundgesetzliche Schutz von "Ehe und Familie" verdeutlicht, daß ein hoher gesellschaftlicher Konsens über die Werthaf-

tigkeit von Familie herrscht. Allerdings scheinen Elemente des herrschenden Familienideals, insbesondere die lebenslange Dauerhaftigkeit der Ehe, an strikter Verbindlichkeit zu verlieren und andere - z.B. die Hausfrauen- und die Vaterrolle, aber auch die Kindesrolle - ihre Wertigkeit zu ändern. Aber *alternative* Lebensmodelle - etwa dasjenige der 'freien Liebe' oder der bewußten Kinderlosigkeit - erreichen nur geringe Resonanz. Die beobachtbare Pluralisierung der Lebensformen und Lebensstile scheint - soweit sie vom kernfamilialen Ideal abweicht - eher Ausdruck familialer, situativer oder persönlicher Überforderungen denn Anzeichen alternativer normativer Lebensentwürfe zu sein. Die Persistenz der Familienleitbilder bei abnehmender praktischer Verbindlichkeit läßt sich als *Idealisierung* der Familienleitbilder kennzeichnen (Kaufmann 1988, S. 411).

5 Zusammenfassung

Zusammenfassend läßt sich festhalten, daß der familiale Bereich nach wie vor deutliche Zeichen einer gesamtgesellschaftlichen Institutionalisierung aufweist, welche die Rede von einem 'gesellschaftlichen Teilsystem' rechtfertigen können. Während seine funktionalen Spezifika klar profiliert sind, bleibt es in seinen Strukturen jedoch relativ unorganisiert und unterscheidet sich gerade hierin vom Luhmannschen 'Erziehungssystem', dem ein binärer Code fehlt, das sich aber über Organisation aufrechterhält. Die begriffliche Ausarbeitung dessen, was mit 'gesellschaftlichem Teilsystem' gemeint ist, bleibt auch in der sonst prägnanten Theorie Luhmanns noch wenig kohärent. Im Zentrum seines differenzierungstheoretischen Forschungsprogramms steht auch ein anderer Gedanke: Die Rekonstruktion der Emergenz von Funktionssystemen im historischen Zusammenhang. Die Eleganz des Theorieansatzes besteht darin, daß er gesellschaftliche Differenzierung als Prozeß mit zwei Seiten - als Ausdifferenzierung einzelner Funktionssysteme und als Innendifferenzierung des Gesellschaftssystems - begreift, wobei die Folgewirkungen bestimmter Schritte der funktionalen Verselbständigung auf die Umwelt *eines* emergenten Teilsystems ihrerseits als Impulse zur weiteren Differenzierung und funktionalen Verselbständigung in seiner Umwelt gedeutet werden. So wird gesellschaftliche Funktionsdifferenzierung als sich selbst tragender Prozeß konstruiert, der zwar komplementäre Entdifferenzierungen nicht ausschließt, aber der Entwicklung doch eine eindeutige Richtung im Hinblick auf komplexere Strukturen gibt.

Das Erkenntnisinteresse dieses Verfassers hat eine andere Stoßrichtung. Das Interesse an einer Makrotheorie der Familie resultiert hier aus der Beschäftigung mit der Frage nach den Möglichkeiten und Grenzen familienpolitischer Intervention. Ein Gemeinwesen, das sich zur Konzeption und Institutionalisierung familienpolitischer Maßnahmen bekennt, setzt implizit voraus, daß Familien in wie auch immer geartete gesellschaftliche Zusammenhänge verflochten sind, die einer politischen Beeinflußung offenstehen. Denn zumindest in den grundsätzlich liberalen Staaten der westlichen Welt ist die Privatheit der Familie anerkannt, ein unmittelbares direktives Einwirken des Staates auf die Familien somit normativ ausgeschlossen. Familienpolitik ist daher bis heute nahezu ausschließlich eine 'Politik der guten Absichten', es fehlt ihr an klaren Vorstellungen über ihr Wirkungsfeld und ihre Wirkungsweise. *Insoweit als sich 'Familie' als gesellschaftliches Teilsystem begreifen läßt, gewinnt man eine heuristisch fruchtbare Vorstellung für die Aufklärung möglicher Wirkungsweisen von Familienpolitik* (vgl. Kaufmann 1990, S. 127ff., 150ff.).

Dem soziologischen Analytiker familienpolitischer Bemühungen ist es verwehrt, die Teilsystemhaftigkeit von Familie in einem essentialistischen Sinne zu postulieren. Viele Anzeichen deuten ja darauf hin, daß in den letzten zwei Jahrzehnten tiefgreifende gesellschaftliche Veränderungen auch die Entfaltungsbedingungen von Familie verändern und überwiegend beeinträchtigen. Faßt man diese Prozesse als 'Deinstitutionalisierungstendenz' von Familie, so könnte dies systemtheoretisch auch als zunehmende Auflösung eines gesellschaftlichen Teilsystems 'Familie' verstanden werden, was nicht ohne Konsequenzen für das Programm einer 'Familienpolitik' bleiben müßte.[14] Wie gezeigt wurde, bezieht sich jedoch der Verbindlichkeitsverlust bisheriger Normen im wesentlichen auf die Partnerschaftsdimension, nicht auf die Elternschaftsdimension, deren normative Ansprüche sich im Laufe dieses Jahrhunderts im Gegenteil verschärft zu haben scheinen. Dies führt zweifellos zu spezifischen Konflikten und trägt - neben der offensichtlichen Optionserweiterung für weibliche Lebensentwürfe - vermutlich nachhaltig zum Wachstum jener Minderheit der nachwachsenden Generationen bei, die permanent auf Inklusion in einer Zeugungsfamilie verzichten. Noch wählen ca. drei Viertel den Weg in eine eigene Familie mit Kindern. Wovon ist es abhängig, ob ihr Anteil steigt oder sinkt? Um dies zu begreifen, ist eine Makrosoziologie der Familie vonnöten, deren differenzierungstheoretische Variante als besonders aussichtsreich erscheint.

Anmerkungen

[1] Grundlegend König 1969; Tyrell 1976. Vgl. auch Kaufmann 1975, 1988; Tyrell 1979, 1982; Schumacher u. Vollmer 1982; Schulze 1985.

[2] Eine angemessene deutsche Übersetzung bereitet Schwierigkeiten, vgl. Jensen 1976, S. 64f.

[3] Diese Auffassung vertritt Tyrell, A.d.V.

[4] Ein Beispiel: Kann das Gesundheitssystem als gesellschaftliches Teilsystem oder z.B. als Teilsystem von 'Wirtschaft' gelten? Und wonach ist das zu entscheiden?

[5] Zur genaueren Ausarbeitung dieser Unterscheidungen vgl. Kaufmann 1990, S.33 ff. - Auch Luhmann (z.B.1981, S. 81ff.) unterscheidet zwischen 'Leistungen' (als Beziehung eines Teilsystems zu anderen Teilsystemen) und 'Funktion' (als Beziehung eines Teilsystems zur Einheit, als deren Teil es gilt). Wenn aber das gesellschaftliche Gesamtsystem nur als strukturierte Differenz der Teilsysteme und ihrer wechselseitigen Abhängigkeit gedeutet werden kann, lassen sich m.E. auch gesamtgesellschaftliche Funktionen nur über die Leistungen eines gesellschaftlichen Teilsystems für seine - im Regelfall ebenfalls teilsystemische - Umwelt interpretieren. - Vor dem Hintergrund neuerer Entwicklungen der Luhmannschen Theorie stellt sich allerdings die Frage, inwieweit er überhaupt noch 'Leistungen' als Element sozialer Zusammenhänge anerkennt, da Leistungen nicht nur die Kommunikations-, sondern auch die Verhaltensebene involvieren. Die 'Wirtschaft' besteht nicht nur aus Zahlungen, sondern auch aus Lieferungen, wie die ökonomische Unterscheidung von Geld- und Güterkreislauf verdeutlicht.

[6] Eine vielschichtige Darstellung moderner Elternrollen gibt Schülein 1990.

[7] Ob und inwieweit für moderne Geselllschaften überhaupt von einem 'Erziehungssystem' gesprochen werden kann, als dessen organisatorischer Kern das Schulwesen und als dessen Reflexionswissenschaft die Pädagogik gilt (vgl. Luhmann u. Schorr 1988; Gilgenmann 1991), bleibt fragwürdig. Der "Erziehungsauftrag der Schule" ist gesellschaftlich durchaus umstritten, man spricht gemeinhin auch eher vom 'Bildungssystem'.

[8] Zur hiermit implizierten vermögenstheoretischen Perspektive vgl. zuerst Krüsselberg 1977. Neben den *Arbeitsvermögen*, welche in etwa dem ökonomischen Begriff des Humankapitals äquivalent sind, unterscheidet Krüsselberg *Vitalvermögen* als die Gesamtheit der außerwirtschaftlich relevanten Humanvermögen. Im vorliegenden Zusammenhang können wir Humanvermögen als die Gesamtheit der Kompetenzen und Motive interpretieren, die von den gesellschaftlichen Teilsystemen 'nachgefragt' bzw. in Anspruch genommen werden - unter Einschluß der Motivation zur Elternschaft und der Fähigkeit, Kinder aufzuziehen, als die für die Fortsetzung des Teilsystems Familie unverzichtbaren Voraussetzungen.

[9] Eindeutiger binär strukturiert ist der von Luhmann früh vorgeschlagene Code 'Liebe', doch wird er gerade mit Bezug auf familiale Verhältnisse zu diffus; dem von Leupold (1983) für die Ehebeziehung ersatzweise vorgeschlagenen Code 'Partnerschaft' dagegen fehlt wiederum die nötige Trennschärfe.

[10] Eine der letzten deutschen Studien ist Pfeil u. Ganzert 1973! Die einzige mir bekannte neuere Familiensoziologie, die der Verwandtschaft ihren systematischen Stellenwert zurückgibt ist französischen Ursprungs (Segalen 1990).

[11] Selbst die 'brave new families', welche Judith Stacey (1991) in Silicon Valley erforschte, kennen Verwandtschaftsbeziehungen, ja sie können sich sogar zwischen der geschiedenen Frau und ihrer Nachfolgerin etablieren! Stacey vermutet jedoch mit guten Gründen, daß das typisch 'postmoderne' Verwandtschaftsmuster in der Regel eher 'matrifokal' sein wird als das uns geläufige moderne, weil die Männer sich leichter und stärker aus dem Familienzusammenhang zurückziehen.

[12] Entsprechende Forschungsprojekte laufen derzeit am Forschungsschwerpunkt 'Familie und Gesellschaft' der Universität Konstanz sowie am Bundesinstitut für Bevölkerungsforschung in Wiesbaden.

[13] In jüngster Zeit mehren sich vergleichende Untersuchungen zur Familie und Familienpolitik in Europa, was als Vorstufe zu einer transnationalen Thematisierung von Familie, insbesondere im Rahmen der EG gelten kann. Vgl. Höllinger 1989; Boh et al. 1989; Donati u. Matteini 1991; Gauthier 1991; Gesellschaft für Familienforschung 1992; Federkeil 1992.

[14] Beachtliche Analysen der jüngsten Entwicklungen geben Schulz 1983; Lüscher et al. 1988; v. Trotha 1990; Burkart u. Kohli 1992.

Literatur

Baer I (1989) Neue Lösungen im Kindschaftsrecht. Zeitschrift für Rechtspolitik 9:344-350

Bertram H (Hrsg) (1991) Die Familie in Westdeutschland. Stabilität und Wandel familialer Lebensformen. DJI: Familien-Survey 1. Leske und Budrich, Opladen

Bertram H (Hrsg) (1992) Die Familie in den neuen Bundesländern. Stabilität und Wandel in der gesellschaftlichen Umbruchsituation. DJI: Familien-Survey 2, Leske und Budrich, Opladen

Boh K et al (eds) (1989) Changing Patterns of European Family Life. A Comparative Analysis of 14 European Countries. Routledge, London, New York

Burkart G, Kohli M (1992) Liebe, Ehe, Elternschaft. Die Zukunft der Familie. Piper, München, Zürich

Commaille J (1987) Ordre familial, ordre social, ordre légal. Eléments d'une sociologie politique de la famille. Année sociologique 37:265-290

Donati P, Matteini M (1991) Quale politica per quale famiglia in Europa. Franco Angeli, Milano

Eekelar J (1983) Familienrecht und Sozialpolitik. Duncker u Humblot, Berlin

Eversley D (1982) Prospects for a Population Policy in the United Kingdom. In: Eversley D, Köllmann W (eds) Population Change and Social Planning. Arnold, London

Federkeil G (1992) Familiale Lebensformen, Lebenslagen und Familienalltag im internationalen Vergleich. Forschungsbericht. Institut für Bevölkerungsforschung und Sozialpolitik, Universität Bielefeld

Gauthier AH (1991) Family Policies in Comparative Perspective. Discussion Paper No. 5. Center for European Studies, Nuffield College, Oxford

Gesellschaft für Familienforschung (1992) Zwölf Wege der Familienpolitik in der Europäischen Gemeinschaft - Eigenständige Systeme und vergleichbare Qualitäten. Vorläufiger Bericht. Bonn

Gilgenmann K (1991) Pädagogische Kommunikation. Drei Beiträge zur Bildungssoziologie. Osnabrücker sozialwissenschaftliche Manuskripte 7/91. Universität Osnabrück

Golomb E, Geller H (1992) Adoption zwischen gesellschaftlicher Regelung und individuellen Erfahrungen. Westarp Wiss., Essen

Haslinger A (1982) Uneheliche Geburten in Österreich. Historische und regionale Muster. Demographische Informationen 1982:2-34

Hegel GWF (1821) Grundlinien der Philosophie des Rechts oder Naturrecht und Staatswissenschaft im Grundrisse. Neudruck Fischer, Frankfurt/Main (1968)

Höllinger F (1989) Familie und soziale Netzwerke in fortgeschrittenen Industriegesellschaften. Eine vergleichende Studie in sieben Nationen. Soziale Welt 40:513-535

Hoffmann-Riem C (1984) Das adoptierte Kind. Familienleben mit doppelter Elternschaft. Fink Verlag, München

Hoffman-Riem C (1988) Fragmentierte Elternschaft: Technologischer Fortschritt und familiale Verarbeitung. In: Lüscher K et al (Hrsg) Die 'postmoderne' Familie. Familiale Strategien und Familienpolitik in einer Übergangszeit. Konstanzer Universitätsverlag, Konstanz, S 216-233

Hunecke V (1987) Die Findelkinder von Mailand. Kindaussetzung und aussetzende Eltern vom 17. bis zum 19. Jahrhundert. Klett-Cotta, Stuttgart

Johnson HM (1961) Sociology. A Systematic Introduction. Routledge & Kegan Paul, London

Jopt U (1987) Nacheheliche Elternschaft und Kindeswohl - Plädoyer für das gemeinsame Sorgerecht als anzustrebender Regelfall. Zeitschrift für das gesamte Familienrecht 875-885

Jensen S (1976) Einleitung zu Talcott Parsons. Zur Theorie sozialer Systeme. Westdeutscher Verlag, Opladen, S 9-67

Kaufmann FX (1975) Familiäre Konflikte und gesellschaftliche Spannungsfelder. In: Landeszentrale für politische Bildung des Landes Nordrhein-Westfalen (Hrsg) Der Mensch in den Konfliktfeldern der Gegenwart. Verlag Wissenschaft und Politik, Köln, S 165-188

Kaufmann FX (1981) Zur gesellschaftlichen Verfassung der Ehe - heute. In: Böckle F et al (Hrsg) Christlicher Glaube in moderner Gesellschaft. Herder, Freiburg i. Br., Teilbd. 7, S 44-59

Kaufmann FX (1982) Art. Wirtschaftssoziologie I: Allgemeine. In: Albers W et al (Hrsg) Handwörterbuch der Wirtschaftswissenschaft. Fischer, Stuttgart/Mohr, Tübingen/Vandenhoeck, Göttingen, Bd 9, S 239-267

Kaufmann FX (1988) Familie und Modernität. In: Lüscher K et al (Hrsg) Die 'postmoderne' Familie. Familiale Strategien und Familienpolitik in einer Übergangszeit. Universitätsverlag, Konstanz, S 391-415

Kaufmann FX (1989) Über die soziale Funktion von Verantwortung und Verantwortlichkeit. In: Lampe EJ (Hrsg) Verantwortlichkeit und Recht. Jahrbuch für Rechtssoziologie und Rechtstheorie XIV, S 204-224

Kaufmann FX (1990) Zukunft der Familie. Stabilität, Stabilitätsrisiken und Wandel der familialen Lebensformen sowie ihre gesellschaftlichen und politischen Bedingungen. Beck, München

Kaufmann FX et al (1989) Netzwerkbeziehungen von Familien. Bundesinstitut für Bevölkerungsforschung, Wiesbaden

König R (1969) Soziologie der Familie. In: König R (Hrsg) Handbuch der empirischen Sozialforschung II. Enke, Stuttgart, S 172-305

König R (1973) Alte Probleme und neue Fragen in der Familiensoziologie. In: Claessens D, Milhoffer P (Hrsg) Familiensoziologie - Ein Reader als Einführung. Athenaeum Verlag, Frankfurt, S 123-143

Kraus O (Hrsg) (1993) Die Scheidungswaisen. Vandenhoek & Ruprecht, Göttingen

Krüsselberg HG (1977) Die vermögenstheoretische Dimension in der Theorie der Sozialpolitik. Ein Kooperationsfeld für Soziologie und Ökonomie. Kölner Zeitschrift für Soziologie und Sozialpsychologie, Soziologie und Sozialpolitik SH 19:232-259

Künzler J (1989) Medien und Gesellschaft. Die Medienkonzepte von Talcott Parsons, Jürgen Habermas und Niklas Luhmann. Enke, Stuttgart

Kytir J, Münz R (1986) Illegitimität in Österreich. Demographische Informationen 1986:7-21

Leupold A (1983) Liebe und Partnerschaft: Formen der Codierung von Ehen. Zeitschrift für Soziologie 12:297-327

Lenoir R (1985) Transformations du familialisme et reconversions morales. In: Actes de la recherche en sciences sociales 59, p 3-48

Luhmann N (1965) Grundrechte als Institution. Ein Beitrag zur politischen Soziologie. Duncker u Humblot, Berlin

Luhmann N (1974) Einführende Bemerkungen zu einer Theorie symbolisch generalisierter Kommunikationsmedien. Zeitschrift für Soziologie 3:236-255

Luhmann N (1977) Differentiation of Society. Canadian Journal of Sociology 2:29-53

Luhmann N (1981) Politische Theorie im Wohlfahrtsstaat. Olzog, München

Luhmann N (1982) Liebe als Passion. Zur Codierung von Intimität. Suhrkamp, Frankfurt/Main

Luhmann N (1984) Soziale Systeme. Grundriß einer allgemeinen Theorie. Suhrkamp, Frankfurt/Main

Luhmann N (1986) "Distinctions directrices". Über Codierung von Semantiken und Systemen. Kölner Zeitschrift für Soziologie u Sozialpsychologie, Kultur u Gesellschaft SH 27:145-161

Luhmann N (1990) The paradox of System Differentiation and the Evolution of Society. In: Alexander JC, Colomy T (eds) Differentiation Theory and Social Change. Comparative and historical perspectives. Columbia UP, New York, p 409-440

Luhmann N (1990a) Sozialsystem Familie. In: Ders. Soziologische Aufklärung 5: Konstruktivistische Perspektiven. Westdeutscher Verlag, Opladen, S 196-217

Luhmann N (1991) Das Kind als Medium der Erziehung. Zeitschrift für Pädagogik 37:19-40

Luhmann N, Schorr KE (1979) Reflexionsprobleme im Erziehungssystem. Klett-Cotta, Stuttgart

Lüscher K, Schultheis F, Wehrspaun M (1988) Die 'postmoderne Familie'. Familiale Strategien und Familienpolitik in einer Übergangszeit. Konstanzer Universitätsverlag, Konstanz

Lüscher K, Wehrspaun M, Lange A (1989) Familienrhetorik. Über die Schwierigkeiten 'Familie' zu definieren. Zeitschrift für Familienforschung 1. Jahrgang, Bd 1, 2:61-76

Lüscher K, Schultheis F (Hrsg) (1993) Intergenerationsbeziehungen in der postmodernen Gesellschaft. Universitätsverlag, Konstanz

Mahlmann R (1991) Psychologisierung des 'Alltagsbewußtseins' am Beispiel des öffentlichen Diskurses über Ehe. Westdeutscher Verlag, Opladen

Myrdal A u G (1934) Kris i Befolkningsfragan. A Bonniers, Stockholm

Myrdal A (1945) Nation and Family. The Swedish Experiment in Democratic Family and Population Policy. Kegan Paul, London

Parsons T (1959) General Theory in Sociology. In: Merton RK, Broom L, Cottrell LS (eds) Sociology Today. Problems and Prospects. Basic Books, New York p 3-38

Parsons T (1964) Das Verwandtschaftssystem in den Vereinigten Staaten (engl. 1943). In: Ders. Beiträge zur soziologischen Theorie. Luchterhand, Neuwied, Berlin

Parsons T (1972) Das System moderner Gesellschaften. Juventa, München

Parsons T, Smelser NJ (1956) Economy and Society. A Study in the Integration of Economic and Social Theory. Free Press, Glencoe, Illinois

Pfeil E, Ganzert J (1973) Die Bedeutung der Verwandten für die großstädtische Familie. Zeitschrift für Soziologie 2:366-383

Riedel M (1969) Studien zu Hegels Rechtsphilosophie. Suhrkamp, Frankfurt/Main

Rüschemeyer D (1985) Spencer und Durkheim über Arbeitsteilung und Differenzierung. Kontinuität oder Bruch? In: Luhmann N (Hrsg) Gesellschaftliche Differenzierung. Zur Geschichte einer Idee. Westdeutscher Verlag, Opladen, S 163-180

Schülein JA (1990) Die Geburt der Eltern. Über die Entstehung der modernen Elternposition und den Prozeß ihrer Aneignung und Vermittlung. Westdeutscher Verlag, Opladen

Schultheis F (1988) Sozialgeschichte der französischen Familienpolitik. Campus, Frankfurt, New York

Schulz W (1983) Von der Institution 'Familie' zu den Teilbeziehungen zwischen Mann, Frau und Kind. Soziale Welt 34:401-420

Schulze HJ (1985) Autonomiepotentiale familialer Sozialisation. Enke, Stuttgart

Schulze HJ (1987) 'Eigenartige Familien'- Aspekte der Familienkultur. In: Karsten ME, Otto HU (Hrsg) Die sozialpädagogische Ordnung der Familie. Juventa, Weinheim, München, S 27-43

Schumacher J, Vollmer R (1982) Differenzierungs- und Entdifferenzierungsprozesse im Familiensystem. In: Hondrich KO (Hrsg) Soziale Differenzierungen - Langzeitanalysen zum Wandel von Politik, Arbeit und Familie. Campus, Frankurt, New York

Schwab D (1967) Grundlagen und Gestalt der staatlichen Ehegesetzgebung in der Neuzeit bis zum Beginn des 19. Jahrhunderts. Gieseking, Bielefeld

Segalen M (1990) Die Familie - Geschichte, Soziologie, Anthropologie. Campus, Frankfurt, New York

Simmel G (1890) Über sociale Differenzierung. Sociologische und psychologische Untersuchungen. Duncker und Humblot, Leipzig

Stacey J (1991) Backward Toward the Postmodern Family. In: Die Modernisierung moderner Gesellschaften. Verhandlungen des 25. Deutschen Soziologentages in Frankfurt am Main 1990. Campus, Frankfurt, New York

Trotha v. T (1990) Zum Wandel der Familie. Kölner Zeitschrift für Soziologie und Sozialpsychologie 42:452-473

Tyrell H (1976) Probleme einer Theorie der gesellschaftlichen Ausdifferenzierung der modernen Kernfamilie. Zeitschrift für Soziologie 5:393-417

Tyrell H (1978) Anfragen an eine Theorie der gesellschaftlichen Differenzierung. Zeitschrift für Soziologie 7:175-193

Tyrell H (1979) Familie und gesellschaftliche Differenzierung. In: Pross H (Hrsg) Familie - wohin? Leistungen, Leistungsdefizite und Leistungswandlungen der Familie in hochindustrialisierten Gesellschaften. Rowohlt, Reinbek, S 13-77

Tyrell H (1982) Familie und Religion im Prozeß der gesellschaftlichen Differenzierung. In: Eid V, Vaskovics L (Hrsg) Wandel der Familie - Zukunft der Familie. Grünewald, Mainz, S 19-74

Tyrell H (1983) Zwischen Interaktion und Organisation II. Die Familie als Gruppe. In: Neidhardt F (Hrsg) Gruppensoziologie. Perspektiven und Materialien. Kölner Zeitschrift für Soziologie und Sozialpsychologie, Opladen SH25:363-390

Walter W (1992) Vom Familienleitbild zur Familiendefinition. Familienberichte und die Entwicklung familienpolitischer Konzepte von 1953-1990. Ms. Forschungsschwerpunkt 'Familie und Gesellschaft', Universität Konstanz

Romantische Liebe und Liebe zum Kind.
Zur Differenz der Codierung
von Partnerschaft und Elternschaft

Klaus Gilgenmann

Universität Osnabrück, FB Sozialwissenschaften, Seminarstraße 33, 49074 Osnabrück

In diesem Beitrag versuche ich, den in der Familiensoziologie beschriebenen Wandel der Formen familialer Kommunikation zurückzuführen auf funktionale Differenzierung zwischen intimcodierten Partnerschaftssystemen und pädagogisch codierten Eltern-Kind-Systemen. In der aktuellen familiensoziologischen Diskussion in der BRD besteht wohl Konsens, daß die Beschreibung des Verhaltens im Bereich von Elternschaft, Partnerschaft und Haushaltsbildung, die mit Hilfe amtlicher Statistik und soziologischer Verlaufsstudien angefertigt werden kann, sich stark unterscheidet von dem seit dem 18. Jh. in Europa aufgekommenen (und weltweit verbreiteten) Ideal der bürgerlichen Familie. Allerdings werden die Unterschiede kontrovers bewertet, von manchen Autoren als Untergang der Familie, von anderen als Fortsetzung in gewandelten Formen gedeutet. In der alltagssprachlichen Entwicklung gibt es viele Anzeichen dafür, daß diejenigen Recht behalten, die den alten Begriff der Familie - der die Koppelung von Elternschaft, Liebespartnerschaft und Haushaltsführung in einem Sozialsystem unterstellt - aufgeben und dafür plädieren, als Familie nur noch die Wohngemeinschaft von Eltern und Kindern zu bezeichnen. Diese Auffassung wird gestützt durch empirische Beobachtungen der neueren Familiensoziologie, wonach die Form der Ehe heute nicht mehr als Selbstverwirklichungsbedingung i.S. des Liebesideals, dafür aber umso nachdrücklicher als Sozialisationsbedingung für den Nachwuchs gewählt wird. Dabei handelt es sich m.E. nicht um eine "zweite Wahl", sondern auch um die Entfaltung eines Selbstverwirklichungsprojekts, das an die klassisch-modernen Motive bürgerlicher Familienbildung anknüpft, sie unter veränderten Bedingungen respezifiziert und in pädagogischer Hinsicht sogar steigert.

Ich versuche im folgenden, diese Entwicklung nicht als Bruch zu beschreiben, sondern als langfristig angelegten evolutionären Trend. Ich ziehe eine Entwicklungslinie von der Koppelung von Elternschaft und Partnerschaft im Medium der familialen Liebessemantik bis zur Ausdifferenzierung von zwei verschiedenen Codierungen dieser Semantik entlang verschiedener Funktionssysteme der modernen Gesellschaft. Die hier skizzierten Tendenzen hängen zusammen mit Modernisierungsprozessen der Gesellschaft. Die Dynamik der modernen Paarbeziehung, ihre Herauslösung aus der Form der Familie, läßt sich nicht auf die gesteigerte Pädagogisierung der Eltern-Kind-Beziehungen zurückführen. Ebensowenig lassen sich die gesteigerten Ansprüche und Risiken in der Eltern-Kind-Beziehung auf das

Abdriften der Paarbeziehung aus der Familie zurückführen. Es handelt sich um Emergenzphänomene: die Ausdifferenzierung partnerschaftlicher Intimbeziehungen als gesondertem Teilsystem der Gesellschaft und die Ausdifferenzierung der Eltern-Kind-Beziehungen als Teil des Bildungssystems der Gesellschaft.[1]

1 Zur Koppelung von Gatten- und Eltern-Kind-Kommunikation

In den sozialen Formen, auf die heute rückblickend der Terminus Familie angewendet wird, dominierte zunächst das Verwandtschaftsprinzip, das fast alle sozialen Teilnahmechancen steuerte. Es wurde nur begrenzt durch das Exogamieprinzip, das (durch Inzestverbot) das externe Eingehen von Lebensgemeinschaften erzwang. In der Semantik der modernen Familie lassen sich beide Prinzipien noch rekonstruieren. Die Semantik der Partnerliebe knüpft am Prinzip der freigewählten Lebensgemeinschaft an, die pädagogische Semantik hingegen an einem residualen Verwandtschaftsverhältnis. Im frühbürgerlichen Familienideal erscheint beides noch eng gekoppelt: einerseits die Wirtschafts- und Lebensgemeinschaft der Geschlechtspartner und andererseits das Verwandtschaftsverhältnis der Generationen. Im Vergleich zur alteuropäischen Familie zeigt sich in dieser Koppelung jedoch bereits eine doppelte Reduktion: Die Haushaltsgemeinschaft reduziert sich in der Regel auf das Elternpaar mit den unselbständigen Kindern. Dieser Reduktionsprozeß zur sogenannten Kleinfamilie ist häufig beschrieben worden. Der Reduktionsprozeß in den Verwandtschaftsbeziehungen ist davon nicht klar unterschieden worden. Denn in ihrer residualen Form als Eltern-Kind-Beziehungen ist die traditionelle gesellschaftsstrukturelle Funktion des Verwandtschaftsprinzips kaum mehr zu erkennen.

Die alteuropäische Gesellschaft hatte sich in politische und zivile Gesellschaft geteilt. Die Grundeinheit der Zivilgesellschaft war der Oikos, das Ganze Haus. Es gab jedoch keine zusammenfassende Bezeichnung für die im Haus eingeschlossenen sozialen Beziehungen. Es setzte sich zusammen aus drei verschiedenen Standesbeziehungen, die nur über die patriarchalische Herrschaftsposition des Hausvaters zusammengehalten wurden: 1. der Ehestand als Herrschaft über die Frau, 2. der Elternstand als Herrschaft über die Kinder und 3. der Hausstand als Herrschaft über das Gesinde. Die Subordination in allen drei Beziehungen unter den Hausvater erscheint - zumindest ideengeschichtlich - als eine alteuropäische Kontinuität von Aristoteles bis ins 18. Jh. Hauszucht und Schutz für alle Angehörigen des Hauses sind komplementär angelegt. Nichtverwandte sind darin eingeschlossen. Die Subordination wirkt der Vertraulichkeit und Intimität unter den Hausangehörigen entgegen. Als Oberschichtenmodell wirkt diese Struktur vorbildhaft in allen Schichten, die überhaupt einen Stand (Eigentum) begründen.

Die rigide Koppelung von Elternschaft, Partnerschaft und Haushalt durch Subordination wird im 18. Jh. abgelöst durch die losere Koppelung[2] von Ehe und Elternschaft im Medium der Liebessemantik, die das Erfolgsmodell der bürgerlichen Familie begründet. Die familiale Liebessemantik ist von Anfang an auf die Eltern-Kind-Beziehung bezogen. Die Integration der partnerbezogenen Liebessemantik - insbesondere als passionierte Liebe, die auch Sexualität einschließt - in die Ehegattenbeziehung findet später statt als der entsprechende Wandel der Semantik in der Eltern-Kind-Beziehung, der diese Integration zugleich ermöglicht und begrenzt (Schwab 1975, S. 253ff.). Zunächst wandelt sich die Rolle des Hausvaters, die für eine Sentimentalisierung in der Wahrnehmung der Kinder frei wird, während die Mutter noch in der Rolle des Gesindevorstands verbleibt.[3] Zugleich werden Grenzen der Familie als Eltern-Kind-Gruppe gegenüber dem Gesinde gezogen. Die Stoßrichtung der Pädagogisierung der Eltern-Kind-Beziehungen geht dahin, die Kinder nicht länger den Einflüssen nicht zur Familie gehöriger Personen (Ammen etc.) zu überlassen. Mit dem Rückgang der ökonomischen Funktionen des Haushalts wird auch die Mutter-Rolle sentimental aufgewertet, wird zur pädagogisch erwünschten Komplementärrolle zur Rolle des Kindes. Die Differenzierung erfolgt noch entlang der vormodernen Dreigliederung - Gattin, Hausfrau, Mutter -, löst aber deren tradierte Begründung auf.

Die Verbindung des Familienbegriffs mit Intimkommunikation markiert den Beginn der modernen Familie. Nicht nur die Beziehungen der Partner, die eine Lebensgemeinschaft eingehen, sondern auch die Verwandtschaftsbeziehungen, wenn die Partner zu Eltern werden, werden von der Intimkommunikation überformt. Dennoch bleibt der Grad der Intimisierung der Kommunikation in der Familie als lose Koppelung von Partnerschaft und Elternschaft begrenzt: Einerseits können die Kinder nicht zu Partnern der Eltern werden. Andererseits ist auch in der Partnerbeziehung eine Distanz eingebaut, die sich v.a. aus der geschlechtsspezifischen Aufteilung von häuslicher (v.a. kinderbezogener) und außerhäuslich-erwerbsmäßiger Arbeit ergibt.[4]

1.1 Dimensionen der Liebessemantik

Tyrell hat herausgearbeitet, daß das gemeinsame Element der Liebessemantik im Hinblick auf die Koppelung von Ehe- und Eltern-Kind-Beziehungen in der Einzigartigkeit der jeweils adressierten Person besteht (Tyrell 1987). Gattenliebe soll sich bloß auf den Gatten, Elternliebe soll sich auf die eigenen Kinder richten. Der Nichtaustauschbarkeit des Ehepartners entspricht die Nichtaustauschbarkeit der Kinder.[5] Beides wurde alteuropäisch anders aufgefaßt. Die Betonung der Individualität[6] der Person und die damit verbundene Relevanz der Bewußtseinsbezüge wird zum Merkmal der modernen Intimkommunikation.

Die moderne Geschlechtsliebe ist prinzipiell selbstgenügsam, sie dient keinem äußeren Zweck - wie etwa der Nachwuchssicherung in der alteuropäischen Auffassung. Diese Selbstzweckhaftigkeit gilt nicht in gleicher Weise für die Eltern-Kind-Beziehungen: Zwar soll auch die Liebe zu (den eigenen) Kindern bedingungslos gegeben werden. Aber sie dient dennoch - oder gerade in dieser Bedingungslosigkeit - einem externen Zweck: nämlich deren Entwicklung und Zukunft. So zeigen sich bei näherer Betrachtung erhebliche Unterschiede in der

Verwendung der Liebessemantik in der Ehegattenbeziehung einerseits und der Eltern-Kind-Beziehung andererseits:

1. Der Unterschied wird in der Sozialdimension am deutlichsten mit der *Normativität*sforderung: Ehegatten sollen einander uneingeschränkt lieben. Wenn das nicht (mehr) der Fall ist, ist das ein Unglück, aber weder unnatürlich noch moralisch vorwerfbar. Eltern sollen auch ihre Kinder lieben. Wenn sie das nicht tun, ist das aber unnatürlich und moralisch verwerflich. Andererseits können Kinder ihre Eltern nicht in gleicher Weise lieben wie diese ihre Kinder. Und es gibt Einschränkungen der Liebe auf beiden Seiten.

2. Die *Reziprozität*snorm ist in der Ehegattenbeziehung also strikter angelegt als in der Eltern-Kind-Beziehung. In der Eltern-Kind-Beziehung ist diesbezüglich eine Asymmetrie angelegt, die sich temporal wandeln soll mit der Verstehenskompetenz der Kinder (ohne jemals zur Symmetrie zu finden). Andererseits ist die Liebe zwischen Eltern und Kindern normativ stärker auf zeitliche Kontinuität angelegt.[7] Während die Gattenliebe auf der - immer wieder riskanten - Herstellung übereinstimmender Motive und Empfindungen beruht, soll die elterliche Liebe sich auf das außersprachliche Fundament einer natürlichen Bindung stützen können (Bowlby 1980)

3. Auch der *Monopol*anspruch der Liebe - der in der Sachdimension die Grenzen zur Umwelt bestimmt - ist in der Ehegattenbeziehung weitaus strikter gedacht. Das System erscheint mit zwei Individuen geschlossen. Für Dritte ist kein Platz. In der Liebe zwischen Eltern und Kindern ist zwar auch auf die Einzigartigkeit der Beteiligten abgestellt, jedoch ist die Zahl der Liebespartner auf Kinderseite erweiterbar.[8] Jedes weitere Kind hat das gleiche Recht auf elterliche Liebe. Umso wichtiger ist andererseits der einschränkende Bezug dieser Liebessemantik auf die Leiblichkeit der Eltern-Kind-Beziehung.[9]

Im folgenden Abschnitt versuche ich das tradierte Motiv der elterlichen Liebe genauer zu beschreiben, dessen Verständnis ja durch die gegenwärtig sich vollziehende Ausdifferenzierung von pädagogischer und Liebessemantik in der Familie erschwert wird.[10]

1.2 Filiatorische Bindung der Liebessemantik

Die Sozialgeschichtsschreibung der Familie hat gezeigt, daß das Interesse am Kind in der traditionellen Gesellschaft weitgehend gesichert war durch das ökonomische Eigeninteresse der Eltern an ihrer Altersversorgung.[11] Manche Autoren ziehen daraus den kulturkritischen Schluß, daß der Nachwuchs deshalb in der Moderne zunehmend von Vernachlässigung bzw. Gleichgültigkeit bedroht sei. Die eher zunehmende Behütung von Kindern in der modernen Kleinfamilie wird als ein Übergangsphänomen gewertet, das der vollen Durchsetzung moderner Sozialstrukturen zum Opfer fallen muß (Beck u. Beck-Gernsheim 1990). In Abgrenzung von dieser Auffassung kann gefragt werden, ob es in der modernen Kleinfamilie ein funktionales Äquivalent für das ökonomische Interesse der alteuropäischen Eigentümerfamilie gibt. Der Vergleich mit der Funktion der Liebessemantik in

Paarbeziehungen Erwachsener ist hier instruktiv: So wie das ökonomische Interesse des alteuropäischen Eigentümers am Ehepartner offenkundig abgelöst werden konnte durch das Motiv der Partnerliebe, so konnte das ökonomische Interesse am Kind abgelöst werden durch das Motiv der elterlichen Liebe.

In der neueren Erziehungswissenschaft wird das Liebesmotiv, häufig noch verknüpft mit naturrechtlicher Argumentation, zur Begründung pädagogischer Intentionen herangezogen. In diesem Sinne setzt z.b. Klaus Prange den Ausgangspunkt aller pädagogischen Intentionen anthropologisch bei der Hilfsbedürftigkeit des Neugeborenen an.[12] Der Lebensanfang sei auch der Anfang aller Erziehung. Zwar kann die natürliche Hilfsbedürftigkeit des Kindes nicht schon als zureichende Begründung für die Funktionen der pädagogischen Kommunikation angesehen werden. Deshalb muß eine normative Begründung in der sozialen Rolle der Elternschaft gefunden werden. Die Begründung rekurriert im Kern auf das moderne Freiheitsmotiv. Prange zitiert Kant, man müsse "den Akt der Zeugung als einen solchen ansehen, wodurch wir eine Person ohne ihre Einwilligung auf die Welt gesetzt, und eigenmächtig in sie herüber gebracht haben; für welche Tat nun auch eine Verbindlichkeit haftet, sie, soviel in ihren Kräften ist, mit diesem ihrem Zustande zufrieden zu machen."[13] Der entscheidende Punkt ist hier, daß Elternschaft über die "Tat" des in die Welt Setzens von Kindern abgeleitet, also an die Leiblichkeit der Eltern gebunden wird. Damit ist Elternschaft keine Rolle mit austauschbarem Personal. Die in der Elternschaft begründete pädagogische Intention kann nicht auf pädagogische Organisationen übertragen werden.

Prange weist darauf hin, daß die pädagogische Begründung der Elternschaft ambivalente Folgen in zweierlei Richtung enthält: Die ausschließlich über die "Tat" bzw. die leibliche Eltern-Kind-Beziehung begründete Verantwortung bringt Eltern in eine Lage, "die man früher auch als unausweichlich metaphysische Schuld gekennzeichnet hat". Sie können eigentlich die Verantwortung für die Folgen ihrer pädagogisch intendierten Handlungen, wenn sie sie denn bewußt reflektieren würden, gar nicht tragen. Sie benötigen daher einen Entlastungsmechanismus, und ebendieser wird in der familialen Liebessemantik bereitgestellt. "Liebe ist das Argument, unter dem Erziehung sozial vertretbar und zumutbar erscheint. Nicht zufällig sprechen wir vom Mantel der Liebe: er umhüllt nicht nur das Kind, er deckt auch das, was die Eltern tun und lassen und von dem man nachträglich sieht, was daraus geworden ist ... Die Liebessemantik immunisiert gegen die Zurechenbarkeit der Folgen" (Prange 1991, S. 25).

Die familiale Liebessemantik bildet das - semantisch noch undifferenzierte - Medium, in dem pädagogische Kommunikation unter den besonderen Bedingungen der körperlichen Nähe und der Bewußtseinsrelevanz der Interaktionen zwischen Eltern und Kindern möglich wird. Liebe ermöglicht und relativiert die Verantwortung der Eltern für die Folgen ihrer pädagogisch intendierten Handlungen. Die Einbettung der pädagogischen Kommunikation in die familiale Liebessemantik ist jedoch nur die eine Seite dieser Medium-Form-Beziehung. Wenn man die Form der Liebe zum Kind mit der (ausdifferenzierten) Form der Erwachsenenliebe vergleicht, wird die andere Seite erkennbar, in der die Liebeskommunikation gebrochen erscheint durch die Intention der Erziehung. Durch die Formen der pädagogischen Kommunikation wird die Liebe zum Kind in ihrer temporalen Kontinuität und sozialen Reziprozität begrenzt.

Vor allem die Wahrnehmung der Ungleichheit der Entwicklungsvoraussetzungen der Persönlichkeit setzt der Liebeskommunikation zwischen Eltern und Kindern Grenzen.[14] Im romantischen Liebesideal kann es keine Grenze und schon gar kein pädagogisches Grenzensetzen geben, denn es gilt nur die Höchstrelevanz der anderen Person. Wer jedoch in der Liebe zum Kind nach diesem Muster verfährt, kann es nicht erziehen. Das Primat der Erziehung verhindert die volle Reziprozität des Liebens. Die Liebe zum Kind kann sich nur einseitig (bzw. asymmetrisch in den Formen der kindlichen Elternliebe) verwirklichen. Sie enthält - verglichen mit dem Reziprozitätsideal der romantischen Liebe - ein Opfermotiv (das in der bürgerlichen Familienform aufgrund ähnlicher Ungleichheiten der Gattenliebe nicht so auffallen mußte wie heute).

2 Ausdifferenzierung der Liebespartner-Kommunikation

Die tradierte Funktion der Liebe als Medium der Koppelung von Elternschaft und Partnerschaft verträgt sich nicht mit ihrer Funktion in der Intimkommunikation. Intimität bedeutet Höchstrelevanz des Bewußtseins für das Zustandekommen der Kommunikation und damit Nichtaustauschbarkeit der Person. Sie verlangt nicht nur eine Konstellation, in der 'Alters' Erleben Anschlußbedingung für 'Egos' Handeln ist, sondern zieht zugleich eine Grenze gegenüber allen anderen Kommunikationen, in denen keine vergleichbare Bewußtseinsreferenz hergestellt werden kann. Partnerschaftliche Intimkommunikation gewinnt ihre spezifische Funktion in der alltäglichen Verarbeitung funktional differenzierter Kommunikation im Bewußtsein.

Den Ansatzpunkt für die im folgenden zu beschreibende Differenzierung von Elternschaft und Partnerschaft in der familialen Kommunikation sehe ich in der unterschiedlichen Ausprägung der Generations- und Geschlechtsachse in der Zeit- und Sozialdimension der familialen Intimkommunikation: in den Geschlechtsbeziehungen eine Kontingenzreduktion durch Selektion der Reziprozität und Kontingentsetzung zeitlicher Stabilitätserwartungen und in den Generationsbeziehungen eine Kontingenzreduktion durch Selektion der Kontinuität und Kontingentsetzung der sozialen Symmetrieerwartungen.[15]

2.1 Differenzierungen der Intimkommunikation

Als wesentliches Merkmal der modernen Intimkommunikation[16] beschreibt Luhmann ihren *Ausnahmecharakter* im Hinblick auf die gattungsgeschichtliche Evolution von Kommunikation in Sozialsystemen schlechthin: durch die strikte Personorientierung der Kommunikation ständig zu thematisieren, was die beteiligten psychischen Systeme in die Kommunikation einbringen bzw. nicht einbringen. Dies wurde am Thema der passionierten Liebe bis ins 18. Jahrhundert tendenziell als Pathologie angesehen und dann im Rahmen der bürgerlichen Liebessemantik normalisiert.

Wenn Liebe als das Medium bezeichnet wird, in dem die Codierung von Intimität möglich wird, so ist damit eine typisch moderne Errungenschaft bezeichnet, die die Unterscheidbarkeit von persönlicher und unpersönlicher Kommunikation bereits voraussetzt (vgl. Luhmann 1982, S. 13ff.). Intimkommunikation markiert die Ausschließung aller Kommunikation, in der die Relevanz der Person eingeschränkt ist. Hier soll alles thematisiert werden können. Gerade deshalb können nicht alle Personen zu dieser Kommunikation zugelassen werden. Während die unpersönliche Kommunikation der großen Funktionssysteme die Persönlichkeit ausschließt, aber dafür alle Personen einschließt, schließt die Intimkommunikation zwar immer nur bestimmte Personen ein, dafür aber nichts Persönliches aus.

In den Formen der Intimkommunikation wird der Gang der Gattungsgeschichte, worin sich psychische und soziale Systeme des Menschen gegeneinander ausdifferenzierten, ein Stück weit rückholbar durch strikte Personorientierung der Kommunikation. Die Evolution der Mitteilungsmedien (v.a. Sprache, Schrift und Druck) hat eine Distanzierung von Kommunikation und Bewußtsein ermöglicht, die hier - auf der Ebene des sichtbaren Körperverhaltens - wieder eingezogen wird. Die unter Bedingungen funktionaler Differenzierung der Gesellschaft für die Beteiligung an Kommunikation erwartete Disziplin psychischer Systeme wird gerade *nicht erwartet*.[17] Das ermöglicht Intimgruppen wie Familie, Elternschaft und Partnerschaft besondere Regressions-, Regenerations- und Reflexionsprozesse. Im günstigen Falle kann deshalb die Ausdifferenzierung von Kommunikation und Bewußtsein hier ontogenetisch *nach*vollzogen werden (vgl. Luhmann 1982, S. 219).

Während die alteuropäischen Familienstrukturen die persönlichen Teilnahmechancen an gesellschaftlicher Kommunikation weitgehend vorstrukturierten, konnte die frühbürgerliche Familie dies schon nicht mehr garantieren. Dafür wuchs ihr die neue Funktion zu, durch Intimkommunikation ganzheitliche Inklusionsformen der Person zu ermöglichen - und dies in doppelter Hinsicht: in der Eltern-Kind-Beziehung im Hinblick auf ein zukünftiges Bewußtsein des Anderen und in der Gattenbeziehung im Hinblick auf die Aktualität des Bewußtseins des Anderen. Die Ausdifferenzierung dieser Doppelfunktion muß keineswegs eine Auflösung der Familie als Gruppe (als sog. Lebensform) bewirken. Aufgelöst wird offenbar ihr Monopol auf die Funktionen der Intimkommunikation zwischen Erwachsenen. Damit einher geht eine Respezifizierung ihrer Funktionen für pädagogische Kommunikation, auf die sie ja schon bürgerlich kein Monopol mehr hatte.

Im Medium der familialen Liebessemantik wird das Auseinandertreten der Formen intimer Geschlechtspartnerkommunikation und pädagogischer Eltern-Kind-Kommunikation zunehmend beobachtbar. Die familiale Kommunikation wird pädagogisch überformt durch die Semantik der Kindheit, in der "natürliche Bindung" und zeitliche Kontinuität betont werden. Die den "Zufall der Begegnung" und damit zeitliche Kontingenz akzentuierende Semantik der romantischen Liebe fixiert sich demgegenüber in Formen, die mit der Radikalisierung der wechselseitigen Höchstrelevanz der Motive und Emotionen einer *einzigen Person* pädagogische Kommunikation gerade ausschließen.

2.2 Durchsetzung von Reziprozität in der Liebe

Zunächst noch eingebunden in die Formen familialer Kommunikation, gekoppelt an die Evolution der Elternschaft, hat sich in der Moderne die Form der partnerschaftlichen Intimkommunikation entwickelt, die als romantische Liebe bezeichnet wird. Diese Form der Intimkommunikation grenzt sich nun nicht nur gegen andere Funktionssysteme (temporär) ab, sondern innerhalb der Familie auch gegen Intimbeziehungen jenes älteren Typs, der sich auf das phylogenetisch und ontogenetisch verankerte Prinzip der Filiation stützt.[18] Es handelt sich gewissermaßen um eine Symbiose neuen Typs, ein System, das im Unterschied zur frühkindlichen Symbiose gerade nicht auf der - gattungsgeschichtlich vorprogrammierten - Körpererfahrung, sondern auf der Grundlage höchster Exklusivität der Selbstwahrnehmung in einer funktional differenzierten Umwelt zustandekommt.[19]

Welches Problem der Gesellschaft verschafft der Intimkommunikation unter Erwachsenen einen so gesteigerten Stellenwert, daß diese Form der Kommunikation aus der tradierten Einheit der Familie ausschert und - vermittels eines eigenen Binärcodes[20] - dafür als eigenständiges Teilsystem[21] der Gesellschaft emergiert? Funktionale Differenzierung bedeutet normalerweise Ausschluß einer ganzheitlichen Repräsentation der Person in der jeweiligen Teilhabe an Kommunikation. Die Person ist in dieser Hinsicht nur die einheitliche Adresse für ganz verschiedene, nebeneinanderherlaufende Formen der Kommunikation. Es bleibt dem individuellen Bewußtsein überlassen, diese Einheit jenseits der Kommunikation für sich herzustellen. Intimkommunikation unter Erwachsenen bietet eine spezifische Form der Verarbeitung des Problems an, wie dem individualisierten Bewußtsein geholfen werden kann, seine eigene Einheit zu erkennen - genauer: sie angesichts funktionaler Differenzierung wiederherzustellen. Diese Herstellung der Einheit ist nicht möglich, ohne sie zu überschreiten. Intimkommunikation verwandelt sich aus der literarischen Hochform zum alltäglichen Mittel der Selbstüberschreitung des auf sich zurückgeworfenen Bewußtseins.[22]

Sowohl in der Auslegung für Partnerschaft wie in der für Elternschaft bedeutet Geliebtwerden "Angenommensein" im Sinne einer Rechtfertigung der individuellen Existenz. Weil und soweit es Liebe gibt, erscheint die eigene Existenz nicht bloß als ausgesetzt in der Welt, sondern als (von einem anderen) gewollt. Für soziologische Beobachtung kommt es nun darauf an zu unterscheiden, wie dieses Angenommensein durch Liebeskommunikation verschieden ausgeformt wird in Partnerschafts- und Eltern-Kind-Beziehungen. Ein wesentlicher Unterschied ist m.E. darin zu sehen, daß im Erwachsenenbewußtsein bereits eine reflexive Verarbeitung funktionaler Differenzierung der Kommunikation i.S. des Erlebens des

Scheiterns ganzheitlicher Inklusionserwartungen in vielen Kommunikations-
versuchen enthalten ist. Auf diesem Erfahrungshintergrund wird Liebe als eine
hochkontingente Erfahrung gewertet, die Ganzheitlichkeit der Inklusion ermöglicht - um den Preis der Ausgrenzung dieser Kommunikation aus allen anderen
Kommunikationsvollzügen.[23] Genau diese funktionale Differenziertheit und damit
Kontingenz der partnerschaftlichen Liebeskommunikation ist nicht wahrnehmbar
aus der Perspektive des kindlichen Bewußtseins. Hier ist noch alle Kommunikation Liebeskommunikation - also ohne erkennbare Grenzziehung -, oder es findet
überhaupt keine Kommunikation statt.

Die Ausdifferenzierung der Funktionen des Intimcodes einerseits und des pädagogischen Codes andererseits setzt Teilnahme der Frauen an der Welt des
Berufslebens (sowie der Politik, Bildung, Kunst etc.) und entsprechende Teilnahme der Männer an der Betreuung der Kinder voraus. Die Relationierung
ungleicher Elemente der familialen Kommunikation entlang komplementärer Geschlechtsrollen wird aufgehoben zugunsten der funktionalen Inklusion der Personen beiderlei Geschlechts an allen Funktionssystemen. Das ist nicht die Beschreibung einer schönen Utopie, sondern einer für alle Beteiligten risikoreichen
Entwicklung.[24] Sie verlangt besondere Fähigkeiten, temporalisiert und situations-
bezogen die in der jeweiligen Kommunikation verlangten Motive und Einstellungen zu mobilisieren. Um z.B. den Wechsel von den in der Eltern-Kind-Beziehung pädagogisch erlaubten Mustern der Regression auf kindliche Entwicklungs-
stufen des Bewußtseins und Verhaltens zu den in der Berufswelt erwarteten
Mustern universell-unpersönlicher Leistungsorientierung vollziehen zu können,
bedarf es offenkundig eines höheren Maßes an psychischer Individuation, an Stabilität und Flexibilität, als dies in der tradierten Arbeitsteilung der Geschlechter
erforderlich war.[25]

Meine bisherige Argumentation läßt sich dahingehend zusammenfassen, daß
die Ausdifferenzierung der partnerschaftlichen Intimkommunikation mit einem
eigenen Code eine späte Errungenschaft der Moderne ist, die erst auf der Grundlage voller Reziprozität und der Unabhängigkeit von Filiationszwecken entstehen
kann.[26] Aus derselben Argumentationslinie folgt nun, daß auch die pädagogische
Codierung der Eltern-Kind-Beziehung eine späte Errungenschaft der Moderne ist,
die vom tradierten Filiationsmuster strikt zu unterscheiden ist.[27]

3 Ausdifferenzierung der Eltern-Kind-Kommunikation

In Abgrenzung von der familiensoziologisch verbreiteten These von der "Pluralisierung der Lebensformen" versuche ich den gegenwärtigen Formwandel der
Familie auf funktionale Differenzierung zurückzuführen. Ich komme jetzt zurück
auf die eingangs aufgestellte These, daß die Eltern-Kind-Kommunikation funktional zum Bestandteil des Bildungssystems geworden sei. Diese Behauptung erscheint kontraintuitiv, wenn man die Familie mit der Schulklasse vergleicht und

dabei an das hohe Maß an organisatorischer Einbindung des Unterrichts, vielleicht auch an die konfliktiven Beziehungen zwischen Eltern und Schule, an staatliche Interventionsmacht etc. denkt.[28] Der hier relevante Vergleichspunkt ist jedoch nicht die Schule als Organisation, sondern die pädagogische Ego-Alter-Konstellation im Unterricht. Entsprechende Vergleichsgesichtspunkte ergeben sich in den sogenannten sozialpädagogischen Einrichtungen, die - vom Kindergarten über die Betreuung von Behinderten, Straffälligen und Alten - eine große institutionelle Heterogenität aufweisen. Die Frage muß also erweitert werden: Wo liegt das einheitsbildende Moment, das es rechtfertigen könnte, in allen diesen Fällen von pädagogischer Kommunikation zu sprechen?

In allen Fällen handelt es sich um das Arrangement von Sonderumwelt zur Verbesserung der Bedingungen der Koppelung von Bewußtsein an Kommunikation. Das Bewußtsein kann mehr oder weniger individuiert sein, wird jedoch in jedem Fall als unangepaßt wahrgenommen[29] im Hinblick auf schon etablierte Normalstrukturen der Kommunikation. Es geht also um ein abweichendes Arrangement zur Behebung von Abweichungen, gleichgültig ob diese als ontogenetisch primär oder als sekundär erworben bezeichnet werden. Ausgehend davon, daß es sich um *ein* Funktionssystem handelt, suche ich das einheitsverbürgende Moment in der einheitlichen Codierung des funktionsspezifischen Kommunikationsmediums.

3.1 Dimensionen der pädagogischen Kommunikation

Woran ist pädagogische Kommunikation zu erkennen? Und woran speziell in der Familie? Es muß sich um eine Form der Kommunikation handeln, die gewissermaßen auf den ersten Blick erkennbar macht, daß es sich um Pädagogik (und nicht z.B. um Therapie oder ein Verkaufsgespräch oder um Liebespartnerschaft) handelt. Zunächst ist davon auszugehen, daß diese Form sich in derselben Ego/Alter-Konstellation fixiert, in der sich auch der Intimcode herausgebildet hat: 'Egos' Handeln versucht, an 'Alters' Erleben anzuschließen. In der pädagogischen Kommunikation wird 'Alters' Erleben fixiert und 'Alters' Handeln kontingent gesetzt. Die Entwicklung des Welterlebens des Kindes ist der Ausgangspunkt, von dem aus pädagogische Handlungsalternativen bestimmt werden. Entlang dieser einheitlichen Primärorientierung lassen sich m.E. verschiedene Binär-Alternativen benennen[30], die in verschiedenen pädagogischen Handlungsfeldern zur Geltung kommen:

Die primäre Spezifikation der Codierung läßt sich in Situationen beobachten, in denen die Sozialdimension der pädagogischen Kommunikation Vorrang hat. Das entsprechende Handeln wird gewöhnlich als *Erziehung* bezeichnet.[31] Im Bereich der familialen und außerfamilialen Erziehung besteht die binäre Codierung aller pädagogischen Kommunikation in der Alternative, dem Kind die Folgen seiner eigenen Handlungen zuzurechnen oder nicht. Bestimmte Handlungen werden dem Kind zugerechnet, es muß bei Normabweichungen also mit Sanktionen rechnen. Andere Handlungen werden ihm nicht zugerechnet. Es darf aus

Fehlern lernen, ohne mit (vollen) Sanktionen rechnen zu müssen. Die Zurechnung relativiert sich am Entwicklungsstand des Kindes und dementsprechend die Selektion der Handlungen. Der Binärschematismus, der hier die Anschlußfähigkeit pädagogischer Kommunikation sichert, läßt sich m.E. genau bezeichnen in der Alternative: *Gewähren oder Nichtgewähren*. Das Binärschema ist zwar wertfrei, aber nicht symmetrisch konzipiert. Entgegen einem verbreiteten antipädagogischen Ressentiment besteht das vorrangige Mittel gerade nicht in Bestrafungen, sondern in der gezielten Freistellung von Sanktionen, die bei Erwachsenen auf vergleichbare normabweichende Handlungen erfolgen würden.[32]

Eine zweite Spezifikation der Codierung läßt sich in Situationen beobachten, in denen die Zeitdimension der pädagogischen Kommunikation Vorrang hat. Das entsprechende Handeln wird als *Unterricht* bezeichnet. Im Bereich des schulisch und außerschulisch organisierten Unterrichts besteht die binäre Codierung v.a. in der Alternative, auf den aktuell gegebenen Entwicklungsstand oder auf einen vorgestellten zukünftigen Entwicklungsstand des kindlichen Bewußtseins Bezug zu nehmen. Die Alternativen sind auch hier keineswegs symmetrisch in der Verwendung. Nomalerweise wird im Unterrichtshandeln auf einen möglichen - von 'Ego' und 'Alter' gleichermaßen im Zukunftshorizont vorstellbaren - Entwicklungsstand des Bewußtseins Bezug genommen und von daher Variation des kindlichen Bewußtseins herausgefordert. Andererseits bleibt der gegenwärtige Entwicklungsstand stets als Vergleichs- und Ansatzpunkt pädagogischen Handelns erhalten. Wahrscheinlich ist es kein Zufall, daß in dieser Dimension, in der die Erzeugung von Variation Vorrang hat, die Zeitdimension nicht nur im Hinblick auf die Entwicklung des Kindes, sondern auch mit Bezug auf das pädagogische Handeln selbst hineinkommt. Die Provokation durch Unterricht ist nach Stunden (und Lebensphasen) terminiert. Sie hat stets einen Anfang und ein Ende. Die lebensgeschichtliche Terminierung erfolgt durch die Selektionsentscheidungen der Schule als Organisation.[33]

Die familiale Lebensform stellt kein auf pädagogische Kommunikation spezialisiertes System dar.[34] Aber die elterliche Liebe zum Kind bildet eine Voraussetzung dafür, daß im Primärcode der pädagogischen Kommunikation die Positivseite, also Gewähren statt Nichtgewähren, zum Zuge kommt. Ohne das Medium der Liebe wäre in der Elternrolle die situationsbezogene Austauschbarkeit beider Seiten des Primärcodes, wäre wohl v.a. das pädagogische Gewähren nicht durchhaltbar. Für Pädagogen in der professionalisierten Rolle ist die gewährende Einstellung mittels zeitlicher Beschränkung leichter durchzuhalten.

3.2 Steigerungsformen der Liebe zum Kind

Die "Zukunft der Familie" hängt nach Auffassung vieler Autoren davon ab, ob es ein fundamentales menschliches Bedürfnis gibt, das in keinem anderen Teilsystem der Gesellschaft ebensogut befriedigt werden kann. Der einschlägige Hinweis auf die besondere Bedürfnislage von Kindern[35] hilft hier jedoch nicht weiter, denn Kinder können keine Familien gründen.[36] Es geht um die Bedürfnisse von Erwachsenen. Zumindest zwei Arten von Bedürfnissen, die zum herkömmlichen Fundament der Familie zählten, müssen für die Gegenwart tendenziell ausgeschieden werden: erstens das Motiv der Altersversorgung, zweitens nun aber auch das Motiv der Liebespartnerschaft. Mit der Abschwächung der christlich-sakramentalen Ehemoral und der staatlich-polizeilichen Konkubinatsverfolgung entfallen wesentliche Gründe, Liebespartnerschaft in die Form der Ehe zu bringen und so mit Elternschaft zu koppeln. Nicht die Familie, sondern das freischwebende Paar (die "Zweierbeziehung") bildet den Ort der Verwirklichung dieser Bedürfnisse.

Es gibt allerdings eine tradierte Motivlage, die in der gegenwärtigen Entwicklung der Familiensemantik nicht ausgeschieden zu werden scheint. Das ist das Motiv der Transzendierung der eigenen Lebensspanne durch Kinder. Dieses Motiv läßt sich parallel rekonstruieren zu dem Motiv der Transzendierung der eigenen Individualität in der Liebespartnerschaft, das sich aus der Familienbindung löst. Die Differenz liegt in der Zeitdimension. Während das Verschmelzungsmotiv in der Partnerbeziehung seine Erfüllung ganz im Hier und Jetzt hat, ohne Garantie der Dauer, lebt das intergenerative Transzendierungsmotiv ganz vom Zukunftshorizont, seine Erfüllung kann individuell nicht erlebt, sondern stets nur vorgestellt werden.

Der Entwicklungspsychologe Erikson hat dieses Motiv durch den Vergleich mit der Werkvorstellung eines Künstlers für seine Nachwelt interpretiert.[37] Kinder sind gewissermaßen das Werk, das der Normalbürger seiner Nachwelt hinterläßt und in dem er ein Stück weit seine eigene Lebensspanne transzendiert. Der Werkcharakter der generativen Hinterlassenschaft macht zugleich deutlich, daß es sich hier nicht einfach um ein Motiv der biologischen Reproduktion handelt. Ein Werk kann mißlingen und damit auch das Gedenken in der Nachwelt. Je höher die pädagogischen Erwartungen in der intergenerativen Kommunikation, desto wahrscheinlicher wird aber deren Mißlingen. Das Werkmotiv wäre für sich genommen wohl eine zu riskante Option, um als stabiles Motiv für Familienbildung herangezogen zu werden. Es wird aber in der Liebe zum Kind durch eine Motivlage abgestützt, die die intergenerative Kommunikation von der strengen Bezugnahme auf künftige Wirkungen abkoppelt, ohne das tradierte Motiv der Lebenstranszendierung durch eigene Kinder aufzulösen. Das Motiv der Eltern, in der Gestaltung des Lebens des Kindes ihr individuelles Leben zu transzendieren, ist die fremdreferentielle Seite einer Motivlage, deren selbstreferentielle Seite in den regressiven Interaktionen zwischen Eltern und Kind zu erkennen ist.

Pädagogische Kommunikation verlangt einen Verzicht auf Reziprozitätserwartungen, wie sie die Erwachsenenliebe kennzeichnet. Genau dies ermöglicht nur die hochindividualisierte Liebe der Eltern zum Kind. Daß es sich hier nicht bloß um Opferbereitschaft handelt, sondern auch für Erwachsene eine "Gegenleistung" herausspringt, ist in der einschlägigen Literatur schon häufig vermerkt worden.[38] Der Eigenwert der kindzentrierten Interaktion kann auf Erwachsenenseite in einer - durch "erlaubte" und "gezielte" Regression gesteuerten - Aufarbeitung eigener kindlicher Bedürfnisse gesehen werden. Die pädagogische Interaktion in Eltern-Kind-Dyaden ist selbst eine Form der Bewußtseinsevolution auf Erwachsenenseite. Sie bietet dem erwachsenen Bewußtsein die Chance, verdrängte Anteile der eigenen infantilen Bedürfnisse zuzulassen und zu integrieren.[39]

Statt einer Destabilisierung der gesellschaftlichen Funktionen der Familie, legt die hier skizzierte Beschreibung es nahe, ihre Restabilisierung durch Differenzierung zu erwarten.[40] Die soziale Ausdifferenzierung familialer Lebensformen ist noch keineswegs an ihr mögliches Ende gekommen. Das Modell der Einheit von Elternschaft und Partnerschaft, das erst in den 60er Jahren dieses Jahrhunderts in Westeuropa und den USA den Höhepunkt seiner demographischen Verbreitung erreicht hat, wird heute neuen, weitergehenden Differenzierungsprozessen ausgesetzt. Bei den Formen der Eltern-Kind-Beziehung und der Paarbeziehung, die sich aus diesen Modernisierungsschüben ergeben, handelt es sich um variationsreiche und vermutlich *gerade dadurch* für die Gesellschaft stabilisierende Sozialsystembildungen.[41]

Anmerkungen

[1] Nach dem Vortrag bin ich mit starken Einwänden gegen beide Seiten der hier skizzierten Differenzierungsthese konfrontiert worden. Zum einen ist eingewandt worden, daß es mit der Luhmannschen Beschreibung von Funktionssystemen nicht vereinbar wäre, die Ausdifferenzierung partnerschaftlicher Intimkommunikation als Funktionssystem der Gesellschaft zu bezeichnen, da es nichts gäbe, das die Einheit der Einzelsysteme ausmacht (s. auch Anm. 28). Ich möchte diese Frage hier ausklammern, da es mir im folgenden doch mehr um die Eltern-Kind-Kommunikation geht. Diesbezüglich halte ich fest an der These, daß die Familie in zunehmenden Maße durch pädagogische Kommunikation bestimmt und insofern zum Teil des Bildungssystems wird. Damit ist selbstverständlich keine Subsumtion unter das Organisationssystem Schule gemeint.

[2] Ich beziehe mich hier terminologisch auf Luhmanns Unterscheidung von Medium und Form (Luhmann, 1990a, S.181ff.). Auf beiden Seiten dieser Unterscheidung taucht der Begriff der Koppelung auf: Formen werden durch *strikte* Koppelung von Elementen bzw. Ereignissen in den selbstreferentiell geschlossenen Operationen eines Sozialsystems erzeugt. Medien hingegen zeichnen sich aus durch eine *lose* Koppelung von Elementen bzw. Ereignissen sozialer Systeme, wie sie - als Folge von Differenzierung - im Fremdbezug zu Elementen anderer Sozialsystemen entsteht. Luhmann bezeichnet Sprache als basales Medium der Gesellschaft. In der Semantik der Sprache können tradierte Formen zum Medium neuer Formen werden.

[3] Diese Funktion entfällt dann mit der Verallgemeinerung des bürgerlichen Familienmodells auf der Grundlage der Lohnarbeit: ohne Gesinde bilden Ehe, Elternschaft und Haushalt eine Einheit. Infolgedessen mußten lange Zeit nur noch die Haushalte gezählt werden mußten, wenn Familien gemeint waren. Heute besagt die Haushaltsstatistik fast nichts mehr über die dahinterstehenden sozialen Strukturen.

[4] Dieser Umstand, der die Reziprozität der Intimkommunikation beschränkt, ist bekanntlich v.a. in der feministischen Literatur rekonstruiert worden.

[5] Tyrell betont an dieser Stelle allerdings nicht nur den Monopolanspruch in beiden Beziehungen, sondern auch die Reziprozitätsnorm. Diesbezüglich mache ich im folgenden Einschränkungen.

[6] Der Personbezug der modernen Liebessemantik hat die Konnotationen der Besonderheit und der Ganzheit. Tyrell betont stark die Ansprüche an Besonderheit (Einzigartigkeit) und beachtet weniger die Ganzheitsansprüche, die sich m.E. nicht nur in der Semantik der Unteilbarkeit, sondern auch in der Unzumutbarkeit thematischer Einschränkungen der Liebeskommunikation ausdrücken.

[7] Dies war im frühbürgerlichen Familienideal so noch nicht zu erkennen, da hier auch die Gattenliebe ganz der Kontinuitätsforderung unterlag, die strukturell in der Eltern-Kind-Beziehung angelegt ist. Hier konnte es umgekehrt so erscheinen, als ob die Dauerhaftigkeit in der Ehebeziehung verbürgt sei, während die Eltern-Kind-Beziehung einem natürlichen Wandel unterliegt.

[8] Wenn man an die Professionalisierung der Liebe zum Kind in der Pädagogenrolle - "pädagogisches Eros" etc. - denkt, so ist sie sogar ausgedehnt bis an die Grenzen von Interaktionssystemen überhaupt.

[9] Es gibt zwar auch Liebe zum Adoptivkind, zum Stiefkind etc. Dies ist dann immer eine lebensgeschichtlich aufgebaute, hochindividualisierte Beziehung, deren Gelingen jedoch typischerweise nicht mit derselben Sicherheit erwartet wird wie in der leiblichen Eltern-Kind-Beziehung.

[10] Ich nehme das Thema im Hinblick auf seine gegenwärtigen Ausformungen im 3. Teil wieder auf.

[11] Dies gilt unabhängig von der bei einigen Autoren umstrittenen Frage, ob es so etwas wie Liebe zwischen Eltern und Kindern gegeben hat oder ob dies erst eine Erfindung der Moderne sei.

[12] Prange 1991, S.18 - Fraglich ist m.E., ob eine so aufgefaßte pädagogische Intention mit dem Erziehungsbegriff schon gleichgesetzt werden kann. Jedenfalls wäre das eine starke Umdefinition gegenüber der interventionistischen Tradition des Begriffs. Ich ziehe es daher vor, Pranges Argumentation mit der Beschreibung des Motivs der elterlichen Liebe zu verknüpfen.

[13] I. Kant: Metaphysik der Sitten (1779) in: Werke in 6 Bdn. Bd.IV Darmstadt 1966, S.394 (=A114) zit. nach Prange 1991.

[14] Die symbolische Generalisierung dieser Wahrnehmung ist es, die es heute rechtfertigt, von Kindheit bzw. der Semantik des Kindes als einem eigenständigen Medium der pädagogischen Kommunikation zu sprechen. Vgl. Luhmann 1991.

[15] Schematische Darstellung der Freigabe bzw. Bindung von Kontingenzen in Elternschaft und Partnerschaft:

	Generation	Geschlecht
Sozialdimension	Asymmetrie	Reziprozität
Zeitdimension	Kontinuität	Unsicherheit

[16] Vgl. Luhmann 1990b, 1990c. Der Begriff der Intimkommunikation ist bei Luhmann allerdings auf familiale Kommunikation bezogen, wenn auch nicht ausdrücklich darauf begrenzt.

[17] Sie wird unter Bedingungen pädagogischer Kommunikation dann durch eine funktionsspezifische Permissivität ersetzt. Vgl. N. Luhmann 1982, S. 220.

[18] Zum Filiationsprinzip s. Tyrell 1988, S. 420, 422.

[19] Daß sich diese Form der Kommunikation in der frühbürgerlichen Familie noch nicht entfalten konnte, hat wohl damit zu tun, daß sie - wenn auch im Vergleich zur alteuropäischen Eigentümerfamilie stark eingeschränkt - noch über eigentumsbasierte Stratifikationsfunktionen verfügt. Die Ausdifferenzierung des Liebesmediums durch verschiedenartige Codierung entlang verschiedener Funktionssysteme kann anscheinend erst in dem Maße stattfinden, in dem die Familie kein Funktionssystem mehr darstellt, das Inklusionsfunktionen für die Gesellschaft insgesamt übernimmt. Solange die Familie noch gesellschaftliche Positionen zu verteilen hatte, konnte sich nur eine an das Filiationsprinzip gebundene Liebessemantik entwickeln, also keineswegs schon ein Binärcode, wie er für moderne Funktionssysteme typisch wird.

[20] Die Binärkomponenten dieses Intimcodes hat Luhmann mit der Formel "Du/kein Anderer" bezeichnet (Luhmann 1982). "Codes sind Unterscheidungen, mit denen ein System seine eigenen Operationen beobachtet" (Luhmann 1990a, S. 194). Durch binäre Codierung "zwingt ein System sich zum Prozessieren von Selbstreferenz". Wer ein System angemessen beschreiben will, muß zunächst seinen Code verstehen. Der Code ist wie jede Unterscheidung eine Form mit zwei Seiten. Das Überschreiten der Grenze von der einen zur anderen Seite ist eine Operation, die Zeit verbraucht. "Also bringt die binäre Codierung ein sequentielles Operieren und als dessen Effekt: Systembildung in Gang (ebd., S. 195)."

[21] Mit Emergenz eines eigenständigen Teilsystems der Gesellschaft soll hier zunächst nur der Umstand bezeichnet werden, daß die Systeme partnerschaftlicher Intimkommunikation eine gesellschaftliche Funktion besetzen, die zuvor die Familie als Einheit von Elternschaft und Partnerschaft wahrgenommen hat. Ich bin mir nicht im klaren, ob man diese Systeme deshalb schon zusammenfassend als ein Funktionssystem bezeichnen kann. In Luhmanns Beschreibung (1990b, S. 210) hat das Sozialsystem Familie nicht mehr den Status eines Funktionssystems, weil ein einheitliches Medium und Organisation fehle.

[22] Die Liebespartnerschaft wird daher auch als "letzte" Form der Transzendenz in einer areligiös gewordenen Welt bezeichnet, als eine Art moderner Fundamentalismus (Beck u. Beck-Gernsheim 1992).
Allerdings konkurriert die Liebeskommunikation in dieser Hinsicht doch mit einer Vielzahl anderer, in kommunikativer Hinsicht vielleicht ärmer ausgestatteten, im Ganzheitsanspruch

jedoch nicht minder radikalisierbaren "Transzendierungsmittel" wie Gruppen, Gemeinschaften, Nationen etc.

[23] Die in der Codierung des Mediums (Du / kein Anderer) ausgedrückte Exklusivität der intimen Partnerkommunikation bezeichnet hier also die Form der Verwirklichung des Ganzheitsanspruchs. Sie bezeichnet nicht das Motiv und nicht die Problemlage, aus der heraus es sich radikalisiert hat. Die radikale Uneingeschränktheit der Kommunikation - "das Einswerden in der Liebe" - ist eben nur um den Preis der Exklusivität zu haben.

[24] Vgl. die anschauliche Darstellung bei Beck und Beck-Gernsheim 1990.

[25] Deshalb ist kaum anzunehmen, daß sich diese Entwicklung sozial gleichmäßig vollziehen wird - schon gar nicht im Weltmaßstab. Allerdings kommt ihr doch eine Leitfunktion in den funktional höherdifferenzierten Regionen der Weltgesellschaft zu.

[26] Diese Beschreibung von Verselbständigungstendenzen enthält keineswegs die Prognose einer zwingenden institutionellen Abkoppelung. Beide Formen der Kommunikation können weiterhin in der Form der Familie als Gruppe (oder familienähnlichen Lebensformen) lose gekoppelt sein. S. aber Anm. 35.

[27] Im Körperbezug der pädagogischen Kommunikation läßt sich ein weiterer Ansatzpunkt der Differenzierung erkennen, der hier nicht ausgeführt werden kann. Das tradierte Filiationsmuster reproduziert sich symbolisch im Körperbezug der pädagogischen Kommunikation - in Form eines symbiotischen Mechanismus ihres Mediums. Vgl. Luhmann 1982, S.31.f, 139f.
Der Rekurs auf externe organische Voraussetzungen fungiert als eine Sicherheitsebene für die evolutionär unwahrscheinliche Ausdifferenzierung der Kommunikation. War in der pädagogischen Kommunikation schon immer die Tendenz zur Kontingenzreduktion i.S. naturnotwendiger Bindung angelegt, so läßt sich als symbiotischer Mechanismus hier die gattungsgeschichtlich verankerte Aggressionshemmung zwischen (leiblichen) Eltern und Kindern rekonstruieren, die in der symbolisch generalisierten Kommunikation zur positiven Bindung umgeformt wird. Der Unterschied zum symbiotischen Mechanismus der Liebespartnerschaft - der menschlichen Sexualität - läge in dem größeren Zeitbindungspotential der parentalen Investition und in dem größeren Sozialbindungspotential der Sexualität. Gerade weil die Liebe zum Kind eine pädagogisch so hochgesteckte Forderung ist, bedarf es des im Filiationsmuster eingebauten Körperbezugs als Sicherheitsmoment.

[28] Die Frage, wie es zu dem andauernden Spannungsverhältnis zwischen Familie und Schule in der Moderne gekommen ist, das für einige Zeit in Form einer institutionalisierten Arbeitsteilung stillgestellt und heute - mit der Ausdifferenzierung von Elternschaft und Partnerschaft - wieder aufgebrochen ist, muß als eine historisch-genetische Frage behandelt werden, die auf der Grundlage der Rekonstruktion einer einheitlichen Primärcodierung des Bildungssystems neu bearbeitet werden kann.

[29] In einer historisch-semantischen Rekonstruktion macht gerade diese Wahrnehmung der Unangepaßtheit des kindlichen Bewußtseins (die Angst des Erwachsenen vor der "Wildheit" des Kindes) die Unwahrscheinlichkeit des pädagogischen Arrangements deutlich.

[30] Mit Bezug auf die Codierung der pädagogischen Kommunikation schlage ich vor, die hier erwähnten Handlungsdimensionen zu übersetzen in die Unterscheidung von Erst- und Zweitcodierung sowie einen Nebencode (vergleichbar dem Reputationscode im Wissenschaftssystem).

[31] Diese Bezeichnung ist allerdings semantisch höchst unscharf. Sie enthält Assoziationen an das alteuropäische Verständnis von Zucht und Züchtigung, die dann zum Ausgangspunkt für antipädagogische Argumentation werden. Dabei wird häufig übersehen, daß die inkriminierte "pädagogische Intervention" sich gerade nicht auf das Bewußtsein des Zöglings, sondern auf das soziale Arrangement bezieht, in dem sein Bewußtsein sich entwickeln soll.

[32] Was dann gewährt und was nicht gewährt wird, wird erst durch pädagogische Programme geregelt. Der Code legt nur fest, daß alle pädagogische Kommunikation entlang dieser Differenz verzweigt (Bifurkation). Da das eine gewährt wird und das andere nicht, erlaubt er fast ebenso gute Anschlußkommunikation. Aber das gewährte Handeln zeichnet sich als pädagogisch codiert ja gerade dadurch aus, daß es in anderen Kommunikationssystemen nicht anschlußfähig wäre (Sanktionsfreistellung). Die Binärcodierung schließt, wie beim wissenschaftlichen Wahrheitscode auch, nicht aus, daß dieselbe Differenz - etwa in der Alternative erlaubt/verboten - auch in anderer Kommunikation (z.B. in Strafanstalten, Hausordnungen, StVerkehrsordnung etc.) vorkommt, dann jedoch nicht als Codierung (des funktionssystemischen Mediums), sondern als untergeordneter Teil eines anderen Mediums oder als einfache Beobachterunterscheidung.

[33] An diesem Punkt setzt die Zweitcodierung pädagogischen Handelns über den Selektionscode ein, die historisch den entscheidenden Beitrag zur Autonomisierung des Bildungssystems als Funktionssystem geleistet hat.

[34] Einerseits ist es die Intimkommunikation an sich, die mit ihrer Personorientierung in der Familie besondere Sozialisationschancen bietet. Andererseits hat das Kind gerade dadurch, daß Intimkommunikation und pädagogische Kommunikation innerhalb der Familie differenziert sind, die primäre Chance zu lernen, zwischen verschiedenartigen kommunikativen Operationen zu unterscheiden.

[35] Der Hinweis selbst entspringt schon jener pädagogisch codierten Alltagserwartung, die es zu erklären gilt.

[36] Argument bei Hermann Giesecke 1991, S.7.

[37] Um die massive Einwirkung entwicklungspsychologischer Arbeiten auf das normative Verständnis der Eltern-Kind-Beziehungen nachzuvollziehen, empfiehlt es sich, einen einschlägigen Text der 50er Jahre einmal nachzulesen: s. z.B. Erik H. Erikson 1980 (Erstveröff. 1950), S. 116f.

[38] S. zur erlaubten Regression Doehlemann 1979. Vgl. schon Parsons 1975 "... diese »Permissivität« ist alles andere als eine Rückkehr zu prä-kulturellen Stufen, sie dient als Mechanismus zur Verstärkung der Verpflichtungen, welche die kulturellen Formen aufrechterhalten" (S.68).

Zur immer möglichen Fehlentwicklung dieses Mechanismus in der pädagogischen Kommunikation s. schon S. Bernfeld 1967 (zuerst 1925), S. 134-149.

[39] Eltern werden in dieser Hinsicht zu Beobachtern zweiter Ordnung, indem sie lernen, zwischen ihrer eigenen Kindlichkeit und dem Erwachsenensein zu unterscheiden. Ebendies kann normalerweise auch der Gefahr entgegenwirken, das Kind zu sehr an sich zu fesseln und damit in seiner Selbständigkeitsentfaltung zu behindern. Die von Y. Schütze (in Nave-Herz 1988, S. 104, 110f., 112) vertretene These, daß die Kindzentrierung der familialen Kommunikation die im pädagogischen Code implizierten Entwicklungskonzepte "konterkariere", hat zwar einen gewissen psychologischen Charme, ist aber kaum empirisch belegbar.

[40] Differenzierung ist i.S. der Luhmannschen Evolutionstheorie ein Mechanismus der Restabilisierung sozialer Systeme. In der Moderne wird eine Art Suprastabilität erzeugt durch laufende Rückkoppelung des Differenzierungsvorgangs mit erneuter Variation (vgl. Luhmann 1990a, S. 549ff.).

[41] Diese Stabilitätsthese bezieht sich ausdrücklich nicht auf die Form der Familie, sondern auf ihre gesellschaftlichen Funktionen. Zwar läßt sich aus der hier skizzierten Beschreibung der Verselbständigung von Elternschaft und Partnerschaft keineswegs zwingend eine institutionelle Entkoppelung prognostizieren. Beide Formen der Kommunikation können weiterhin in der Form der Familie als Gruppe (oder in familienähnlichen Lebensformen) lose gekoppelt sein. Dies hätte zweifellos auch viele Vorzüge für die Vermeidung von allzugroßen Brüchen in den Sozialisationsbedingungen der Kinder. Aus der skizzierten Argumentation läßt sich allerdings ableiten, daß die Strukturen der losen Koppelung zugleich flexibler und - im Hinblick auf das Auseinanderfallen von Partner- und Eltern-Kind-Beziehung - riskanter werden.

Literatur

Badinter E (1984) Die Mutterliebe. Geschichte eines Gefühls vom 17.Jahrhundert bis heute. Pieper, München

Beck U, Beck-Gernsheim E (1990) Das ganz normale Chaos der Liebe. Suhrkamp, Frankfurt/M.

Bernfeld S (1967) Sisyphos oder die Grenzen der Erziehung, 1.Aufl. 1925. Suhrkamp, Frankfurt/M.

Bowlby J (1980) Bindung. Eine Analyse der Mutter-Kind-Beziehung. Kindler, München

Claessens D (1967) Familie und Wertsystem. Eine Studie zur "zweiten, soziokulturellen Geburt" des Menschen. Duncker & Humblot, Berlin

Doehlemann M (1979) Von Kindern lernen. Zur Position des Kindes in der Welt der Erwachsenen. Juventa Materialien, München

Erikson EH (1966) Wachstum und Krisen der gesunden Persönlichkeit. In: Identität und Lebenszyklus. Drei Aufsätze. Suhrkamp, Frankfurt/M.

Giesecke H (1991) Vermutungen über die Zukunft der Familie. Pädagogik 7-8:6-9

Leupold A (1983) Liebe und Partnerschaft: Formen der Codierung von Ehen. Zeitschrift für Soziologie 4:297-327

Luhmann N (1982) Liebe als Passion. Zur Codierung von Intimität. Suhrkamp, Frankfurt/M.

Luhmann N (1990a) Die Wissenschaft der Gesellschaft. Suhrkamp, Frankfurt/M.

Luhmann N (1990b) Glück und Unglück der Kommunikation in Familien: Zur Genese von Pathologien. In: Soziologische Aufklärung 5. Westdt. Verlag, Opladen, S 218-227

Luhmann N (1990c) Sozialsystem Familie. In: Soziologische Aufklärung 5. Westdt. Verlag, Opladen, S 196-217

Luhmann N (1991) Das Kind als Medium der Erziehung. Zeitschrift für Pädagogik 1:

Nave-Herz R (1988) (Hrsg) Wandel und Kontinuität der Familie in der BRD. Enke, Stuttgart

Parsons T (1975) Gesellschaften. Evolutionäre und komparative Perspektiven. Suhrkamp, Frankfurt/ M.

Prange K (1991) Intention als Argument. In: Luhmann N, Schorr (Hrsg) (1992) Zwischen Absicht und Person. Fragen an die Pädagogik. Suhrkamp, Frankfurt/M., S 58-101

Schwab D (1975) Familie. In: Brunner O, Conze W, Koselleck R (Hrsg) Geschichtliche Grundbegriffe. Historisches Lexikon zur politisch-sozialen Sprache in Deutschland Bd. 2. Klett-Verlag, Stuttgart, S 253ff

Tyrell H (1987) Romantische Liebe - Überlegungen zu ihrer "quantitativen Bestimmtheit". In: Baecker D et al. (Hrsg) Theorie als Passion. Suhrkamp, Frankfurt/M., S 570-590

Tyrell H (1988) Ehe und Familie - Institutionalisierung und Deinstitutionalisierung. In: Lüscher K et al. (Hrsg) Die "postmoderne" Familie: Familiale Strategien und Familienpolitik in einer Übergangszeit. Universitätsverlag, Konstanz, S 145-156

Familie und gesellschaftliche Modernisierung - institutionelle Entkoppelung (Polarisierung) von Elternschaft und Partnerschaft

Dagmar Hosemann

Evangelische Fachhochschule Darmstadt, Zweifalltorweg 12, 64293 Darmstadt

Einleitung

Elternschaft und Partnerschaft als "gegensätzlich" wahrzunehmen, beinhaltet verschiedene Betrachtungsmöglichkeiten. Widersprüche in dieser Relation werden vor mir dahingehend aufgegriffen, wie veränderte Lebensbedingungen sich auf das Rollenverhalten von Frauen und Männern auswirken und zu welchen Konsequenzen dies bezüglich Elternschaft und Partnerschaft führen kann. Anhand von Fallbeispielen aus meiner Tätigkeit als Familientherapeutin und Sozialpädagogin zeige ich meine Überlegungen zu 'Familie und gesellschaftliche Modernisierung' auf.

1 Familienbilder

Zunächst stelle ich einige Familien vor. Zwei Familien, ich nenne sie Familie A und Familie B, verfügen über ähnliche Merkmale in ihren Beziehungs- und Generationsstrukturen. Die Paare haben zeitig geheiratet und bekamen in recht kurzen Abständen fünf bzw. vier Kinder. Die Frauen in diesen Familien verfügten über eigene finanzielle Ressourcen und waren immer berufstätig. Die Kinder wurden von externen Fachkräften bzw. den Müttern der Frauen betreut. Die Ehemänner gingen nach anfänglich kontinuierlicher Berufstätigkeit eher ihren Neigungen nach, wobei sie mit ihren Neigungstätigkeiten, auch ohne dauerhafte Berufstätigkeit, Geld verdienten. Ihr Einkommen war jedoch deutlich niedriger als das der Frauen. Als die Kinder der Familien erwachsen waren, zogen es die Frauen der nächsten Generation ihrerseits vor, unverheiratet Nachwuchs zu bekommen. Die jungen Männer lebten allein oder im elterlichen Haushalt. Jeweils ein Sohn wurde Vater eines nichtehelichen Kindes und ebenfalls nur ein Sohn in jeder Familie strebte eine berufliche Karriere an.

So ähnlich das Grundmuster beider Familien ist, so gilt doch nur eine als "moderne" Familie, als Familie, wo sich ein Wandel zu Modernität, d. h. zu mehr Individualität, Neuerung der Rollen in der Paarbeziehung, Emanzipation der Frauen usw. zeigt. Von den beiden Familien gilt Familie A als auffällig, beratungsbedürftig und gestört, denn hier bestanden die finanziellen Ressourcen der Frau aus Sozialhilfe und Schwarzarbeit. Familie B gilt als moderne Familie, denn Frau B hatte geerbt und war selbständige erfolgreiche Architektin. Unterschiede machen also der soziale Status, die berufliche Qualifikation und der Lebensort der einzelnen Familienmitlgieder. Das läßt sich anhand der Genogramme veranschaulichen:

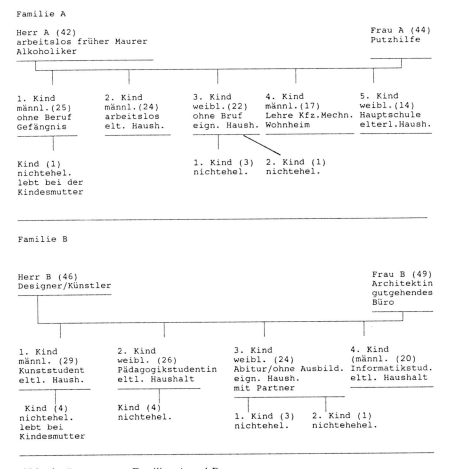

Abb. 1. Genogramme Familien A und B

Solche Unterscheidungen sind häufig das, was den Blick für Gemeinsamkeiten von familiären Mustern verstellt. Dazu ein weiteres Beispiel: Ählichkeiten lassen sich ebenfalls bei den familiären Strukturen von Familie C und Familie D erkennen. Beide Frauen lebten in eheähnlicher Gemeinschaft mit den Vätern ihrer jeweils zwei Kinder. Nach der Geburt des zweiten Kindes trennten sich die Paare, und die Frauen traten wieder ins Berufsleben ein. Die Kinder wurden durch die Mütter der Frauen betreut. Frau C heiratete, als ihre Kinder im Alter von fünf und vier Jahren waren. Der Ehemann von Frau C adoptierte die Kinder. Frau D lebt mit ihren Kindern allein. Auch hier gilt nur eine Familie als "modern", denn Frau C wurde 1874 geboren und Frau D 1961.

Was sind also Kriterien, an denen Modernität bzw. "gewandelte" Familien erkannt werden? Macht es Sinn, Dimensionen wie sozialer Status, materielle Ressourcen und Zeit außer acht zu lassen, und was läßt sich dann anhand der Muster in bezug auf familiären Wandel erkennen?

2 Familie in der Krise

Der Begriff Familie wird so häufig benutzt, daß scheinbar jedermann und jede Frau weiß, was darunter zu verstehen ist. Trotzdem ist gerade im Zusammenhang von Modernität und Familie nicht deutlich, was damit gemeint ist: Das Paar und Kinder in der Wohngemeinschaft mit Liebes- und pädagogischer Kommunikation (vgl. den Beitrag von Klaus Gilgenmann i.d.Bd.)? Gruppierungen in verwandt-schaftlicher oder in sozialer Beziehung oder beides? Was mehrheitlich darunter verstanden wird, bezieht sich auf ein mögliches Modell, das in unserem engeren mittel- und nordeuropäischen Raum gängig ist und sich auch hier in bestimmter Form wandelt. Dieses Modell ist aber ethnologisch und geschichtlich erst seit ca. 400 Jahren relevant und wird in seiner Häufigkeit überschätzt. Auch wenn viele Ideologen, Wissenschaftler und Autoren unterstellen, daß dieses Modell, ich nenne es mal "bürgerliche Familie", daß einzig gültige wäre, es hat menschheits-geschichtlich und interkulturell nie eine Mehrheit gebildet (s. Segalen 1990). Martine Segalen (1990) weist zurecht darauf hin, daß sich die Familiensoziologie schon lange der Ethnologie und der Geschichtswissenschaft hätte bedienen sollen, wenn sie von so globalen, gleichverwandten Begriffen wie Familie, Elternschaft, Partnerschaft und Wandel spricht. Was also gemeint ist, wenn von Familie die Rede ist, muß kontextbezogen definiert werden. So ist der Bedeutungsgehalt von Familie, Partnerschaft und Elternschaft aus der Perspektive von Frauen etwas anderes als aus der Sichtweise von Männern. Sozialisation, Delegationen und die Erfahrungen beider Geschlechter in Familien sind eben doch sehr unterschiedlich (s. Walters et al. 1991). Hier liegen umfangreiche Ergebnisse aus der Frauenfor-schung und der Familiensoziologie vor, die die sich unterscheidenden Sichtweisen differenziert präsentieren (vgl. Beck-Gernsheim 1980, 1984).

So ist auch die aktuelle Diskussion auf ihren Kontext hin zu befragen. Wenn der Familie in unserem Kulturbereich ein so hoher Stellenwert beigemessen wird, daß alternative Lebensformen, Geburtenrückgang und neue Lebensentwürfe von Frauen Politiker aufmerken lassen, dann fragt man/frau doch warum? Was geschieht hier eigentlich? Familie in der Krise, Wandel der Familie, Entkoppelung von Eltern- und Partnerschaft, was heißt das für wen?

Der Begriff Krise bedeutet laut Duden = Entscheidungssituation, Wende-, Höhepunkt oder Schwierigkeit/Klemme. Wenn sich also die Familie unseres Kulturkreises in der Krise befindet, ist sie dann in einer Schwierigkeit/Klemme und man(n) muß ihr helfen, da wieder heraus zu kommen? Oder befindet sie sich in einer Entscheidungssituation, an einem Wende- oder Höhepunkt?

Aus meiner Perspektive als Sozialwissenschaftlerin der Bereiche Sozialarbeit/-Sozialpädagogik und Familienberatung "klemmt" für viele Betroffene jeweils etwas anderes. Die einen leiden unter einem Mangel an gewünschten Bindungen, die anderen an zuviel Nähe. Die einen wünschen sich mehr Flexibilität, die anderen mehr Stabilität. Es werden Symptome gebildet, wenn äußere Anforderungen den inneren Weltbildern nicht entsprechen und umgekehrt, wenn die inneren Anforderungen nicht mehr in die Umwelt passen. Die Arbeitsbereiche der Sozialarbeit/Sozialpädagogik und der berufliche Alltag von Familientherapeuten sind gekennzeichnet von Menschen, die so leiden.

Wie individuelles Leiden und gesellschaftliche Entwicklungen korrespondieren, soll an Beispielen veranschaulicht werden: Viele Arbeiterfamilien, die gegen Ende des letzten und zu Beginn dieses Jahrhunderts lebten, so wie sie in Zilles Karikaturen sehr treffend dargestellt wurden, hatten oft sehnlichst den Wunsch, daß der Mann so viel Geld verdienen möge, damit die Frau endlich zuhause bleiben kann, um ihre Arbeitskraft für Kinder und Haushalt zu verwenden und nicht doppelt ausgelaugt zu werden oder letztere Aufgaben zu vernachlässigen. Es war also ein legitimer Wunsch vieler Frauen und Männer, ein "bürgerliches Familienleben" mit der Arbeitsteilung in Haus- und Erwerbsarbeit haben zu wollen. Hier wäre es zu einer gesellschaftlichen Krise gekommen, wenn alle Frauen plötzlich der Erwerbsarbeit fern geblieben wären und sich nur um die Familienarbeit gekümmert hätten. Die Frauen der Nachkriegszeiten des 1. und 2. Weltkrieges brauchten sich ebenfalls kaum Gedanken darüber zu machen, ob sie sich der Berufsarbeit oder der Familienarbeit widmen sollten. Viele hatten gar keine Wahl, und ihr Wunsch, einen "Ernährer" für die Familie zu finden, ist nur allzu verständlich.

Erst Ende der 50er und in den 60er Jahren wurde die Kernfamilie, also miteinander verheiratete Paare und leibliche Kinder, mit einem Erwerbstätigen, ideologisch besonders hervorgehoben. Erstaunlich ist, daß die Popularität der Familiensoziologie in Deutschland zeitgleich liegt. Produktionsbedingungen, Wirtschaftswunder und günstige Konsumeinheiten, die in diesem Zeitraum eine strukturdeterminierende Bedeutung erlangten, sind wesentliche Elemente, die in der Diskussion um Entstehung und Wandel des Familiemodells Kernfamilie (die neuzeitliche Mutation der bürgerlichen Familie) immer wieder vernachlässigt werden (Hoffmann-Nowotny 1991 und dazu Hosemann 1991).

So wie individuelles Leiden die eine Seite von Krise aufzeigt so ist die andere das Sichtbarmachen von Grenzbereichen im gesellschaftlichen Bereich. "Krise der Familie" kann also heißen, daß das traditionelle Familienmodell, korrespondierend mit der wirtschaftlichen Entwicklung, Verunsicherungen spiegelt, die sich mit restaurativer Familienpolitik nicht beheben lassen.

3 Modernisierung der Familie

Die Fragen nach dem gegenwärtigen Wandel von Familien, d. h. der Entkoppelung von Partnerschaft und Elternschaft, den Formen neuer Lebensgemeinschaften und dem Wandel in den Rollenzuweisungen für Frauen und Männer, sollten gekoppelt sein an Analysen gegenwärtiger Produktionsbedingungen und Gesellschaftsstrukturen. Das heißt, es gilt zu überprüfen, welche Lebensformen und Familienstrukturen mit den gegebenen sozialen Bedingungen am besten übereinstimmen und welche Muster sozialer Beziehungen für alle Beteiligten möglichst friktionsfrei sind. (Diese Fragen beziehen sich global auf unseren Kulturbereich.) Meine Einschätzungen zum Wandel von Familien sehen folgendermaßen aus: Die gegenwärtigen Produktionsbedingungen fördern einerseits die von Ulrich Beck (1986) gekennzeichnete individuelle Lebensform des Single-daseins, da sich die als günstig für die bestehenden Wirtschaftsstrukturen erweist und den Erfordernissen des Erwerbslebens durch ein hohes Maß an Flexibilität und Mobilität gerecht wird (vgl. Beck 1986). Andererseits werden eine Reihe von "familiären" Lebensformen etabliert, die den emotionalen und persönlichen Bezugsrahmen liefern und auf die letztendlich bei der Erzeugung und Erhaltung der Nachkommenschaft nicht verzichtet werden kann.

Diese Entwicklungen bringen unterschiedliche Belastungen für Frauen und Männer mit sich. Elternschaft und Partnerschaft werfen für Frauen und Männer divergierende Fragen auf, denn was für *den* einen ein Verlust ist, ist für *die* andere oft eine Entwicklung, und was für *den* einen eine Bereicherung ist, ist für *die* andere wohlmöglich eine Belastung. Die Folgen des Wandels von herkömmlichen Familien zu flexibleren Lebensmodellen lassen folgende Hypothesen zu:

1. Frauen sind zur Zeit weniger zufrieden mit dem "Familienglück" als Männer. Männer glauben ihre Frauen seien zufriedener als sie es sind. Männer sind mit der traditionellen Familiensituation zufriedener als ihre Frauen (Wahl 1989, S. 280f.).
2. Die Berufssituation für Frauen beinhaltet für diese mehr Entscheidungsalternativen und -zwänge als für Männer, da sind:
    - Vollerwerbstätigkeit (mit und ohne Karriereoption);
    - Beruf oder Kinder (Wahl des geeigneten Zeitpunkts für die Erfüllung des Kinderwunsches);

- Gestaltung der Familienphase; Rückkehr in den Beruf nach der Familien-
  zeit;
- Steuerung und Legitimation des Verhältnisses von Beruf und Familie bei der
  Erziehung von Kleinkindern;
- Partnerschaft oder Alleinerziehen u.v.m. (s. Redaktion BRIGITTE 1988).

3. Männer, die sich von starren Rollenbildern lösen, reduzieren zum einen
   partnerschaftliche Konflikte, geraten aber zum anderen in einen Zwiespalt
   zwischen Beruf und Familie. Sie übernehmen bisher ausgelagerte Konflikte in
   der Paarbeziehung, geraten damit aber gleichzeitig im Berufsbereich in einen
   Nachteil gegenüber den Männern, die diese Konflikte weiterhin ausgliedern.
   Eine Anerkennung im Erwerbsleben für diese Bereitschaft, Verantwortung in
   Partnerschaft und Familie zu übernehmen, fehlt (dazu Hosemann 1991).

4. Die Spezialisierung der Familie auf Emotionalität und die Konzentration auf
   wenige Kinder bringt Männer ebenfalls in einen Rollenkonflikt zwischen
   Berufs- und Kinderorientierung. Die Zuwendung und die emotionale
   Anerkennung durch die Kinder, erscheinen ihnen aufgrund des abhängigen
   Status vermeintlich sicherer als die Emotionalität der Partnerin. Aufgrund der
   erbrachten Versorgungsleistung glauben Männer, die Anerkennung der Kinder
   besser kalkulieren zu können. Wenn die emotionale Bedeutung für die
   Partnerin aufgrund ihrer höheren Autonomie nachläßt und die Partnerschaft
   brüchig wird, gewinnt die Bedeutung gegenüber den Kindern an Gewicht (vgl.
   Reich 1991).

Das heißt insgesamt, auch die Entscheidungssituationen für Männer nehmen zu.
Frauen, Männer und Paare müssen sich zukünftig stärker damit befassen, ob und
wie sie in ihre Familien investieren wollen, ob sie Beruf und Familie integrieren
oder ausschließlich berufsorientiert leben wollen.

4 Von der "vaterlosen" zur "mutterorientierten" Gesellschaft

Die Entscheidung darüber, Kinder haben zu wollen oder nicht, ist heute entschieden einfacher als zu Zeiten unserer Eltern oder Großeltern. Es wundert
jedoch, daß bei den Diskusionen um Geburtenrückgang und Familienplanung sich
das Augenmerk stärker auf die neuen normativen Möglichkeiten der Frauen richtet
und die Frage nach den finanziellen Ressourcen so eingeschränkt berücksichtigt
wird. Eine entscheidende Bedingung für den Wandel von Familien ist, daß Frauen
zukünftig zunehmend mehr über eigene finanzielle Ressourcen verfügen werden,
durch Erwerbstätigkeit (freiwillig aufgrund von Bildungsoptionen oder notgedrun-
gen aufgrund von Trennungen und zu niedrigem Familieneinkommen), Erbver-
mögen oder staatliche Unterstützung. Weniger Demut und mehr D-Mark ist die
Devise für neue Frauengenerationen. Es ist zu vermuten, daß diese finanzielle
Unabhängigkeit der Frauen und die stärkere Kontinuität der biologischen

Beziehungen gegenüber den sozialen, ein Wiederaufleben von Mutterorientierungen begünstigt. Emotional, so Segalen (1990), habe die Mutterorientierung sowieso nie aufgehört. Die Mutter in ihrer Funktion wird in patriarchialen Strukturen nur zeitweise durch die Ehefrau ausgetauscht (Segalen 1990, S. 318).

Ich möchte die Hypothese, daß sich gesellschaftliche Entwicklungen abzeichnen, in denen matrigene Strukturen wieder an Bedeutung gewinnen, durch Erfahrungen aus der Familienberatung mit sogenannten Multi-Problem-Familien bekräftigen. Die eingangs beschriebenen Familien, mit Ausnahme der Familie B, sind mir aus der Familienberatung in der Sozialarbeit/Sozialpädagogik bekannt. Sie gehören zu den Randgruppenfamilien und gelten in den Sozialwissenschaften weitgehend als defizitär und entwicklungsbedürftig. Hier liegt meines Erachtens eine Einseitigkeit vor, die die sozialwissenschaftliche Forschung in diesem Bereich nur in eine Richtung blicken läßt. Randgruppenfamilien leben unter Bedingungen, die, wenn auch die Komponenten der sozialen Entwertung nicht unberücksichtigt bleiben dürfen, für viele Mittelschichtangehörige erstrebenswert erscheinen:

- Oft sind sie frei davon, sich über ihren Lebensunterhalt Gedanken machen zu müssen (Sozialhilfeempfäger).
- Die Miete wird vom Staat bezahlt/übernommen, und wenn Kinder da sind, wird der Wohnraum um fast jeden Preis erhalten (ebenfalls durch Sozialhilfe oder über Einweisung in Notunterkünfte oder vorhandenen Wohnraum).
- Kleine Gaunereien (Sozialamt austricksen, Schwarzarbeit, Mietschulden) bleiben zum Teil folgenlos.
- Kinderbetreuung wird diesen Familien aus sozialpädagogischen Gründen erheblich erleichtert (z. B. sozialpädagogische Einzelfallhilfe, Familienhilfe, Tagesbetreuung, Hausaufgabenhilfe usw.).
- Die Männer, oft arbeitslos, leben in ihren Peergroups und können teilweise ihr Hobby zu einem Nebenverdienst ausweiten (z.B. Auto- , Elektro- oder Maurerarbeiten usw.).
- Das Geld gehört den Frauen (aus der Sicht der Betroffenen), denn die halten den Kontakt zu den Ämtern und verdienen zum Teil durch Putz- und andere Hilfsarbeiten dazu.
- Kinder sind häufig ein Zuwachs an Emotionalität, materiellen Ressourcen und mehr Sicherheit durch den Staat.

In den sozialen Beziehungen dieser Familien werden die Männer, außer als Erzeuger, zunehmend funktionsärmer. Ihre Ohnmacht kippt oft in Imponiergehabe und Gewalt um, was ihre Desintegration fördert. Die Frauen ernähren und versorgen die Familien, und die Kinder orientieren sich in hohem Maße am mütterlichen Lebenszusammenhang. Die verwandtschaftlichen Kontakte über die mütterliche Linie haben einen höheren Stellenwert als die über die väterliche, da die Großmütter mütterlicherseits Versorgungsaufgaben und die Kinderbetreuung übernehmen können. Da die Männer häufig keine kontinuierliche Bezugsgröße sind (Trennung, Scheidung, nichteheliche Vaterschaft), ist dies nicht verwunderlich. Ich möchte mit diesen Ausführungen die soziale Benachteiligung dieser Familien nicht beschönigen und auch nicht die Gewalt und die Entwertung, die den Einzelnen angetan wird oder die sie sich gegenseitig antun, abschwächen. Wichtig ist mir das Aufzeigen der strukturellen Bedingungen, die in diesen Familien zu mutterorientierten Beziehungsmustern führen.

Geht man davon aus, daß sich in der gegenwärtigen gesellschaftlichen Entwicklung in Mittel- und Nordeuropa sowie in Nordamerika nicht nur der Reichtum ausdifferenziert, sondern auch die Armut, dann haben solche Strukturen Zukunft. Bei den Reichen verfügen die Frauen über zunehmend mehr eigene Ressourcen und bei den Armen wird der männliche "Ernährer" durch die staatlichen Versorgungsstrukturen überflüssig. Das Familienmodell "bürgerliche Familie" wird aus verschiedenen Perspektiven fragwürdig, da es sowohl bei einem Teil der Besitzenden wie bei Nichtbesitzenden nicht mehr durch wirtschaftliche Notwendigkeiten gestützt wird. Elternschaft und Partnerschaft lassen sich wieder deutlicher als von einander getrennt erleben und werden zunehmend mehr von einander getrennt gelebt.

Literatur

Beck U (1986) Risikogesellschaft. Auf dem Weg in eine andere Moderne. Suhrkamp, Frankfurt/M.

Beck-Gernsheim E (1980) Das halbierte Leben. Männerwelt Beruf, Frauenwelt Familie. Fischer, Frankfurt/M.

Beck-Gernsheim E (1984) Vom Geburtenrückgang zur neuen Mütterlichkeit? Über private und politische Interessen am Kind. Fischer, Frankfurt/M.

Hoffmann-Nowotny HJ (1991) Lebensformen und Lebensstile unter den Bedingungen der (Post-)Moderne. Familiendynamik 4:299 - 321.

Hosemann D (1991) Sozialarbeit/Sozialpädagogik - Verlust von Gemeinschaft / Ausgleich durch Gesellschaft. Familiendynamik 4:325 - 328.

Hosemann W, Burian K, Lenz C (1991) Familienarbeit und Erwerbsarbeit. Kontext 20:16 - 26.

Redaktion BRIGITTE (1988) (Hrsg) Kind, Beruf oder beides? Gruner u. Jahr, Hamburg

Reich G (1991) Kinder in Scheidungskonflikten. In: Krabbe H (Hrsg) Scheidung ohne Richter. Neue Lösungen für Trennungskonflikte. rororo, Reinbek b.Hamburg

Segalen M (1990) Die Familie. Geschichte, Soziologie, Anthropologie. Campus, Frankfurt/M. New York

Wahl K (1989) Die Modernisierungsfalle. Gesellschaft, Selbstbewustsein und Gewalt. Suhrkamp, Frankfurt/M.

Walters M, Carter B, Papp P, Silverstein O (1991) Unsichtbare Schlingen. Die Bedeutung der Geschlechterrollen in der Familientherapie. Eine feministische Perspektive. Klett-Cotta, Stuttgart

Von der Gattenfamilie zur Elternfamilie

Yvonne Schütze

Max-Planck-Institut für Bildungsforschung, Lentzeallee 94, 14195 Berlin

In der Familiensoziologie wird gegenwärtig vielfach die These vertreten, daß sich seit den späten 60er Jahren ein neuerlicher Strukturwandel der Familie vollzieht. Als ein Kennzeichen dieses Wandels gilt die Entkoppelung von Ehe und Familie oder die Deinstitutionalisierung wenn schon nicht der Familie, so doch der Ehe (Kaufmann 1990, Tyrell 1988).

Die Institution der Ehe hat zwei zentrale Funktionen eingebüßt. Weder ist sie noch der einzige Ort legitimer Sexualbeziehungen, noch hat sie die ökonomische Versorgung der Frau zu gewährleisten. Da man auch ohne Trauschein problemlos als "Paar" zusammenleben kann, halten immer mehr Menschen es nicht mehr für nötig, sich ihre Beziehung staatlich bestätigen zu lassen. Gleichgültig, ob man einander in ehelicher oder nicht-ehelicher Gemeinschaft angehört, das primäre Motiv für diesen Entschluß bildet die Liebe (was immer sich der einzelne auch darunter vorstellen mag). Da die Liebe aber bekanntlich nicht ewig währt, ist man - offenbar mit steigender Tendenz - bereit, die Beziehung aufzulösen, wenn der andere die in ihn gesetzten Glückserwartungen nicht erfüllt. Anders verhält es sich mit der Eltern-Kind Beziehung. Auch von Kindern, wenn auch in anderer Weise als vom Ehe- oder Lebenspartner, erwartet man sich Sinnerfüllung und emotionale Bereicherung. In einer Survey-Untersuchung des Deutschen Jugendinstituts waren von den über 10.000 Befragten 94 % der Meinung, Kinder würden das leben intensiver und erfüllter machen und einem das Gefühl geben, gebraucht zu werden (Dannenbeck 1990). Im Gegensatz aber zur Partnerschaft ist Elternschaft - auch bei Nicht-Gefallen - unauflöslich, d.h. Kinder sind der einzige Garant für eine lebenslange Beziehung. Und auch nach einer Scheidung ist der Elternteil, der nicht mit dem Kind zusammenlebt, darum bemüht, die Beziehung aufrechtzuerhalten (vgl. hierzu auch Krabbe, Beck-Gernsheim und Nave-Herz in diesem Band). Aus historischer Perspektive ist das Bestreben, auch unter schwierigen Umständen mit seinen Kindern zusammenzuleben, heute weit stärker ausgeprägt als früher. Wie aus Autobiographien des 18. und 19. Jahrhunderts hervorgeht, war die Weggabe von Kindern aus ökonomischen Gründen oder weil man kinderlose Verwandte beglücken wollte, durchaus nicht ungewöhnlich (Hardach-Pinke 1981; Schütze 1988). Die vergleichsweise Aufwertung der Eltern-Kind-Beziehung gegenüber der "conjugal unit", die noch bei Parsons das Zentrum der "isolierten Kernfamilie" bildete, hat möglicherweise zur Konsequenz, daß sich der Schwerpunkt der Familie verlagert. Nicht mehr das Gattenpaar bildet die

"zentrale und einzig permanente Zone in der Familie" (König 1972, S. 216),
sondern die Eltern-Kind Beziehung. Kaufmann schlägt daher z.b. vor, nicht mehr
von Familie, sondern von verantworteter Elternschaft zu reden (Kaufmann 1991,
persönliche Mitteilung).
Vor noch nicht zehn Jahren wurde eine hierzu konträre Position vertreten:

> Seit Bestehen der Bundesrepublik sind Kinder nicht oder nicht mehr wichtigster Sinn
> von Ehe und Familie, von der Mehrheit der Bevölkerung wird stattdessen die Partner-
> beziehung in den Vordergrund gestellt. (Schumacher/Vollmer 1982, S. 321)

Angesichts der von Schumacher/Vollmer angeführten Belege, fällt es allerdings
schwer, nicht zu einer gegenteiligen Interpretation zu kommen. Denn: Gemäß den
von Schumacher/Vollmer zitierten Ergebnissen der Fröhner Untersuchung aus
dem Jahre 1954 nannten nur 25 % Kinderaufzucht als "wichtigsten Sinn" von Ehe
und Familie. 2/3 hingegen stellten andere Aspekte wie "gemeinsames Schaffen,
Harmonie und Geborgenheit" in den Vordergrund. 1972 war in einer Allensbach
Untersuchung zwar "kaum jemand" der Auffassung, daß eine kinderlose Ehe
glücklicher sei als eine Ehe mit Kindern, aber aus dem Ergebnis, daß 44 %
meinten, das Eheglück hänge nicht von der Existenz von Kindern ab, schließen
die Autoren eine steigende Betonung der Ehe oder Partnerschaft gegenüber der
Familie. Es ist aber hieraus vielmehr gegenüber 1954 eine erstaunliche Kindzentriertheit abzulesen, wenn 56 % dafürhalten, daß Kinder das Eheglück ausmachen. Es liegt *diese* Interpretation der genannten Untersuchungsergebnisse auch
auf einer Linie mit denen von Nave-Herz (1984), wonach diejenigen, die 1950 die
Ehe eingingen, ganz im Sinne der Fröhner Ergebnisse die Eheschließung begrün-
deten, während diejenigen, die 1980 geheiratet haben, den Kinderwunsch in den
Vordergrund stellten. D.h. die Paare, die Kinder wollen, erachten es offenbar für
das Kindeswohl als notwendig, eine Ehe einzugehen. Dies geht auch aus der
Tatsache hervor, daß Paare, die bereits jahrelang nicht-ehelich zusammenlebten,
heiraten, sobald sie sicher sind, demnächst Eltern zu werden. Es bleibt abzuwarten, wie sich das neue Gesetz, das auch unverheirateten Eltern das gemeinsame
Sorgerecht zubilligt, auf die Anzahl der "unehelichen" Kinder auswirken wird.

1 Durkheim: Der Vorrang der Eltern-Kind-Beziehung vor der Gattenbeziehung

Wenn wir also davon ausgehen, daß sich gegenwärtig eine Tendenz abzeichnet,
dergemäß die Eltern-Kind-Beziehung Dominanz über die Ehebeziehung gewinnt,
so ist doch anzumerken, daß theoretisch ein Übergewicht der Eltern-Kind-Beziehung bereits bei Durkheim angelegt ist, der doch im allgemeinen zum Kronzeugen
dafür angeführt wird, daß die Ehebeziehung die "einzig permanente Zone der

Familie" darstellt (König 1972, S. 216, Tyrell 1976). Durkheim hatte nämlich betont, daß die Gattenfamilie sich gleichsam als Produkt des Staatsinterventionismus herausbildete. Bis dahin - so Durkheim - war es jederzeit möglich, die Familienbande zu zerreißen. Aber "avec la famille conjugale les liens de parenté sont devenus tout à fait indissolubles. L'Etat en les prenant sous sa garantie à retiré aux particuliers le droit de les briser." (Durkheim 1921, S. 4).

Als ein weiteres Element der Gattenfamilie nennt Durkheim die bis dato nicht gekannte Gütergemeinschaft der Gatten, die an die Stelle des ursprünglichen Kommunismus in der Familie tritt. Hierauf fragt Durkheim, ob die eheliche Liebe (l'amour conjugal) in der Lage wäre, die gleichen Effekte zu produzieren wie die Liebe zur Familie (l'amour de la famille). Seine Antwort ist ein entschiedenes nein (nullement) und nun kommt sein für unseren Zusammenhang entscheidendes Argument:

> Dafür ist die Ehebeziehung viel zu ephemer, aus ihr gewinnen wir keine weiterreichenden Perspektiven. Wir müssen nämlich in dem Bewußtsein leben, daß nach uns, von dem was wir tun, etwas bleibt und es denen dient, die wir lieben. Es ist dieses Gefühl, daß wir natürlicherweise haben, wenn wir für unsere Familie arbeiten, da sie ja auch noch nach uns besteht. Die Ehebeziehung dagegen löst sich mit dem Tode auf. Folglich können die Gatten einander nicht ein Objekt sein, das genügt, um sie den Empfindungen des Augenblicks zu entreißen. (Durkheim 1921, S. 13 - sinngemäße Übersetzung: Y. S.).

Seither hat sich aber der staatliche Einfluß auf die Ehebeziehung soweit reduziert, als die Ehe nicht mehr - wie zu Durkheims Zeiten - nahezu unauflöslich ist, sondern der Scheidung stellen sich sowohl auf der Ebene von Rechtsnormen als auf der Ebene von moralischen Sollvorstellungen keine nennenswerten Hindernisse mehr entgegen. Dies bedeutet, daß der von Durkheim konstatierte ephemere Charakter der Ehe besonders deutlich hervortritt.

2 Die Bedeutung des Kindes für die Sicherung der eigenen Identität

Das von Durkheim angesprochene "natürliche" Bedürfnis, in den Kindern weiterzuleben, trifft aber sowohl auf historische als auch in modifizierter Form auf heutige Eltern-Kind-Beziehungen zu. In der Vergangenheit wurde über die Weitergabe von Vermögen, Hof oder Namen die Kontinuität der eigenen Existenz über den Tod hinaus symbolisiert. Als funktionales Äquivalent für dieses historisch überholte Muster des Besitztransfers kann heute das bisher nicht gekannte Bestreben der Eltern angesehen werden, ihre Kinder bereits vom Vorschulalter an im Bildungs- und Leistungssystem zu plazieren. Darüberhinaus aber trachten die heutigen Eltern danach, die eigene Identität nicht nur über den Tod hinaus, sondern bereits zu Lebzeiten über die Existenz von Kindern zu sichern. Wie bereits erwähnt, figurieren Kinder heute als "Sinnbeschaffer" und Quelle emotionaler Bedürfnisbefriedigung. Der von Kaufmann eingeführte Begriff der verantworteten Elternschaft erschöpft sich nicht nur darin, daß "die Eltern nur soviel Kindern das Leben schenken sollen, als sie glauben auch aufziehen zu können" (Kaufmann 1990, S. 82). Vielmehr geht die elterliche Verantwortung heute soweit, daß man das eigene Erziehungsverhalten als ursächlich für die gesamte Persönlichkeitsentwicklung des Kindes begreift. Die Eltern rechnen es sich zu, wenn ihre Kinder als wünschenswert erachtete Persönlichkeitseigenschaften aufweisen und fühlen sich schuldig, wenn sie diese Eigenschaften nicht entfalten. Ob die somit an das Kind gestellte Erwartung der Eltern, eine Bestätigung für die "Richtigkeit" ihres Erziehungsverhaltens zu liefern, nicht eine schwerere innere Belastung darstellt als Gehorsam und Respekt, den man den Eltern in früheren Zeiten schuldete, mag dahingestellt bleiben.

3 Normative Aspekte der Eltern-Kind-Beziehung

Wenn allenthalben betont wird, daß sich gegenwärtig eine Art Normenverfall ereignet, so wird dabei übersehen, daß wohl kaum jemals zuvor so ausgeprägte normative Vorstellungen darüber herrschten, wie Eltern zu handeln, ja, wie sie zu empfinden haben, um den Ansprüchen an einen "erfolgreichen" Sozialisationsprozeß zu genügen (Schütze 1986). Mit den Vorstellungen über das "richtige" Elternverhalten geht eine weitere Norm einher: Kinderlosen Ehepaaren ist es moralisch völlig freigestellt, ob sie sich scheiden lassen oder nicht. Die Eltern vor allem kleiner Kinder stehen aber sowohl unter einem starken inneren Zwang als auch unter dem moralischen Druck ihrer Umwelt "for the sake of the children" zusammenzubleiben. So ist z.B. der Anteil geschiedener Ehen mit Kindern an allen Scheidungen seit 1970 von 64% auf 50% im Jahre 1988 zurückgegangen (Braun 1989). Dabei wird allerdings nichts über das Alter der betroffenen Kinder ausgesagt. Vor sich selbst und der Umwelt legitimierbar ist die Scheidung einer Ehe mit kleinen Kindern nur dann, wenn den Kindern durch eine zerrüttete Beziehung der Eltern mehr Schaden erwächst als durch eine Scheidung, womit dann der Bezugspunkt dafür, wann eine Trennung gerechtfertigt ist, wiederum das Kindeswohl ist. Der zu konstatierende Wandel ist also nicht einem Niedergang der Liebe, der Unfähigkeit der Individuen, langfristige commitments einzugehen (Rossi 1987) geschuldet, denn die Liebe hat ja - wie oben erläutert - strukturell niemals ausgereicht, die Gattenfamilie zu stabilisieren. Vielmehr haben sich die normativen Ansprüche an die Ehe verringert, während die an die Eltern-Kind-Beziehung eine Steigerung erfahren haben.

4 Strukturwandel der Ehebeziehung und mögliche Konsequenzen

In der isolierten Kernfamilie sensu Parsons ist das "marriage ... bond the main structural keystone of the kinship system." (Parsons 1959, S. 252). Diese zentrale Rolle der Ehebeziehung gründet auf der Trennung von Herkunfts- und Zeugungsfamilie. Mit der Eheschließung geht die Trennung von der Herkunftsfamilie einher, und sobald die Kinder aus dem Haus sind, bleibt das Ehepaar allein zurück. Da die Stabilität des Familiensystems also nicht über die Einbindung in ein "kinship system" gesichert ist, ist ein funktionales Äquivalent erforderlich. Dieses funktionale Äquivalent ist die Verpflichtung, einander zu lieben (the obligation to be "in love", Parsons 1959, S. 254). Eine solche Verpflichtung zur Liebe kann aber nicht allein auf emotionaler Bindung beruhen, sondern diese Liebe muß gleichsam strukturell abgefedert werden. Die zentrale Voraussetzung dafür sieht Parsons in der strikten Arbeitsteilung zwischen Mann und Frau, dergemäß der Mann nicht nur für den Unterhalt, sondern auch für den gesellschaftlichen Status der Familie geradesteht, während die Frau die Rolle der Ehefrau und Mutter einschließlich aller damit einhergehender emotionaler Funktionen übernimmt.

Daß diese Form der Arbeitsteilung prekär war, hatte auch Parsons erkannt. Angesichts der Tatsache, daß Anerkennung in einer Leistungsgesellschaft allein aus beruflicher Tätigkeit resultiert, sah er voraus, daß die Ausübung der gesellschaftlich gering geachteten Hausfrauenrolle auf Dauer kein funktionales Äquivalent zur Berufsrolle bieten könne. Gleichwohl bestand Parsons darauf, daß diese Arbeitsteilung für die Aufrechterhaltung der Liebe ein funktionales Erfordernis sei. Denn wenn in einem Ehesystem beide Partner Karriere machen, hält das Konkurrenzprinzip Einzug, was wiederum der Gattenliebe gar nicht bekommt. Nun sind Parsons Befürchtungen insofern eingetreten, als die Frauen sich heute nicht mehr mit der Hausfrauenrolle zufrieden geben und sich vor allem, solange keine Kinder da sind, fast ausnahmslos auf den Arbeitsmarkt begeben. Gegen die Annahme Parsons scheint aber die eheliche Liebe nicht dem Wettbewerb um Status und Prestige zum Opfer gefallen zu sein, sondern es könnte sich zwischen Mann und Frau das Konkurrenzprinzip in einer Weise bemerkbar machen, die Parsons nicht einmal ahnen konnte. In der isolierten Kernfamilie war das Mutter-Kind-System dem Ehesystem zwar nachgeordnet, aber es bildete zumindest während der ersten Lebensjahre des Kindes eine in sich geschlossene Einheit, zu der der Vater keinen Zutritt hatte. Nicht anders ist auch Simmels Bemerkung zu verstehen, daß "die Geburt eines Kindes die Liebe der Gatten oder *mindestens die des Mannes für die Frau vermehrt*" (Simmel 1923, 1958, S. 76, Hervorhebung Y. S.). Während nämlich die Frau ihr Kind unmittelbar liebt, liebt der Mann sein Kind zunächst über die Frau, die - wie es so schön heißt - es ihm schenkt.

Dieser Gedanke korrespondiert mit dem Ergebnis einer empirischen Untersuchung, wonach die Qualität der Vater-Kind-Beziehung abhängig ist von der Qualität der Ehebeziehung, während dies bei der Mutter-Kind-Beziehung nicht der Fall zu sein scheint (Berman u. Pedersen 1987).

Wenn nun aber der primäre Grund die Ehe einzugehen der Kinderwunsch ist, und
wenn die Väter - und dafür sprechen viele Untersuchungsergebnisse - sich nicht
mehr damit begnügen, erst eine Beziehung zu ihren Kindern aufzunehmen, wenn
die Mutter sie aus der Symbiose entläßt, dann findet die Systemdifferenzierung,
wie sie das "klassische" Modell der Sozialisationstheorie vorsieht, nicht statt
(Nave-Herz 1984, 1989). In diesem "klassischen" Modell differenziert sich nach
der Geburt eines Kindes ein Mutter-Kind- und ein Ehegattensystem heraus, wobei
die Vater-Kind-Beziehung während der ersten Lebensjahre des Kindes gleichsam
eine Leerstelle bildet. Die Mutter stellt insofern eine Schlüsselfigur dar, als von
ihr die Initiative ausgeht, das Mutter-Kind- zum Familiensystem zu erweitern,
indem sie das Kind auf den Vater verweist und ihn in die Mutter-Kind-Dyade mit
einbezieht. Die latente Konkurrenz zwischen Mutter-Kind- und Ehepaarsystem
wird manifest im Oedipuskonflikt, nach dessen Auflösung das Kind die primäre
Identifikation mit der Mutter aufgegeben hat, um sich mit beiden Eltern zu
identifizieren. Dabei nimmt die Identifikation mit dem gleichgeschlechtlichen
Elternteil für den Erwerb der Geschlechtsrolle einen zentralen Stellenwert ein.
Die Auflösung der ursprünglichen Mutter-Kind-Symbiose bedeutet gleichzeitig,
daß die Mutter für das Ehesubsystem wieder "frei" wird. Das Elternpaar grenzt
sich als Ehepaar vom Eltern-Kind-System ab, womit die Generationsschranken in
der Familie markiert sind.

Welcher Art ist nun die Systemdifferenzierung, wenn der Vater von Anfang
an eine eigenständige Beziehung zum Kind aufnimmt. (Da die meisten Väter heute
bei der Geburt des Kindes anwesend sind, sind sie es auch, die z.B. häufig noch
vor der Mutter das Neugeborene in den Arm nehmen.) Meine Spekulationen
hierzu sind folgende: Die Etablierung des Familiensystems wird zeitlich vor-
gezogen, und es kommt nicht zu jener emotionalen Randständigkeit des Vaters,
die für das Modell der bürgerlichen Familie kennzeichnend ist. Neben die Mutter-
Kind-Beziehung tritt gleichberechtigt die Vater-Kind-Beziehung. Die Konkurrenz
zwischen Mutter-Kind- und Ehesystem entfällt, und in der gemeinsamen Liebe
und Sorge für das Kind transformiert sich das Ehesystem zum Familiensystem.
Dies entspricht genau der Simmelschen These über das Hinzutreten eines Dritten
zu einer Verbindung zwischen Zweien.

> Wo drei Elemente A, B, C eine Gemeinschaft bilden, kommt zu der unmittelbaren
> Beziehung, die z.B. zwischen A und B besteht, die mittelbare hinzu, die sie durch ihr
> gemeinsames Verhältnis zu C gewinnen. Dies ist eine formal soziologische Bereiche-
> rung, außer durch die gerade und kürzeste Linie werden hier je zwei Elemente auch
> noch durch eine gebrochene verbunden; Punkte, an denen jene keine unmittelbare
> Berührung finden können, werden durch das dritte Element, das jedem eine andre Seite
> zukehrt und diese doch in der Einheit seiner Persönlichkeit zusammenschließt, in
> Wechselwirkung gesetzt; Entzweiungen, die die Beteiligten nicht von sich allein aus
> wieder einrenken können, werden durch den dritten oder durch ihr Befaßtsein in einem
> umschließenden Ganzen zurechtgebracht. (Simmel 1958, S. 68)

Zutreffend aber ist auch die zweite Simmelsche These zu diesem Punkt:

> Allein die direkte Verbindung wird durch die indirekte nicht nur gestärkt, sondern auch gestört. Es gibt kein noch so inniges Verhältnis zwischen dreien, in dem nicht jeder einzelne gelegentlich von den beiden andren als Eindringling empfunden würde, und sei es auch nur durch sein Teilhaben an gewissen Stimmungen, die ihre Konzentriertheit und schamhafte Zartheit nur bei dem unabgelenkten Blick von Auge in Auge entfalten können; jedes sensitive Verbundensein von zweien wird dadurch irritiert, daß es einen Zuschauer hat. (Simmel 1958, S. 68)

Konkret, gegenüber dem klassischen Modell ist nicht mehr das Kind das in die Exklusivität der Ehe einbrechende Element, sondern Vater und Mutter werden jeweils zum Eindringling in die Exklusivität der Beziehung, die der andere zum Kind unterhält. Extreme Beispiele hierfür sind die Väter, die sich beklagen, daß sie nicht stillen können (Gerspach u. Hafeneger 1982; Konjetzky u. Westphalen 1983) oder die Mütter, die gegenüber ihren Männern keinen Konkurrenzvorteil haben wollen und deshalb auf das Stillen verzichten (Bopp 1984).

In einer Konstellation, in der Mutter und Vater von Anfang an jeweils eine eigenständige Beziehung zum Kind unterhalten, entfällt auch das Motiv, das Kind baldmöglichst aus der Symbiose zu entlassen, um sich wieder vermehrt der Ehebeziehung zuwenden zu können. Hieraus folgt für das Kind: Es muß die primäre Identifikation mit beiden Eltern nicht auflösen, wodurch der Prozeß seiner emotionalen Verselbständigung verzögert wird. Für die Eltern folgt, daß durch die Konzentration von Mutter und Vater auf das Kind die Ehebeziehung als exklusive Verbindung zweier und nur zweier Individuen in den Hintergrund gerät und gleichsam in der Eltern-Kind-Beziehung aufgeht.

Hinweise, nicht Belege für eine Verlagerung des Schwerpunktes familialer Solidarität von der "conjugal unit" auf die Eltern-Kind-Beziehung geben empirische Untersuchungen, in denen folgendes berichtet wird. Erstens: Die Eltern verbringen weniger gemeinsame Zeit miteinander als z.B. noch in den fünfziger Jahren: Da häufig ein Elternteil abgestellt wird, um beim Kind zu sein, verbringt man seine freie Zeit mit Freunden und Bekannten, aber eben nicht mit dem Ehepartner (Nave-Herz 1984). Die Beschäftigung mit dem Kind - in der Untersuchung von Kuhnt u. Speil (1986) wurde 10 von 24 Stunden mit dem Kind interagiert - dürfte kaum Zeit lassen für Aktivitäten und Kommunikationen, die nicht mit dem Kind zusammenhängen. Zweitens: Die Mütter wünschen zwar, daß Väter sich für die Versorgung und Betreuung des Kindes engagieren, fühlen sich aber häufig berufener für den Umgang mit dem Kind. Unter der Hand wird dann aus der Vaterrolle die Rolle des Assistenten der Mutter (Schütze u. Kreppner 1982; Krüger u. Rabe-Kleberg 1984; Kuhnt u. Speil 1986; Cowan u. Cowan 1987; vgl. hierzu auch Renate Feierfeil u. Iris Gutmann in diesem Band). Dies ist insofern nicht erstaunlich, als Mütter - auch wenn die Väter sich im Vergleich zu früher intensiver mit ihren Kindern beschäftigen - nach wie vor, unabhängig davon, ob sie erwerbstätig oder nicht-erwerbstätig sind, den Hauptteil der Betreuungsaufgaben übernehmen (Petzold 1990; Künzler 1990; Griebel 1991). Ob die im Vergleich zu Müttern höhere Unzufriedenheit der Väter mit dem Familienleben, die sich nach einer Untersuchung von Petzold (1990) noch fünf Jahre nach der Geburt eines Kindes feststellen ließ, auch in einem Zusammenhang mit der Versorgung und Betreuung des Kindes steht, ist eine offene Frage. Petzold vermutet, daß möglicherweise eine größere "Rollenunsicherheit" zur Unzufriedenheit der Väter beiträgt. Wenn man ein anderes Ergebnis dieser Untersuchung, demgemäß die Väter als häufigsten Wunsch angaben, mehr Zeit für die Familie haben zu wollen, hinzunimmt, ist folgende Annahme nicht unplausibel: Väter sehen sich durch die beruflichen Anforderungen daran gehindert, sich in dem Maße mit den Kindern zu beschäftigen, wie sie es wünschen. Dies hat zur Folge, daß die Mütter gleichsam automatisch einen Kompetenzvorsprung vor den Vätern haben. Unabhängig davon, ob nun die Mütter diese Kompetenz herauskehren oder nicht, die Väter müssen sich in der Beziehung zu den Kindern objektiv benachteiligt sehen und sind dementsprechend unzufriedener als die Mütter.

Der Anspruch der Mütter, letzten Endes besser über Wohl und Wehe des Kindes Bescheid zu wissen, wird aber zusätzlich noch durch die Wissenschaft gestützt, die jahrzehntelang glaubte beweisen zu können, daß die Mutter-Kind-Beziehung die zentrale Rolle für die Entwicklung des Kindes spielt und daß Väter nicht nur relativ unwichtig sind, sondern von Natur aus auch gar nicht für den Umgang mit kleinen Kindern befähigt sind (Bowlby 1972; Winnicott 1969; Speck 1956).

Seit einigen Jahren produziert die Wissenschaft zwar Ergebnisse, wonach selbst ein Rollentausch von Vater und Mutter keinen Einfluß auf das Kindeswohl hat (Russel 1982, 1987) - ein Vorgang, der bis in die 60er Jahre noch als ursächlich für Schizophrenie beurteilt wurde (Lidz 1959). Gleichwohl wird es noch Jahre dauern, ehe Väter in Sachen Kinderbetreuung gleiche Akzeptanz wie Mütter erfahren.

Drittens ist zu vermuten, daß die steigenden Scheidungszahlen bei den sogenannten Altehen (19 bis über 26 Jahre) auch darauf zurückzuführen sind, daß die starke Konzentration auf die Elternrollen die Paarbeziehung gleichsam ausgehöhlt hat. Im Gegensatz zu den Ehepaaren aus der Nachkriegsuntersuchung von Wurzbacher, von denen es hieß: Man wird sich auch ohne das Kind immer Neues zu sagen, Gemeinsames zu erleben haben" (Wurzbacher 1958, S. 199), hat man sich ohne Kind eben nichts Neues mehr zu sagen.

Das intensive Engagement für die Kinder führt offenbar auch dazu, daß die im Modell der "isolierten Kernfamilie" vorgesehene psychische, räumliche und ökonomische Unabhängigkeit der jungen Erwachsenen von ihren Eltern verzögert wird. Wie die Autoren der Shell Studie bereits feststellten, benötigen die Eltern ihre Kinder als Ersatzpartner und können sich nicht von ihnen lösen (Fischer et al. 1985, S. 252, Bd. III). Und umgekehrt erweisen sich die Kinder zunehmend als "Nesthocker". Die jungen Männer verlassen erst im Alter zwischen 24 und 25 Jahren das Elternhaus, die Frauen zwischen 21 und 22 (Wagner u. Huinink 1991). Und selbst wenn die Kinder ausgezogen sind, werden sie bis weit ins dritte Lebensjahrzehnt von ihren Eltern vollständig oder teilweise alimentiert (Vaskovics et al. 1990).

Möglicherweise ist auch ein Hinweis auf eine steigende Abhängigkeit von der Herkunftsfamilie in einem Ergebnis der Scheidungsursachenstudie von Nave-Herz et al. (1991) zu sehen: Während Paare, die vor 1965 geheiratet haben und später geschieden wurden, zu 1,9% die Beziehung zur Herkunftsfamilie als Grund für die Trennung angaben, waren es ab dem Eheschließungsjahrgang 1976 5,7%. Dabei verbirgt sich hinter dem Kürzel "Beziehung zur Herkunftsfamilie" immer eine zu starke Abhängigkeit eines Ehepartners von seinen Eltern.

5 Zusammenfassung

Falls sich - wie hier vermutet - bestätigen sollte, daß die "einzig permanente Zone" in der Familie nicht die Ehe, sondern die Eltern-Kind-Beziehung ist, impliziert dies einerseits eine Verminderung, andererseits eine Vermehrung des Konfliktpotentials in der Familie. Vermindern dürften sich die ehelichen Konflikte, die gegenwärtig daraus resultieren, daß die Frauen immer noch das Gros der Aufgaben übernehmen, die mit der Kinderbetreuung zu tun haben. (Was die Haushaltsarbeiten angeht, so ist vorerst keine Aufhebung der geschlechtsspezifischen Arbeitsteilung in Sicht.)

Vermindern dürfte sich auch die emotionale Benachteiligung des Vaters in der Eltern-Kind-Beziehung. Wie aus zahlreichen empirischen Untersuchungen hervorgeht, haben Mütter mehr die Zuneigung z.B. ihrer adoleszenten Kinder und sind häufiger deren Vertrauenspersonen (Youniss u. Smollar 1985; Steinberg 1987; Fischer et al. 1985; Allerbeck u. Hoag 1985; Oswald 1989). Gleichzeitig aber könnte der latente oder manifeste Konkurrenzkampf der Eltern darum, wer sich als der kompetentere Erzieher erweist, auch zu vermehrten ehelichen Spannungen führen, und dies umso mehr, je stärker Vater und Mutter durch ihre Elternrollen okkupiert sind und je weniger Engagement und Zeit sie in die Interaktion als Ehepaar investieren.

Literatur

Allerbeck K, Hoag WJ (1985) Jugend ohne Zukunft? Piper, München

Berman PW, Pedersen FA (1987) Research on men's transition to parenthood: An integrative discussion. In: Berman PW, Pedersen FA (eds) Men's transitions to parenthood. Longitudinal studies of early family experience. Erlbaum, Hillsdale, p 217-240

Bopp J (1984) Die Mamis und die Mappis. Zur Abschaffung der Vaterrolle. Kursbuch, 76:53-74.

Bowlby J (1972) Mutterliebe und kindliche Entwicklung. Kindler, München

Braun W (1989) Ehescheidungen 1988. Wirtschaft und Statistik 8: 508-512

Cowan CP, Cowan PA (1987) Men's involvement in parenthood: Identifying the antecedents and understanding the barriers. In: Berman PW, Pedersen FA (eds) Men's transitions to parenthood. Longitudinal studies of early family experience. Erlbaum, Hillsdale, p 145-174

Dannenbeck C (1990) Was ist Eltern wichtig? (DJI Bulletin 16, 7)

Durkheim E (1921) La famille conjugale. Revue Philosophique, XCI:1-14.

Fischer A, Fuchs W, Zinnecker J (1985) Jugendliche und Erwachsene 85 Bd 1-5, Leske und Budrich, Opladen

Gerspach M, Hafeneger B (Hrsg) (1982) Das Väterbuch. Verlag Jugend und Politik, Hamburg

Griebel W (1991) Aufgabenteilung in der Familie: Was übernehmen Mutter, Vater, Kind (und Großmutter)? Zeitschrift für Familienforschung 3, 1:21-53.

Hardach-Pinke J (1981) Kinderalltag. Campus, Frankfurt

Kaufmann, FX (1990). Zukunft der Familie. Beck, München

König R (1945[1], 1972) Familie und Familiensoziologie. In: Bernsdorf W (Hrsg) Wörterbuch der Soziologie 1. Fischer, Frankfurt, S 207-221

Konjetzky K, Westphalen J von (Hrsg) (1983) Stillende Väter. Bertelsmann, München

Krüger H, Rabe-Kleberg U (Hrsg) (1984) Kinderzeiten. Universität Bremen, Fachbereich 11, Bremen

Künzler J (1990) Familiale Arbeitsteilung bei Studierenden mit Kleinkindern - Erste Ergebnisse einer Zeitbudgetstudie. Zeitschrift für Soziologie 5:376-384.

Kuhnt M, Speil W (1986) Zeit von Kindern - Zeit für Kinder (Ein empirischer Beitrag zur Dokumentation des Betreuungsaufwandes und der Erziehungsleistung für kleinere Kinder. Hannover: Institut für Entwicklungsplanung und Strukturforschung)

Lidz T (1959) Die Familienumwelt des Schizophrenen. Psyche 13, 5/6:243-256.

Nave-Herz R (1984) Familiäre Veränderungen in der Bundesrepublik Deutschland seit 1950 - eine empirische Studie (Abschlußbericht Teil 1) Oldenburg

Nave-Herz R (1989) Zeitgeschichtlicher Bedeutungswandel von Ehe und Familie in der Bundesrepublik Deutschland. In: Nave-Herz R, Markefka M (Hrsg) Handbuch der Familien- und Jugendforschung, Bd 1:Luchterhand, Neuwied Frankfurt/M., S 211-222

Nave-Herz R, Daum-Jaballah M, Hauser S, Matthias H, Scheler G (1990) Scheidungsursachen im Wandel. Kleine, Bielefeld

Oswald H (1989) Intergenerative Beziehungen (Konflikte) in der Familie. In: Markefka M, Nave-Herz R (Hrsg) Handbuch der Familien- und Jugendforschung, Bd 2: Luchterhand, Neuwied Frankfurt/M., S 367-381

Parsons T (1959) The social structure of the family. In: Anshen RN (ed) The family - its function and destiny. Harper, New York, p 241-274

Petzold M (1990) Eheliche Zufriedenheit fünf Jahre nach der Geburt des ersten Kindes. Psychologie in Erziehung und Unterricht 37:101-110.

Rossi AS (1987) Parenthood in transition: From lineage to child to self-orientation. In: Lancaster JB, Altmann J, Rossi AS, Sherrod LR (eds) Parenting across the life span. de Gruyter, New York, p 31-81

Russel G (1982) Shared-caregiving families: An Australian study. In: Lamb ME(ed) Nontraditional families: Parenting and child development. Erlbaum, Hillsdale, p 139-172

Russel G (1987) Problems in role-reversed families. In: Lewis C, O'Brian M (eds) Reassessing fatherhood. New observations on fathers and the modern family. Sage, London, p 161-182

Schütze Y (1986) Die gute Mutter. Kleine, Bielefeld

Schütze Y (1988) Mutterliebe - Vaterliebe. In: Frevert U (Hrsg) Bürgerinnnen und Bürger. Vandenhoeck & Ruprecht, Göttingen, S 118-133

Schütze Y, Kreppner K (1982) Der Vater in der Familie. Kind und Umwelt 38:20-33.

Schumacher J, Vollmer R (1982) Differenzierungs- und Entdifferenzierungsprozesse im Familiensystem. In: Hondrich KO (Hrsg) Soziale Differenzierung: Langzeitanalysen zum Wandel von Politik, Arbeit und Familie. Campus, Frankfurt/M., S 210-352

Simmel G (1958) Soziologie. Duncker & Humblot, Berlin

Speck O (1956) Kinder erwerbstätiger Mütter. Enke, Stuttgart

Steinberg L (1987) Recent research on the family at adolescence: The extent and nature of sex differences. Journal of Youth and Adolescence 16:191-198.

Tyrell H (1976) Probleme einer Theorie der gesellschaftlichen Ausdifferenzierung der privatisierten modernen Kernfamilie. Zeitschrift für Soziologie 5, 393-417.

Tyrell H (1988) Ehe und Familie - Institutionalisierung und Deinstitutionalisierung. In: Lüscher K et al (Hrsg) Die "postmoderne" Familie. Universitätsverlag, Konstanz, S 145-156

Vaskovics LA, Buba HP, Eggen B, Junge M (1990) Forschungsbericht. Familienabhängigkeit junger Erwachsener und ihre Folgen. Universität Bamberg, Bamberg

Wagner M, Huinink J (1991) Neuere Trends beim Auszug aus dem Elternhaus. In: Buttler G, Hoffmann-Nowotny HJ, Schmitt-Rink G (Hrsg) Acta Demographica. Physica-Verlag, Heidelberg, S 39-62

Winnicott DW (1969) The child, the family, and the outside world. Penguin, Harmondsworth

Wurzbacher G (1958) Leitbilder gegenwärtigen deutschen Familienlebens. Enke, Stuttgart

Youniss J, Smollar J (1985) Adolescent relations with mothers, fathers, and friends. University of Chicago Press, Chicago

Inkompatibilität zwischen Partner- und Elternschaft, insbesondere: Die neue "Kindzentriertheit" - Aus familientherapeutischer Sichtweise -

Renate Feierfeil[*] und Iris Gutmann

Psychologisches Institut der Universität Freiburg, Belfortstraße 18, 79098 Freiburg i. Br.

Ausgangspunkt unserer Überlegungen ist es aufzuzeigen, wie und mit welchen Varianten in der familientherapeutischen Praxis diese Fragestellung aufscheint. Familientherapeutische Erkenntnisse generieren sich aus der Beschreibung individueller Familienmuster, -strukturen und Organisationsformen, die die Realitätskonstruktion von Familienmitgliedern und TherapeutInnen abbilden. Einzelfallanalysen werden als der Familientherapie angemessene Methode angesehen. So werden drei Fallrekonstruktionen Schwerpunkt unserer Ausführungen sein, die typische Muster und Verläufe aufzeigen und in einem Interpretationszusammenhang mit der vorgegebenen Thematik stehen, so wie wir sie verstanden haben.

Im Vergleich zu soziologischen Untersuchungen und Befragungen ist das therapeutische Klientel anders zusammengesetzt; in die therapeutische Praxis kommt nicht die "neue Frau", der "neue Mann", sondern in der Regel mehr oder weniger traditionelle Familien, denen aus irgend einem Anlaß - meist zeigt sich ein Kind als Symptomträger - Beratung oder Therapie empfohlen wird, oder die das selbst wünschen. Es geht also um ein konkretes Problem mit der Zielrichtung einer Veränderung.

Ein anderes Kennzeichen therapeutischer Arbeit ist die zeitliche Verzögerung, mit der Phänomene gesellschaftlicher Entwicklung sich in konkreten familiären Zusammenhängen niederschlagen und die dann als Probleme in der Beratungspraxis erscheinen. Dieser Effekt eines "time lag" erlaubt einen direkten Vergleich mit soziologischen Erkenntnissen nur bedingt.

Wir haben die Auswahl der Fallbeispiele nach folgenden Gesichtspunkten eingegrenzt:

1. Es handelt sich um Beziehungs- und Erziehungsprobleme, wie sie in allen Familien vorkommen können.
2. Ausgesucht wurden Familien bzw. Alleinerziehende mit jüngeren Kindern (bis ca. 10 Jahre), also Familien in der Konstituierungs- und Konsolidierungsphase.
3. Die Behandlung liegt nicht länger als zwei Jahre zurück bzw. dauert noch an.

---

[*] Renate Feierfeil ist 1992 verstorben.

1 Fall A: "Von der Illusion, gleichzeitig und immer Partner und Eltern zu sein"

Zusammenfassende Skizzierung des Falles:

Herr und Frau A. (Mitte 30) lebten 4 Jahre ohne Trauschein zusammen, sie arbeitet als Sozialpädagogin an einer Fachschule für Erzieherinnen, er studierte Geschichte und arbeitet an seiner Doktorarbeit. Als Frau A. schwanger wurde, heirateten sie. Frau A. sagt im Nachhinein: "Wenn er keine Kinder gewollt hätte, hätte ich ihn nicht geheiratet".

Sie hat die Vorstellung von vielen Kindern, hat selbst noch 5 Geschwister; er ist Einzelkind und steht Kindern eher ambivalent gegenüber.

In den ersten drei Jahren erfolgt eine partnerschaftliche Teilung von Hausarbeit und Kinderbetreuung, sie arbeitet voll weiter. Nach 3 Jahren kommt das zweite Kind, sie läßt sich beurlauben; er beendet Studium und Promotion und engagiert sich beruflich. Nach weiteren 3 Jahren kommt das dritte Kind.

Nach 9 Jahren Ehe kommen sie in die Beratung; als Anlaß wird die älteste Tochter genannt, sie habe Kontaktschwierigkeiten mit Gleichaltrigen und der Vater habe keinen Kontakt zu ihr. Frau A. wirkt depressiv und resigniert, Herr A. distanziert, er ist beruflich sehr eingespannt und engagiert sich kaum noch für die Familie.

Was zeigt sich im Verlaufe dieser Partnerschaft und Elternschaft?

Die Vorstellung von Partnerschaft und verantworteter Elternschaft (Busch et al. 1988), wie sie von beiden auch anfänglich realisiert wurde, "verwandelt" sich im Laufe der Zeit mehr und mehr in traditionelle Rollenmuster: Sie konzentriert sich auf die Kinder und den Haushalt und "hält ihm den Rücken frei" für sein berufliches Dasein.

Es zeigt sich eine große Distanz auf der Paarebene (sie: "ich bin Kilometer von ihm entfernt"); auf der Elternebene besteht ein enges Mutter-Kinder-Subsystem; der Vater hat zum jüngsten Sohn die engste Beziehung.

Kommunikation besteht zu den Kindern oder über die Kinder, insofern ist das Symptom, das die Tochter zeigt, sehr symbolträchtig für die Familie.

Im Laufe der Therapie kristalliert sich explizit von der Seite der Frau ein inneres Aufgeben der Partnerschaft heraus und eine starke Konzentration auf die Kinder. Er dagegen möchte den Status quo behalten, doch seine Bemühungen kommen bei ihr nicht mehr an.

Sie hat sich im Laufe des Familienlebenslaufes für die Kinder entschieden, zunehmend innerlich vom Partner getrennt und zu dem Zeitpunkt der Beendigung der Therapie keine Chance mehr für diese Partnerschaft gesehen, die Desillusionierung schien für sie endgültig.

Wenn wir den Fall genauer auf die Frage: "Wie und wo zeigt sich Inkompatibilität?" hin ansehen, sind eine Reihe von Aussagen im Beitrag von Yvonne Schütze (in diesem Band) mit unseren Beobachtungen inkompatibel bzw. lassen sich Ähnlichkeiten ausmachen. So wird auch hier die Ehe explizit der Kinder wegen eingegangen.

Weniger deutlich zeichnet sich von vornherein eine Tendenz zur Dominanz der Eltern-Kind-Beziehung über die Partnerbeziehung ab. Allgemein läßt sich in der Beratungspraxis feststellen, daß sich eine stärkere Eltern-Kind-Beziehung erst im Laufe der Ehe- und Familiengeschichte herauskristallisiert, besonders dann, wenn die Partnerbeziehung als unbefriedigend erlebt wird und eine Neuorganisierung auf der Paarebene sich als schwierig erweist.

Im oben geschilderten Fall kam zum Ausdruck, wie Vorstellungen und Bilder von Partnerschaft und Elternschaft sich im realen Familienalltag zunehmend verändern und inkompatibel erlebt werden, wobei als zusätzlicher Faktor der Stellenwert beruflicher Arbeit (hier die des Mannes) Konflikte und Krisen mitbewirkt.

Verallgemeinert gesehen können Partnerschaft und Elternschaft und Partnerschaft/Elternschaft in Verbindung mit beruflicher Tätigkeit in einem konflikthaften Spannungsfeld stehen:

P = Partnerschaft
E = Elternschaft
A = Arbeit

Abb. 1. Symbole nach Minuchin (1977)

Welter-Enderlin (1982) bringt das Auseinanderklaffen zwischen der Ideologie der partnerschaftlich geteilten Verantwortung für die Eltern- und Ernährerrolle und ihrer Realisierung in Zusammenhang mit der Wirklichkeit ehelicher Machtverhältnisse. Das Aufdecken der Diskrepanz faktisch gelebter Statusverhältnisse zwischen den Partnern und der verbalisierten Ideologie eines Paares ist von therapeutischer Relevanz, um die Konflikte offenzulegen. Gemeinsamkeit in Familien ist nicht nur Sache befriedigender Beziehungen, es geht auch immer um Macht, insbesondere zwischen Mann und Frau (Pieper 1986).

Die Thesen von Y. Schütze über die verschiedenen Beziehungskonstellationen (Mutter-Kind-Beziehung; Vater-Kind-Beziehung; Ehesystem; Familiensystem) können wir durch unser Beispiel an einigen Stellen konkretisieren und belegen. In dieser Familie wird die Mutter-Kind-Symbiose durch den Dreijahreszyklus eines neuen Kindes nicht aufgelöst, sondern die Konzentration auf Kinder über 9 Jahre hinweg ermöglichte mit jedem Kind wieder ein neues symbiotisches Angebot, und die Abgrenzung des Elternpaares als Ehepaar wurde erschwert.

Bekannt ist, daß die Umorientierung von der Paardyade zur Triade durch das Kind eine kritische Phase darstellt (Hoffmann 1982). Häufig tritt das Paarsystem in den Hintergrund, es scheint, als ob es geschwächt würde zugunsten der Subsysteme Mutter-Kind und Vater-Kind; besonders krisenanfällig auch dann, wenn der Beginn der Partnerschaft sich als labil erweist und Intimität nicht gelebt wird. Untersuchungen über Stadien des Familienzyklus lassen eine u-förmige Kurve der Ehequalität erkennen, sie beginnt bei der Geburt des ersten Kindes zu sinken und steigt wieder an, wenn die Kinder sich von den Eltern lösen (Spanier et al. 1975 nach Gloger-Tippelt 1989). Ebenso wurde eine Abnahme der Paarkommunikation und Zunahme der Konflikte nachgewiesen (Gloger-Tippelt 1985). Auch unsere Erfahrung ist es, daß im Lebensalltag mehr die familiäre Konstellation gelebt wird. Die Krise - an vielen anderen Beispielen wäre das ebenso zu veranschaulichen - tritt in unserem Beispiel auf, nachdem der Dreijahrsrhythmus der "permanenten Elterngenerierung" zu Ende ist.

Die Paarbeziehung wirkt - wie Y. Schütze sagt - ausgehöhlt, und während des Zusammenlebens hat sich schleichend eine innere Trennung vollzogen, auch wenn eine äußere Trennung der Kinder wegen noch nicht ansteht, weil das Wohl der Kinder im Vordergrund steht. Für Frau A. stellte sich die Verschiebung des Gleichgewichtes innerhalb der Familie (zu Gunsten der Mutterschaft) als Lösung dar.

Ein anderer Punkt betrifft den Kompetenzvorsprung von Müttern in der Kindererziehung. Wir können auch bei Frau A. dies feststellen. Sie hat die Rolle der Expertin für Kindererziehung mehr und mehr ausgebaut und ihre Zufriedenheit daraus bezogen. Ist es verwunderlich, wenn bei einer solchen Asymmetrie die Partnerschaft an Bedeutung verliert oder gefährdet ist? Im Extrem sehen wir das bei Familien mit behinderten Kindern. Eine größere Kindzentriertheit ergibt sich schon aus den Bedürfnissen des Kindes nach vermehrter Pflege und Betreuung. Der einseitige Kompetenzzuwachs der Mutter führt zu einer extremen Gefährdung der Paarbeziehung; der Vater erlebt sich als inkompetent und aus dem familiären Geschehen ausgegrenzt (Schubert 1987).

Wir wollen an dieser Stelle die Auswirkungen der "verlorenen Väter", die ihre Vaterschaft nicht oder nur mangelhaft erfüllen, auf die Entwicklung der Kinder nicht unerwähnt lassen, denn die Kinder benötigen eine Vielzahl von Modellen zur Identifikation und Abgrenzung. Ebenso begeben sich Väter um die Chance, reale Vaterschaft zu leben.

2 Fall B: "Hilfe, wie halte ich die Balance?"

Skizzierung des Falles:
Hier handelt es sich um eine alleinerziehende Mutter, Anfang 30 mit 2 Kindern (ein Mädchen 10 Jahre, ein Junge 7 Jahre). Sie lebt seit 6 Jahren getrennt, seit 2 Jahren ist sie geschieden. Das Paar kannte sich schon von der Schulzeit her, sie lebten gleich zu Beginn ihres Studiums zusammen (sie: Tiermedizin, er: Sozialpädagogik) und heirateten nach dem ersten Kind noch während des Studiums. Beide haben die Vorstellung von einer "offenen Ehe", sie leben in einer Wohnge-

meinschaft, praktizieren partnerschaftliche Kinderbetreuung. Während sie mit dem zweiten Kind schwanger ist, geht er eine Außenbeziehung ein, ein Jahr später (sie waren gerade zwei Jahre verheiratet) verläßt sie ihn und geht sofort eine ähnliche Paarbeziehungskonstellation ein, wie mit dem Ehemann; diese Beziehung dauert 6 Jahre. Sie lebt heute mit ihren Kindern zusammen, hat eine neue Paarbeziehung und arbeitet mit einer Kollegin in einer Kleintierpraxis. Er lebt auch wieder in einer Beziehung, der ein gemeinsames Kind entstammt. Beide Eltern haben das gemeinsame Sorgerecht für die Kinder aus der Ehe. Die Beziehungskonstellation sieht aus heutiger Sicht folgendermaßen aus:

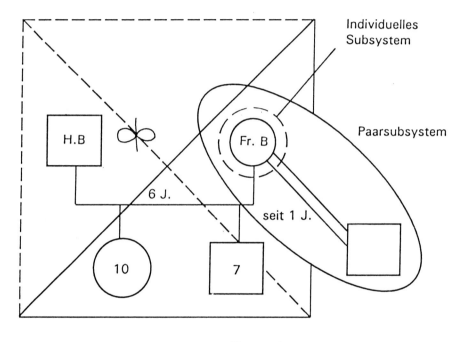

Abb. 2

Dieser Fall soll aufzeigen, ob und wie die Überwindung scheinbarer oder faktischer Inkompatibilität von Partner- und Elternschaft möglich ist, das heißt konkret, *wie* der Alltag

-    mit Kindern
-    mit Partner
-    und Beruf

befriedigend gestaltet werden kann. Die Entscheidung für Kinder stand für Frau
B. nie zur Debatte, sie will aber sich nicht nur auf die Kinder konzentrieren,
sondern Partner und Beruf sind ihr ebenso wichtig. Wie können diese Bereiche in
der Balance gehalten werden und wo gibt es Krisen und Konflikte? Das Spannungsverhältnis ist vereinfacht in Abb. 3 dargestellt:

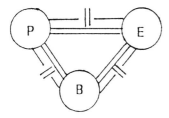

P = Partnerschaft
E = Elternschaft
B = Berufliche Tätigkeit

Abb. 3

In ihrer Rolle als *Elternteil* ist sie mit Problemen, die alle Alleinerziehenden
haben, konfrontiert: Mit ihren Unsicherheiten in der Kindererziehung, ihren
Schuldgefühlen, keine gute Mutter zu sein, nicht genug Zeit zu haben für ihre
Kinder; in der permanenten Auseinandersetzung mit dem Expartner, wenn es um
Besuchsregelung und erzieherische Entscheidungen geht.

In ihrer *Partnerschaft* geht es um Abhängigkeit versus Selbständigkeit, um
Anerkennung als Frau mit 2 Kindern, um Freizeit alleine mit dem Partner und
Einbeziehung der Kinder.

Auch ihrer *beruflichen* Rolle möchte sie gerecht werden. Wie kann sie berufliche Kontakte aufrechterhalten, Fortbildungen einplanen und das berufliche
Engagement gestalten?

Diese Anforderungen sind nicht unabhängig voneinander zu sehen. Sie
bedingen sich wechselseitig; dazu kommt, daß die Ansprüche in allen genannten
Bereichen gestiegen sind (Rerrich 1990); Familien werden als "kindorientierte
Systeme" und Mütter als "Manager des Kinderalltags" beschrieben (Engelbert
1988); innerhalb der Partnerschaft sind emotionale Komponenten in der Beziehung ausschlaggebend (Hondrich 1982) und berufliche Anforderungen werden
komplexer und verlangen vollen Einsatz. Erscheint eine Kollision da nicht fast
unvermeidlich? Ist es überhaupt möglich, allen wirklich gerecht zu werden?
Unseres Erachtens zeigt sich hier die Störanfälligkeit für Krisen sehr deutlich.

Um bei unserer Falldarstellung zu bleiben: Ein solches Arrangement erfordert
permanentes Aushandeln, Vereinbarungen und Absprachen treffen zwischen allen
Personen, die an diesem Alltagsleben beteiligt sind (Beck-Gernsheim 1990). Die
Klientin selbst steht immer wieder unter Streß und Spannung, sie entwickelte
psychosomatische Symptome (nervöse Magenbeschwerden) und litt unter rezidi-
vierenden depressiven Stimmungen.

Unseres Erachtens geht es nicht darum, in allen Fällen diese Bereiche kompatibel oder passend zu machen, sondern um Regelungen eines Nebeneinanders,

Nacheinanders, auch um klare Abgrenzungen (kommunikativer Aspekt) und für inhärente strukturelle Widersprüche "Skills" zu entwickeln als situative Lösungs-muster (praktischer Aspekt). Dazu sind Phantasie, Kreativität, Verständigungs-bereitschaft und Unterstützung notwendig, das heißt, die erweiterte Familie, Freunde oder Nachbarn werden als Solidargemeinschaft, die gerade bei dieser familiären Lebensform eine sehr wichtige Rolle spielt, angefordert (Vaskovics 1991).

Von unserem therapeutischen Verständnis reicht das jedoch noch nicht aus, wenn nicht auch das legitime Bedürfnis nach Selbstentfaltung, Selbst-Entwicklung, Individuierung berücksichtigt und verwirklicht werden kann. Die Balance bezieht sich demnach nicht nur auf 3, sondern auf 4 Bereiche, die in permanenter Wechselbeziehung stehen und Widersprüchen ausgesetzt sind (vgl. Abb.4).

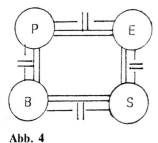

S = Selbst-Individuation

Abb. 4

In Übereinstimmung mit Monika Oubaid (1987, 1988) findet das neue Selbstver-ständnis von Frauen Ausdruck in neuen Kombinationen von Berufs- und Familien-orientierung; "neue" Frauen versuchen, Kinder anders in ihr Leben zu integrie-ren. Gleichzeitig scheint es uns aus therapeutischer Sicht angebracht, neben dem individuellen Blick auf den Erwachsenen die Auswirkungen auf die Kinder miteinzubeziehen.

3 Fall C: "Von den Bildern von Vater- und Muttersein, die sich ändern (müssen)"

Skizzierung des Falles:
Für Herrn und Frau C., beide 36, er Lehrer für Mathematik und Sport, sie Bürokauffrau, war es bei der Eheschließung selbstverständlich, daß sie Kinder haben würden. Mit der Geburt des ältesten hörte Frau C. auf zu arbeiten. Jetzt, da er 10 ist, arbeitet sie wieder halbtags in ihrem Beruf - und lebt damit ein

gängiges Muster für Frauen/Mütter: das sog. "Drei-Phasen-Modell" (Rerrich 1990).

Die Familienphase mit Kleinkindern stellte in diesem Fall besonders dramatische Anforderungen an Elternschaft - die nachfolgenden beiden Kinder litten an einer Erbkrankheit (deren Träger beide Eltern waren) und starben im Alter von 4 Monaten bzw. einem Jahr. Das bedeutete für das (Eltern-)Paar, daß sie über lange Zeit hinweg z. B. nächtelang keinen Schlaf fanden. Diese extremen Anforderungen an das Elternsein führten zu einer Auflösung der Grenzen um das Subsystem Paar. Das zeigte sich z. B. darin, daß das Paar das Ehebett ständig mit den kranken Kindern teilte - eine "Tradition", die der 10jährige IP weiterführte. Es schien so, als bleibe für die Beziehung zwischen den Partnern keine Energie mehr. Das Partnersystem wirkte demoralisiert, es fanden keine Gespräche zwischen den beiden statt, gemeinsame Unternehmungen hatten sich auf ein Minimum reduziert. Es fand keine gemeinsame Trauerarbeit um die verstorbenen Kinder statt. Man ging sich aus dem Weg. Frau C. besprach sich mit einer Freundin und mit ihrer Schwester. Herr C. machte alles mit sich selber aus. (Womit dieses Paar wiederum typischen kulturell vorgegebenen Männnlichkeits-/ Weiblichkeitsrollen folgt).

Einerseits läßt sich also durch die Konzentration auf Elternfunktionen eine - um in Y. Schützes Worten zu sprechen - "Aushöhlung des Paarsystems" konstatieren. Andererseits wird bei dieser Familie deutlich, daß die Konzentration auf Elternfunktionen nicht heißt, daß diese dann auch adäquat ausgefüllt werden: Der 10jährige wurde ständig kritisiert, reglementiert und zurechtgewiesen und war allgemein Zielscheibe des aggressiven, gereizten Tons in der Familie.

Welche Rolle spielen nun die in der Überschrift erwähnten Bilder in diesem Prozeß? Bei der Familiengründung hatte für die Partner das Leitbild einer "normalen" (traditionellen) Familie bestimmend gewirkt. Herr C. ein Musterbeispiel für den instrumentell orientierten Berufsmann als Ernährer der Familie, mit Y. Schützes Worten ein "emotional randständiger" Vater, Frau C. für die Kinder, den Haushalt und die "Beziehungsarbeit" (vgl. z. B. Goldner 1987) zuständig.

Häufig beobachten wir, daß diese Bilder von Vater-/Muttersein, die bei der Familiengründung für die Beteiligten stimmig waren, gerade wenn die Familie aus der Kleinkinder-Phase heraus ist, nicht mehr "passen". Meist sind es dann die Frauen, die sich - oft über den Umweg eines kindlichen IPs - Unterstützung holen, wenn es darum geht, Änderungen in der Verteilung der Verantwortlichkeiten zu erreichen (vgl. z. B. Krüll 1987).

Durch die besonderen Schicksalsschläge, die eine Trauerarbeit notwendig machten, sind Herr und Frau C. besonders darauf gestoßen worden, daß es ihnen nicht nur um Elternschaft, sondern auch um Partnerschaft und, nicht zuletzt, um Intimität mit sich selbst geht.

Dies machte eine Neukalibrierung, ein Neuaushandeln der (impliziten) Geschlechtsrollenverträge zwischen den Partnern notwendig.

"Zur Debatte" standen dabei u.a.:

- Die asymmetrische Durchlässigkeit der Grenzen zwischen Familie und Beruf für sie bzw. ihn (vgl. Hare-Mustin 1988): Herr C. nahm selbstverständlich "Familie" zum Ausgleich beruflicher Spannungen in Anspruch: "Beim (gemeinsamen) Mittagessen kommt dann der ganze Streß von der Schule hoch." Die Berufstätigkeit von Frau C. gibt ihr dagegen kein Recht auf Ausgleich in der Familie, arbeitet sie doch lediglich "zu ihrem eigenen Vergnügen".
- Auch die Beziehungs- und "Schattenarbeit" von Frau C. trat stärker ins Bewußtsein der Beteiligten: Während sich Herr C. drei Abende in der Woche und oft den Sonntag für sein Hobby nahm, befürchtete das Paar, daß "das Ganze aus den Fugen gerät, wenn sie auch öfter weggeht". Frau C. war selbstverständlich für die so wichtigen sozialen Rituale (vgl. Imber-Black 1989) allein zuständig: Herr C: "Früher war sie viel fröhlicher, da war immer was los bei uns, ständig war Besuch da ..". Auch ihre Hausarbeit war selbstverständlich. Als sie sich beklagt, daß der Junge nicht "helfe", meinte der 10jährige: "Das ist Sache der Frau im Haus".
- Die emotionale Randständigkeit des Vaters: Der IP: "Der Papa hat ja nie Zeit für mich."

Für beide Partner, insbesondere aber für die Familienmänner, ist diese Phase der Neukalibrierung mit "Wachstumsschmerzen" verbunden. Tatsächlich beobachten wir, daß sie nur von Paaren gewagt wird, die den ausdrücklichen Wunsch nach einer gelebten Partnerschaft mit *diesem* Partner/*dieser* Partnerin noch haben.

Die Schwierigkeiten für die Männer liegen darin, daß sie ja auch tatsächlich etwas riskieren, wenn sie sich mehr auf ihre Gefühle einlassen (vgl. Goldner 1985) (Herr C: "Die Kollegen haben da kein Verständnis für, wenn's mir mal nicht so gut geht.") und abgehen von der im Berufsleben geforderten instrumentellen Orientierung (Herr C: "Wenn ich was mit der Familie unternehme, denk' ich immer, was ich in der Zeit alles für die Schule tun könnte."). Familienfrauen dagegen müssen sich damit auseinandersetzen, daß sie, wenn sie nicht mehr alles für die anderen tun, riskieren, (vor sich selbst und anderen) als eine "widernatürliche Frau" zu gelten (Krüll 1987).

Fall C macht, wie wir meinen, deutlich, welche Bedeutung den Bildern von Frau-/Muttersein und Mann-/Vatersein zukommt und wie wichtig es ist, den Beteiligten hier Freiräume zu eröffnen (vgl. Massing u. Schöll-Schwinghammer 1987). Die Herausforderung liegt für Männer/Väter, Frauen/Mütter darin, sich den Anforderungen an wahre Partnerschaft und Intimität zu stellen und nicht auszuweichen, indem sie als "intime Fremde" (die Männer) mit ihrem Beruf bzw. (die Frauen) mit den Kindern verheiratet sind (Rubin 1983). "Women marry their children, because they can't marry men." (Luepnitz 1988, S. 273). Wir meinen, daß der Trend zu einer veränderten Elternschaft in nicht polarisierten Rollen für Mütter/Väter letztlich über die geteilte Erfahrung einen Zugewinn für die Intimität in der Partnerschaft darstellen kann.

4 Schlußbemerkungen

Auf dem Hintergrund des Gesagten ergeben sich für uns neue Fragen, die wir als Diskussionsanstöße abschließend zusammenfassen wollen:

1) Es stellt sich die Frage, wie intensiv in den therapeutischen Settings (Einzel- und Familientherapie) an den Illusionen, Leitbildern, Ideologien von Partnerschaft und Elternschaft und deren Realisierungsmöglichkeit gearbeitet wird, die Diskrepanzen, Gefährdungen, Belastungen und Konflikte aufgezeigt werden und ob statt Elternschaft nicht die Beziehungskonstellation Vaterschaft/Mutterschaft mehr in den Mittelpunkt therapeutischer Bearbeitung rücken sollte. Besonders in Fall A führte diese Arbeit zu mehr Rollenklarheit.

2) Die Frage nach der Inkompatibilität von Partner- und Elternschaft erscheint nur auf den ersten Blick einfach beantwortbar. Man kann eher von temporärer Inkompatibilität sprechen, wie sie insbesondere an den Fällen A und C deutlich wurde. Durch die Konstruktion innerer Bilder und die Bewertung individueller Erfahrungen im Zusammenhang mit realen Lebensbedingungen kristallisieren sich Krisen dieser Lebensformen heraus, die dann im Verlauf der Familienentwicklung zu unterschiedlichen Lösungen führen.

Zu fragen ist auch, ob labile Partnerschaften eher aufgegeben werden (Fall B) zugunsten der Zentrierung auf die Kinder. Gleichzeitig wird wahrscheinlich, daß labile Partnerschaften auch eine Folge der "neuen" Kindzentriertheit sein könnten; Kinder sind verläßlicher als Partner. Möglicherweise wird die Partnerschaft auch aufgegeben, um sich nicht der Konkurrenz mit dem Partner stellen zu müssen und insbesondere auf der beruflichen Ebene Auseinandersetzungen zu vermeiden (Fall A), wie es Y. Schütze in ihrem Beitrag auch angedeutet hat.

3) Es spricht einiges für eine verstärkte Zentrierung auf Kinder. Als Prognose für die 80er Jahre formulierte Hondrich (1982): "Noch mehr als bisher wird die Paarbeziehung ganz im Vordergrund stehen, während die Bedeutung von Kindern erst auf dieser Basis zum Zuge kommt" (S. 351). Die Frage drängt sich auf, ob das bei der "neuen" Kindzentriertheit auch noch für die 90er Jahre gilt oder ob nicht eher Partnerschaft von der Elternschaft abgekoppelt gesehen werden könnte oder müßte? Das würde eine Umorientierung familientherapeutischer Konzepte und Vorgehensweisen bedeuten, d.h., Partnerschaft und Elternschaft stärker als je eigenständige Beziehungskonstellation zu sehen.

Eine mögliche Folgerung daraus wäre, dann den Fokus auf die Stärkung des Mutter-Kind-/Vater-Kind-Subsystems zu legen. Gleichzeitig sind nicht nur die Teilbeziehungen Vater-Kind, Mutter-Kind stärker zu fokussieren, sondern gerade das *Individuum* in der Familie sollte die Familientherapie im Blick haben und zwar - wie Welter-Enderlin (1982) es ausdrückt - im Sinne unterschiedlicher Erfahrungen von Frauen und Männern in Familie und Beruf. Kindererziehung heute stellt immer differenzierterere Anforderungen an Elternschaft (Rerrich

1990). Gleichzeitig sind die Mütter - zumindest die, die sich nicht von vornherein entschließen, allein zu erziehen - ob ihrer eigenen "nachgeholten Individualisierung" (Beck-Gernsheim 1990) nicht mehr bereit, nur für andere da zu sein. Sollen Beziehungen nicht eingehen wie Rhesusäffchen ohne Mutterliebe, müssen die Väter sich modernisieren (Fthenakis 1985). In diesem Prozeß geht es nicht zuletzt um die Veränderungen der Bilder von Vatersein und Muttersein.

4) Dazu braucht es Raum für alternative Formen des familiären Zusammenlebens und günstige Bedingungen. Im Zusammenhang mit Modellen von Oubaid (1988) gilt es, nicht nur Plätze für Kinder zu schaffen, sondern auch

für Frauen / Mütter,

für Männer / Väter

zur Entwicklung von innerer Sicherheit, Identität und der Fähigkeit der Gestaltung einer lebenswerten Alternative. Neue Formen brauchen Unterstützung, denn anders leben bedeutet immer noch, sich mit Vorurteilen und Diskriminierung auseinanderzusetzen.

Literatur

Beck U, Beck-Gernsheim E (1990) Das ganz normale Chaos der Liebe. Suhrkamp, Frankfurt

Boszormenyi-Nagy I, Spark G (1973) The invisible loyalities. Harper u. Row, New York (deutsch: Unsichtbare Loyalitäten, Klett-Cotta, Stuttgart)

Busch G et al (1988) Den Männern die Hälfte der Familie - den Frauen mehr Chancen im Beruf. Deutscher Studienverlag, Weinheim

Engelbert A (1988) Familienumwelt, Familien und familiale Leistungen für Kinder. In: System Familie. 1, 1:33-48

Fthenakis WE (1985) Väter. Bd 1 + 2. Urban + Schwarzenberg, München

Gloger-Tippelt G (1985) Der Übergang zur Elternschaft. Eine entwicklungspsychologische Analyse. In: Z. f. Entwicklungspsychol. und Päd. Psychol. 17, 1:53

Gloger-Tippelt G (1989) Familie als Gegenstand psychologischer, insbesondere entwicklungspsychologischer Forschung - Forschungseinrichtungen - Forschungsdefizite. Z. f. Familienforschung, 1:20-39

Goldner V (1985) Feminism and family therapy. Family Process, 24:31-47

Goldner V (1987) Instrumentalism, feminism, and the limits of family therapy. Journal of Family Psychology, 1:109-116

Hare-Mustin RT (1988) Family change and gender differences: Implications for theory and practice. Family Relations, 37:36-41

Hoffmann L (1982) Grundlagen der Familientherapie. Isko, Hamburg

Hondrich KO (Hrsg) (1982) Soziale Differenzierung. Langzeitanalysen zum Wandel von Politik, Arbeit und Familie. Campus, Frankfurt

Imber-Black E (1989) Rituals of stabilization and change in women's lives. In: McGoldrick M, Anderson CM u. Walsh F (eds) Women in Families. A framework for family therapy. New York Norton, p 451

Krüll M (1987) Feministisches Denken als Kritik am Sexismus in der Familientherapie und in der Gesellschaft. In: Massing A, Weber I (Hrsg) Sexualität im Alltag und alltägliche Sexualität. Springer, Berlin, S 79

Luepnitz DA (1988) The family interpreted. Basic Books, New York

Massing A, Schöll-Schwinghammer I (1987) Plädoyer für eine frauenfreundliche Familientherapie zwischen Utopie und Realität. Familiendynamik 12:240 - 260.

Minuchin S (1977) Familie und Familientherapie. Lambertus, Freiburg

Oubaid M (1987) Das Mutter-Dilemma. Psychologie heute, 2, 14:20 - 26.

Oubaid M (1988) Das Selbstverständnis "neuer" Frauen und seine Konsequenzen für die Erziehung der Kinder. In: Menne K, Alter K (Hrsg) Familie in der Krise, Weinheim.

Pieper B (1986) Familie im Urteil ihrer Therapeuten. Bausteine einer Theorie familialer Arbeit. Campus, Frankfurt, N.Y.

Richter E (1968) Eltern, Kind und Neurose. Rowohlt, Reinbeck

Rerrich M.S. (1990) Balanceakt Familie. Zwischen alten Leitbildern und neuen Lebensformen. Lambertus, Freiburg

Rubin L B (1983) Intimate Strangers. Men and Women Together. Harper & Row, New York

Schubert MT (1987) System Familie und geistige Behinderung. Springer, Wien, N. Y.

Schulz W (1983) Von der Institution Familie zu den Teilbeziehungen zwischen Mann, Frau und Kind. Soziale Welt, 4:401 - 419.

Stierlin H (1978) Delegation und Familie. Suhrkamp, Frankfurt/M.

Vaskowivc LA (1990) Familie im Auflösungsprozeß? In: Deutsches Jugendinstitut (Jahresbericht 1990, 6. DJI-Symposium Individuierung und Solidarität)

Welter-Enderlin R (1982) Familie, Arbeitswelt und Familientherapie. Familiendynamik, 7:49 - 61.

Partnerschaft und Elternschaft im Familiensystem

Jan Künzler

Universität Würzburg, Wittelsbacherplatz 1, 97074 Würzburg

Partnerschaft und Elternschaft waren im Begriff der Familie bislang essentiell zu-sammengedacht: Partnerschaft und Elternschaft, Ehe und Filiation, beschreiben exklusiv und vollständig die Prinzipien, anhand derer sich das Familienpersonal rekrutiert (vgl. Tyrell 1983, S. 363). Beides muß nicht in Familien zusammen-fallen. Immer mehr Ehen bleiben dauerhaft kinderlos - immer mehr Familien kommen als Ein-Elternfamilien ohne Partnerschaft aus. Das ist die sozialstruktu-relle Version einer Entkoppelung von Partnerschaft und Elternschaft. Auf der anderen Seite sind Partnerschaft und Elternschaft in der überwiegenden Zahl der Fälle immer noch in Familien "fusioniert".

1 Familiale Subsysteme

Die Fusion von Partnerschaft und Elternschaft im Familiensystem ist ein Spezial-fall der Integration differenzierter Sozialsysteme. Wie Differenzierung hier zu fassen ist, hängt von der Vorentscheidung für einen spezifischen Familienbegriff ab. Wenn man Ehe *und* Filiation für die hinreichenden Merkmale von Familie hält, wird man kaum von *Aus*differenzierung sprechen können; Familien sind dann schon in statu nascendi differenzierte Systeme. Legt man einen diffuseren Familienbegriff zu Grunde, wie ihn etwa Theorien des Familienzyklus verwen-den, kann man schon die Expansionsphase als Familie verstehen und legitim von einer Differenzierung eines zunächst undifferenzierten Systems, der Partnerschaft, sprechen.

Wie dem auch sei: Mit der Geburt des ersten Kindes ist die Familie ein differenziertes System; neue Subsysteme sind neben die Partnerschafts-Dyade getreten und müssen in das Gesamtsystem integriert werden. Das Partnerschafts-system sinkt auf den Rang eines Subsystems ab. Gleich drei weitere Subsysteme kommen hinzu: das Mutter-Kind-Subsystem, das Vater-Kind-Subsystem und das eigentliche Eltern-Kind-Subsystem, die Triade. Mit jedem weiteren Kind nimmt die Zahl *der* Subsysteme exponentiell zu, in denen einzelne Mitglieder des Fa-milienpersonals unter Ausschluß anderer miteinander interagieren. Wenn Parsons sich die Differenzierung des Familiensystems in Analogie zur Zellteilung als binary fission vorstellte und annahm, daß sich die Zahl der Subsysteme mit jedem Differenzierungsschritt verdoppelt, so war diese Sicht einmal theoriebautechnisch und zum anderen durch den sozialisationstheoretischen Focus seines Interesses bedingt (vgl. Parsons u. Bales 1955, S. 28f.). Mit dem Rückgang der 'parsonianischen', traditionellen Familie und dem Aufkommen neuer Formen familialen Zusammenlebens zeigt sich jedoch, daß binäre Fission nicht die einzig mögliche Differenzierungsform ist. Allgemein folgt die Differenzierung des Familiensystems nicht, wie Parsons annahm der Funktion $n * 2$ (mit n als Zahl der vorhandenen Subsysteme), sondern läßt sich durch die Funktion $2^n - (n+1)$ beschreiben (mit n als Zahl der Familienmitglieder): Anwesenheit und Abwesenheit von n Familienmitgliedern im 'Interaktionsraum' lassen 2^n Variationen zu; davon abzuziehen sind die Variationen mit Abwesenheit aller Mitglieder (stets 1) und solitäre Präsenz (n).

Wenn Familiensysteme aus Kommunikationen bestehen, bedeutet das auch, daß Interaktionssysteme ihr 'materiales' Substrat sind. Definiens von Luhmanns Begriff des Interaktionssystems sind *Anwesenheit* und wechselseitige Wahrnehmung der Beteiligten (Luhmann 1975a, S. 10; 1975b, S. 22). Notwendig kommt es dann aber auch zu Kommunikation. In Anlehnung an Watzlawick gilt für Luhmann, "daß man in Interaktionssystemen nicht nicht kommunizieren kann; man muß *Abwesenheit* wählen, wenn man Kommunikation vermeiden will" (Luhmann 1984, S. 562). Interaktionen sind auch die Episoden des Familienvollzugs (vgl. Luhmann 1984, S. 552). Ob an den temporären und vergänglichen Interaktionssystemen Prozesse einer Differenzierung überdauernder familialer Subsysteme ansetzen, ist eine empirische Frage. Das konzediert auch Luhmann, belegt jedoch jede weitere Differenzierung über das Subsystem der (Ehe-)Partner hinaus mit implizitem Pathologieverdacht (vgl. 1990, S. 213). Es spricht jedoch einiges dafür, daß eine weitere Differenzierung des Familiensystems entlang regelmäßig realisierter Interaktionskonstellationen wahrscheinlich ist, daß also auf der gleichen Ebene von einem Mutter-Kind-Subsystem (was qua dyadischer Sonderbeziehung im Stillen noch einleuchtet), einem Vater-Kind-Subsystem und kontraintuitiv von einem Subsystem der Gesamtfamilie im Familiensystem gesprochen werden kann: Familien sind besonders interaktionsnah 'gebaut' (vgl. Tyrell 1983, S. 371) - sie sind Kontexte eines langfristigen, alltäglichen Zusammenlebens (vgl. Tyrell 1983, S. 364). Wie alle Interaktionssysteme akkumulieren auch familiale Interaktionssysteme Geschichte. Im Unterschied zu anderen Interaktionssystemen ist jedoch die Wiederholung spezifischer Interaktionskonstellationen durch familiale 'Stunden-, Tages- und Wochenpläne' relativ strikt festgelegt. In solchen mit großer Regelmäßigkeit wiederkehrenden Situationen bilden sich quasi naturwüchsig personenorientierte Erwartungen und Spezialisierungen: Bestimmte Kommunikationen und Handlungen sind auf die Anwesenheit, aber auch auf die Abwesenheit bestimmter Familienmitglieder angewiesen. Das Aufstellen des familialen Stundenplanes kann als Prozeß des Aushandelns innerfamilialer Systemgrenzen und der interaktiven Realisierung von Subsystemen aufgefaßt werden. Immer geht es dabei um Anwesenheit oder Abwesenheit des

Dritten, die erwartungs- und präferenzbesetzt ist: Die Partner wollen ihre Paarbeziehung einigermaßen unbeschadet in die Elternschaft überführen; abends sollen
die Kinder schlafen und nicht mehr stören; nicht nur Familientherapeuten berichten immer wieder von Kämpfen um ein kinderfreies Ehebett. Nach einem ganzen
Tag allein mit dem Kind erwartet man vom Partner Entlastung; jetzt ist mal der
andere dran; er steht momentan außerhalb der Konfliktdynamik, außerdem hat
sich das Kind den ganzen Tag auf die nur mit ihm möglichen Aktivitäten gefreut.
Das kleinere Geschwister stört immer wieder das Spiel mit dem älteren - es muß
mit Hilfe des anderen Elternteils separiert werden. Oder: die Geschwister spielen
endlich so schön zusammen; geben wir ihnen, gönnen wir uns noch eine halbe
Stunde - auch wenn das Kinderzimmer einem Schlachtfeld gleichen wird. Schließlich: In besonderem Maße präferenzbesetzt ist die gemeinsame Interaktion aller
Familienmitglieder. Das 'Glücksversprechen der Familie', die Erwartungen an die
Produktion familialen Glücks, richten sich besonders an dieses spezifische interaktionale Subsystem, das die Familie geradezu 'symbolisiert'. Es ist das einzige
Subsystem, das hinsichtlich des Familienpersonals nicht defizitär ist. In allen
anderen Konstellationen verbuchen die Anwesenden das Fehlen von Familienmitgliedern (vgl. Tyrell 1983, S. 369). Gesamtfamiliale Interaktion und hier besonders familiale Freizeit sind - gerade wegen ihres Primats in der Glücksproduktion
- hochgradig mit *normativen* Erwartungen besetzt, mit "dem höchsten Verpflich-
tungsgrad und den höchsten familistischen Ansprüchen" ausgestattet (vgl. Nauck
1989, S. 336).

Die interaktionale Umsetzung familialer Subsysteme verdankt sich insgesamt
einer erwartungsgesteuerten und präferenzgeleiteten Planung: Es werden täglich
Absprachen getroffen (die natürlich auch in Routinen überführt werden können),
wer wann mit wem interagiert. Partnerschaft und gesamtfamiliale Interaktion
spielen dabei eine Sonderrolle; sie werden als der Kern familialen Zusammenlebens interpretiert und sind mit entsprechenden normativen Erwartungen aufge-
laden. Auf der anderen Seite gibt es, auch wenn die Abwesenheit eines dritten
Familienmitglieds nicht extern erzwungen ist, eine Sogwirkung der familialen
Intimkommunikation in Richtung dyadischer Interaktion. Die von Tyrell konstatierte "Tendenz der Liebesinteraktion, sich zu separieren, die Präsenz Dritter
zu meiden" (1987, S. 587; vgl. a. Schütze 1989, S. 313), gilt mutatis mutandis
auch für die Intimkommunikation in der dyadischen Interaktion zwischen Elternteil und Kind. Die ambivalenten Gefühle, die Erstgeborene nach der Geburt eines
zweiten Kindes an den Tag legen, können als Beleg dienen (vgl. Schütze 1989, S.
316ff.). Familien mit mehreren Kindern sind daher mit besonderen Abstimmungs-
und Grenzziehungsproblemen konfrontiert, da mit jedem zusätzlichen Kind die
Zahl der möglichen Dyaden, aber auch Triaden stark zunimmt.

Die Aktualisierung von Subsystemgrenzen in Interaktionssystemen muß also
einer Reihe von Forderungen gerecht werden: Gesamtfamiliale Interaktion in
ausreichendem Umfang und Qualität dient der Vergewisserung eines glücklichen
Zusammenlebens und der familialen Kohäsion. Andererseits ist es *ein* Systemziel,
innerfamiliale Dyaden zu aktivieren. Hier gibt es eine Reihe von Motiven bzw.
Leistungen. Dyadische Interaktion kann der Freisetzung Dritter dienen (promi-

nent: für Erwerbstätigkeit, aber auch für solitäre Freizeit, für produktive Hausarbeit ohne Intervention des Kleinkindes). Dyadische Interaktion kann der Entlastung Dritter, ihrer Entlassung aus überlangen, vorgängigen dyadischen Interaktionen mit konfliktakkumulierender Geschichte dienen (vgl. Sichtermann 1982). Dritte können sich zurückziehen, um einer Dyade die Möglichkeit zur 'Intimisierung' und Spezialisierung auf Sonderaktivitäten einzuräumen. Und schließlich: Motive respektive Leistungen kommen in der Regel in Gemengelagen vor und variieren in Abhängigkeit auch vom Familienzyklus.

2 Familiales Zeitbudget

Ein zunächst trivialer Grundsachverhalt von Kommunikation und damit auch von Interaktion ist, daß sie *Zeit* beanspruchen. Das Problem der Integration eines differenzierten Systems, das derart auf gemeinsame Lebensvollzüge (Zusammenleben) angewiesen ist wie die Familie, ist zunächst ein *Zeitproblem*: Allein die exponentielle Zunahme der Subsysteme macht über den Zeitbedarf von Interaktion Integration schwierig. Mit der Geburt vor allem des ersten Kindes muß der gesamte Zeithaushalt der Familie restrukturiert werden. Dieser Übergang im Familienzyklus ist auch ein Übergang von relativem Zeitüberfluß zu chronischer und drastischer Zeitknappheit.

Für familiale Zeitbudgets gelten folgende Regeln:
1. Das familiale Zeitbudget steht in komplexer Wechselwirkung mit den Zeitbudgets des Familienpersonals. "Die Familie (ist) eine Umverteilungsinstanz individueller Zeitbudgets" (Nauck 1989, S. 325). Dabei ist das Zeitbudget der Eltern in geschlechtsspezifisch unterschiedlichem Ausmaß *extern* gebunden, während das Zeitbudget gerade von Kleinkindern zunächst fast völlig im familialen Zeitbudget aufgeht.
2. Das familiale Zeitbudget verteilt sich qua Abwesenheit und Anwesenheit des Familienpersonals auf die einzelnen interaktional ausgeprägten Subsysteme. Theoretisch unabhängig von dieser Verteilung ist die Verteilung der Zeitbudgets der Eltern auf einzelne Tätigkeitsfelder.
3. Zeitbudgets sind Nullsummenspiele: Zwischen einzelnen Interaktionssystemen wie zwischen einzelnen Tätigkeitsbereichen können Substitutions- und Konkurrenzbeziehungen bestehen.
4. Interaktionssysteme sind in ihrer Kombination mit verschiedenen Tätigkeitsfeldern mit unterschiedlichen *Präferenzen* besetzt. Die Allokation des familialen Zeitbudgets wird damit auch zu einem *Prozeß des Aushandelns*, bei dem die Familienmitglieder Minimierungs- oder Maximierungsstrategien verfolgen können. Sie können sich gegenseitig zu Nutzen verhelfen oder Kosten verursachen. Es ist immer wieder festgestellt worden, daß in den letzten Jahrzehnten Prozesse eines an Symmetrievorstellungen orientierten 'bargainings' zugenommen haben

(vgl. Leupold 1983, S. 320). Die Zeit ist ein prominenter Kandidat für ein übergreifendes, familiales Währungssystem (vgl. Helm Stierlin in diesem Band, allgemein u.a. Kirchler 1989, S. 86f.).

5. Sowohl die interaktionalen Subsysteme wie auch die einzelnen Tätigkeitsfelder unterscheiden sich untereinander in einer Reihe von Dimensionen:
- Die Zeitallokation kann familieninterne Ordnungsleistung aber auch Ergebnis eines externen Zeitregiments sein (vgl. Tyrell 1982, S. 169).
- Die einzelnen Subsysteme bzw. Tätigkeitsfelder weisen eine unterschiedliche 'Nachfrage-Elastizität' auf.
- Es bestehen Unterschiede hinsichtlich der Externalisierbarkeit besonders von zu minimierenden Tätigkeiten.
- Die Zeitallokation weist sowohl für Tätigkeitsfelder wie auch für Interaktionssysteme unterschiedliche Ausmaße von Disponibilität bzw. Restriktivität auf.

Derartige Unterschiede können in den Aushandlungs- und Umverteilungsprozessen als Argumente dienen. Sie bewirken, daß Zeitmengen nur scheinbar die vollständig konvertible Währung des Familiensystems darstellen. Das verhindert nicht, daß sie vor allem in Dual-career-Familien als Währungssystem benutzt werden; wenn dann jedoch Equityprinzip oder Kreditprinzip verwendet werden, ist eine Dauerauseinandersetzung um 'Wechselkurse' vorprogrammiert.

6. Aufgrund hoher Disponibilität der Zeitallokation dienen bestimmte Interaktionssysteme als Ressource, die zum Auffangen von Veränderungen in den Anforderungen an das familiale Zeitbudget genutzt werden kann. Besonders anfällig dürften *die* Subsysteme zu sein, die den höchsten Beitrag für die Integration des Gesamtsystems leisten, nämlich Partnerschaftssubsystem und das Subsystem der Gesamtfamilie. Bei der Geburt des ersten Kindes bietet sich besonders das Partnerschaftssubsystem als Zeitressource an (in Konkurrenz mit dem Bereich solitärer Freizeit); laufend hochgradig disponibel ist dann die Zeit, die in die Interaktion der gesamten Familie investiert wird; bei der Geburt weiterer Kinder können zusätzlich die Subsysteme mit Interaktionen zwischen Eltern oder Elternteil und einem einzelnen Kind zur Dispositionsmasse werden. Sowohl im Subsystem der Partnerschaft als auch im Subsystem der gesamtfamilialen Interaktion laufen jedoch *die* Prozesse ab, deren Beitrag für die Integration des Gesamtsystems immer wieder hervorgehoben worden sind (vgl. Leupold 1983; Schulze 1987). Der Kommunikation im Subsystem der (Ehe-)Partner sind eine Reihe von 'problematischen' Themen vorbehalten, etwa Sexualität, das Verhältnis zu den Kindern oder finanzielle Probleme (Luhmann 1990a, S. 213). Die gemeinsame Interaktion *beider* Elternteile mit dem Kind ist auf Grund der wechselseitigen Beobachtung im *alltäglichen* Umgang mit dem Kind wichtig für die Entwicklung geteilter Erziehungsorientierungen, eines gemeinsamen Erziehungsstils und geteilter Annahmen über das 'Temperament' des Kindes; das wiederum ist die Voraussetzung konsistenten Verhaltens der Partner in der dyadischen Interaktion mit dem Kind. *In ihrer Kombination* sind damit das Partnerschaftssubsystem und das Subsystem der gesamtfamilialen Interaktion relevant für die Ausbildung dessen, was Parsons auch mit der Koalition der Ehepartner als Eltern gemeint hat (Parsons u. Bales 1955, S. 96 et passim). Bei jungen Familien geht damit eine Zu-

nahme der Kommunikationsthemen und des Kommunikationsbedarfs mit einer Verknappung gerade *der* Interaktionszeiten einher, die für solche Kommunikationen zur Verfügung stehen.

Immer wieder wurde nach der Geburt des ersten Kindes ein Rückgang der allgemeinen Zufriedenheit, besonders aber der Ehezufriedenheit verzeichnet. Viele der Faktoren, die mit geringerer Zufriedenheit einhergehen, scheinen dabei zumindest Derivate von Problemen der Re-Allokation des familialen Zeitbudgets zu sein (vgl. Petzold 1990, S. 109; Schneewind 1983). Besonders in der Kleinkindphase leidet das Familiensystem unter chronischem und drastischem Zeitmangel. Während die extern gebundenen Zeitquanten des Elternpersonals vor allem durch das Engagement in Erwerbstätigkeit langfristig festgelegt sind, sind die Zeitquanten, die in die interaktionalen Subsysteme Partnerschaft und Gesamtfamilie investiert werden, unterdeterminiert und kurzfristig disponibel, stehen also bei extern ausgelösten Steigerungen des Zeitdrucks als Ressource zur Verfügung. Gerade von diesen beiden Subsystemen aber sind die entscheidenden Beiträge zur Integration und Stabilisierung des Gesamtsystems zu erwarten. Aufgrund ihrer vergleichsweise hohen Disponibilität können beide Subsysteme zueinander in Konkurrenz treten. Es kann deshalb vermutet werden, daß es für die Integration des Familiensystems von erheblicher Bedeutung ist, ob und welche Zusammenhänge zwischen den Zeitquanten bestehen, die jeweils in die beiden Subsysteme investiert werden, wie die relativen Gewichte zwischen den beiden Subsystemen verteilt sind und auf welchem absoluten Niveau sich die Abstimmung zwischen ihnen bewegt. Prinzipiell sind vier Typen der Kombination denkbar: (a) ein Gleichgewicht zwischen beiden Subsystemen auf niedrigem Niveau (im folgenden Typ I), (b) ein Übergewicht des Subsystems der Partnerschaft über die gemeinsam ausgeübte Elternschaft (Typ II), (c) ein Übergewicht der gemeinsamen Elternschaft über die Partnerschaft (Typ III) und (d) ein Gleichgewicht beider Subsysteme auf hohem Niveau (Typ IV).

3 Familiale Zeitbudgets von Dual-Career-Familien

1988 wurde in Würzburg vom Lehrstuhl für Soziologie II eine Zeitbudgetstudie durchgeführt (vgl. Künzler 1990), mit deren Daten sich die interaktionale Dimension familialer Zeitbudgets *heuristisch* illustrieren läßt. Es handelte sich um eine explorative Studie mit einer kleinen Stichprobe. Die 29 befragten, vollständigen Familien stammten alle aus studentisch-akademischem Milieu und hatten mindestens ein Kind unter drei Jahren; Frauen und Männer waren entweder berufstätig oder sie studierten, so daß es sich bei den Familien um Vorstufen der Dualcareer-family handelt.[1] Unter Verzicht auf Repräsentativität wurde eine relativ homogene Stichprobe gewonnen, die insofern interessant ist, als es sich bei den Befragten sowohl um Einstellungspioniere als auch um Zeitpioniere handelt, die dementsprechend große Chancen haben, ihre nontraditionalen Vorstellungen auch umzusetzen. In einer postalischen Befragung protokollierten beide Partner unabhängig voneinander eine Woche lang in Intervallen von 15 Minuten ihre Haupttätigkeit, die Betreuung ihrer Kinder und die Haupttätigkeit des Partners (oder Vermutungen darüber). Nach Recodierung lassen die erfaßten Merkmale Rückschlüsse auf die Interaktionskonstellationen zu. Beide Partner füllten standardisierte Fragebögen zur Ehezufriedenheit aus.

Frauen verbringen 62 Wochenstunden, Männer dagegen nur 49 Wochenstunden in familialen Interaktionssystemen (vgl. Tab. 1). Das Subsystem mit dem größten Zeitbedarf ist jeweils das Subsystem der Interaktion zwischen Elternteil und Kind. 33 Wochenstunden verbringen Frauen allein mit dem Kind, bei den Männern sind es 20 Wochenstunden. Es folgt das Subsystem der gesamtfamilialen Interaktion mit jeweils 13 Wochenstunden. Die Partnerschaft ist in puncto Zeitbedarf ein eher kleines Subsystem: 10 Wochenstunden werden mit dem Partner allein verbracht. Frauen sind insgesamt 49 Wochenstunden mit dem Kind in variablen Interaktionskonstellationen zusammen, die Männer dagegen nur 37 Wochenstunden. Den Partner sehen Frauen und Männer insgesamt ca. 29 Wochenstunden. Das Subsystem der Partnerschaft wie das Subsystem der gemeinsamen Elternschaft nehmen damit, was ihren zeitlichen Umfang angeht, nur einen bestenfalls mittleren Rang ein. Eine Umverteilung von nur wenigen Wochenstunden hat dann schon drastische Auswirkungen.

Tabelle 1. Zeitbedarf familialer Interaktionssysteme (in Wochenstunden)

	Frauen (n=29)			Männer (n=29)			
	Mittel	SD	in % der Familienzeit	Mittel	SD	in % der FamilienZeit	t
beide Eltern mit Kind (Gesamtfamilie)	13.0	6.4	21%	13.3	5.9	26%	
Partnerschaft	9.8	3.8	16%	10.0	4.3	20%	
Elternteil mit Kind	32.5	11.5	53%	20.4	8.1	41%	z=4.0 ***
Partner-Kind-Netzwerk	3.8	3.4	6%	3.5	3.4	7%	
Partner-Netzwerk	2.4	4.5	4%	2.0	2.4	4%	
gesamte familiale Zeit	61.6	13.4	100%	49.1	10.6	100%	3.9 ***
gesamte Interaktion mit Kind	49.3	14.2	80%	37.2	9.0	76%	z=3.3 ***
gesamte Interaktion mit Partner	29.1	9.9	47%	28.7	9.7	59%	
wache Zeit allein	50.2	12.5		65.0	12.8		-4.5 ***
Hausarbeit	19.4	5.4		13.1	5.9		4.3 ***
erwerbsbezogene Zeit	18.6	11.2		37.1	12.9		-5.8 ***
solitäre Freizeit	16.8	7.6		15.1	8.7		0.8 ns

*=p<.05 **=p<.01 ***=p<.001 T-Tests mit df=56 Freiheitsgraden bzw. Wilcoxon-Rang-Tests

Zwischen den Zeitmengen, die in Partnerschaft und gesamtfamiliale Interaktion investiert werden, besteht *kein* Zusammenhang ($r = 0.2$, ns). Denkbar wäre es gewesen, daß entweder beide Bereiche gleichsinnig variieren und Familien mit hohen zeitlichen Investitionen in die Partnerschaft gleichzeitig auch viel Zeit gemeinsam mit den Kindern verbringen oder daß beide Bereiche in einem Konkurrenzverhältnis stehen, also Partnerschaft zu Lasten der gemeinsamen Interaktion mit den Kindern geht und vice versa: Beides ist nicht der Fall. Es finden sich allerdings Zusammenhänge zwischen jeweils einem der beiden Interaktionssysteme und vor allem einzelnen Tätigkeitsbereichen, wobei hier das Geschlecht ein wichtiger Moderator ist (vgl. Tab. 2): Während bei den Frauen die Zeitmenge, die in die Partnerschaft investiert wird, unabhängig von den Zeitmengen ist, die für Hausarbeit, erwerbsbezogene Zeit und solitäre Freizeit verwendet werden, bedeuten bei den Männern höhere Investitionen auch höhere absolute Beiträge zur Hausarbeit. Gleichzeitig besteht bei den Männern eine deutliche Konkurrenzbeziehung zwischen Partnerschaft und Erwerbstätigkeit, was ein Hinweis darauf ist, daß nur sie die partnerschaftliche Zeit als Ressource für erwerbsbezogene Tätigkeiten benutzen. Ein solches Konkurrenzverhältnis (das allerdings etwas schwächer ausgeprägt ist) besteht bei den Männern auch zwischen erwerbsbezogener Zeit und der gesamtfamilialen Interaktion. Bei den Frauen dagegen geht Engagement in gesamtfamilialer Interaktion deutlich zu Lasten der solitär verbrachten Freizeit. Daß sich ein solcher Zusammenhang bei den Männern nicht finden läßt, könnte ein Hinweis auf unterschiedliche Muster familienexterner Partizipation bei Frauen und Männern sein. Weiter lassen sich bei den Männern keine Zusammenhänge zwischen einzelnen Tätigkeitsbereichen und dem größten familialen Interaktionskontingent, der allein mit dem Kind verbrachten Zeit (Elternteil-Kind-Interaktion), finden. Bei den Frauen dagegen bedeutet mehr Zeit, die mit dem Kind allein verbracht wird, auch deutlich mehr Hausarbeit. Gleichzeitig besteht ein Konkurrenzverhältnis zur erwerbsbezogenen Zeit. Damit sieht es zunächst so aus, als ob auch für diese Vorform der Dual-Career-Familie und auch unter Bedingungen relativer Zeitflexibilität geschlechtsspezifische Muster familialen Engagements und familialer Arbeitsteilung gelten: Bei den Männern dienen partnerschaftliche und gesamtfamiliale Interaktion als Ressource für das Management erwerbsbezogener Belastungen, bei den Frauen, so muß wohl unter Umkehrung des Vorzeichens formuliert werden, wirkt sich vor allem der Zeitbedarf der Interaktion mit dem Kind restringierend auf Investitionen in erwerbsbezogene Tätigkeiten aus (vgl. Tab. 2).

Wenn nun jedoch den Subsystemen der partnerschaftlichen Dyade und der gesamtfamilialen Interaktion eine besondere Funktion für die Integration des Gesamtsystems zukommt, so kann vermutet werden, daß der Geschlechtseffekt durch die spezifische Kombination der beiden Interaktionssysteme teilweise überlagert wird: Die einzelnen Kombinationstypen müßten sich auch in anderen Dimensionen der Zeitverwendung unterscheiden.

Tabelle 2. Partnerschaft und Elternschaft - Einige Zusammenhänge

	Frauen (n=29)			Männer (n=29)		
	Partner-schaft	Gesamte Familie	Eltern-teil-Kind	Partner-schaft	Gesamte Familie	Eltern-teil-Kind
Partner-schaft	1.0			1.0		
Gesamte Familie	0.2 ns	1.0		0.2 ns	1.0	
Elternteil-Kind	-0.2 ns	0.2 ns	1.0	0.0 ns	-0.3 Tendenz	1.0
Hausarbeit	-0.3 ns	0.4 Tendenz	0.6 ***	0.5 **	0.3 ns	0.3 ns
Erwerbsbe-zogene Zeit	0.0 ns	-0.3 ns	-0.6 ***	-0.6 ***	-0.4 *	-0.2 ns
solitäre Freizeit	-0.1 ns	-0.5 **	-0.1 ns	-0.2 ns	-0.3 Tendenz	0.3 Tendenz

*=p<.05 **=p<.01 ***=p<.001 Pearsons'sche Produkt-Moment-Korrelationen

Die Zugehörigkeit zu einer spezifischen Stufe der Kombination ist dabei unabhängig davon, wer von den beiden Partnern studiert und wer erwerbstätig ist. Es gibt jedoch einen signifikanten Effekt des Alters des jüngsten Kindes ($\chi^2 = 8.8$, df = 3, p < 0.05): Familien mit kleineren jüngsten Kindern (unter 20 Monaten) kombinieren eher als Familien mit größeren jüngsten Kindern partnerschaftliche und gesamtfamiliale Interaktion auf hohem Niveau (Typ IV). Eine zweifaktorielle Varianzanalyse mit Kombinationsstufe und Geschlecht als unabhängigen Variablen[2] konnte die Vermutungen nur bedingt bestätigen:[3] Das Geschlecht ist nach wie vor der Faktor, der den größten Beitrag zur Varianzaufklärung liefert. Dennoch lassen sich einige weitere Trends aus detaillierteren Analysen ablesen.

Wie zu erwarten, besteht eine Wechselwirkung zwischen Kombinationsstufe und erwerbsorientierten Tätigkeiten (vgl. Tab. 3). In den Familien der Gruppe I liegt die Belastung der Männer durch erwerbsbezogene Anforderungen über dem Niveau einer normalen Vollzeiterwerbstätigkeit. Bei einer Kombination der Subsysteme auf hohem Niveau in Gruppe IV dagegen weisen Frauen und Männer ein deutlich reduziertes erwerbsbezogenes Engagement auf. In den Familien, die die beiden Subsysteme auf ungleichem Niveau kombinieren, bewegt sich das erwerbsbezogene Engagement der Männer im Rahmen der Belastungen einer normalen Vollzeiterwerbstätigkeit. Die beiden Gruppen unterscheiden sich jedoch hinsichtlich des erwerbsbezogenen Engagements der Frauen (allerdings nur der Tendenz nach [t = 1.9, df = 14, p < .1]). In der Gruppe II mit umfangreicher partnerschaftlicher und reduzierter gesamtfamilialer Interaktion ist das erwerbsbezogene Zeitkontingent der Frauen im Vergleich mit der gesamten Stichprobe am größten. In der Gruppe III mit reduzierter partnerschaftlicher und hoher gesamtfamilialer Interaktion ist es klein.

Tabelle 3. Familiale Interaktionssysteme in Abhängigkeit von Partnerschaft und Elternschaft

	Kombinations-stufe I Frauen	Männer	Kombinations-stufe II Frauen	Männer	Kombinations-stufe III Frauen	Männer	Kombinations-stufe IV Frauen	Männer	Effekte	F(df)	p
beide Eltern mit Kind	8.0 4.3	8.1 3.6	8.1 2.4	9.5 2.6	18.1 5.9	17.9 4.2	17.3 3.8	18.3 4.0	TYP	$F(3;54)=29.3$	$p<.001$
Partnerschaft	6.1 2.5	5.8 2.3	12.1 0.8	13.7 2.0	7.0 2.9	7.0 2.1	13.7 1.5	14.1 1.9	TYP	$F(3;54)=55.4$	$p<.001$
Elternteil mit Kind	34.8 11.7	23.9 7.1	26.1 7.3	22.4 12.2	35.4 13.3	16.4 4.5	34.5 12.6	18.4 5.9	TYP SEX TYP*SEX	$F(3;50)= 0.5$ $F(1;50)=23.0$ $F(3;50)= 1.7$	$p<.7$ $p<.001$ $p<.17$
gesamte fami-liale Zeit	54.7 12.3	43.5 10.5	54.5 8.7	50.8 12.9	66.9 13.1	46.3 7.8	69.5 14.2	56.7 6.8	TYP SEX TYP*SEX	$F(3;50)= 4.6$ $F(1;50)=17.1$ $F(3;50)= 1.5$	$p<.01$ $p<.001$ $p<.23$
gesamte Zeit mit Kind	47.5 11.8	36.1 9.0	37.1 6.5	34.5 12.4	58.8 12.9	37.9 8.2	54.4 15.2	40.3 6.4	TYP SEX TYP*SEX	$F(3;50)= 4.7$ $F(1;50)=18.7$ $F(3;50)= 1.8$	$p<.01$ $p<.001$ $p<.15$
gesamte Zeit mit Partner	19.9 8.0	19.6 7.6	28.4 11.3	28.4 8.9	31.5 8.1	29.9 5.7	34.9 6.8	38.3 6.6	TYP	$F(3;54)=11.1$	$p<.001$

(Wochenstunden: Mittelwerte und Standardabweichungen)

Die Männer in Gruppe I tragen am wenigsten zur Hausarbeit bei (vgl. Tab. 4). Ihren Beitrag zur Betreuung der Kinder reduzieren sie jedoch nicht. Sie sind hier sogar stärker engagiert als viele andere Väter. In den anderen Gruppen ist der *absolute* Beitrag der Männer zur Hausarbeit höher. Da aber hier der Aufwand, den die Frauen für die Hausarbeit betreiben, stark schwankt, variiert der *relative* Beitrag der Männer dann doch: Der deutlich reduzierte Aufwand der Frauen mit hohen erwerbsbezogenen Zeiten in Gruppe II führt dazu, daß hier die Männer fast die Hälfte der Hausarbeit erledigen. Auch in puncto dyadischer Interaktion mit dem Kind und kindorientierter Tätigkeiten ist in diesen Familien eine annähernde Gleichverteilung realisiert. Das höhere Engagement der Frauen für Hausarbeit und Kinder in Gruppe III führt dazu, daß die Männer dieser Gruppe bei annähernd gleichem absoluten einen geringeren relativen Beitrag leisten. In der Gruppe IV reduzieren Frauen die Hausarbeit zugunsten kindorientierter Tätigkeiten, bei der die Männer offensichtlich trotz ihres hohen zeitlichen Engagements in fast allen familialen Interaktionssystemen auf die Rolle des bestenfalls assistierenden Zuschauers verwiesen sind, so daß sie zwar fast die Hälfte der Hausarbeit, aber nur ein Drittel der kindorientierten Tätigkeiten erledigen.

Hinweise dafür, daß in jeder Gruppe unterschiedliche familiale 'Währungssysteme' verbindlich sind, ergeben sich, wenn man vor dem Hintergrund der insgesamt sehr hohen Ehezufriedenheit nach den Bereichen sucht, in denen die Zeitmengen von Frauen und Männern ausgeglichen sind:

Auch in der Gruppe mit extremem erwerbsbezogenen Engagement der Männer und einer Kombination von partnerschaftlicher und gesamtfamilialer Interaktion auf niedrigem Niveau ist keine signifikant verringerte Ehezufriedenheit zu verzeichnen. Gleichzeitig gibt es jedoch in dieser Gruppe keinen einzigen ausgeglichenen Bereich, wobei die Gesamtbelastung der Männer deutlich über der der Frauen liegt (t = 3.1, df = 12, p < .01). Die spezifische Allokation des familialen Zeitbudgets scheint als temporäres Krisenmanagement im Sinne langfristiger familialer Lebenspläne legitimiert zu sein. Leicht verstärkt ist in dieser Gruppe sogar das Engagement der Männer in der dyadischen Interaktion mit dem Kind. In den Familien der Gruppe IV dürfte ein großer Teil der spezifischen Allokation des familialen Zeitbudgets darauf zurückzuführen sein, daß mit Ein-Kind-Familien mit einem Kleinkind unter zwei Jahren eine ganz bestimmte Phase des Familienzyklus dominiert. Hier wird die Hausarbeit gleich zwischen den Partnern verteilt, die ferner auch eine annähernd gleich hohe Gesamtbelastung aufweisen. In den Familien mit verstärkt in erwerbsbezogene Tätigkeiten engagierten Frauen der Gruppe II sind etliche *einzelne* Bereiche (Hausarbeit, Kinderbetreuung, solitäre Freizeit) ausgeglichen; hier scheint das von allen Familien verfolgte Modell partnerschaftlicher Arbeitsteilung relativ akribisch und im Detail verfolgt zu werden. Daß das höhere erwerbsbezogene Engagement der Männer zu einer für sie höheren Gesamtbelastung führt, deutet darauf hin, daß die Verfügbarkeit von Zeit für diesen Bereich hier eher als Privileg gilt, das nicht verrechnet wird. Gerade diese Verrechnung scheint in der Gruppe III mit den Frauen mit deutlich geringerem erwerbsorientierten Engagement vorgenommen zu werden.

Tabelle 4. Tätigkeitsfelder in Abhängigkeit von Partnerschaft und Elternschaft

	Kombinationsstufe I		Kombinationsstufe II		Kombinationsstufe III		Kombinationsstufe IV		Effekte	F(df)	p
	Frauen	Männer	Frauen	Männer	Frauen	Männer	Frauen	Männer			
Hausarbeit	20.0 5.3	8.8 4.6	16.4 6.0	15.3 6.4	22.6 4.9	13.5 6.0	18.8 3.9	15.7 2.4	TYP SEX TYP*SEX	F(3;50)= 2.3 F(1;50)=20.3 F(3;50)= 3.2	p<.09 p<.001 p<.03
Tätigkeiten für Kinder	19.0 5.4	15.4 3.9	16.0 6.0	12.8 3.7	24.8 12.1	13.4 4.6	27.5 10.4	13.2 5.4	TYP SEX TYP*SEX	F(3;50)= 2.0 F(1;50)=18.6 F(3;50)= 2.2	p<.13 p<.001 p<.10
erwerbsorientierte Tätigkeiten	20.4 10.8	46.6 9.0	25.3 11.0	36.5 13.5	15.9 9.2	36.6 12.2	12.7 11.4	27.3 10.7	TYP SEX TYP*SEX	F(3;50)= 5.1 F(1;50)=39.0 F(3;50)= 1.3	p<.01 p<.001 p<.29
Gesamtbelastung	59.4 6.1	70.8 7.2	57.7 9.6	64.5 10.8	63.2 9.4	63.5 9.7	59.0 5.3	56.2 12.7	TYP SEX TYP*SEX	F(3;50)= 2.1 F(1;50)= 2.6 F(3;50)= 1.7	p<.11 p<.11 p<.18
solitäre Freizeit	21.1 8.3	16.5 9.9	15.5 5.1	15.5 10.6	13.8 6.8	15.2 8.3	18.2 9.8	12.8 7.0	TYP SEX TYP*SEX	F(3;50)= 0.6 F(1;50)= 0.9 F(3;50)= 0.6	p<.60 p<.34 p<.64
Hausarbeit: Anteil Mann	31.9% 16.0		45.9% 13.9		34.3% 9.6		47.6% 6.8		TYP	F(3;54)= 6.2	p<.001
Kinderarbeit: Anteil Mann	42.3% 14.8		48.3% 9.3		36.8% 11.4		34.3% 13.8		TYP	F(3;54)= 3.7	p<.02

(Wochenstunden: Mittelwerte und Standardabweichungen)

Hier ergeben sich ausgeglichene Budgets erst, wenn notwendige familieninterne Reproduktionsleistungen und erwerbsorientierte Tätigkeiten zu einer Gesamtbelastung addiert werden.

Bei den unterschiedlichen Formen der Kombination gesamtfamilialer und partnerschaftlicher Interaktion handelt es sich um hinsichtlich der Ehezufriedenheit funktional äquivalente Muster. Ihr Zustandekommen ist zu einem großen Teil vom Faktor Geschlecht abhängig; auch der Familienzyklus spielt eine Rolle: In der Kleinkind-Phase findet bei Ein-Kind-Familien eine Abschottung gegen Zeitdruck, der aus erwerbsorientierten Tätigkeiten resultiert, statt. Dann kommt es zu einer Kombination von Partnerschaft und Elternschaft auf hohem zeitlichen Niveau. Auf der anderen Seite ist es ein übermäßiger Zeitbedarf erwerbsbezogenen Engagements auf Seiten des *Mannes*, der mit einer Reduktion beider familialer Interaktionssysteme einhergeht. Bewegt sich der erwerbsinduzierte Zeitdruck für den Mann im Rahmen einer normalen Vollzeiterwerbstätigkeit, so sind Familien mit stärker berufsorientierten Frauen eher partnerschaftszentriert und Familien mit stärker kind- und familienorientierten Frauen eher auf gesamtfamiliale Interaktionen ausgerichtet. (vgl. Tab. 4)

Die Betrachtung familialer Zeitbudgets entlang der Dimensionen von Partnerschaft und Elternschaft scheint geeignet zu sein, auch in einer Population, die in Hinblick auf Orientierungen und Rahmenbedingungen relativ homogen ist, unterschiedliche Muster familialen Zusammenlebens zu identifizieren. Es erscheint lohnenswert, diese Perspektive weiter zu verfolgen und zu fragen, ob die jeweils realisierten Muster auch langfristig für die Integration des Gesamtsystems funktional äquivalent sind und welche Auswirkungen sie für eng an das Gesamtsystem gekoppelte Systeme in der Familienumwelt haben: für die Kinder und deren Entwicklung.

Anmerkungen

[1] 24 Familien (83%) hatten ein Kind, der Rest (17%) hatte zwei Kinder. In 18 Familien (62%) studierten beide Partner, in 7 Familien (24%) studierte die Frau, und der Mann war berufstätig, in 4 Familien (14%) studierte der Mann, und die Frau war berufstätig. Das Durchschnittsalter der Frauen lag bei 25.4 Jahren (SD 2.8), das der Männer lag bei 27.8 Jahren (SD 3.4). Die Paare lebten im Durchschnitt seit 4 Jahren zusammen (SD 2.1).

[2] Die Variable 'Kombinationsstufe' (TYP) wurde durch Recodierung gewonnen, indem die Stichprobe am Median der partnerschaftlichen und der gesamtfamilialen Interaktionszeit geteilt wurde.

[3] Da beide Partner befragt wurden, können manche Unterschiede nur auf Einschätzungsdifferenzen zwischen den Partnern zurückgeführt werden. Für die entsprechenden Bereiche wurden nur einfaktorielle Varianzanalysen mit der Kombinationsstufe als unabhängiger Variable gerechnet.

Literatur

Kirchler E (1989) Interaktionsprozesse in Liebesbeziehungen. Von der kühlen Geschäftslogik zur spontanen Gefälligkeit. Zeitschrift für Familienforschung 2: 77-102

Künzler J (1990) Familiale Arbeitsteilung bei Studierenden mit Kleinkindern. Erste Ergebnisse einer Zeitbudgetstudie. ZfS 19:376-384

Leupold A (1983) Liebe und Partnerschaft: Formen der Codierung von Ehen. Zeitschrift für Soziologie 12:297-327

Luhmann N (1975a) Interaktion, Organisation, Gesellschaft. In: Soziologische Aufklärung 2. Westdeutscher Verlag, Opladen, S 9-20

Luhmann N (1975b) Einfache Sozialsysteme. In: Soziologische Aufklärung 2. Westdeutscher Verlag, Opladen, S 21-38

Luhmann N (1984) Soziale Systeme. Grundriß einer allgemeinen Theorie. Suhrkamp, Frankfurt

Luhmann N (1990) Sozialsystem Familie. In: Soziologische Aufklärung 5. Westdeutscher Verlag, Opladen, S 196-217

Nauck B (1989) Familiales Freizeitverhalten. In: Nave-Herz R, Markefka M (Hrsg) Handbuch der Familienforschung. Luchterhand, Neuwied, S 325-344

Parsons T, Bales RF et al (1955) Family, Socialization and Interaction Process. The Free Press, New York

Petzold M (1990) Eheliche Zufriedenheit fünf Jahre nach der Geburt des ersten Kindes. Psychologie, Erziehung, Unterricht 37:101-110

Schneewind KA (1983) Konsequenzen der Erstelternschaft. Psychologie, Erziehung, Unterricht 30:161-172

Schulze HJ (1987) "Eigenartige Familien" - Aspekte der Familienkultur. In: Karsten M, Otto HU (Hrsg) Die sozialpädagogische Ordnung der Familie. Juventa, München, S 27-43

Schütze Y (1989) Geschwisterbeziehungen. In: Nave-Herz R, Markefka M (Hrsg) Handbuch der Familienforschung. Luchterhand, Neuwied, S 311-324

Sichtermann B (1982) Vorsicht Kind. Eine Arbeitsplatzbeschreibung für Mütter, Väter und andere. Wagenbach, Berlin

Tyrell H (1982) Familienalltag und Familienumwelt: Überlegungen aus systemtheoretischer Perspektive. ZSE 2:167-188

Tyrell H (1983) Zwischen Interaktion und Organisation II. Die Familie als Gruppe. In: Neidhardt F (Hrsg) Gruppensoziologie. KZfSS Sonderheft 25, Westdeutscher Verlag, Opladen, S 362-390

Tyrell H (1987) Romantische Liebe - Überlegungen zu ihrer "quantitativen Bestimmtheit". In: Baecker D, Markowitz J, Stichweh R, Tyrell H, Willke H (Hrsg) Theorie als Passion. Suhrkamp, Frankfurt, S 570-599

Partner als Eltern und der Einbezug der erotischen Alternativen in Ideal und Praxis

Hans R. Böttcher

Friedrich-Schiller-Universität, Institut für Psychologie, Leutragraben 1, 07743 Jena

1 Partnerschaft "versus" Elternschaft

"Versus" ist zunächst nur eine sprachlogische Gegenüberstellungsform. Sie verweist auf einen wesentlichen Unterschied, auf eine Diversität, die zum Gegensatz, zur Kollision werden kann, nicht muß. Daß sich die Partnerschaft durch das Elternwerden wandelt, ist selbstverständlich und nicht leicht zu unterscheiden davon, daß sie sich in der Zeit sowieso und auch ohne Kinder wandelt. Wie sie sich wandelt und inwieweit sie beeinträchtigt, inwieweit zur Erfüllung gebracht wird (auch: das Kind als Heiratsgrund), ist eine empirische Frage. Dies auch umgekehrt: Wie das Elternverhalten von der Art der Partnerschaft bedingt (und ob eher erleichtert und bereichert oder erschwert und geschmälert) wird, muß gleichfalls empirisch geklärt werden. Die Soziologie tut das eher statistisch, um epochalen Wandel zu erkennen, die Psychologie eher kasuistisch, klinisch, "beziehungssystemisch", um Verständnis und Hilfe für Betroffene zu leisten. Für beide Disziplinen ist die Graduierung per Quantifizierung schwierig: ein auffälliges neues Phänomen kann doch relativ selten bleiben. Außerdem ist die Erkenntnis von Langzeitverläufen wünschenswert: bekannt ist die transgenerationelle Austragung des Konflikts, z.B. daß sich Jugendliche von einer enttäuschenden Familie losreißen, meist indem sie sich ohne Selbst- und Partner-Überblick in eine eigene erotische Verbindung stürzen.

Ich habe hier leider keine methodisch hinreichende Untersuchung vorzustellen. Ich kann mich aber auf dieses "Partnerschaft versus Elternschaft" persönlich gut einlassen, obgleich von solcher Diversität, die zur täglichen interaktionalen Divergenz und zum schweren, ehe- und familienzerreißenden Konflikt werden kann, weder in der romantischen (wunschträumerischen) noch in der normativen (vorschreibenden) Familienideologie die Rede ist, auch in der meinen, wie ich später zeigen werde. Mich einlassen kann ich aus Erfahrung: keine Nacht, in der sich nicht eines unserer Kinder in der Mitte unseres Bettes einnistete, ich meine: das Ehe- zum Elternbett machte. Selbstverständlich war das nicht einfach Kindertyrannei, sondern Interaktion, ein Nähewunsch, den wir zuvor im Prinzip bejaht hatten. Und wie oft hatten wir es, als Partner und Eltern, schwer, bei Tisch auch nur das Nötigste zu besprechen: Die Kinder wollten in ihrer Rede oder mit ihrem Geschrei gehört werden: Sie bedurften der Beachtung, der Unterstützung und Lenkung, und wir wollten kindgerecht, also tolerant und nicht sehr konsequent sein. Härte und Strenge passierten uns leider, aber selten auch, als Abwehr- und Durchsetzungsgewalt im Ärger. Wollten die Kinder in unsere (nicht-genitale) Partnerzärtlichkeit einbezogen werden, freute uns das.

Selbstverständlich ist die Diversität von Kinder- und Erwachsenenart variabel, z.B. nach dem Alter der Kinder, der Dauer der Ehe, der Anzahl der Familienmitglieder, dem psychophysischen Zustand jedes Beteiligten. Unerläßlich scheint aber, sie als eine Voraussetzung fundamental in eine Theorie zur Erklärung von psychosozialen Störungen einzubringen (wie ich es in Böttcher 1988 versucht habe), sonst kommt man in Gefahr, mit Alice Miller (1980) in den Eltern nur verständnislose Erziehungstäter, in den Kindern nur Opfer zu sehen. Normal ist die situative Reibung der alterstypisch unterschiedlichen Seinsweisen; gewiß kann sie sich steigern und generalisieren.

Ob dies geschieht, hängt wohl nicht von Alters- und Geschlechtsfakten ab, sondern von Situationen, Verhältnissen, Einstellungen, Verhaltensleitbildern. Vor allem letztere regulieren den Grad der Gegensatzspannung. Dabei denke ich nicht nur an elterliche Leistungserwartungen und Gehorsamforderungen, sondern zuerst an die Gestaltung des unmittelbaren leiblichen Zueinanders, an Kontakt und Ausdruck (Böttcher 1981, 1982a). Ich möchte die Hypothese einbringen, daß der Gegensatz zwischen Partner- und Elternschaft zunimmt mit dem Grad des Ausschlusses der Kinder aus der sinnlichen Interaktion der Erwachsenen. In meiner Kindheit nahm ich, wenn meine Erinnerung stimmt, nichts von der Partnerbeziehung meiner Eltern war, bis auf drei indirekte Zeichen, die mich verblüfften: ein Pulver im Küchenschrank, das der Mutter zu größeren Brüsten verhelfen sollte, ein benutztes Condom in Vaters Nachtschrank, die Ankunft von Geschwistern. Heute dürfen Kinder in vielen Familien zärtliche Berührung sehen und sich beteiligen. So betrachtet ist jenes Versus schwächer geworden.

In diesem Beitrag habe ich zwei Anliegen. Das eine wurde angezeigt mit "Familienideologie", nämlich die Bezogenheit auf Wunschbilder, Ideale, Werte, Normen, und zwar sowohl die der Partner bzw. Eltern als auch die der Psychosozialberufler, wobei ich hier nur an forschende und beratende (einschl. therapierende) Psychologen denken möchte. Das zweite soll darin bestehen, die Sicht über das Partner-/Eltern-Kinder-System hinaus zu erweitern, allerdings nicht auf die ganze gesellschaftliche Umwelt, sondern nur auf persönliche Dritte. Deren Mitwirkung kann günstig, sogar unentbehrlich, aber leider auch irritierend bis katastrophal sein. Das ist in Bezug auf die Eltern der Eltern gut bekannt, und es betrifft außerdem andere Verwandte, die Lehrer, die Nachbarn. Zu wenig bedacht wird aber (in der mir bekannten familiensystemischen Literatur) die Interaktion mit erotisch rivalisierenden Dritten sowie die Konsequenzen für die Eltern-Kind-Beziehung bei verschiedenen Arten, mit diesem kritischen Außenpotential der Ehe/Familie umzugehen. In den Opern "Carmen" (Bizet 1875), "Bajazzo" (Leoncavallo 1892) und "Der Mantel" (Puccini 1916) gab es nur die Rache-Ermordung des oder der "Schuldigen". Übrigens spielten dabei (noch lebende) Kinder in der Rivalitätsgenese und der Untreue-, Eifersuchts- und Tötungssituation keine Rolle.

2 Die Wertebezogenheit der Klienten des Psychologen

Als Partner wie als Eltern sind Männer und Frauen unvermeidbar wertebezogen: in der Regel aber norm-inhomogen sowohl aus Gründen der Geschlechts(rollen)zugehörigkeit - unser Versus ist "gender-sensitiv" zu handhaben - als auch wegen der sich wandelnden historischen Orientierung, der sozialen Vernetzung und der individuellen Charakter- und Lagebedingungen. Was junge Leute angeht, haben die mir bekannten, sogar neuesten Untersuchungen aus Leipzig (Starke 1991) gezeigt, daß das traditionelle Ehe- und Familienmodell in seiner Kraft und Verbindlichkeit zwar abgenommen hat (siehe vor allem Nave-Herz et al. 1990), aber doch als Wunschbild noch immer dominant geblieben ist: Die Beziehung der beiden Erwachsenen als Partner funktioniere stabil und langzeitig; sie lasse sich mit den Beziehungen zu den Kindern produktiv vereinbaren. In Befragungen zum Heiratsgrund kommt "ein richtiges Familienleben haben" retrospektiv sogar noch deutlicher als prospektiv hervor (Statist. Bundesamt 1990). Diese Konstanz ist in all dem kulturellen Wandel, auch dem der realen Familien, doch recht erstaunlich. Die Erfahrung mit gescheiterten Ehen der eigenen Eltern oder der von Bekannten, die Medienpropagierung der sexuellen Selbstverwirklichung, die Reputationsgewinne der Single- und Gruppenlebensweisen (auch der "Anti-Familie-Familien" Buchholz 1992), der "Alleinerziehenden" und der homosexuellen Verbindungen hätten ja jenem Ideal, das oft genug als konservativ im Sinne von rückständig attackiert worden ist, noch viel mehr Abbruch tun können. Weisen junge Leute dieses Ideal doch von sich oder tun das ältere mit dem Verweis auf die eigenen Erfahrungen, geschieht das oft resignativ, bitter, aggressiv oder zwar positiv formuliert ("Anders funktionieren nahe Beziehungen besser!"), aber doch überkompensatorisch anmutend. Daß die Nichterfüllung des Ideals nicht einfach nur von irgendwoher außen kommt, z.B. von der Wirtschaftsweise oder den Sozialgesetzen, sondern auch mit eigenen unbewußten und Triebtendenzen der Idealträger zusammenhängt, kann der Psychologe nicht unerwähnt lassen.

Rationale Kritik an diesem Ideal mag zum Teil gespeist sein von Realismus und Illusionszerfall, zum Teil auch vom Sich-Wehren gegen die sehr strengen Anforderungen jenes Wunschbildes, läßt man es konsequent als Über-Ich regieren. Ist aber ein solches inneres Leitkriterium einmal in Kindheit und Jugend aufgebaut worden, existiert es trotz bewußter Verneinung hintergründig weiter und unterhält Gefühle des Unerfüllt- und des Schuldigseins. Familienformen, in denen vom Ideal der Verknüpfung von Partner- und Elternschaft entschieden Abschied genommen worden ist, können, wie sich an Einzelfällen zeigen läßt, auch funktionieren, z.B. das Zusammenleben einer geschiedenen Frau mit ihrem Kind/ihren Kindern und (zeitweiligen, gegen- oder gleichgeschlechtlichen) FreundInnen. Jedoch hegen die "kompletten" Paar-und-Kinderfamilien in der Umwelt in der Regel den Verdacht, daß vielleicht doch etwas Wichtiges fehle, etwa die Orientierung des Kindes auch am Vater. Offensichtlich gibt es nicht nur größere und kleinere Übel, sondern auch reichhaltigere und schmalere Gelingensgüter. Wo jedoch gegen diese Sicht prinzipiell und nicht nur aus eigenem unverwundenen Kummer argumentiert wird, z.B. von einigen Feministinnen, die den Mann nur noch als Erzeuger und Unterhaltszahler zulassen möchten, werden meist Hilfskonstruktionen errichtet, z.B. daß es ja mal später wieder die Elternfamilie geben könne, wenn in den Familien die gleichwertige Beziehung, in der Gesellschaft die Gleichberechtigung der Frauen durchgesetzt sei.

3 Die Wertebezogenheit der Psychologen

Psychologen stammen aus der Partnerschaft ihrer Eltern, und üblicherweise realisieren sie als Erwachsene Partner- und Elternschaft auch selbst, also können sie über diese Themen nicht bewertungsfrei reden. Andererseits ist es nicht die Aufgabe der wissenschaftlichen Psychologie, auch nicht die der Sozialpsychologie, bestimmte Normen aufrechtzuerhalten oder abzuwandeln oder neue Normen zu erfinden und zu propagieren, auch wenn die Autoren und Käufer von Populärbüchern ganz leicht die Psychologie in den Ruf bringen, eben diese und nur diese Anleitungsfunktion mache den Nutzwert der Psychologie aus. Psychologie kann, natürlich nur, wenn jene persönliche Bewertungsabhängigkeit bewußt ist und eingestanden wird, methodisch oder klinisch untersuchen, wie persönliche Beziehungen funktionieren: unter den und jenen Normen sowie Orientierungsambivalenzen, und bei den und jenen faktischen bzw. nicht-normativen Randbedingungen. Der Psychologie-Anwender (Berater, Gutachter, Pädagoge, Therapeut) allerdings muß sich mit dem Psychosozial-Normativen näher einlassen als der Forscher. Seine Klienten erwarten, daß er aus dem, was Wissenschaftler über Funktionsweisen wissen, Schlußfolgerungen zieht zumindest derart, welche Regelvereinbarungen gewöhnlich und vielleicht auch im vorliegenden Einzelfall besser funktionieren als andere. Seine Aufgabe ist es, rechtzeitig die spezifischen Schwierigkeiten bewußt zu machen und im Verwicklungsfall zu klären, die mit der Verwirklichung einer bestimmten und zwar einer jeden Partner- und Familienideologie verbunden sind. Daß er sich, um hier das Thema "Erotische Rivalität" wieder aufzunehmen, prinzipiell einem Konzept der sexuell "offenen Ehe" anschlösse, wie die O'Neills in den USA (1972) und Szilágyi später in Ungarn, halte ich für falsch. Ebenso falsch wäre es aber, ein Konzept prinzipieller Geschlossenheit klinisch zu favorisieren; wir wissen, welche Verzerrungen die unbefristete Festungshaft einbringt.

Christliche Familienberater bekennen ihre Wertorientierung, nicht-christliche leugnen mitunter, daß sie überhaupt bewerten. In der Aus- und Weiterbildung von Psychologen scheint mir zweierlei wichtig: erstens die kritische, Distanz schaffende Reflexion der eigenen, aus Kindheit und Jugend mitgebrachten sowie als junger Erwachsener ausgebauten Partnerschafts- und Familienideologie (die wahrscheinlich immer die Spannung von Elternschaft und Partnerschaft stark unterschätzt), sei es nun eine anspruchsvolle oder eine resignative Ideologie, eine naiv-mutige oder eine ironisch-skeptizistische, eine alte oder eine "moderne": um der Breite und Tiefe unserer Verstehensfähigkeit willen sowie zur Wappnung gegen die Gefahren der Gegenübertragung. Zweitens trotz allen Ehe- und Familienbruchs die Orientierung auf ein (epoche-gemäßes) Optimum aufrechtzuerhalten, ohne den nicht-optimalen Psychosozialgebilden Unrecht zu tun. Darin ähnelt der Psychologe als Beziehungstherapeut dem Arzt: Dieser hält an einer (gewiß nicht prägnant zu definierenden und historisch weniger variablen) Vorstellung von Gesundheit fest, ohne aber den Kranken übelzunehmen, daß sie nicht gesund sind. Daß Berater/Therapeuten Wertprämissen haben und auf bewertungsbezogene Ziele mit ihnen hinarbeiten, wissen und erwarten die Klienten. Sie wehren sich aber mit Recht gegen deren unkontrollierte, voreilige, aufdrängende, ihre Entfaltung einengende Vertretung.

Ich räume ein, daß mir meine eigenen theoretischen, geschweige denn praxispsychologischen Beiträge nicht hinreichend bewertungsneutral geraten sind, stattdessen von einem Ideal bestimmt, dem ich, es sei zugegeben, in der eigenen Ehe- und Familienpraxis auch nicht immer gerecht zu werden vermochte. Dieses Ideal enthielt weder die Diversität von Partnerschaft und Elternschaft noch die erotische Außenbeziehung klar formuliert. Allerdings eine Illusion, d.h. ein blinder, problemerzeugender, schwer belehrbarer Glaube an die Realisierbarkeit dieses Ideals (wie 1991 von Petri beschrieben), war das bei mir nicht mehr, als ich für eine Konferenz von Ärzten und klinischen Psychologen ein zwölfdimensionales Modell der Funktionstüchtigkeit heterosexueller Bindungspartnerschaft schrieb, das hier als Beispiel fürs Bekennen der eigenen, lückenhaften Wertorientierung dienen mag (Böttcher 1982 b, S.6).

Partnerschaft ist (enthält, strebt an usw.):
- Sinnlich-sexuelle Betätigung, Bestätigung, Bereicherung (Leitwort: Lust)
- Ort der privaten Kommunikation und Erlebnisverarbeitung (Leitwort: Verständigung)
- Sicherung und Entwicklungshilfe durch wechselseitige Positivbewertung, praktische Unterstützung, Begrenzung, Regelung (Leitworte: Zugehörigkeit, psychosoziale Bindung)
- Ort der physischen, psychischen und psychosozialen Erholung, Ausgangs- und Rückkehrpunkt für zentrifugales und zentripedales Verhalten im sozialen Feld (Leitwort: Zuhausesein)
- Verwirklichung der generativen Potenz, Bedeutung des Kinderhabens für die Partner und die Partnerschaft, darüber hinaus für Familie und Gesellschaft (Leitwort: Fortpflanzung)
- Ermöglichung gesunder Entwicklung des Kindes, Pflege, Geborgenheit, Zuwendung, Zärtlichkeit, Ordnung, Konstanz u.a. (Leitwort: Beitrag zur Personalisation des Kindes)
- Lernmodell sozialen Verhaltens für Kinder, Anteil an Erziehungs- und Bildungsprozessen (Leitwort: Beitrag zur Sozialisation des Kindes)
- Quelle materiell-produktiver Leistungen, Ernährung, Kleidung, Wohnung, technische Ausrüstung, Vorbedingungen für kulturelle Betätigungen (Leitwort: Wirtschaftsgemeinschaft)
- Partnerschaft als Ausgleich sowohl geschlechtstypischer wie auch arbeits- und rollenteiliger Einseitigkeiten der Partner (Leitwort: Ergänzung)
- Ort zur Bewältigung von Schwäche, Angst, Hilflosigkeit, Krankheit, von Alternsverlusten (Leitwort: existentielle Unterstützung)

- Ausgangspunkt der Hilfe für Alleinlebende, Behinderte, Alte (Leitwort: Betreuung)
- Mittelpunkt für Begegnungen, für freundschaftliche, verwandtschaftliche, entspannende, kulturpflegende Geselligkeit (Leitwort: Gastlichkeit)

Soweit mein Selbstzitat. Die Selbstkritik kann an den eingangs benutzten Begriff der Diversität anknüpfen: In jeder Dimension hätte ich mitformulieren sollen, daß die "Funktionserfüllung" nur durch das Gelingen des Umgangs mit den jeweils dazugehörenden schwierigen Unterschieden möglich ist.

4 Alternativ-Erotik der Partner/Eltern

Hatte ich in meinem Funktionenkatalog die "Dritten" vergessen? Zunächst könnte ich mich verteidigen damit, daß die Systemabgrenzung immer vom Betrachter und seinem momentanen Denkzweck abhängt - wie man die ineinandersteckenden russischen Matroschkas mehr oder weniger weit hervorholen kann. Doch genauer besehen, brauche ich mich nicht zu verteidigen. Denn an Großeltern und Freunde hatte ich gedacht, an "Gäste" - jeder Art, bis ins Bett hinein? - , und mit dem "zentrifugalen Verhalten" war nicht nur der Weg in den Betrieb, sondern auch der Treff mit dem/der Geliebten gemeint - gewiß eine viel zu verdichtete Ausdrucksweise, um sich mit der Ehe- und Kinderverträglichkeit verschiedener Arten des Umgangs mit dem besonderen Ambivalenzpotential Liebes- und Sex-Rivalität zu beschäftigen.

Hat man mit Partnerschafts- und Familienzusammenhängen "klinisch-psychologisch" zu tun, bedeutet das sehr oft, mit extrafamiliärer Beziehungsproblematik zu rechnen, z.B. mit einem Ehe- und Elternpaar, das durch erotische Außenkontakte seine familiären Beziehungsschwierigkeiten kompensieren möchte, sie aber tatsächlich steigert. Mit einer sozusagen standesamtlichen Ehe- und Familien-Definition, die solche Konstellationen ausblendet, könnten wir in unserer Praxis nichts anfangen. Wir brauchen eine Vorstellung von persönlichen Beziehungssystemen, die sowohl berücksichtigt, daß sich solche Systeme eine Außengrenze setzen, als auch, daß diese Grenze durchlässig, verschiebbar, durchbrechbar, relativierbar ist. Diese Grenzenvariablität besteht natürlich nicht erst im erotischen Außenkontakt, sondern ist prinzipiell: schließlich hat jede Familie Eltern, andere Verwandte, Freunde, Nachbarn, Arbeits- und Freizeitkollegen und könnte ohne den Austausch mit ihnen gar nicht existieren - was aber die Abgrenzung nicht aufheben muß. Erst durch Scheidung werden die Grenzen definitiv anders gelegt, und es gibt sozusagen auch die Scheidung von den Eltern. Die erotische Abgeschlossenheit des Gattenpaares ist eine wenig realistische Wunschvorstellung, ein ängstliches Beziehungsideal.

Den Beratungs- und Klinikspsychologen beschäftigt häufig der krankmachende Grenzziehungskonflikt, in umgangssprachlicher Vereinfachung: die Eifersucht, auch: die Dreiecksbeziehung (Tietz 1988). Ich denke an eine als depressiv überwiesene 45jährige Frau, bei der ich zunächst den Ehemann und dann die jugendlichen Söhne einbezog. Als mir die Problematik klarer wurde, hätte ich gern die viel jüngere Intimfreundin des Ehemanns und beider kleines Kind mit eingeladen. Das lehnte die Ehefrau aber aufs heftigste ab. Der Ehemann schwankte, nicht nur in seinen beiden Partnerinnenbeziehungen, sondern auch in dieser therapie-systemischen Frage. Einer der Söhne ging auf die Position der Mutter: "Unzumutbar!" Der andere Sohn näherte sich meiner Einstellung: "Ja, die Außenpartnerin und ihr Kind sind auch Menschen; sie gehören faktisch und eigentlich auch therapie-organisatorisch dazu, so schwierig das für alle Beteiligten, sogar den Psychologen, sein mag. Eigentlich müsste man eine Lösung finden, die, wenn überhaupt zu konstruieren und zu leben, allen einigermaßen gerecht wird."

Die Familie brach die Zusammenarbeit mit mir ab. Der Ehemann ließ sich scheiden. Die Frau verteufelte ihn als brutalen Verbrecher, ohne zu sehen, daß sie ihm nur Trennung übrigließ und daß er diejenige der beiden möglichen "Scheidungen" wählte, die ihn auf die Seite des jungen Lebens brachte: in diejenige Partnerschaft, die mit frischer Elternschaft verbunden war.

Worauf es mir ankommt: Daß die Partner einander in ihren Liebes-, Selbstgefühls- und Lustbedürfnissen genügen und dank solchen Erfülltseins die erotischen Außenreize nur gelassen wahrnehmen und lächelnd vorüberziehen lassen, ist a) bei vielen jungen Leuten eine intensive Wunschvorstellung, b) bei Paaren eine Phase, vor allem in der Finde- und Aufbauzeit, c) bei älteren Partnern mangels Triebspannung kein Kunststück, d) ansonsten der Ausnahmefall, der auf glücklichen Verhältnissen, aber auch auf Unsensibilität, Phantasielosigkeit und Rigidität beruhen kann. Ganz im Gegenteil steht bei dem Drittel der Ehen, das geschieden wird, der sexuelle Ein- oder Ausbruch an oberster Stelle, was allerdings kausalanalytisch mehrdeutig und nicht leicht aufzugliedern ist (Nave-Herz et al. 1991, S.57 ff.).

Da diese Belastung der Ehe mit den externen Liebesalternativen ein uraltes Thema ist, haben Psychologen schon manchmal, aber doch wohl nicht oft und systematisch genug Ausschau gehalten danach, ob und wie Kinder verschiedenen Alters das erotische Hinaus- oder Ergänzungsstreben ihrer Eltern wahrnehmen und erleben, das Suchen, Werben, Umworbenwerden, Fremdgehen, Wiederkommen, Glücklichsein, Schuldigfühlen, Verheimlichen, Entlarvtwerden, die Eifersucht oder auch die heimliche Komplizenschaft des anderen Elternteils, die zugrundeliegende und die resultierende Gesprächsstörung der Eltern, den Mangel an Offenheit, Fröhlichkeit, Spielfähigkeit konflikterfüllter, verstimmter Eltern, den Streit, die affektive Eskalation hin zur Gewaltsamkeit, Verletzung, Verzweiflung, zum Suicid (Swientek 1987), den Mißbrauch der Eltern-Kind-Beziehung als Ersatz für die Partnerbeziehung, das Verlassen und Verlassenwerden, den häufigen Partnerwechsel, den Einzug von Neueltern in die familiäre Lebenswelt (Visher 1988), den Fortbestand früherer Partnerbeziehungen trotz neuer Bindungen usw. Wir haben viele Einzelbeobachtungen, aber, soweit ich sehe, keine umgreifende Theorie (allenfalls noch für "Ehe und Gesundheit", siehe Stroebe u. Stroebe 1991), was natürlich auch mit den methodischen Schwierigkeiten der Forschung zu tun hat: andere Arten von Streß sind leichter abfragbar (Figley 1989, Frude 1991).

Übrigens fehlt es auch an der Suche nach Beispielen für die positiven Bewälti-
gungen durch Eltern und Kinder. Gerade an diesen müßten Alternativkonzepte zur
herkömmlichen Familie, sofern sie nicht bloß auf der Partnerebene konstruiert
sind, sondern das umgebende Beziehungssystem mitbedenken, interessiert sein.

Eltern errichten heute kaum noch ein generelles Sexualtabu, neigen aber vor
den Kindern zur Verleugnung der erotischen Alternativen, Rivalitäten und den
damit verbundenen Beziehungsstörungen und -tragödien. Die Kinder werden mit
äußerlichen Partialinformationen "versorgt" und dann vom Resultat des Eheschei-
terns überrascht (Kaslow 1987, Fritsch 1992). Hemmt dieses Tabu sogar noch die
Familienpsychologen? Vielleicht ist dieses Thema so persönlich nahegehend, für
die eigene Partner- und Elternbeziehung des Psychologen so relevant, ist so
trächtig für unfreiwillige Selbstentlarvung, sei es der Ideale und Illusionen, sei es
der Wünsche, Taten und Traumata, daß sich daraus unsere ungenügende Initiative
auf diesem Gebiet erklärt, vom Verachtetwerden durch die akademischen
Psychologen noch ganz abgesehen. Auch das Bekennen der Umstrukturierung
eigener Beziehungsideale und der Erfahrungen, unter welchen Psychosozialbedin-
gungen sie funktioniert haben, ist, wenn sie nicht mehr simpel-unrealistisch sind
und öfter versagten als befriedigten, noch immer ziemlich schwierig.

Ich will hier nur eine, allerdings weitreichende Aussage machen, die von
vielen beruflichen und auch einigen persönlichen Erfahrungen bestimmt ist: Die
außereheliche Erotik des einen der Partner, wie im geschilderten klinischen
Beispiel, kann zunächst dessen Erlebnis- und Lustdefizite beheben, aber ihre
ehelichen und familiären "Kosten" sind in den meisten Fällen riesig. Sie bringt für
die Erwachsenen und die Kinder sehr viel mehr Leid und Zerstörung als Glück
und Aufbau.

Also empfehlen die Propagierer der "offenen Ehe" gegenseitige Toleranz. Die
Offenheit ist dabei meist als Ausgang, als Ausflug, als zeitweiliger Ausstieg
zwecks einer ergänzenden Erfahrung gemeint. Entsprechende Zusagen oder auch
Vorbehalte dürften bei vielen "nichtehelichen Lebensgemeinschaften" im Spiele
sein. Ich möchte denen, die die erotische Konkurrenz ehrlich gestehen und sogar
auf die normative Ebene bringen wollen, meinen Respekt nicht versagen, und als
Kliniker habe ich vielleicht eine etwas vereinseitigte Sicht. Aus dieser stellt sich
solche (externalisierte) "Offenheit" aber als nur selten erfolgreich und das als
immer nur zeitweilig dar, zumal sie manchmal aus Kollusion stammt und sich mit
ihr Manöver verbinden lassen, z.B. die Komplizenschaft der nach sexueller
Entlastung verlangenden Ehefrau, die zugleich neidisch ist und stichelt. Meist sind
die psychophysischen Chancen der Partner zu verschieden, die praktischen
Gelegenheiten zu ungleich, die zeitlichen Abfolgen zu wenig steuerbar, die
Verunsicherung dessen, der gerade mit dem Verzichten und Warten an der Reihe
ist, zu groß und die Irritation der Kinder zu wenig vermeidbar. Das ist viel Futter
für "Inequity" (Walster et al. 1978).

Kein Wunder, daß bei manchen, die nicht mehr die erotische Ausschließlich-
keit der Partnerschaft fordern, eine andere Variante der "offenen Ehe" in
Diskussion ist, nämlich die Akzeptierung des oder der anderen als Gast, vielleicht
auch eines Gastpaares. Meist ist sogar mehr gemeint als das duldende Akzeptie-

ren, nämlich das gemeinsame Kultivieren solcher Ergänzung. Diesen Partnern erscheint eine Ehe oder Lebensgemeinschaft als ideal, die das neue Verliebtsein auffangen und mäßigen kann, das Abwechselungsbedürfnis und die Neugier auf die Vielgestaltigkeit zumindest pars pro toto zähmt, das Bedürfnis nach intimer Teilhabe am wesentlich Anderen exemplarisch befriedigt, die "Versuchung" positiv zu verwerten vermag, die übergroße Versagung und das Abgleiten in Verlogenheit zu vermeiden versteht, konkret: daß sich die Partner den Freund/ die Freundin gelegentlich oder zeitweilig, aber nie auf Dauer in ihre Zweierbeziehung hereinholen können. Dafür konstruieren alle Beteiligten Regeln, z.B.: "Ist der potentielle Gast eine Frau, entscheidet sich in der Beziehung zur Gastgeberin, wie intim die Begegnung werden kann, ist er männlich, muß mit ihm zuerst der Gastgeber zurechtkommen." Manche legen das einfach aus Fairness fest, andere auch als Versöhnung mit der homoerotischen Komponente. Eine zweite Regel: "Der jeweils andere behält sein Veto-Recht, selbstverständlich auch der/die Freund/in." Natürlich bleiben das Aushandeln, Ausprobieren und Durchhalten nicht-üblicher Psychosozialregeln schwierig und aufwendig, und wenn es erst dann geschieht, um eine scheiternde Ehe zu retten, wenig aussichtsreich.

Funktioniert das Partnerschaftsideal "interne Erweiterung" manchmal? Ist sie kinderverträglich? Ich kenne nur ganz wenige Beispiele, bei denen die Realisierung dieses Ehe-Anreicherungsideals gelang: die Beziehungsbedingungen waren günstig, übrigens auch die Wohnbedingungen. Allerdings kann ich für diese Beispiele sagen, daß die Kinder, die solches komplexeres Partnerverhalten der Erwachsenen mitbekamen, keinen Anstoß nahmen, ganz im Gegenteil von der zeitweilig erweiterten Familie in mancherlei Hinsicht profitierten. Das mag an der Veränderung in Richtung Gruppe liegen. Falls Partnerschaft und Elternschaft beim Menschen vor Jahrtausenden tatsächlich Komponenten des (polyandrischen und polygynen, dazu kinderreichen) Gruppenlebens waren (Borneman 1975), würde bei solcher Entschärfung der selbstverständlich unaufhebbaren Diversitäten ein Wiedereinbezug latent gewesenen vor-individualistischen menschlichen Seins stattfinden. Aber ich kann nicht ausschließen, daß Kinder auch mit Protest, Aggression, Verwirrung und Symptombildung, Jugendliche mit früher Absetzung von der Herkunftsfamilie reagieren können, z.B. wenn sie durch abwertende Interventionen von Personen eines normdifferenten sozialen Umfelds irritiert werden.

Was ich nahebringen wollte: neue Entwicklungen müssen nicht immer "versus" (funktionelle Differenzierung) bedeuten. Es gibt zugleich Integrationsbemühungen, neue, wenn auch schwierige Synthesen.

5 Eine gerontopsychologische Nachbemerkung

Wenn nicht Krankheit und Tod eingreifen, gewinnt im Alter die Zweier-Partnerschaft wieder an Bedeutung - wegen oder trotz des Schwindens der sexuellen Aktivität? Das Zusammenleben mit den erwachsenen Kindern wird, sofern es sich nicht aus dörflichen Umständen ergibt, selten angestrebt. Allerdings ist die Wohnnähe zwecks gegenseitiger Anteilnahme und Hilfe erwünscht, vielleicht öfter den Alten als den Jungen, zumal diese noch Absetzungsgründe haben mögen und außerdem mobiler sind. Die Ehezufriedenheit ist bei 5o Jahre verheirateten Paaren meist vorhanden (Böni u. Bösch 1992), und mit den einst erschreckenden Lebenssprüngen der "Kinder" hat man sich, manchmal kopfschüttelnd, abgefunden. Sofern nicht Pflegepflichten die mittlere Generation in eine schwierige Belastungssituation bringen (für die Alten und die eigenen Kinder da zu sein), de-eskaliert unser "Versus", oft unter herzlicher Vermittlung seitens der Großeltern-Enkel-Beziehung.

Literatur

Böni RR, Bösch J (1992) Gesundheit, Haushaltsaufteilung und Ehezufriedenheit bei 50-Jahre lang verheirateten Paaren in der Schweiz. System Familie 5:53

Böttcher HR (1981) Familie, Sinnlichkeitsentwicklung und Neurosenätiologie. In: Katzenstein A, Späte H, Thom A (Hrsg.) Die historische Stellung und die gegenwärtige Funktion der Psychoanalyse Sigmund Freuds. Bernburg, S 206

Böttcher HR (1982a) Der Erfahrungswert des direkten und des an Erwachsenen wahrgenommenen Körperkontakts im Kindesalter. Wiss. Beiträge d. Friedrich-Schiller-Universität Jena, S 79

Böttcher HR (1982b) Partnerschaftsproblematik und die Strategien von Beratung und Therapie. Wiss. Z. d. Univers. Rostock, XXXI/10

Böttcher HR (1988) Zur Theorie der gestörten Entwicklung. In: Böttcher HR u Mitarb.: Persönliche Beziehungen in Kindheit, Erwachsensein und Alter. Wiss. Beitr. d. Friedrich-Schiller-Univ. Jena, S 20

Borneman E (1975) Das Patriarchat. Fischer, Frankfurt

Buchholz MB (1992) Dilemmata modernen Familienformen. Das Beispiel der Anti-Familie-Familien. System Familie 5:22

Figley CR (ed) (1989) Treatment Stress in Families. Brunner u Mazel, New York

Fritsch J (1992) Rück- und Ausblick auf die Trennungs- und Scheidungsberatung in der ehemaligen DDR. In: Wolf E (Hrsg) Das Psychosoziale in Theorie und Praxis. Schöppe u. Schwarzenbart, Tübingen

Frude N (1991) Understanding Family Problems. Wiley, Chichester

Kaslow FW (1987) Dynamics of Divorce. Brunner u Mazel, New York

Miller A (1980) Am Anfang war Erziehung. Suhrkamp, Frankfurt/M.

Nave-Herz R et al (199O) Scheidungsursachen im Wandel. Kleine Verlag, Bielefeld

O'Neill N, O'Neill G (1972) Die offene Ehe. Konzept für einen neuen Typ der Monogamie. Rowohlt, Reinbek

Petri H (1991) Verlassen und verlassen werden. Kreuz Verlag, Stuttgart

Starke K (1991) Jugendsexualität in Leipzig. Forschungsstelle Partner- und Sexualforschung Leipzig.

Statistisches Bundesamt (Hrsg) (199O) Familien heute. Metzler-Poeschel, Stuttgart

Stroebe W, Stroebe M (1991) Partnerschaft, Familie, Wohlbefinden. In: Abele A, Becker P (Hrsg) Wohlbefinden. Juventa, Weinheim

Swientek CH (1987) Die Abwesenheit des anderen. In: Pro Familia Magazin, Bd 3 "Trennung, Scheidung". Holtzmeyer, Braunschweig

Tietz J (1988) Die "Dreiecksbeziehung" als Untersuchungsgegenstand. In: Böttcher HR (Hrsg) Persönliche Beziehungen in Kindheit, Erwachsensein und Alter. Wiss. Beitr. d. Friedrich-Schiller-Universität Jena, S 56

Visher EB, Visher JS (1988) Old Loyalties, New Ties. Brunner u Mazel, New York

Walster E, Walster GW, Berscheid E (1978) Equity. Allyn, Boston

Wolf E (Hrsg) (1992) Das Psychosoziale in Theorie und Praxis. Festschrift für Hans R. Böttcher zum 65. Geburtstag. Schöppe u. Schwarzenbart, Tübingen

Die Bedeutung von "dritten Partnern" für das Ehesystem

Rosemarie Nave-Herz

Carl von Ossietzky Universität Oldenburg, Institut für Soziologie,
Ammerländer Heerstraße 114-118, 26129 Oldenburg

Hans R. Böttcher faßt am Ende seines Beitrages in diesem Band (S. 135) seine Ausführungen mit folgenden Worten zusammen: "Die außereheliche Erotik ... kann ... Erlebnis- und Lustdefizite beheben, aber ihre ehelichen und familiären 'Kosten' sind ... riesig". Er plädiert in seinem Beitrag weder für eine "offene Ehe" - wie sie die O'Neills postuliert haben - noch für ein Konzept prinzipieller Geschlossenheit; betont aber ferner, daß zwar die Realisierung eines - wie er es nannte - "Ehe-Anreicherungsideals" durch einen Dritten oder eine Dritte nur selten gelingt, dann aber auch die Kinder von der zeitweilig erweiterten Familie profitieren könnten.

Mit Hilfe von empirischen Daten aus einer von mir durchgeführten Untersuchung über verursachende Bedingungen von Ehescheidungen möchte ich zunächst diese These überprüfen und gleichzeitig ergänzen. In einem zweiten Teil werde ich ebenso einige empirische Befunde aus unserer Erhebung im Hinblick auf das Gesamtthema "Partnerschaft versus Elternschaft" präsentieren; wobei ich hier die Kinder allein in ihrer Relation zum Ehesystem beschreibe und sie deshalb als "Dritte" bezeichne. Zur Bestimmung des Generalisierungsgrades unserer Daten ist es einleitend notwendig, kurz einige methodische Anmerkungen "einzublenden".

1 Methodische Durchführung der empirischen Erhebung

Unsere Untersuchung bestand aus zwei Phasen: wir haben sowohl qualitative als auch quantitative Interviews durchgeführt. So ließen wir uns die Ehebiographien (vom Kennenlernen bis zur Scheidung bzw. bis zur Gegenwart) von Geschiedenen, aber auch von Verheirateten erzählen. Diese Tonbandprotokolle wurden wortwörtlich abgeschrieben. Die Stichprobe umfaßte eine Gesamtzahl von insgesamt 88 Interviews. Es wurden 68 geschiedene Ehepartner und 20 Verheiratete befragt. Unser Sample schloß ferner verschiedene Altersjahrgänge ein, um auch gleichzeitig zeitgeschichtliche Veränderungen erfassen zu können, und sowohl Frauen als auch Männer. Ziel dieser ersten Erhebungsphase war es, aufgrund inhaltsanalytischer Verfahren, neue, bisher nicht vermutete Zusammenhänge auf-zudecken, die dann anschließend quantitativ - durch eine halbstandardisierte schriftliche Befragung - an einem größeren Sample überprüft wurden. Diese Stichprobe umfaßte 400 Geschiedene und 60 Verheiratete.

Wir haben deshalb nicht nur Geschiedene, sondern auch Verheiratete befragt, weil wir von zwei Paradigmen ausgingen: einem sozialhistorischen und einem konflikttheoretischen Ansatz. Wir definierten Ehescheidung als Konfliktlösungs-strategie für eheliche Spannungen, d.h. konkret: wir gingen davon aus, daß es in jeder Ehe Konflikte gibt, und fragten, warum diese in einigen Ehen zu einer Scheidung führten, in einer anderen jedoch nicht. Die Ergebnisse unserer Untersuchung sind inzwischen veröffentlicht worden (vgl. Nave-Herz et al. 1990). Angeregt durch den Beitrag von Hans R. Böttcher und im Hinblick auf seine - einleitend wiedergegebene - These habe ich nochmals gezielt die narrativen Inter-views, die wir im Rahmen der ersten Phase unserer Erhebung über Ursachen von Ehescheidungen erhoben und transkribiert hatten, über die Bedeutung außer-ehelicher Beziehungen für das Ehe- und Familiensystem ausgewertet und aus der quantitativen Erhebung die diesbezüglichen Daten für den folgenden Beitrag zusammengestellt.

Da die Erhebung einem anderen Forschungsziel diente, ist es verständlich, warum im folgenden nur ausschnitthaft die Bedeutung außerehelicher Beziehungen für das Ehesystem thematisiert werden kann und vor allem auch die Frage nach den verursachenden Bedingungen für unterschiedliche Reaktionsformen aufgrund unserer Daten nicht zu beantworten ist, was mir aber für eine Diskussion der zentralen These von Hans R. Böttcher nicht notwendig erscheint.

2 Außereheliche Beziehungen in ihrer Bedeutung für das Ehe- und Familiensystem

Die Durchsicht der qualitativen Interviews ergab, daß sowohl einige der Geschiedenen als auch der Verheirateten über eigene außereheliche Beziehungen oder ihrer Partner zwar berichteten, aber nirgends wurde sie - wie H. Böttcher erhofft - als Bereicherung oder sogar als ein Stabilitätsfaktor für - evtl. gerade angespannte - eheliche Beziehungen bewertet.

Die z.T. sehr langen Passagen und ausführlichen Beschreibungen über die außereheliche Sexualbeziehung des Partners zeigt, daß zunächst auf diese mit den verschiedensten Einstellungs- und Verhaltensweisen reagiert wurde: mit Nicht-Wissen-Wollen, Wut, Trauer, Einbüßen des Selbstbewußtseins, Selbstmit-leid, Anwendung physischer Gewalt usw.

Einige kurze Beispiele sollen das Gesagte veranschaulichen:

Mann: "... daß sie dann ... jemand anders kennengelernt (hätte), das war natürlich 'n Schock für mich ... da brach für mich 'ne Welt zusammen". (11/79)

Frau: "Das war natürlich ... können Sie sich vorstellen, wie so 'ne Holz-hammernarkose für mich. Wo ich gerade das zweite Kind geboren hab'". (31/78/45)

Mann: "Als wenn man mir da was weggenommen hat. Hört sich jetzt ganz blöd an, ist aber tatsächlich so. Als wenn da irgendwas ... mir ... weggenommen wurde". (43/73/50)

Alle diesbezüglichen Interviewausschnitte zeigten übereinstimmend, daß die Konstruktion der sozialen Realität - hier: die der ehelichen Beziehung - durch das gegenüber dem Ehepartner Öffentlich-Machen oder Öffentlich-Werden der Beziehung zu einem Dritten oder zu einer Dritten (was H. Böttcher aus ethischen Gründen fordert) eine derartige Korrektur erfuhr, die nicht mehr - auch nicht im Laufe der Zeit - aufhebbar war. Das galt auch für die Verheirateten, deren Ehen nach Abbruch der Beziehung zu dem Dritten oder der Dritten von dem Betrof-fenen zwar nunmehr als stabil, aber als verändert wahrgenommen wurde. Oder mit H. Jelloucheks (1986, S. 103) Worten: "Denn im Durchleben und Durch-leiden dieser Zeit (wurden) alte/neue Kräfte in ihnen lebendig, und damit verwandeln sich auch die alten Beziehungsmuster in neue Begegnungsmöglichkei-ten miteinander". Die Zeit während der Drittbeziehung wurde aber von keinem Ehepartner, auch nicht von dem, der die Beziehung zu einem dritten Partner aufrecht erhielt, als Bereicherung für die ehelichen Beziehungen beschrieben. Aufgegeben hatten sogar einige eine außereheliche sexuell-erotische Beziehung nicht des Ehepartners wegen, sondern wegen der Kinder, weil sie ihr Verhältnis zu ihnen nicht stören und sie sich nicht von ihnen trennen wollten. Das Ehesystem kann also auch durch das Elternsystem gestützt werden. Von diesen wenigen Ausnahmen abgesehen, wirkten die Beziehungen zu Dritten aber überwiegend auf das Ehesystem destruktiv.

Auf diesen Befund möchte ich im folgenden in bezug auf die Geschiedenen etwas ausführlicher eingehen, wobei es zunächst notwendig ist, erst allgemein die Bedeutung der ehelichen Sexualität aufgrund der Auswertung der qualitativen Interviews darzustellen. Der Anspruch an die eheliche Sexualbeziehung und die Bedeutung der außerehelichen Erotik - wie sie H. Böttcher beschrieben hat - scheint sich nämlich zeitgeschichtlich vor allem für Frauen verändert zu haben. Hier scheinen Angleichungstendenzen an männliche Bewertungsmuster gegeben zu sein.

Zunächst eine Vorbemerkung: Wir hatten bei der Konzeption des Leitfadens für die offenen Interviews die Frage nach der ehelichen Sexualbeziehung ausgeschlossen, weil wir uns nicht dem Vorwurf der zu großen Distanzlosigkeit aussetzen wollten. Im Verlauf der Interviews stellten wir jedoch fest, daß immer wieder von den Interviewten selbst dieser Bereich thematisiert wurde. So kann be-reits die Tatsache, daß die Befragten von sich aus dieses Thema ansprachen, als Beweis für die große subjektive Bedeutung der sexuellen Beziehung angesehen werden.

Die befragten älteren Frauen gingen bei der Schilderung der sexuellen Partnerbeziehung kaum auf eigene sexuelle Bedürfnisse und Forderungen ein. Die eheliche Sexualbeziehung wurde insbesondere von diesen älteren geschiedenen Frauen in unserem Sample - auch als diese jünger gewesen waren - als Pflicht für sich selbst und als Recht für den Mann definiert. Inwieweit sich hierin die in früheren Jahrzehnten den Frauen zugeschriebene Einstellung zur Sexualität in den Interviews widerspiegelt oder von den Betroffenen nur widergespiegelt wird, also andere sexuelle Bedürfnisdispositionen auch bei ihnen de facto gegeben waren, ist nicht nachprüfbar. Sexualität scheint aber bei ihnen ferner eher die Funktion gehabt zu haben, Zugehörigkeit und Zusammengehörigkeit zum Partner zu beweisen. Damit kam für sie selbst die Aufnahme einer außerehelichen Beziehung gar nicht in Frage und wurde von ihnen nur als Einbruch in die Intimbeziehung empfunden.

Dieser Sachverhalt sieht bei einigen der befragten jüngeren geschiedenen Frauen ganz anders aus. Die sexuelle Beziehung scheint für diese zu einer bewußt gewollten Selbsterfahrung geworden zu sein, die sie zwar gemeinsam mit dem Ehemann, aber - wenn dieses nicht gelingt - mit einem anderen Partner außerhalb der Ehe erleben wollten.

Gleichzeitig stellten wir fest, daß sich einige der jüngeren Frauen - im Vergleich zu den älteren - als sexuell fordernd beschreiben. Die Erfüllung sexueller Ansprüche scheint zu einer zentralen Erwartung an den Ehepartner geworden zu sein, und weil die sexuelle Partnerbeziehung diesen jüngeren Frauen sehr wichtig geworden ist, können sie unbefriedigende sexuelle Beziehungen mit dem Ehepartner weniger denn je ertragen, und sie sind deshalb sogar bereit, den Anspruch auf sexuelle Treue, der für die Mehrzahl der befragten geschiedenen Frauen mit der Eheschließung zunächst verbunden war, aufzugeben, vor allem auch dann, wenn das Gefühl der generellen Unzufriedenheit mit der Ehe vorwegging; m.a.W.: wenn die Ehe insgesamt als unbefriedigend erlebt wurde, dann nahm die Bereitschaft dieser Frauen ab, zusätzlich auch noch auf die Realisierung ihrer sexuellen Ansprüche zu verzichten. Dabei verfolgten sie mit dieser außerehelichen Beziehung nur dieses Ziel der sexuellen Erfüllung und wollten also keineswegs ihre Ehe hierdurch in Frage stellen. Nur für ihren Ehemann - sobald er davon erfuhr - sah diese Angelegenheit etwas anders aus.

Beispiele:

Frau: "Ich war der Meinung, ... daß ... weil wir uns eben so ... ja doch innerlich mittlerweile so weit voneinander entfernt hatten und sich so viel aufgestaut hatte, was mich belastet hat an unserer Beziehung, daß dadurch eben auch die sexuellen Kontakte schlechter geworden sind" (19/80/N).

Frau: "Einerseits, was ich ja schon angedeutet hab', daß ich versucht hab', auszubrechen, das dann auch gemacht habe und speziell eben, daß ich 'n anderen Partner gesucht habe, daß ich irgendwo gedacht habe, ich verpasse was ... und irgendwo kam dann doch der Reiz, man lernt jemanden kennen, und das war wieder ein ganz neues Gefühl und wieder 'n altes Gefühl, wieder verliebt sein, wieder flirten. Bin dann auch völlig, hab' meine Einstellung zur Ehe, was so Treue anbelangt, über'n Haufen geworfen und hab' dann quasi 'n Doppelleben angefangen zu führen" (3/80/60/S).

Frau: "Ja, also ich wollte diesen anderen Mann nicht als Mann für mich haben. Also nur halt für diese Stunden oder so. Also sonst ...wär er kein Partner für mich gewesen. Nur halt ... ja, halt als Mann, aber nicht als Partner" (5/79/57/S).

Frau: "Das war auch ... irgendwie 'ne ganz komische Mischung hatte ich da drauf. Ich wußte also, meinen Mann ..., das behalte ich bei, aber .. äh gefühlsmäßig willst du was anderes. Und das suchst du dir nunmal bei dem. Also, ich hatte dann schon so'ne ganz klare Aufgabenteilung für die Männer vorgesehen. Und dann dachte ich: Halt stop, du machst genau das, was die Männer eigentlich mit den Frauen machen" (19/83/61/S).

Bei den jüngeren Frauen wurde ferner zuweilen das Eingehen einer außerehelichen Beziehung als Reaktion oder Antwort auf das außereheliche Verhalten ihres Mannes ausgelöst.

Beispiele:

Mann: "Ich war eigentlich ganz schön geschockt und hab' da auch panisch reagiert .... Das hat dann nachher 'n heftigen Streit gegeben. .... So geht das nicht, das kann nicht sein, daß da einer wichtiger ist als ich, daß ich da plötzlich im Abseits steh' ... Obwohl ich das ja selber gemacht habe. Das hab' ich aber damals nicht so gesehen und das ist schwer auszuhalten, das hat mir ganz schön Schwierigkeiten gemacht" (35/79/51/S).

Frau: "Er (der Mann) ist zum Beispiel auch weggefahren, ohne zu sagen, wann er wiederkommt, wo er hinfährt oder so. Ja, ich hab' mich dann auch in einer bestimmten Weise selbständig gemacht. Ich hab' einen Mann kennengelernt, der hat mich dann ... auch besucht. ... Meinem Mann hab' ich das dann auch ganz offen gesagt, der war ganz überrascht, also er hatte schon lange 'ne Beziehung und war dann ganz überrascht, als ich ihm gesagt habe: Ich hab' jetzt 'nen Freund und der besucht mich auch. Da war er also ganz fertig, war ganz fassungslos, was mich wieder total irgendwie ..." (79/6/16/K).

Es sei nochmals betont: In allen Ehebiographien, aus denen die Zitatstellen entnommen wurden, war das Ehesystem bereits gestört, bevor eine außereheliche Beziehung - evtl. sogar von beiden Ehepartnern - aufgenommen wurde, und ihr kam somit ein Verstärkereffekt im Hinblick auf den Auflösungsprozeß der Ehe zu.

Diesen Sachverhalt bestätigen auch die quantitativen Daten. So ergab die Auswertung der Frage nach dem Anlaß der Ehescheidung, also der formal-rechtlichen Trennung, daß zwar 25 % der Befragten neben anderem auch eine neue Partnerbeziehung nannten, daß aber auf die Frage nach den Gründen für das Scheitern ihrer Ehe nur 7 % eine außereheliche Beziehung angaben. Insofern ist auch aus diesen Daten zu entnehmen, daß eine außereheliche Beziehung nur in sehr geringem Maße eine verursachende Bedingung, aber häufiger eine auslösende für Ehescheidungen darstellt und sie damit also nicht ehestabilisierend wirkt oder die eheliche Beziehung bereichert, sondern den Eheauflösungsprozeß forciert. Wenn also die Wahrnehmung einer außerehelichen Beziehung des Partners überwiegend einen Verstärkereffekt im Hinblick auf die Systemauflösung besitzt, so ist daraus auch zu folgern, daß weiterhin die Exklusivität der sexuellen Beziehung Bestandteil der Sinnzuschreibung von Ehen ist.

Dieser Sachverhalt ist insofern erwähnenswert, weil mit der Entstehung und der gesellschaftlichen Akzeptanz der nicht-ehelichen Lebensgemeinschaften eine Rückwirkung auf die Sinnzuschreibung der Ehe im Hinblick auf ihre sexuelle Funktion hätte verbunden sein können.

Wie inzwischen viele Untersuchungen belegen, erfolgt die Eheschließung heutzutage überwiegend aufgrund des Wunsches nach einem Kind oder wegen vorhandener oder zu erwartender Kinder (vgl. hierzu ausführlicher Nave-Herz 1987, S. 62ff.; Vaskovics et al. 1990; Lüscher et al. 1991). So wird der Ehe (im Gegensatz zur nicht-ehelichen Lebensgemeinschaft) wieder - wie in der vorindustriellen Zeit - ein instrumenteller Charakter im Hinblick auf Kinder zugewiesen, der aber früher - vornehmlich in der feudalen Ehe - mit anderen Emotionsqualitäten verbunden war. Selbst für die hochbürgerliche Familie galt ebenso zunächst nicht die strikte Koppelung von Sexualität, Ehe und Elternschaft trotz der gesellschaftlichen Forderung, daß Ehe auf Liebe basieren sollte. Für deren Emotionsqualität gab es damals sogar eine besondere Bezeichnung, nämlich "Gattenliebe". Man könnte nunmehr vermuten, daß der in den letzten 20 Jahren abgelaufene strukturelle Differenzierungsprozeß in zwei Sozialsystemen (nämlich die Differenzierung von nicht-ehelichen Partnergemeinschaften und Ehesystemen) mit gleicher spezialisierter Leistung auf emotionale Bedürfnislagen hin (Luhmann 1982), auf einer funktionalen Spezialisierung von unterschiedlichen Emotionsqualitäten beruht. Empirische Untersuchungen fehlen m.E., die dieser Fragestellung nachgegangen wären.

Jenseits möglicher Unterschiede in den Emotionsqualitäten zwischen nicht-ehelichen Lebensgemeinschaften und Ehe mit Elternschaft bleibt aufgrund unserer Daten nochmals festzuhalten, daß weiterhin die Exklusivität sexueller Beziehungen als Sinnzuschreibung an die Ehe, also als normativer Anspruch, gilt, von dem selbstverständlich das faktische Verhalten abweichen kann, dem dann aber häufig ein Verstärkereffekt im Prozeß der Systemauflösung zukommt.

H. Böttcher betont weiterhin, daß von einer zeitweilig erweiterten Familie in mancherlei Hinsicht die Kinder profitieren könnten. Es war für mich interessant, daß die Neu-Durchsicht der Interviews zeigte, daß die Interviewpartner in den langen Beschreibungen über die eigenen außerehelichen Beziehungen oder die des Ehepartners nirgends auch nur eine Anmerkung darüber machten, ob die Kinder - wenn diese vorhanden waren - diese wahrgenommen haben und ob zwischen ihnen eine Beziehung zu dem Dritten oder der Dritten bestand oder aufgebaut worden war; m.a.W.: selbst mögliche Interaktionen zwischen diesen Dritten und den Kindern wurden in den Interviews überhaupt nicht thematisiert. Dieser Befund unterstreicht also die These von Hans R. Böttcher über die Verleumdung der erotischen Alternative vor den Kindern. Als Begründung wäre zu vermuten, daß hierdurch den Kindern vor allem die Einzigartigkeit, die nach unserem Ehemodell die Ehepartner füreinander besitzen sollten, und u.U. sogar der Einzigartigkeitsanspruch, den die Kinder an ihre Mutter und den Vater stellen, nicht mehr plausibel erklärbar wäre.

3 Kinder in der Bedeutung von "Dritten" für das Ehesystem: Belastung?

Zunächst sei erwähnt, daß auch unsere quantitativen Daten wiederum den auch aus anderen Untersuchungen bekannten und bereits erwähnten Sachverhalt belegen, daß heutzutage die Bildung des Ehesystems häufig aufgrund des Wunsches nach einem Kind oder wegen der Erwartung eines Kindes erfolgt, also im Hinblick auf die Systembildung "Familie". Im übrigen wurde der Tatbestand der Schwangerschaft in weit stärkerem Maße - um ca. 18 Prozentpunkte häufiger - von den Geschiedenen genannt. Aus diesem Sachverhalt kann man jedoch nicht die These ableiten, daß das Instabilitätsrisiko einer Ehe infolge dieses Eheschließungsanlasses höher wäre, da Eheauflösungsprozesse nicht monokausal erklärbar sind und der Tatbestand der Schwangerschaft sehr unterschiedliche Bedeutungen für die Betroffenen besitzen können (vgl. hierzu Nave-Herz et al. 1990, S. 78ff.). Keinesfalls ist er so eindeutig als ein 'Push-Effekt' im Hinblick auf die Eheschließung identifizierbar, wie es früher die Bezeichnung "Muß-Heirat" suggerierte und weswegen dann von vornherein die Gruppenkohäsion, z.B. durch fehlende gemeinsame Ziele, geringer und die Instabilität eher gegeben sein könnte.

Dennoch könnten Kinder heutzutage das Ehesystem insofern belasten, weil die Kindzentriertheit der jungen Familien (vgl. Schütze 1988, S. 101ff.) zu einer Überforderung der Eltern führen kann. Ferner könnte durch die zugenommene Partizipation der Väter an der Sozialisationsfunktion zwischen den Ehepartnern ein neues Konkurrenzverhältnis entstehen, was nicht allein auf einer Veränderung der Elternrollen bzw. der Vaterrolle zurückzuführen ist, sondern auch aus der veränderten Stellung der Geschlechter zueinander. Das bürgerliche Ehemodell war zwar immer gekoppelt mit einem Partnerschaftsanspruch, aber der Inhalt der Partnerschaftsidee hat sich zeitgeschichtlich verändert. Lange Zeit war die Idee von ehelicher Partnerschaft mit der Idee des Ergänzungstheorems der Geschlechter, also der polaren Zuordnung der Geschlechtscharaktere, verbunden, wohingegen das heute - jedenfalls dem Anspruch nach - geltende Gleichheitsprinzip in der Ehe der Frau nicht mehr so ohne weiteres das Monopolrecht auf die Zuständigkeit für "Familie" bzw. Familienbeziehungen zuspricht. Hieraus wären neue Spannungsverhältnisse zwischen den Eltern denkbar.

Unsere Untersuchung konnte nicht den Ursachen der ehelichen Konflikte, ausgelöst durch Kinder, nachgehen; aber unsere Daten zeigen, daß sowohl unter den Verheirateten als auch unter den Geschiedenen der "Konfliktbereich: Kinder" an fünfter Stelle "rangiert". Als mitverursachend für das Scheitern der Ehe nennen nur 5 % die Probleme bezüglich der Kinder. Dagegen bei dem Entschluß, die juristische Scheidung einzureichen, dachten vor allem stärker die Frauen auch an die Kinder. Jedenfalls 24 % der geschiedenen Frauen gegenüber 12 % der Männer wollten den Kindern "weiteres Leid ersparen", wie es in einem qualitativen Interview formuliert wurde.

Diese zunächst widersprüchlich klingende Datenlage ist jedoch erklärbar: Kinder belasten zwar viele (stabile und bereits instabile) Ehen, sie sind aber selten ursächlich für ein etwaiges Scheitern der Ehe verantwortlich; doch nach einem Trennungsprozeß schafft man dann ihretwegen häufiger "klare Verhältnisse" und führt die formal-rechtliche Eheauflösung durch.

Besonders deutlich wird diese Entscheidung bei den sog. "Rabenmüttern", also bei denjenigen, die ihre Kinder bei ihren Ehemännern beließen, zumeist nach mehrmaligen Trennungsversuchen, zu denen sie auch die Kinder zunächst mitgenommen hatten. Eine diesbezügliche Analyse unserer qualitativen Daten zeigte nämlich, daß diese Mütter gerade - im Gegensatz zur öffentlichen Meinung - eine besonders traditionelle Vorstellung von der Mutterrolle und gleichzeitig eine hohe Zuneigung zu ihren Kindern besitzen, so daß sie sich um der Kinder willen zu diesem Opfer - wie sie es selbst häufig benannten -, nicht mit ihnen zusammenzuleben, entschlossen, um ihnen die dauernden ehelichen Konflikte zu ersparen, und weil es für die Kinder nach Meinung dieser Mütter besser war, in der häuslichen und ihnen bekannten Umgebung zu verbleiben.

Rückblickend auf das Thema dieses Beitrages bleibt zusammenfassend festzuhalten:
Elternschaft und Ehesystem scheinen in einem ambivalenten Verhältnis zu stehen. Kinder, in diesem Beitrag wegen ihrer Relation zum Ehesystem als "dritte Partner" bezeichnet, scheinen Ehesysteme häufig zu belasten, aber nicht in destruktiver Weise; sie "zwingen" aber bereits gestörte oder sogar getrennte Beziehungen zur Entscheidung: entweder zur endgültigen formal-juristischen Ehescheidung oder zur Rückkehr zu ihnen und damit zum Ehepartner und zur Fortsetzung einer - jedoch nunmehr veränderten (vgl. S. 141) - Ehebeziehung. Dagegen scheint das Wissen um eine sexuell-erotische Beziehung des Partners zu einem Dritten oder einer Dritten überwiegend destruktiv auf Ehesysteme zu wirken und einen Verstärkereffekt im Prozeß der Eheauflösung zu besitzen. In soziologischer Sicht erscheint es auch plausibel, daß das "Ehe-Anreicherungsideal" - wie Hans R. Böttcher es nennt - in der Realität nicht einlösbar ist, da das Ehesystem einen Wandlungs- und Entwicklungsprozeß vollziehen müßte, der eine Neudefinition aller Rollen bedeutete, denen öffentliche Vorgaben in unserer Gesellschaft fehlen.

Literatur

Jellouschek H (1986) Der Froschkönig - Ich liebe Dich, weil ich Dich brauche. In: Seifert TH (Hrsg) Weißheit im Märchen, 3. Aufl. Kreuz, Zürich

Lüscher K, Engstler H (1991) Formen der Familiengründung in der Schweiz . Bundesamt für Statistik (Hrsg) Eine Analyse amtlicher Daten über die Geborenen 1979-1987, Bern

Luhmann N (1982) Liebe als Passion - Zur Kodierung von Intimität. Suhrkamp, Frankfurt

Nave-Herz R (1987) Zeitgeschichtlicher Bedeutungswandel von Ehe und Familie. In: Nave-Herz R (Hrsg) Wandel und Kontinuität der Familie in der Bundesrepublik Deutschland. Enke, Stuttgart, S 61-94

Nave-Herz R (1989) Zeitgeschichtlicher Bedeutungswandel von Ehe und Familie in der Bundesrepublik Deutschland. In: Nave-Herz R u. Markefka M (Hrsg) Handbuch der Familien- und Jugendforschung, Bd I: Familienforschung. Luchterhand, Neuwied, S 211-222

Nave-Herz R, Daum-Jaballah M, Hauser S, Matthias H, Scheller, G (1990) Scheidungsursachen im Wandel - Eine zeitgeschichtliche Analyse des Anstiegs der Ehescheidungen in der Bundesrepublik Deutschland. KLeine, Bielefeld

Schütze Y (1988) Zur Veränderung im Eltern-Kind-Verhältnis seit der Nachkriegszeit. In: Nave-Herz R (Hrsg) Wandel und Kontinuität der Familie in der Bundesrepublik Deutschland. Stuttgart, S 95-114

Vaskovics L, Buba H, Rupp M (1990) Optionen der Elternschaft und der Lebensgestaltung in nichtehelichen Lebensgemeinschaften (Ergebnisse der ersten Datenerhebungswelle, Bamberg, Forschungsbericht)

Kollision: Scheidung und die Folgen für die Eltern-Kind-Bindung

Heiner Krabbe

Trialog, Beratungsstelle für Familienkrisen, Trennung und Scheidung, Von-Vincke-Straße 6, 48143 Münster

1 Einführung in das Thema

Entschließt sich ein Ehepaar zur Scheidung, wird spätestens zu diesem Zeitpunkt deutlich, daß die Familie in der Krise steckt. Mit dem Entschluß zur Scheidung konstituiert sich ein neues System: das Scheidungssystem (Duss-von Werdt 1989, S. 43f.).

Es gibt nicht mehr nur Mann, Frau, Kinder, sondern auch staatliche und gesellschaftliche Institutionen, die sich im Fall einer Scheidung einschalten oder eingeschaltet werden. So beschäftigen sich nun auf der einen Seite soziale und juristische Systeme (wie Gericht, Anwälte, Ämter) mit dem Ende der Ehe; andererseits kümmern sich gesellschaftliche Einrichtungen wie Beratungsstellen, ärztliche und psychotherapeutische Praxen, Selbsthilfegruppen um die Ehepartner und ihre Kinder. Schließlich versuchen auch noch die Herkunftsfamilien, Nachbarn, Freunde, Kollegen helfend einzugreifen.

Im Scheidungssystem haben alle Beteiligten ihre eigene Optik und ihre eigenen Methoden zur Lösung der Krise. Was in die Krise geraten ist, ist eigentlich nicht die Ehe, sondern das, was die Ehe als zivilrechtliche Institution erst begründet: die vor der Heirat entstandene Liebesbeziehung. Für beide oder einen der Ehepartner ist sie verschwunden. Da Liebe rechtlich gesehen keine Bedingung für die Ehe ist, so kann auch ihr Verschwinden kein Grund für eine Scheidung sein. So kann eine Scheidung die Ehe auflösen, nicht jedoch den Beziehungskonflikt der Eheleute; Scheidung bedeutet nicht automatisch die Überwindung der Partnerschaftskrise. Dies kann erst in der "psychischen Scheidung" geschehen, einem Prozeß, der in vielen Fällen nie ganz abgeschlossen wird. Die bestehende Krise in der Partnerschaft hat gleichzeitig Auswirkungen auf die Kinder. Sie stehen mitten in den Kämpfen und wollen den Kontakt zu beiden Eltern nicht ganz verlieren. Mit dem Auszug eines Elternteils müssen sie fürchten, daß auch der andere sie verlassen wird. So wissen sie oft nicht, ob sie sich auf einen oder beide Eltern überhaupt verlassen können und wie dann ihr Kontakt zu beiden zukünftig aussehen soll. Das wissen die Eltern oft auch nicht.

Sowohl die Erwachsenen als auch die Kinder befinden sich in einer verrückten Situation: als Ehepaar soll man sich trennen und Elternpaar bleiben; die Kinder wollen Kontakt mit beiden Elternteilen, leben jedoch nur mit einem zukünftig zusammen.

2 Zahlen und ein Modell zu Partnerschaft und Elternschaft

Die Scheidungszahlen sind in den letzten 20 Jahren kontinuierlich gestiegen. Zur Zeit wird etwa jede dritte Ehe geschieden. Dabei reichen in 2/3 der Fälle die Frauen die Scheidung ein. Der "Scheidungsgipfel" liegt inzwischen zwischen dem 3. und 4. Ehejahr. Im Jahr 1986 waren ca. 65.000 Kinder von der Scheidung ihrer Eltern betroffen. 2,5 Millionen alleinerziehende geschiedene oder getrenntlebende Eltern lebten mit ihren Kindern zusammen; fast ausschließlich waren es Frauen; die Zahl der alleinerziehenden Väter betrug 200.000 (Reich 1991, S. 59).

Um die nackten Zahlen für Fragestellungen von Partnerschaft und Elternschaft nutzen zu können, sei ein Modell für das Scheidungsgeschehen vorgestellt. Danach stellt Scheidung einen Prozeß dar, der mit der Phase der Ambivalenz eines Paares beginnt, in die juristische Trennungs- und Scheidungsphase übergeht und der sich dann die Phase der Nachscheidung anschließt. In den drei Phasen spielen sich Entwicklungen auf verschiedenen Ebenen ab; es sind die Ebenen des Individuums, des Paares, der Familie und des sozialen Umfeldes berührt (Duss-von Werdt 1989, S 48f.).

Fragen der Partnerschaft und der Elternschaft sind somit unterschiedlichen Ebenen zuzuordnen und spielen im Prozeß der Scheidung zu unterschiedlichen Zeitpunkten eine Rolle. Hier liegen bereits die ersten Schwierigkeiten begründet, nämlich die verschiedenen Ebenen auseinanderzuhalten und zum geeigneten Zeitpunkt die Aufgaben anzugehen.

Bisher gibt es noch wenige wissenschaftliche Arbeiten, die sich mit dem gesamten Scheidungsgeschehen beschäftigen. So bleibt es den verschiedenen therapeutischen Schulen überlassen, ihre Sicht vom Scheidungsgeschehen darzulegen und Hilfen zu entwickeln.

Aus dem Blickwinkel der verschiedenen Ebenen im Prozeß der Scheidung kann man feststellen, daß der Verlauf einer Scheidung sowohl vom Paar als auch von der Familie abhängt, also von den zwei Generationen, ihrer Trennung oder ihrer Vermischung. Partnerschaft und Elternschaft sind Lebenskreise mit je eigenen Logiken, die sich nicht decken, gleichwohl in einem Verhältnis zueinander stehen, wenn Kinder vorhanden sind (Duss-von Werdt 1987, S. 64). Bei der Frage der Partnerschaft gilt es das Konjugale und Individuelle zu verstehen, geht es hierbei doch um das Ende der Beziehung und des persönlichen Glücks. Bei der Frage der Elternschaft hat das Parentale und Filiale eine große Bedeutung, da diese Beziehung die Ehescheidung i.d.R. überdauert.

3 Die Krise der Partnerschaft bei Trennung und Scheidung

Bei einer Scheidung streiten sich die Eheleute um die Kinder, um das liebe Geld, um das Haus, die Einrichtung, die Fotoalben usw. Diese Streitigkeiten bei einer

Scheidung sind Ausdruck einer Familienkrise, die in ihrem Kern jedoch eine Krise der Ehepartner selbst ist. Erst das Verständnis und die Lösung der tieferliegenden Paarkonflikte bietet den Schlüssel für eine Lösung auf der Ebene der Familie. Erst die Fragen nach dem Scheitern der Partnerschaft und dem Schritt zur Trennung ebnen den Weg zu den Problemen der Elternschaft bei einer Scheidung.

Die Krise in der Beziehung eines Paares läßt Trennung und Scheidung oft als die einzige Lösungsmöglichkeit erscheinen. Trennung und Scheidung können dabei sowohl aus psychologischem als auch aus gesellschaftlichem Blickwinkel interpretiert werden oder, ausgehend vom Titel dieses Beitrages, könnte man sowohl von einer Kollision der beiderseitigen Erwartungen als auch von einer Kollision der gesellschaftlichen und individuellen Bilder und Sehnsüchte bei den Ehepartnern sprechen. Bereits auf der Ebene des Paares verursacht Trennung und Scheidung also eine Reihe von Kollisionen.

3.1 Kollision der Erwartungen

Psychologisch betrachtet gibt es einen Zusammenhang zwischen den bei einer Scheidung auftauchenden Partnerkonflikten und der Partnerwahl. Demnach ist die Wahl des Dauerpartners kein Zufall, sondern oft lebensgeschichtlich determiniert (Reich 1991, S. 65). Mit der Wahl ist häufig die Hoffnung verknüpft, Beziehungsmuster, die in den Herkunftsfamilien vorherrschten, zu verändern und dort unbewältigt gebliebene Konflikte endlich zu lösen sowie Defizite aufzulösen. Diese Tendenz zur Veränderung wird jedoch gleichzeitig von einer anderen Tendenz unterlaufen: das bisher in der Ursprungsfamilie gelebte und vertraute Muster fortzusetzen.

So ist bereits die Partnerwahl ambivalent angelegt und die Zeit des Kennenlernens trägt viele der späteren Konflikte in sich. Für jedes Paar stellt sich die Aufgabe, die überhöhten Erwartungen aneinander zu verändern, um den Partner jeweils in seinen/ihren Möglichkeiten wahrzunehmen.

Bei Paaren, die sich zur Scheidung entschlossen haben, ist diese Ambivalenz nicht in befriedigender Weise gelöst worden. Sie sind in ihren Erwartungen, die sie an die gemeinsame Beziehung knüpften, steckengeblieben. Geblieben sind die mit der Wahl mehr oder weniger ausgesprochenen Erwartungen und Hoffnungen nach räumlicher Trennung vom Elternhaus, Befreiung aus familiären Machtstrukturen, Überwindung sexueller Konflikte, Suche nach einem eigenen Lebensstil. Wird trotz anderer Erfahrungen an den alten Erwartungen festgehalten, wird man vom Partner enttäuscht, ohne jedoch genau zu verstehen, worunter man leidet.

Die Trennung bietet sich an. Jedoch ist gerade in der Kollision der überhöhten Erwartungen auch der Grund dafür zu sehen, daß eine Trennung vom enttäuschenden Partner oft nicht ganz abgeschlossen wird, bedeutet sie doch letztlich eine Auseinandersetzung mit sich selbst: mit den eigenen Erwartungen und der eigenen Geschichte. Wird dies nicht ermöglicht, sind auch nach der Scheidung die ehemaligen Ehepartner über Jahre mit dem anderen und der Beziehung in Form von Wut, Streit und Vorwürfen "verbunden", verstrickt und bleiben es oft ein Leben lang (Reich 1991, S. 66).

3.2 Kollision der Bilder und Sehnsüchte

Paarbildung und ihre Auflösung durch Scheidung werden auch gesellschaftlich in hohem Maße mitdefiniert (Welter-Enderlin 1991, S. 20). Es geht hier um gesellschaftlich präformierte Bilder von Partnerschaft und Ehe, die mit der Realität des Erlebens in dieser Gesellschaft kollidieren. So wird der Entscheidungsprozeß der Ehepartner nicht bloß von ihren persönlichen Gefühlen der Liebe und Ablehnung bestimmt. Vielmehr nehmen allgmeine gesellschaftliche Vorstellungen und Zwänge ebenso Einfluß auf ihre Art, Liebe zu erleben oder auch zu beenden. Hierzu zählen insbesondere die Arbeits- und Wohnwelt, die Kultur und die Sprache. Eine Gesellschaft, die sich rasch wandelt, große Mobilität fordert und als zunehmend undurchschaubarer erlebt wird, bietet nur wenig Möglichkeiten, sich "zuhause zu fühlen".

Dies mag erklären, warum so große Hoffnungen in eine verbindliche Partnerschaft gesetzt werden, wird sie doch mit Begriffen wie Sinn, Orientierung und Sicherheit gleichgesetzt. Die Ehe wird für beide Partner so wichtig, daß sie sich nicht mit weniger als einer völlig zufriedenstellenden Übereinstimmung mit dem jeweiligen Partner begnügen wollen. Die Sehnsucht nach einem sicheren Hafen, der vor den Ansprüchen einer Konkurrenz-Gesellschaft schützen soll, kollidiert jedoch mit den Möglichkeiten, die die Ehe bieten kann. Diese Sehnsucht kann nicht erfüllt werden. Löst sich die Beziehung auf, bedeutet dies für beide Partner den vorläufigen Zusammenbruch ihrer Lebenswelt, welche trotz aller alltäglichen Kämpfe und Überfrachtungen für Mann und Frau sinnstiftende und stabilisierende Aspekte hatte (Welter-Enderlin 1991, S. 21).

So bleibt oft nur noch der Kontakt zu den Kindern übrig. Vielleicht mag dies ebenfalls erklären, warum Trennungen so sehr mit intensiven Gefühlen und Verhaltensweisen ablaufen und so lange dauern. Trennungen werden nicht aus Egoismus oder aus Mißachtung der Institution Ehe gegenüber gewählt, sondern eher aus dem Gegenteil: Paare trennen sich, weil ihnen die Liebe so wichtig geworden ist.

3.3 Ausdehnung der Partnerkrise auf die Elternschaft

Ist der Entschluß zur Trennung einmal gefaßt, ist die Ambivalenz der Partner zumindest kurzfristig aufgelöst, alle Zweifel an der eigenen Person und dem Sinngehalt der Beziehung werden ausgeräumt. Übrig bleibt der enttäuschende Partner; er wird angeklagt und für das Scheitern der Ehe verantwortlich gemacht. Eine Ausdehnung des Beziehungskonfliktes in die Elternschaft ist dann nahezu unvermeidlich, zumeist mit der Folge, nun die Kinder vor dem als problematisch, böse oder unzuverlässig eingeschätzten anderen Elternteil schützen zu müssen. So können sich beide gegenseitig erzieherische oder charakterliche Mängel vorwerfen und sich gleichzeitig um möglichst große Nähe zu den Kindern bemühen. Es ist die Zeit der Loyalitätsfragen an die Kinder: Wen magst du lieber? Bei wem möchtest du leben?

Nun hat sich der ursprüngliche Kampf aus der Partnerschaft auf die Elternschaft verlagert; das Konjugale und Individuelle versteckt sich im Parentalen und Filialen und kleidet sich in neue Gewänder.

Die Trennung der Eltern führt zunächst zu Verlusten bei den Kindern. Auch besorgte Eltern übersehen in ihrem Kampf oder ihrer Sorge um die weitere Zukunft, daß ihr eigenes Verhalten Auswirkungen auf die Kinder hat. Auch wenn sie sie aus den Kämpfen bewußt heraushalten wollen, spüren Kinder, daß es in den Auseinandersetzungen auch um sie geht: um Geld, Umzug, Besuch, Anträge. Mit dem Zerbrechen der bisherigen Familieneinheit vertieft sich die Unsicherheit der Kinder. Sie kommen sich alleingelassen vor, überflüssig und verloren. Ihre Anstrengungen zum Erhalt der Familie waren vergeblich gewesen. In dieser Zeit sind oft Symptome wie Bettnässen, Destruktivität, Rückzug zu beobachten als Zeichen des Verlustes, der eigenen Resignation oder Wut (Reich 1991, S. 70).

Die Scheidung der Eltern bedeutet für jedes Kind einen Bruch mit dem bisher Vertrauten. Sie verlieren ihre vertraute Umgebung, den Freundeskreis, die Schule, den Kindergarten; zumindest jedoch die vertraute Beziehungsform zu beiden Elternteilen. Die gewohnte Dreiecksbeziehung, die es ermöglichte, sich bei Konflikten mit dem einen einen Ausgleich mit dem anderen zu holen, ist ins Wanken geraten, oft nicht mehr vorhanden. Im unmittelbaren Zusammenleben kann es somit nur einen der beiden in Anspruch nehmen. Zudem verlieren die Kinder ihre Eltern als Paar, das sie idealisieren, bekämpfen oder mit dem sie sich identifizieren können, was oft weitreichende Auswirkungen auf die eigenen inneren Bilder von Partnerschaft und Paarbeziehung hat (Reich 1991, S 79).

Kinder sind jedoch nicht nur Opfer der Scheidungskämpfe und Entscheidungen ihrer Eltern. Sie zeigen ebenso Kraft und Widerstand, wehren sich mit einem "gesunden" Haß gegen die schmerzhaften Verluste. Viele ihrer psychischen und psychosomatischen Symptome enthalten auch erhebliche Anteile einer bewußten und unverarbeiteten Aggression gegen die Eltern. Am deutlichsten läßt sie sich in der Depression bis hin zum Selbstmordversuch bei Kindern wiederfinden; die Psychoanalyse spricht von Mordimpulsen gegen die in den Trennungsstreitigkeiten verwickelten Eltern (Petri 1991, S. 12).

Nicht nur bei den Kindern führt Scheidung zunächst zu Verlusten; sie erschüttert auch bei den Eltern deren Lebenskonzept und Lebensgestaltung: die Veränderungen im familiären Beziehungsnetz gehen einher mit dem Verlust des bisherigen sozioökonomischen Status, mit eventuellen materiellen Verschlechterungen. Zwei Haushalte zu führen, ist teurer, als nur einen zu haben. Gerade alleinstehende Frauen sind häufig vom sozialen Abstieg betroffen; so erhält nur ca. ein Drittel aller geschiedenen Frauen Geld vom Ehemann (Reich 1991, S. 77).

Wie nun die weitere Zukunft der Elternschaft aussehen soll, hängt davon ab, welche Folgen eine Ehescheidung aus der Sicht der Eltern hat. Vereinfacht betrachtet lassen sich zwei Grundmodelle in den Vorstellungen der Eltern ausmachen: in dem einen wird Ehescheidung gleichgesetzt mit Auflösung der Familie; im anderen bleibt die Familie, von der Scheidung der Eheleute unberührt, weiter bestehen.

Bedeutet Scheidung Auflösung der Familie, wird den Kindern nach der Scheidung ihrer Eltern ein neues Zuhause als zentraler Lebensmittelpunkt zugestanden, in dem der getrennt lebende Elternteil keinen Platz hat. Das Kind wohnt nicht bei diesem; die Kontakte reduzieren sich auf den Besuch. Demnach bekommt das Kind ein Zuhause mit mehr oder weniger regelmäßigen Kurzurlauben. Dies gewährleistet ihm eine gewisse Kontinuität, schränkt allerdings die Kontakte und Bindungen zum abwesenden Elternteil zumindest quantitativ ein.

Wird Scheidung so verstanden, daß die Familie trotz Trennung der Eltern weiterhin bestehen bleibt, geht die ursprüngliche Familie in zwei familiäre Einheiten über: in ein mütterliches und ein väterliches Zuhause. Mutter und Vater kümmern sich "gleichberechtigt und komplementär" um das Weiterbestehen der Beziehungen zu ihren Kindern; die Kinder bewegen sich in zwei Bezugssystemen, zwei Zuhausen. So sind beide Elternteile für die Kinder verfügbar; jedoch setzt der Umgang mit der "Gleichberechtigung" eine innere Gelassenheit und Trennung des Paares voraus. Erst dann sind beide Eltern in der Lage, ihre Verantwortung für die Kinder aufzuteilen, zu vereinbaren und auszuüben. Diese gemeinsame elterliche Verpflichtung wird jedoch oft verwechselt mit dem - elterlichen - gemeinsamen Sorgerecht.

Bei den vorgestellten beiden Modellen handelt es sich um Muster, die implizit oder explizit von den Eltern angestrebt werden. In den Lösungsvorstellungen beider Elternteile kommen oft beide Modelle vor und führen zu endlosen Gesprächen oder Streitigkeiten über den richtigen Weg im Sinne ihrer Kinder. Tröstlich mag vielleicht sein, daß auch die professionellen Helfer darüber heftige Diskussionen führen und ihre Modelle verteidigen.

Der Blick in die Beratungspraxis zeigt, im Gegensatz zu diesen Modellvorstellungen, ein anderes Bild von Elternschaft bei Scheidung: da sind zum einen die scheinbar auf ewig im Kampf miteinander verbunden bleibenden Eltern/Ehepartner, die ihre Kinder bis ins Erwachsenenalter mit in ihre Kämpfe einbeziehen. Mit der Auflösung des Familienhaushalts und dem Einreichen des Scheidungsantrags bietet sich einem Teil der Eltern ein stark umkämpftes Konfliktfeld, in dem elterliche Gefühle als subjektives Recht am Kind formuliert und aktualisiert werden. Dies geschieht mehr oder weniger offen als direkte Interessenbehauptung, jedoch auch verdeckt als elterliche juristische, sachverständige oder psychologische Interpretation kindlicher Bedürfnisse und Interessen. Je jünger die Kinder sind, umso größer scheint der Raum für interpretative Zuschreibungen (Stein-Hilbers (1991, S. 6).

So streiten zu Beginn eines Scheidungsverfahrens etwa ein Drittel aller Eltern mit juristischen Mitteln um die Kinder. Es werden heftige juristisch-psychologische Debatten geführt um die Gleichberechtigung im Verhältnis zu den Kindern und um Gleichbehandlung im familiengerichtlichen Verfahren.

Betrachtet man jedoch die praktische Ausgestaltung der Kontakte beider Eltern zu ihren Kindern, so zeigt sich, daß auch heute noch in etwa der Hälfte aller

Scheidungsfälle der Kontakt zwischen den Kindern und dem Vater ganz ausbleibt oder sich stark verringert. Es scheint, daß weiterbestehende Konflikte zwischen den ehemaligen Partnern - um Unterhaltszahlungen, Vermögensregelungen, enttäuschte Gefühle, neue Partnerschaften etc. - im Vordergrund stehen und die Kinder offen oder verhüllt mit Drohungen, Verwöhnungen und anderen Beeinflussungsmöglichkeiten von beiden Elternteilen im nachehelichen Kampf instrumentalisiert werden. Dabei ist der Wunsch nach Auflösung alter Bindungen, die Überwindung des Trennungsschmerzes, ein Umzug oder eine neue Partnerschaft für viele Väter Anlaß zu reduzierten oder ganz abgebrochenen Kontakten. Die Mütter ihrerseits richten oft all ihre Energien auf die Festigung einer neuen Kernfamilie und versuchen, die früheren Partner daraus fernzuhalten (Stein-Hilbers 1991, S. 7).

Eine zweite Gruppe von Eltern sieht bei einer Scheidung die Lösung für ihre weitere Elternschaft darin, die ewig gütlichen Mustereltern zu bleiben oder zu werden, die auch noch für ihre inzwischen erwachsen gewordenen Kinder Eltern bleiben wollen. Mutter und Vater versuchen, sich gegenseitig in ihrer Liebe für ihre Kinder zu überbieten. Ihre Scheidung macht ihnen massive Schuldgefühle; sie möchten sich am liebsten irgendwie trennen, ohne daß ihre Kinder es bemerken - "sie sollen keinen Schaden erleiden".

Diese Eltern haben große Angst, mit ihren Kindern über die Trennung zu sprechen; ja bisweilen wollen sie es selber nicht wahrhaben, daß sie sich getrennt haben. Ihre Partnerschaft liegt seit Jahren bereits brach; gelebt wird nur noch die gemeinsame Elternschaft.

Während ihre Partnerschaft tabu war und bleibt, wird immer das gemeinsame Handeln im Sinne der Kinder herausgekehrt. Alles wird einvernehmlich geregelt, was oft nichts anderes heißt, als daß alles beim alten bleiben soll. Hinter dem einvernehmlichen Entschluß zur Trennung und der einvernehmlichen Sorge für die Kinder werden konfliktscheue und einigungsunfähige Eltern erkennbar. Sie lassen die Dinge sich faktisch entwickeln; jedoch spätestens nach einer gewissen Konsolidierung der neuen Lebensverhältnisse beider Partner wird die Kompetenzfrage nach dem geeigneteren Elternteil aufgeworfen, so bei aktuellen Regelungsproblemen wie Berufswahl, Schulwahl, Krankheiten. Dann werden oft die Entscheidungen für die Kinder blockiert und werden vor die Gerichte getragen.

Die Kinder ihrerseits werden weiterhin auf ihre Rollen als "Bindungskinder" festgelegt, die schon im Ansatz jeden Streit und Konflikt erkennen und sich in alle Bereiche der Erwachsenen einmischen. Den Auszug eines Elternteils ignorieren sie oder interpretieren ihn als vorübergehend. Hilfsweise bieten sie sich dann den Erwachsenen als Ersatzpartner an. So existieren bei genauerer Betrachtung in diesen Fällen weiterhin sichere "Partnerschaften", jedoch nicht zwischen Mann und Frau, sondern zwischen den Generationen.

4 Chancen, die für eine Trennung der Partnerschaft und Weiterentwicklung der Elternschaft bestehen

Dies soll auch unter dem Aspekt einer Unterstützung durch professionelle Beratung beleuchtet werden. Es taucht nun die Frage auf, wo denn die neuen Ufer bleiben, die sich Eheleute/Eltern und Kinder von einer Scheidung vielleicht erhofft haben. Was das Ende der Partnerschaft angeht, so kann es nun darum gehen, daß beide Partner innerlich voneinander und ihrer gemeinsamen Beziehung loskommen. Damit ihre Scheidung keine Katastrophe, sondern ein Neuanfang wird, sollte der Prozeß der Entflechtung im Sinne einer strukturierten Trennung schrittweise geschehen mit dem Ziel, daß auch der vorerst scheidungsunwillige Partner Zeit zur Auseinandersetzung innerhalb der Beziehung bekommt. Rosemarie Welter-Enderlin spricht von "gemeinsamer Scheidungsreife" (Welter-Enderlin 1991, S. 34). Diese kann am ehesten erreicht werden, wenn beide Partner einen langen Atem behalten und sich Zeit nehmen. So kann es durchaus einen Sinn haben, wenn sich beide noch einmal mit der gemeinsamen Vergangenheit als Paar beschäftigen. Gelingt es, das Zurückliegende nicht nur zu verdammen und nicht nur den anderen dafür verantwortlich zu machen - sondern die eigenen Anteile daran zu erkennen -, können Trauer und Vergebung erlebt werden, um sich verabschieden zu können. So wird in der Trennungs- und Scheidungsberatung oft viel Zeit darauf verwandt, das Vergangene noch einmal zu begreifen, im Gespräch, in Fotoalben, in Erinnerungsstücken, in Briefen, in Tagebüchern, in Musikstücken, und sich in einem Ritual, das für beide Partner stimmig ist, zu verabschieden. Jetzt ist auch die Chance, die unerledigten Aufgaben, die meist schon bei der Partnerwahl dem anderen überlassen worden waren, selber anzupacken, die alten Angelegenheiten zu erledigen. Dies gilt besonders oft für die Ablösung vom eigenen Elternhaus, sei es finanziell, räumlich oder gefühlsmäßig.

Eine professionelle Beratung gibt Anstöße für diese Schritte und gibt beiden ehemaligen Partnern die Möglichkeit herauszufinden, was Scheidung neben all dem Schweren auch an Gutem für sich hat. Den Such- und Wahrnehmungsprozeß bei beiden anzuregen, ist Aufgabe einer Beratung mit einem sich trennenden Ehepaar. Fragen nach der Elternschaft stellen sich insbesondere während der juristischen Scheidungsphase. Im Blickpunkt der Beratung steht die Familie; sie bezieht sowohl die Eltern als auch die Kinder mit ein. Dabei spricht sie die Eltern als Eltern an: sie gibt ihnen Gelegenheit, ihre derzeitigen und zukünftigen Kontakte miteinander und mit den Kindern zu besprechen. Auch wenn die Trennung der beiden Ehepartner bereits feststeht, fällt es beiden doch schwer, sich auf einen veränderten Lebensalltag einzulassen. Für den nun "abwesenden" Elternteil steht die Frage im Vordergrund, wie er es mit sich vereinbaren kann, seine Kinder zu lieben, mit ihnen aber nicht mehr zeitlich so viel zusammenleben zu können. Es geht nur um die Frage, wie die Kinder auch zukünftig noch an seinem Alltag teilhaben können und wie die Beziehung zu den Kindern auch aus der Entfernung noch gesichert werden kann. Für diesen Elternteil besteht oft die

Versuchung, den Kindern nun etwas besonders Attraktives und Unvergeßliches bieten zu müssen - es ist die Zeit der Besuche im Zoo, im Kino, im Zirkus, in der Eisdiele -, oder auch des resignierten Rückzugs. Für den nun "anwesenden" Elternteil stellt sich die Frage, wie zukünftig der veränderte Alltag mit den Kindern aussehen soll und wie diese vor "weiterem Schaden" geschützt werden sollen. Hier besteht oft die Gefahr, die eigenen Kinder überzubehüten und sie sich möglichst wenig selbst zu überlassen oder sie zu Ersatzpartnern zu machen, um die eigenen Ängste vor dem Allein- und Einsamsein nicht aufkommen zu lassen.

Neben den Kontakten zu den Kindern geht es auch um die zukünftigen Kontakte als Eltern untereinander. Nach dem Scheitern der Partnerschaft ist ein Vertrauen zueinander erst einmal nicht mehr vorhanden. Auch hier helfen Gespräche miteinander im Sinne vertrauensbildender Maßnahmen und Vereinbarungen: in "Verhandlungsgesprächen" geht es um klare Raum- und Zeitrahmen sowie Versorgungsarrangements für die Kinder und zukünftige regelmäßig stattfindende Elterngespräche. Die vereinbarten elterlichen Regelungen müssen zunächst schrittweise erprobt und gegebenenfalls verbessert werden, bis sie schließlich verbindlich werden können (s. Anhang). Auch die Kinder kommen in diesen Gesprächen zu Wort. Familienberatung will den Kindern Gelegenheit geben, vor Dritten untereinander und mit den Eltern zu sprechen. Oft ist dabei festzustellen, daß die Kinder in ein nicht mehr überschaubares Gewirr von Verstrickungen in die Familie eingebunden sind. Diese Verbindungen bedeuten für sie Bindung und schmerzhafte Behinderung gleichzeitig. Sie haben schon früh gelernt, die Schmerzen der Bindung auszuhalten, aus Angst, ihre Eltern sonst zu verlieren. Ja, sie haben die Fähigkeit entwickelt, deren Therapeut und Ratgeber zu sein. In der Beratung geben sie oft die präzisesten Aussagen über die Familie. Aus der Generationenfolge heraus müßten in dieser Krisensituation eigentlich die Kinder von den Eltern erfahren und lernen, wie ihre Beziehungen zueinander zukünftig aussehen sollen; die Beratungspraxis zeigt jedoch eher das umgekehrte Bild: es sind die Kinder, die sich Gedanken über die Elternschaft machen und oft schnell bereit sind, Anstöße zum Umdenken und Verändern selbst zu geben. Die professionellen, erwachsenen Helfer sind dann oft allzu schnell bereit, diese Kinder zu schützen, anstatt ihre verbalen und nonverbalen Informationen ernstzunehmen, ihnen dieselbe Offenheit und Direktheit zuzumuten, die sie selbst zeigen und zunächst ihre Fähigkeiten und Stärken in ihren Rollen als Familienhelfer anzuerkennen, ohne dies allerdings auf Dauer zu zementieren. Letztlich können nur die Eltern ihre Kinder von dieser sie belastenden Rolle wiederum entlasten, auch wenn sie diese aus innerer Verpflichtung gegenüber der Familie übernehmen. Von einer bleibenden Entlastung der Kinder kann man allerdings erst dann sprechen, wenn im Partnerkonflikt auf das gegenseitige Beschuldigen und Verletzen verzichtet werden kann und jeder der beiden Elternteile bereit ist, seine Verantwortung für die eigenen Hoffnungen, Erwartungen und Enttäuschungen in der gelebten Ehegemeinschaft zu überdenken (Salm 1991, S. 94). Erst dann ist der Weg frei für ein neues Aushandeln der elterlichen Verpflichtungen und Bindungen zu den Kindern. Wie sieht es aus der Sicht der Kinder mit ihrer Familie aus? Sie leben in einer Kollision von "Rama-Familie" und täglich erlebter Scheidungsfamilie. Sie gehen mit dieser Kollision um in einer Form, die der bayerische Künstler Herbert Achternbusch formuliert hat: "Du hast keine Chance, aber nutze sie".

Fast immer wünschen sich die Kinder, auch bei den massivsten Konflikten ihrer Eltern, daß diese letztlich doch zusammenbleiben oder wieder zusammenfinden. Mit diesem Wunsch sind sie auch dann noch beschäftigt, wenn ihre Eltern bereits getrennt sind und die Familie bereits neue Formen entwickelt hat. Diese Kinder haben oft lange zu kämpfen mit dem Widerspruch zwischen einem idyllischen Familienleben und der Alltagsrealität ihrer Scheidungsfamilie. Immer wieder kollidieren in ihrem Erleben ihre Sehnsüchte nach einem glücklichen, heilen, gemeinsamen Familienleben - wie es in der Werbung so eindrucksvoll vermittelt wird - und ihr Lebensalltag, mit einem anwesenden und einem abwesenden Elternteil. Die Kinder haben keine Chance, beide wieder zusammenzubekommen und mit ihnen gemeinsam zu leben. Jedoch können sie jetzt auch ihre Chancen nutzen, mit jedem von beiden an dessen Alltag teilhaben zu können, d.h. auch stärker die Liebe, aber auch die Ecken und Kanten jedes Elternteils kennenzulernen. Dies gilt besonders für den oft abwesenden und wenig beteiligten Vater, der für die Kinder dann zum ersten Mal erreichbar wird. Auch die Erwachsenen nehmen Abschied. Ihre gemeinsame Ehezeit ist endgültig zu Ende gegangen. Ihre Chancen bestehen darin, daß sie lernen, einander loszulassen, sich mehr Zeit für ihr eigenes Erwachsenenleben zu nehmen und sich als Eltern gegenseitig zu entlasten. Beratung kann darin unterstützen, daß alle Beteiligten der Familie ihre neuen Chancen erahnen. Hierbei helfen Gespräche. Wie weit ein Berater wirklich bei Scheidung sowohl dem sich trennenden Paar als auch den Eltern und Kindern helfen kann, hängt neben vielen methodischen Überlegungen auch von der Frage ab, wie sich die übrigen Subsysteme im Scheidungsgeschehen verhalten. Das zielt insbesondere auf die Frage nach der Kommunikation der bei Trennung und Scheidung beteiligten Fachleute untereinander. Wie es darum bestellt ist, sollte jedoch einem neuen Beitrag vorbehalten bleiben.

Literatur

Duss-von Werdt J (1987) Wie und wann Krisen zu Chancen werden, Erkenntnisse aus der Praxis und Forschung (Vortrag in München, S 12)

Duss-von Werdt J (1989) Familien- und Eheberatung in der Trennungs- und Scheidungsphase. In: Hessische Landesregierung (Hrsg) Scheidung und Scheidungsfolgen aus der Sicht der Frau. Wiesbaden, S 178

Petri H (1991) Scheidungskinder zwischen Haß, Schuld und Trauer. Pro Familia Magazin 4:12

Reich G (1991) Kinder in Scheidungskonflikten. In: H.Krabbe (Hrsg) Scheidung ohne Richter. Rowohlt, Reinbek

Salm H (1991) Wie erleben Kinder die Trennung ihrer Eltern? Anstöße zum Beobachten und Nachdenken. In: Krabbe H (Hrsg) Scheidung ohne Richter. Rowohlt, Reinbek

Stein-Hilbers M (1991) Männer und Kinder. Reale, ideologische und rechtliche Umstrukturierungen von Geschlechter und Elternbeziehungen. Familie und Recht 4:6

Anhang

An das
Familiengericht
- Amtsgericht -

Herrn ....
Gerichtsstraße
....

Heiner Krabbe
Münster, den ......

Betr.: Elternvereinbarung von Frau .... und Herrn ....
über ihre gemeinsame Tochter Ute

Sehr geehrter Herr ..

Frau ... und Herr ..., die Eltern von Ute, beauftragen mich, Ihnen die in der Beratungsstelle TRIALOG erzielte Vereinbarung über ihre gemeinsame Tochter mitzuteilen. Sie sieht wie folgt aus:

1. Ute wird zukünftig alle 14 Tage (1. und 3. Wochenende im Monat) in der Zeit von Freitag 17.oo Uhr bis zum Sonntag 18.oo Uhr mit ihrem Vater zusammensein. In der anderen Zeit lebt sie bei ihrer Mutter.
2. Einmal in der Woche hat Ute die Möglichkeit, ihren Vater anzurufen; den genauen regelmäßigen Zeitpunkt werden Ute und ihr Vater noch festlegen.
3. An den Feiertagen Ostern und Pfingsten wird Ute jeweils den 2. Feiertag von lo.oo - 19.oo Uhr beim Vater verbringen. Weihnachten ist sie ganz bei der Mutter.
4. Ute's Geburtstag wird jährlich wechselnd bei einem Elternteil gefeiert; an geraden Geburtstagen beim Vater, an ungeraden bei der Mutter.
5. Die Ferien - Weihnachten, Ostern, Sommer - verbringt Ute je zur Hälfte bei ihrer Mutter und bei ihrem Vater. In welcher Reihenfolge sie dabei jeweils ihre Sommerferien verbringt, soll abhängig von den Betriebsferien ihrer Mutter gemacht werden. Beide Eltern informieren sich jeweils 8 Wochen vor Ferienbeginn über einen geplanten Urlaubsort. In den Herbstferien soll Ute ein verlängertes Wochenende mit dem Vater zusammensein.
6. Sollte zwischen den beiden Eltern Uneinigkeit bzgl. der getroffenen Vereinbarung entstehen, werden sie fachliche Hilfe bei der Caritas Beratungsstelle oder TRIALOG Münster in Anspruch nehmen.
7. Die von beiden Eltern erzielte Vereinbarung wird von TRIALOG an den zuständigen Familienrichter, Herrn ..., und die zuständige Mitarbeiterin des Jugendamtes, Frau ..., weitergeleitet.
Die Eltern erhalten jeweils eine Kopie des Briefes.

Mit freundlichen Grüßen

(Heiner Krabbe, Dipl.-Pysch.)

Scheidung und Scheidungsfolgen - Soziologische und psychologische Perspektiven

Elisabeth Beck-Gernsheim

Universität Hamburg, Institut für Soziologie, Allende-Platz 1, 20146 Hamburg

1 Die Bedeutung von Scheidung im Leben von Männern und Frauen

Trennung und Scheidung können die verschiedenartigsten Gefühle auslösen. Die Skala reicht von Angst, Trauer, Verzweiflung bis zur Erleichterung, daß der Kampf ausgestanden ist, und zur Hoffnung auf ein anderes, besseres Leben. Dennoch gibt es nur wenige Männer und Frauen, für die diese Phase nicht einen tiefgreifenden Einschnitt, eine Lebenskrise bedeutet. Was diese Lebenskrise ausmacht, wo ihre tieferen Wurzeln liegen, dafür gibt es verschiedene Deutungen:

Aus einer psychologischen Sicht, die die Person und die individuelle Biographie ins Zentrum rückt, bedeutet Scheidung zunächst einmal das Ende von Hoffnungen und Sehnsüchten, von gemeinsamen Zukunftsentwürfen. Hieraus entstehen dann Gefühle der Verletzung und Kränkung, nicht selten auch der Zurückweisung, des Versagens, der Verlustangst.

In psychoanalytisch orientierten Deutungen, die die Tiefenschichten der individuellen Lebens- und Leidensgeschichte betrachten, wird Scheidung vielfach als ein Ereignis gesehen, das auf Trennung als eine allgemeine Grunderfahrung menschlichen Daseins verweist. Hier wird etwa "Trennung als archetypische Erfahrung" bezeichnet und ein Bogen entworfen, der "von der Urtrennung der Geburt über die verschiedenen lebensgeschichtlichen Trennungserfahrungen bis zum Trennungsverlust in Ehe und Partnerschaft" reicht (Petri 1991, S.31ff. u. S.97). Trennung ist demnach die "Wiederholung jener ontogenetischen Erfahrung, die jeden Menschen zwingt, das geborgene Leben im Mutterschoß aufzugeben und sich in der Welt selber und allein durchzusetzen" (Jaeggi u. Hollstein 1985, S.37).

In sozialpsychologisch oder soziologisch orientierten Deutungen werden mehr die gesellschaftlichen und historischen Konstellationen betont, die den Rahmen der individuellen Biographie abgeben. Hier wird häufig darauf verwiesen, daß unter den Bedingungen der modernen Gesellschaft die Partnerbeziehung einen wichtigen Stellenwert für die Identität und innere Stabilität des einzelnen gewinnt und daß eben deshalb, wenn es zur Auflösung der Partnerbeziehung kommt, eine wichtige Grundlage für Identität und innere Stabilität verloren geht. Trennung bringt demnach eine Identitätskrise, die zu verstehen ist als "Destruktion des Sinnes"

(Jaeggi 1985), als "Zusammenbruch einer Welt, ... welche bei allen täglichen Auseinandersetzungen und Konflikten ... sinnstiftende und stabilisierende Aspekte hatte" (Welter-Enderlin 1991, S.22). Im folgenden soll diese Interpretation wenigstens skizzenhaft dargestellt werden (ausführlicher Beck u. Beck-Gernsheim 1990).

1.1 Liebe und Identität in der modernen Gesellschaft

Beim Vergleich zwischen vormoderner und moderner Gesellschaft wird immer wieder hervorgehoben, daß das Leben der Menschen früher durch eine Vielzahl traditioneller Bindungen bestimmt war - von Familienwirtschaft und Dorfgemeinschaft, Heimat und Religion bis zu Stand und Geschlechtszugehörigkeit (z.B. Imhof 1984; Weber-Kellermann 1987). Solche Bindungen haben stets ein Doppelgesicht. Auf der einen Seite schränken sie die Wahlmöglichkeiten des einzelnen rigoros ein. Auf der anderen Seite bieten sie auch Vertrautheit und Schutz, eine Grundlage der Stabilität und inneren Identität. Wo es sie gibt, ist der Mensch nie allein, sondern stets aufgehoben in einem größeren Ganzen (Imhof 1984, S.23).

Mit dem Übergang zur modernen Gesellschaft, so hat die sozialhistorische wie die gesellschaftstheoretische Diskussion vielfach gezeigt, kommen dann auf vielen Ebenen Entwicklungen auf, die in eine gemeinsame Grundrichtung wirken: Sie leiten eine weitreichende Individualisierung ein, eine Herauslösung des Menschen aus traditionell gewachsenen Bindungen, Glaubenssystemen und Sozialbeziehungen (z.B. Beck 1986; Beck und Beck-Gernsheim 1990; Weymann 1989). Damit verbunden sind neue Formen des Lebenslaufs, auf der sozialstrukturellen Ebene neue Möglichkeiten wie Anforderungen, auf der subjektiven Ebene neue Denk- und Verhaltensweisen.

Diese Herauslösung aus traditionellen Bindungen bringt für den einzelnen eine Befreiung aus früheren Kontrollen und Zwängen. Aber auf der anderen Seite werden damit auch jene Bedingungen außer Kraft gesetzt, die den Menschen der vormodernen Gesellschaft Halt und Sicherung gaben. Von den Anforderungen des Arbeitsmarktes über soziale und geographische Mobilität bis zu Konsumdruck und Massenmedien: Sie alle zerreiben - in teils direkten, teils indirekten Formen, in immer neuen Schüben und mit entsprechend wachsender Kraft - viele der traditionellen Bindungen, die den einzelnen mit seiner Umgebung, seiner Herkunft, seiner Geschichte verknüpfen. Im Zuge der zunehmenden Säkularisierung, der Pluralisierung von Lebenswelten, der Konkurrenz von Werten und Glaubenssystemen werden viele Bezüge aufgelöst, die dem einzelnen ein "Weltbild" vorgaben, einen sinnstiftenden Zusammenhang, eine Verankerung der eigenen Existenz in einem größeren Kosmos. Die Folge ist - wie von Philosophie und Geschichte bis zu Soziologie und Psychologie vielfach beschrieben - ein Verlust an innerer Stabilität. Mit der "Entzauberung der Welt" (Max Weber) beginnt ein Zustand der "inneren Heimatlosigkeit" (Berger et al. 1975, passim), die "Isolierung im Kosmos" (C.G. Jung, zit. nach Imhof 1984, S.174f).

Wie die sozialhistorische Forschung zeigt, hat im Übergang zur modernen Gesellschaft auch ein tiefgreifender Wandel von Ehe und Familie eingesetzt: Die Arbeitsgemeinschaft von einst nimmt immer mehr den Charakter einer Gefühlsgemeinschaft an (Weber-Kellermann 1974). Es ist wohl kein Zufall, daß dies in einer Epoche geschieht, wo die traditionellen Bindungen brüchig zu werden beginnen. Der Binnenraum von Familie, so kann man annehmen, übernimmt gewissermaßen eine Ausgleichsfunktion: Er schafft einen Ersatz für die Deutungen und Sozialbeziehungen, die mit dem Übergang zur Moderne aufgelöst werden. Es ist demnach die einsetzende Isolierung und Sinnentleerung, die der Sehnsucht nach Familie Auftrieb gibt: die Familie als Heimat, um die "innere Heimatlosigkeit" erträglich zu machen, als "Hafen" (Lasch 1977) in einer fremd gewordenen und unwirtlichen Welt.

So gesehen entsteht unter den Bedingungen der Moderne eine neue Form der Identität, die man am zutreffendsten vielleicht als "personenbezogene Stabilität" bezeichnen kann. Je mehr andere Bindungen an Bedeutung verlieren, desto mehr werden die unmittelbar nahen Personen wichtig für das Bewußtsein und Selbstbewußtsein des Menschen, für seinen inneren Platz in der Welt, ja für sein körperliches und seelisches Wohlbefinden (z.B. Badura 1981; Gysi u. Winkler 1991, S.1212f.).

In diesem Kontext gewinnt insbesondere auch die Ehe, die Paarbeziehung neue Bedeutung. Wo die Lebenswelt des einzelnen offener, aber auch komplexer und widersprüchlicher wird, da muß der einzelne mehr Eigenleistungen als früher erbringen, um sich im Koordinatensystem der ihn umgebenden Welt zurechtzufinden und zu verorten. Hier gewinnt die Ehe die Funktion eines "nomosbildenden Instruments", d.h. sie läßt sich verstehen als ein "gesellschaftliches Arrangement", das "dem einzelnen die Ordnung bietet, in der er sein Leben sinnvoll begreifen kann" (Berger u. Kellner 1965, S.220). Hier wird die Ehe zu einer zentralen Instanz für die soziale "Konstruktion der Wirklichkeit" (Berger u. Kellner 1965): Im Zusammenleben von Mann und Frau wird ein gemeinsames Universum aus Interpretationen, Urteilen, Erwartungen aufgebaut, das von den trivialen Geschehnissen des Alltags bis zu den großen Ereignissen der Weltpolitik reicht. Es entwickelt sich im Gespräch, in geteilten Gewohnheiten und Erfahrungen, in einem kontinuierlichen Wechselspiel zwischen Alter und Ego. Durchgängig wird das Bild unserer Welt verhandelt, zurechtgerückt und verschoben, in Frage gestellt und bekräftigt.

Und nicht nur die soziale Konstruktion der Realität, sondern mehr noch: auch die der Identität wird zum Grundthema der Ehe (Jaeggi 1985). Weil die Moderne alte Selbstverständlichkeiten auflöst, auch den eigenen Platz in der Welt fraglich macht, deshalb suchen wir im Austausch mit dem Ehepartner nicht zuletzt auch uns selbst. Dies ist die Seite, die insbesondere psychologische Studien betonen: In der Beziehung zum Du suchen wir auch unsere eigene Lebensgeschichte, wollen uns aussöhnen mit unseren Enttäuschungen und Verletzungen, wollen unsere Hoffnungen und Lebensziele entwerfen (Wachinger 1986; Willi 1975). Die Ehe wird zu einer Institution, die "spezialisiert ist auf die Entwicklung und Stabilisierung der Person" (Ryder 1979, S.365). Liebe und Identität werden unmittelbar ineinander verwoben.

1.2 Scheidung als beschädigte Identität

Wenn es stimmt, daß in der modernen Gesellschaft Ehe und Familie ein wichtiger Ort sind, um Lebenssinn, Stabilität und Identität zu finden, dann ist zu erwarten, daß Scheidung nicht irgendein Ereignis, irgendeine Statuspassage im Lebenslauf ist, sondern ein meist dramatisches und traumatisches Ereignis. Diese Annahme wird - durch empirische Forschungsergebnisse wie durch Erfahrungen aus der Therapie - vielfach bestätigt (z.B. Jaeggi 1985; Jaeggi u. Hollstein 1985; Kohen 1981; Krabbe, Hrsg.,1991; Mühlfeld 1991; Petri 1991; Wallerstein u. Blakeslee 1989).

Zumindest kurzfristig, manchmal auch langfristig bringt Trennung "emotionale Desorganisation" (Spanier u. Thompson 1987, S.103) und "personale Ent-strukturierung" (Caruso 1968, zit. nach Jaeggi u. Hollstein 1985, S. 37), bis hin zu "Ich-Auflösung" und "Ich-Katastrophe" (Jaeggi u. Hollstein 1985, S. 37). Dies führt oft zu einem tiefsitzenden Schock. "Trennung und Auflösung wird personal wie sozial als beschädigte Identität erfahren, besonders in den beiden ersten Nachscheidungsjahren"(Mühlfeld 1991, S. 35). In dieser Zeit sind viele Betroffene kaum zu nüchtern-abwägendem Denken fähig, was den Partner und die eigene Beziehung zu ihm angeht, schon gar nicht, was die eigenen Anteile am Zerbrechen der Beziehung angeht. Vielmehr werden sie von einem Strudel der Gefühle erfaßt, von Wut und Trauer bis zu Angst, Haß, Verzweiflung. "Indem sie Haß- und Schmähgefühle entwickeln, fällt es ihnen leichter, sich selbst von der Richtigkeit ihrer Entscheidung zu überzeugen oder ... zu ertragen, daß sie verlassen werden... Weil es für sie so schwer ist, von der bisherigen Ehe und Familie Abschied zu nehmen, richten viele Menschen ihre Anstrengungen nun darauf, das zu zerstören, was ihnen daran so wichtig war" (Eschweiler 1989, S.56).

Zu diesen existentiellen Verunsicherungen, die an den Kern der personalen Identität rühren, kommen soziale Belastungen wie gesellschaftliche Diskriminie-rung, ökonomische Bedrohung, sozialer Abstieg. Mag auch die gesellschaftliche Diskriminierung heute weniger spürbar sein als früher, auf der ökonomischen Ebene bringt Scheidung fast immer einen erheblichen Einschnitt, nicht selten auch massiven Einbruch. An diesem Punkt sind die Risiken deutlich geschlechtsspezi-fisch verteilt, treffen weit stärker Frauen als Männer, insbesondere Frauen mit Kindern, und hier wiederum diejenigen Frauen vor allem, die dem Muster der traditionellen Rollenteilung folgten, also während der Ehe die Berufstätigkeit einschränkten oder ganz aufgaben. Für sie erweist sich Scheidung, ökonomisch gesehen, als "Frauenfalle", ihre in die Familie investierte Arbeitskraft wird zur "Fehlinvestition" (Mühlfeld 1991, S. 32; siehe auch Arendell 1988, Neubauer 1989, Weitzman 1985).

Für Männer und Frauen, die aus solchen inneren und äußeren Krisen heraus-finden, gibt es freilich auch die Chance eines neuen Anfangs. Sie können lernen, sich mit ihrer Geschichte zu versöhnen und sich neu zu entwerfen, bislang abgespaltene und verdrängte Seiten der Person zu entwickeln (Mühlfeld 1991; Petri 1991; Welter-Enderlin 1991), auch die Barrieren der traditionellen Geschlechtsrollen aufzubrechen (Keshet u. Rosenthal, 1978; Kohen 1981). Aber nicht allen gelingt dies. Manche tragen in sich die Vergangenheit mitsamt ihren Kränkungen und Verletzungen weiter, bleiben bitter und unausgesöhnt, werden dauerhaft vom ökonomischen und sozialen Abstieg getroffen. Nimmt man alles zusammen, so lesen die einschlägigen Ergebnisse sich ambivalent. Symbolisch zusammengefaßt: *Die Scheidung ist ein kleiner Tod. Aber es gibt auch ein Leben nach dem Tod.* Aus alten Schmerzen können (manchmal, nicht immer) Chancen neuer Freiheit und Selbständigkeit wachsen.

2 Scheidung und die Folgen für die Eltern-Kind-Beziehung

Wenn Scheidung derart ein traumatisches Lebensereignis darstellt, dann ist zu erwarten, daß auch die Eltern-Kind-Beziehung davon nicht unberührt bleibt. Und dies aus mehreren Gründen. Kinder sind - für den Elternteil, mit dem sie zusammenleben - die unmittelbar nahen Personen, bekommen deshalb dessen emotionale Turbulenzen auf vielen Ebenen und in vielerlei Formen zu spüren (und dies wohl auch dann, wenn die Eltern versuchen, das Kind zu schonen und die eigenen Gefühle unter Kontrolle zu halten). Kinder repräsentieren darüber hinaus die lebendige, dauerhafte, unauslöschliche Erinnerung an den Partner, nicht selten bis in die Gesichtszüge oder Persönlichkeitsmerkmale hinein. Sie erinnern an die gemeinsame Geschichte - ja sind Produkt dieser gemeinsamen Geschichte -, an enttäuschte Hoffnungen und erlittene Niederlagen, an Kränkungen, die man empfing und die, die man selber austeilte. Kinder haben ihren Platz im Herzen des Partners, sind Objekt seiner Liebe - und eröffnen dadurch vielerlei Wege, ihn zu verletzen, zu bedrängen, zu erpressen, vielleicht in manchen Hoffnungsphantasien auch: ihn zurückzuholen. Sie sind die letzte, nicht aufhebbare Verbindung. Sie bieten eben deshalb auch vielfältige Möglichkeiten, den Partner nicht loszulassen, durch endlose Verhandlungen und Verhandlungsmanöver zu provozieren oder umgekehrt durch die Verweigerung der Kontakte zu irritieren und kränken; kurz, ihn zu treffen, an einem ganz empfindlichen und verwundbaren Punkt.

Empirische Daten - aus Forschung, Therapie und Beratung - zeigen, daß diese Annahme nicht bloße Fiktion ist. Sicherlich gibt es Eltern, denen es gelingt, vernünftige gemeinsame Arrangements für den Umgang mit den Kindern zu finden - sei's, weil sie den Partner weiterhin schätzen, sei's weil sie im Interesse der Kinder die eigenen Emotionen in Zaum halten. Aber Längsschnittstudien zeigen, daß die meisten Väter den Kontakt bald nach der Scheidung drastisch begrenzen (Furstenberg et al. 1983; Furstenberg et al. 1987; Napp-Peters 1987) teils wohl, um die Bindungen zu kappen (Furstenberg et al. 1987) und die Misere der ehelichen Auseinandersetzungen zu vergessen, teils auch aus Hilflosigkeit, mit einer Fassade der Gleichgültigkeit, hinter der sie ihren Schmerz und ihre Trauer verbergen (Petri 1991). In denjenigen Fällen, wo ein Kontakt zu beiden Eltern noch bleibt, werden Kinder nicht selten zum Medium, um die nicht aufgearbeiteten Teile der einstigen Partnerbeziehung (inklusive ihrer Wunden und ungelösten

Konflikte) immer wieder neu aufzuwühlen. Instrumentalisierungsstrategien dieser Art gibt es viele, verdeckte und offene, subtile und plumpe, und enttäuschte Partner können offensichtlich besondere Erfindungsgabe entwickeln: vom Feilschen um Geld oder Besuchstermine, dem Dauerstreit um Erziehungsfragen, von aufwendigen Geschenken fürs Kind bis zum Aushorchen über neue Lebensformen des Partners und bis hin zum Extremfall der Kindesentführung (Arntzen 1980; Eschweiler 1989; Griebel et al. 1991; Reich 1991). Weil der formale Akt der Scheidung nur die Ehe als Rechtsverhältnis beendet, nicht aber das emotionale Verhältnis der Partner, deshalb werden Kinder nicht selten zum Spielball und Austragungsort für die andauernden Kämpfe der Eltern.

2.1 Weniger personelle Ressourcen

Was heißt dies nun für die weitere Entwicklung der Kinder? Wie wirkt sich Scheidung auf den Sozialisationsprozeß aus? Zu diesen Fragen gibt es eine Flut neuerer Untersuchungen - mit sehr komplexen und widersprüchlichen Ergebnissen. Dies hängt zum Teil sicherlich mit der Vielzahl der Variablen zusammen, die hier hereinspielen (z.B. Alter und Geschlecht der Kinder, Zahl der Kinder, Grad der emotionalen Verletzung der Partner, finanzielle Ressourcen usw.; siehe hierzu z.B. Reich 1991; Volhard 1989). Auch konnten die vorliegenden Untersuchungen nicht differenzieren zwischen den Folgen der Familienkonflikte, die der Scheidung vorangingen, den Konflikten im Trennungsprozeß selbst und den ökonomischen und psychologischen Nachwirkungen der Scheidung (Furstenberg 1987, S.35). Ob die meisten Kinder zwar nachteilig auf Scheidung reagieren, aber sich mit der Zeit erholen, wie etwa Furstenberg (1987, S.35) annimmt; oder ob sie nachhaltige Störungen aufweisen, wie etwa die Ergebnisse der Längsschnittstudien von Wallerstein nahelegen (Wallerstein u. Blakeslee 1989); ob psychosoziale Symptome und Auffälligkeiten, die im weiteren Lebenslauf beobachtbar sind, auf die Scheidung selbst zurückzuführen sind (Reich 1991) oder Nebeneffekte anderer Variablen darstellen (Bumpass et al. 1991) - dies wird in der Literatur kontrovers diskutiert. Dabei wird eine Versachlichung der Diskussion nicht zuletzt auch deshalb erschwert, weil das Thema Scheidung an Familienbilder und -leitbilder rührt, die Argumentation von dahinterstehenden sozialen und politischen Grundpositionen eingefärbt wird (Furstenberg et al. 1983, S. 656).

Richtig ist sicher ein in der Literatur häufig genannter Punkt: Die Scheidung bringt insofern eine Erleichterung, als die Kinder nicht mehr die verbalen, zum Teil auch tätlichen Auseinandersetzungen erleben müssen, die vorher so oft den Ehealltag und das Familienklima bestimmten. Auf der anderen Seite aber gibt es auch eine Reihe von empirisch nachweisbaren Veränderungen, die für die weitere Entwicklung der Kinder belastend sein dürften. Sie werden in der Diskussion zwar genannt, aber in ihrem Gewicht, ihrer Bedeutung m.E. bisher zu wenig beachtet: Wie einschlägige Untersuchungen zeigen, wird oft nicht nur der Kontakt zu einem Elternteil (in der Regel dem Vater) weitgehend reduziert oder ganz eingeschränkt, sondern es werden darüber hinaus auch die Kontakte zu den entsprechenden Großeltern beschnitten oder ganz abgeschnitten (Cherlin u. Furstenberg 1986, S.136ff. Bertaux u. Delcroix 1991). Wo der Kontakt zum Vater erhalten bleibt, wird er meist durch Regelungen genau fixiert, in Daten, Pläne, Zeitvorgaben gezwängt (siehe z.B. das Muster einer Elternvereinbarung bei Krabbe in diesem Band). Nun ist zwar bekannt, daß auch in den sogenannt vollständigen Familien die Väter weit weniger Zeit mit den Kindern verbringen als die Mütter. Aber dennoch sind sie - am Abend und Wochenende - wenigstens hin und wieder gegenwärtig, physisch präsent, für spontane Unternehmungen, Fragen und Wünsche des Kindes verfügbar. Dies eben ändert sich mit der Scheidung: Der alltäglich gegenwärtige Vater wird durch den "Terminplan-Vater" ersetzt. Hinzu kommt, daß die Mutter nun nicht nur die weitgehende Alleinverantwortung für Haushalt und tägliche Kinderversorgung trägt, sondern aus finanziellen Gründen oft auch ganztags berufstätig ist, dabei aber kaum das Geld hat für umfassende Angebote der privaten Kinderbetreuung (und die öffentlichen Angebote sind, qualitativ wie quantitativ, meist unzulänglich). Dies heißt für die Mutter, daß sie oft überfordert ist, physisch wie psychisch erschöpft (Arendell 1988). Und es heißt für die Kinder, daß auch die Mutter für sie weniger zugänglich ist, weniger spontan einfach da ist für Fragen und Wünsche, Miteinanderreden und Spielen. Nimmt man all diese Punkte zusammen, so ist zu vermuten: *Die "personellen Ressourcen", die die sogenannt vollständige Familie bietet - zeitliche und emotionale Zugänglichkeit vor allem der Mutter, auch des Vaters und der väterlichen Großeltern - werden im Falle der Scheidung oft in erheblichem Ausmaß beschränkt.* Wenn nicht ein anderes stabiles und dauerhaftes Beziehungsnetz aufgebaut wird (über Freundschaft, mütterliche Familie, Wiederverheiratung) hat das Kind weniger Bezugspersonen, und die verbleibenden sind weniger verfügbar.

2.2 Gemeinsames Sorgerecht als Lösung?

Angesichts der soeben beschriebenen Folgen liegt es nahe zu fragen, ob nicht ein gemeinsames Sorgerecht, wie es zur Zeit diskutiert und vielfach vorgeschlagen wird (Fthenakis 1987, 1991), im Interesse der Kinder angemessener wäre. Die Vorteile liegen auf der Hand. Ein solches Modell verheißt, die Probleme der bisherigen Regelung aufzuheben oder zumindest abzumindern, indem es auf eine stärkere Einbeziehung des Vaters setzt, damit indirekt auch die Verbindung zu den väterlichen Großeltern und sonstigen Verwandten erleichtert. Anders gesagt, es verheißt mehr Kontinuität, mehr "personelle Ressourcen" im Beziehungsnetz des Kindes.

Nach den bisherigen Ausführungen muß allerdings zweifelhaft scheinen, ob dieses Versprechen sich in der Praxis auch einlösen läßt. Wenn es stimmt, daß in der Nach-Scheidungs-Situation viele Männer und Frauen zu einem nüchtern-abwägenden Bild vom einstigen Partner und zu einem entsprechend sachlichen Umgang mit ihm kaum fähig sind; wenn es weiter stimmt, daß das Kind hier eine hochgradig besetzte Rolle einnimmt, weil es den unaufgelösten und unauflöslichen

Teil der juristisch getrennten Verbindung repräsentiert; dann ist kaum zu sehen, wie ein Modell funktionieren kann, das auf der Vernunftfähigkeit beider Partner basiert bzw. diese als gegeben voraussetzt. Warum sollte jenes Einvernehmen, das in den Zeiten der Ehe offensichtlich nicht mehr erzielt werden konnte, nun plötzlich sich einstellen? Was spricht dafür, eine solche Harmonie anzunehmen, gerade unter Bedingungen eines meist dramatischen Lebenseinschnitts?

Dabei ist unbestritten, daß in manchen Fällen, unter günstigen Bedingungen ein gemeinsames Sorgerecht tatsächlich praktiziert werden kann (z.B. Limbach 1989) - wenn die Partner innere Distanz gefunden haben, von den Schuldvorwürfen loslassen können - und daß dann alle Beteiligten davon profitieren. Äußerst fraglich ist aber, ob ein solches Modell sich dazu eignet, als juristischer *Regel*fall installiert zu werden. Vorliegende empirische Daten sprechen eher dagegen. Zum einen versuchen die meisten geschiedenen Personen, den Kontakt mit ihrem früheren Partner zu vermeiden - was für die, die sich die elterliche Verantwortung weiterhin teilen, besondere Probleme schafft (Furstenberg 1987, S.32). Darüber hinaus dominiert bei Ehepaaren mit Kindern, anders als bei kinderlosen Ehepaaren, die "konflikthafte Scheidung". Denn wo Kinder vorhanden sind, sind die Hemmschwellen höher. Hier wird die Trennung, auch wenn sie emotional und kognitiv eigentlich schon vollzogen ist, immer wieder hinausgeschoben, bis sie schließlich als der letzte und einzige Ausweg erscheint. Wenn also Ehen mit Kindern geschieden werden, liegt hinter den Betroffenen meist ein "langer Leidensweg" (Schneider 1991, S.23). Schließlich waren es bei vielen Paaren gerade auch die Arrangements der Kinderversorgung, über die sie sich schon während der Ehe kaum einigen konnten (Furstenberg 1987, S.33); so ist es wenig erstaunlich, daß auch in der Nach-Scheidungs-Situation das Kinderthema oft Anlaß für Meinungsverschiedenheiten wird (Spanier u. Thompson 1987, S.77). Wohl vor dem Hintergrund solcher Bedingungen ist folgendes Fazit zu verstehen: "Untersuchungen aus den USA, wo das gemeinsame Sorgerecht schon längere Zeit gesetzlich verankert ist, zeigen ein eher ernüchterndes Bild. Es scheint, daß jene Paare, die fähig sind, ein gemeinsames Sorgerecht auszuhandeln und positiv zu nutzen, sich meist *nicht* scheiden lassen" (Welter-Enderlin 1991, S.33; Hervorhebung original).

So gesehen ist das Modell des gemeinsamen Sorgerechts, wie es zum Teil als Lösung propagiert wird, in gewissem Sinn normativ. Denn es verwechselt Wunsch und Realität. Es befragt ein Arrangement der Konfliktfolgen-Bewältigung, das im Prinzip sicherlich Vorteile böte, nicht auf seine Umsetzungsbedingungen in der Praxis, sondern definiert es stattdessen qua Setzung zum Normalfall. Dabei dürfte ein entscheidender Fehler darin liegen, daß die Vertreter dieses Modells Scheidung als "Übergang von einer Familienform in eine andere" (Fthenakis 1991, S.15) begreifen wollen, vergleichbar mit anderen Statuspassagen im Familienzyklus. Aber auch wenn andere Übergänge unbestreitbar ihre eigenen Belastungen und kritischen Momente haben - ignoriert wird hier doch der besondere Charakter des Ereignisses Scheidung. Ignoriert wird das Ausmaß der Verletzungen und Kränkungen, Anklagen und Vorwürfe, die in dieser Phase aufbrechen können. Deshalb könnte das Modell, so es zu einer forcierten allgemeinen Durchsetzung käme, möglicherweise in sein Gegenteil umschlagen: eher Kontinuität der Konflikte als Kontinuität der Beziehungen bringen. Und die Kollision würde dann andauern, auf neuer Ebene nur: als Kollision zwischen Ex-Partnerschaft und Elternschaft.

3 Szenarien der Zukunft:
Entkoppelung von Partnerschaft und Elternschaft?

Unter den heutigen Lebensbedingungen erzeugt die Koppelung von Partnerschaft und Elternschaft auf vielen Ebenen Irritationen, Spannungsmomente, Konflikte. So verwundert es kaum, wenn neben der traditionellen Familienform zunehmend auch neue Lebensformen entstehen, die auf eine Entkoppelung dieses Verhältnisses hinauslaufen. Hier sind vor allem zwei Tendenzen zu nennen:

Zum einen wird in den letzten Jahrzehnten eine kontinuierliche Zunahme kinderloser Ehepaare (gemessen an der Gesamtzahlen der Ehen) verzeichnet (Nave-Herz 1988, S.17; BiB-Mitteilungen, S.8f.). Bei Untersuchungen, wo nach den dahinterstehenden Gründen gefragt wird, werden neben anderem häufig auch partnerbezogene Gründe genannt. Das heißt, die entsprechenden Männer und Frauen befürchten, daß ein Kind Belastungen in der Beziehung zum Partner bringen würde, vor allem auch, daß sie dann nicht mehr genügend Zeit für ihn hätten (BiB-Mitteilungen 1992, S. 43f.) - Überlegungen, die zweifellos eine Realitätsbasis haben, wenn man die Vereinbarkeit von Beruf und Familie bedenkt, die so oft postuliert und so wenig durchgesetzt wurde. In den Motiven dieser Männer und Frauen kann man derart eine Präventivstrategie sehen, darauf gerichtet, die Kollision zwischen Partnerschaft und Elternschaft zu vermeiden.

Zum anderen lassen die demographischen Statistiken in den letzten Jahren auch eine Zunahme nichtehelicher Geburten erkennen (Nave-Herz 1991, S.2). Diese Entwicklung ist sicher nicht monokausal zu erklären, vielmehr spielen verschiedene Ursachen zusammen. Doch spricht manches dafür, daß hier auch ein neuer Typus der bewußt ledigen Mutter entsteht (Burkart et al. 1989, S.107). Eine solche Entwicklung, auch wenn sie bisher für eine sehr kleine Gruppe erst gilt, wird durch das Zusammenspiel verschiedener Bedingungen begünstigt, die in Zukunft an Bedeutung zunehmen dürften. Da ist zum einen die wachsende ökonomische Unabhängigkeit von Frauen, verknüpft mit einem wachsenden Selbstbewußtsein, beide zurückverweisend auf den Wandel der weiblichen Normalbiographie in den letzten Jahrzehnten und Jahren. Hinzu kommt die zunehmende Instabilität der Partnerbeziehung, die Enttäuschungen und Unsicherheiten in der Bindung zum Mann, die in der Erfahrung vieler Frauen der jüngeren Generation mehr bis minder direkt präsent sind - während gleichzeitig der Wunsch nach Wärme, Nähe, Geborgenheit unter den Bedingungen der modernen Gesellschaft kaum zurückgeht, sondern eher noch wächst (Beck u. Beck-Gernsheim 1990).

Derart mag in manchen Gruppen der Wunsch dann aufkommen, die Bindungshoffnung, so sie mit dem Mann sich nicht einlösen ließ und die biologische Uhr zu ticken beginnt, nun auf ein Kind zu verlagern (Beck u. Beck-Gernsheim 1990, S.99f; Renvoize 1985; Newsweek, 25.3.1991).

Paare ohne Kinder, Mütter ohne Partner - beide Lebensformen vermeiden die Kollisionen des traditionellen Modells, den Aufeinanderprall von Partnerschaft versus Elternschaft. Aber realistischerweise wird man davon ausgehen können, daß auch diese Lebensformen nicht nur Chancen anbieten, sondern - wie andere auch - ihre eigenen Belastungen haben. Kurz: Was ist der Preis? Wie hoch sind die Kosten? Oder ist die Entkoppelung die Lösung, das Modell für die Zukunft?

Auf diese Fragen zum gegenwärtigen Zeitpunkt endgültige Antworten liefern zu wollen - das wäre ein kühnes, höchst unsicheres Unterfangen. Was möglich ist, sind Spekulationen, Vermutungen, immerhin solche, die sich an objektiven Daten orientieren. In diesem Sinne, als "informed guess", sind die folgenden Überlegungen zu verstehen.

3.1 Risiken der Entkoppelung

Für Paare, die kinderlos bleiben, gibt es nicht die Kleinfamilie, wie klein auch immer, sondern nur den einen direkten Partner. Wenn dieser ausfällt - durch Scheidung, durch schwere Krankheit, durch Tod -, bleiben vielleicht weitere Angehörige, Freunde, Bekannte. Aber was sie eben nicht haben, sind Kinder, die (trotz aller Konflikte und Spannungen, die auch die Eltern-Kind-Beziehung kennzeichnen) in vielen Fällen doch Unterstützung, Nähe, im Alter nicht selten auch physische Versorgung bieten. Das muß zweifellos nicht ein unausweichliches Schicksal der Einsamkeit und Isolation bringen - aber die entsprechende Gefährdung dürfte zunehmen. Sie dürfte sich am stärksten auswirken in höherem Alter, wenn die Kräfte nachlassen, die Fähigkeit zu eigener aktiver Lebensgestaltung (z.B. Reisen) nicht mehr so groß ist. Und diese Gefährdung dürfte mehr die Frauen als die Männer treffen. Sie sind es, die im Fall einer Scheidung oder Verwitwung seltener als Männer eine neue Ehe eingehen. Sie sind es, die im Regelfall den Partner überleben (aufgrund ihrer höheren Lebenserwartung und des typischen Altersabstands der Partner), im Alter also eher allein sind.

Für Frauen, die alleine ein Kind aufziehen wollen, sind Probleme anderer Art zu erwarten. Da ist zunächst einmal die ökonomische Frage: Da Frauen im Regelfall weniger verdienen als Männer, da gleichzeitig der finanzielle Aufwand für Kinder in den letzten Jahrzehnten und Jahren steil angestiegen ist, wird für viele dieser Mütter der Alltag von finanziellen Engpässen und Unsicherheiten gekennzeichnet sein. Das schränkt ihren eigenen Lebensradius ein, läßt manches, was in unserer Gesellschaft zum Normalstandard gehört, vielleicht unerschwinglich werden (z.B. in bezug auf Reisen, Freizeitgestaltung, Wohnungseinrichtung, Wohnungsgröße, Haushaltsgeräte). Und es schränkt auch den Radius dessen ein, was für das Kind zugänglich ist, an Gütern, Dienstleistungen, Bildungsinvestitionen (Tagesmutter und Privatkindergarten, Klavierstunde und Skikurs, neue Kleider, allerlei Hobbies - alles ist teuer, manches zu teuer).

Aber wohl stärker noch als die dauernden Geldfragen trifft ein anderes Problem. Es klingt in Interview-Aussagen wie Erfahrungsberichten alleinerziehender Mütter immer wieder mit an, und es trifft auch diejenigen Frauen, die gut verdienen: Es fehlt der direkte Partner, der die alltäglichen Freuden und Leiden des Elternseins teilt. Von der Begeisterung über die ersten Worte oder Schritte des Kindes bis zu den Sorgen, wenn das Kind krank wird oder in der Schule die Versetzung gefährdet erscheint: Die Mutter ist dran. Sie mag durch andere (Verwandte, Freunde) Unterstützung erhalten. Aber die Hauptlast liegt eindeutig bei ihr, nur bei ihr.

Und was ist mit den Kindern dieser Frauen, die ledige Mutterschaft wählen? Für sie dürfte in vielem Ähnliches gelten wie das, was oben über Kinder in Scheidungsfamilien gesagt wurde, in gewissermaßen gesteigerter Form. Sie verlieren nie die Bindung zum Vater und dessen Familie, weil sie eine solche Bindung meist gar nicht erst aufbauen können. Sie kennen den Vater, erst recht seine Familie, meist kaum oder gar nicht. Und sie haben aller Wahrscheinlichkeit nach keine Geschwister. Denn wenn das Einkommen einer Frau kaum ausreicht, um ein Kind zu ernähren, wird sie kaum ein zweites oder gar drittes noch wollen. Umso enger, wohl auch: umso unausweichlicher sind diese Kinder an die Mutter gebunden. Diese Konstellation kann viel Nähe, Zuneigung, Zuwendung bringen. Aber sie bringt offensichtlich auch erhebliche Risiken mit sich: wenn die Mutter krank wird oder gar stirbt; wenn sie einen Autounfall hat, in eine emotionale Krise gerät, vielleicht auch nur (wegen ihrer Überbelastung) einmal unausgeglichen und ungeduldig ist. Im Binnenraum dieser Zweierbeziehung ist das Kind der Mutter weitgehend ausgeliefert, von ihrem physischen wie psychischen Wohlbefinden abhängig. Es fehlt die "Dreiecksbeziehung", die die sogenannt vollständigen Familien kennzeichnet und die es ermöglicht, sich bei Konflikten mit dem einen Elternteil Ausgleich bei dem anderen zu holen, zu dem die Beziehung weiterhin ungestört ist (Reich 1991, S.79).

Um das Fazit zu ziehen: Die Entkoppelung von Partnerschaft und Elternschaft mag manche Probleme lösen, schafft zugleich aber neue. Ihr zentrales Strukturrisiko ist so zu charakterisieren: Es verringern sich die personellen Ressourcen im Familienverband. Oder anders gesagt, *es gibt weniger direkt verfügbare Personen, die finanzielle Unterstützung, emotionalen Beistand, gegebenenfalls auch physische Versorgung anbieten.* Das mag lange Zeit und für viele gut gehen - solange die sonstigen Lebensumstände günstig ausschauen. Aber das Leben besteht bekanntlich nicht nur aus günstigen Momenten, sondern auch aus anderen, und auf die sprichwörtlich sieben fetten Jahre der Bibel folgen meist irgendwann auch die mageren Zeiten (von Examensängsten bis Liebesnöten, von Arbeitslosigkeit bis Schulden und Krankheit).

3.2 Können andere Beziehungsnetze stabile Unterstützung geben?

Mit dieser Diagnose - weniger personelle Ressourcen im Familienverband - ist freilich kein endgültiges Urteil gefällt. Vielmehr führt diese Diagnose direkt in die nächste Frage hinein, nämlich: Gibt es "funktionale Äquivalente"? Steht zu erwarten, daß neue Bindungen entstehen, die einen Ausgleich, ja vielleicht sogar stabilere Unterstützungsleistungen bieten? Sind vielleicht Freundschaften, wie manche vermuten, die "Familie der Zukunft"? Oder bedürfen wir dieser Bindungen am Ende nicht mehr? Ist das Angebot professioneller Dienste (vom Wäschereibetrieb über Krankenhaus bis zum Therapeuten) hinreichend, um die Skala menschlicher Bedürfnisse abzudecken? Ist das "autonome Individuum" die Lebensform der Zukunft? (Hoffmann-Nowotny 1980, 1988; Imhof 1988).

Genau diese Fragen werden verhandelt, seitdem - in Wissenschaft, Politik, Öffentlichkeit - über "Krise der Familie" (ja oder nein, pro oder contra) diskutiert wird. Untersuchungen werden in Auftrag gegeben, Stellungnahmen veröffentlicht, Statistiken ausgetauscht. Nicht selten lädt die Debatte sich mit emotionalen Spannungen auf, und dies nicht von ungefähr: neben allen wissenschaftlichen Daten sind immer auch eigene private Lebenserfahrungen mit im Spiel. Es wäre vermessen, diese lange, mit vielen guten (manchmal auch weniger guten) Argumenten geführte Debatte hier entscheiden zu wollen. Deshalb sei an unseren speziellen Blickwinkel erinnert: Für die Entkoppelung von Elternschaft und Partnerschaft, für die Einschätzung der damit verknüpften Chancen wie Risiken steht die Frage im Mittelpunkt, ob andere Beziehungsnetze sich als stabil erweisen - nicht nur über Monate, sondern über Jahre und Jahrzehnte hinweg; nicht nur als Fernereignis über Telefon, Telefax, Anrufbeantworter, sondern als direkte Unterstützung im Alltag mit seinen direkten Nöten und Freuden.

Auch hier gibt es zum gegenwärtigen Zeitpunkt keine wissenschaftlich gesicherte Antwort, nur Vermutungen der einen oder anderen Art, die einen eher optimistisch, die anderen mehr skeptisch getönt. Dabei muß man nicht unbedingt ein Anhänger der funktionalistischen Familientheorie sein und Familie (die traditionelle natürlich) als Keimzelle von Staat und Gesellschaft begreifen, um zu einer skeptischen Antwort zu kommen. Für eine solche skeptische Einschätzung sprechen - so jedenfalls meine Sicht - durchaus auch andere, pragmatische Gründe. Man muß nur einmal die Lebensbedingungen der modernen, hochindustrialisierten, international vernetzten Gesellschaft betrachten, mit all ihren Zwängen zu Mobilität, Effektivität, individueller Leistung, mit den darin enthaltenen "nicht-intendierten Nebenfolgen" vor allem. Man muß nur einmal fragen, wie die Bedingungen des Arbeitsmarktes in die sogenannte Privatsphäre eingreifen, wie Forderungen an geographische Mobilität und zeitliche Flexibilisierung, die immer mehr Berufsfelder und Berufspositionen erfassen, im privaten Alltag eine Komplexität höherer Ordnung erzeugen, mit dauernden Organisations- und Abstimmungsproblemen (Rerrich 1991a, 1991b). Die Vermutung lautet also: *Die "strukturelle Familienfeindlichkeit" (Kaufmann 1990), die die moderne Gesellschaft kennzeichnet, trifft nicht nur die Familie traditioneller Art, sie trifft auch andere Beziehungsnetze und Beziehungsformen*, und dies eben deshalb, weil die Nicht-Planbarkeit, Nicht-Kalkulierbarkeit menschlicher Bedürfnisse an vielen Punkten kollidiert mit der Marktlogik, mit ökonomischen Gesetzen und instrumenteller Rationalität. Ja, dies gilt sogar *umso mehr* dann, wenn die Familie mit traditioneller Arbeitsteilung sich auflöst, wenn immer mehr Frauen erwerbstätig werden. Denn dann müssen auch sie der Marktlogik sich anpassen und jene weibliche Sonderrolle verlassen, die in der bürgerlichen Gesellschaft konzipiert war als Ambulanzstation für die Wechselfälle und Krisen des menschlichen Daseins, zur Unterstützung der Kinder, Kranken und Alten (Beck-Gernsheim 1991).

3.3 Noch einmal: für die Vereinbarkeit von Beruf und Familie

Wenn diese Diagnose zutrifft, wenn auch die Entkoppelung von Partnerschaft und Elternschaft erhebliche Folgeprobleme schafft, die über neue Beziehungsnetze sich kaum dauerhaft ausgleichen lassen, dann bietet sich an, nach anderen Wegen zu fragen, um der Kollision zwischen Partnerschaft und Elternschaft zu begegnen. Eine solche Position könnte, grob zusammengefaßt, von folgendem Gedanken ausgehen:

Die Kollision zwischen Partnerschaft und Elternschaft ist kein unausweichliches Schicksal, das, einem Naturereignis gleich, über Männer und Frauen, Eltern und Kinder hereinbricht. Vielmehr ist diese Kollision nicht zuletzt *auch* ein gesellschaftliches Schicksal, d.h. wesentlich durch bestimmte soziale, ökonomische, politische Bedingungen erzeugt. Sie ist deshalb - so die These - auch abwendbar, oder zumindest abpufferbar.

Der Kollision zwischen Partnerschaft und Elternschaft geht - so die weitere These - eine andere voraus, nämlich die zwischen Arbeitsmarkt und Familie, oder anders formuliert die tendenzielle Unvereinbarkeit von Beruf und Familie, unter den gegebenen Bedingungen jedenfalls. Zu fragen wäre also, wie diese Bedingungen zu ändern wären. Diese Frage ist nicht eben neu, und an entsprechenden Vorschlägen mangelt es nicht - z.B. flexiblere Formen der Berufsbiographie, mehr qualifizierte Teilzeitarbeit für Frauen *und* Männer, mehr institutionelle Möglichkeiten der Kinderbetreuung (z.B. Hochschild 1989; Kaufmann 1990; Strümpel et al. 1988).

Sollten solche Vorschläge nicht nur in wissenschaftlichen Gutachten publiziert, in politischen Sonntagsreden zitiert werden, sollten sie - welch kühner Gedanke - vielleicht auch einmal umgesetzt werden, dann würde dies zweifellos bessere Voraussetzungen für das Zusammenleben von Männern und Frauen, Eltern und Kindern schaffen. Wenn dies aber nicht geschieht, wenn nicht alles versucht wird, um die Vereinbarkeit von Beruf und Familie zu erleichtern, dann werden die Kollisionen der beschriebenen Art, im Geschlechter- wie im Generationenverhältnis, auf Dauer noch zunehmen, sich weiter verschärfen - mitsamt all den emotionalen Belastungen, inneren Verunsicherungen, sozialen und ökonomischen Gefährdungen, die das für die Betroffenen bringt.

Literatur

Arendell T (1988) Mothers and Divorce. Legal, Economic, and Social Dilemmas. University of California Press, Berkeley Los Angeles London

Arntzen F (1980) Elterliche Sorge und persönlicher Umgang mit Kindern aus gerichtspsychologischer Sicht. Beck, München

Badura B (1981) (Hrsg) Soziale Unterstützung und chronische Krankheit. Suhrkamp, Frankfurt

Beck U (1986) Risikogesellschaft. Auf dem Weg in eine andere Moderne. Suhrkamp, Frankfurt

Beck U, Beck-Gernsheim E (1990) Das ganz normale Chaos der Liebe. Suhrkamp, Frankfurt

Beck-Gernsheim E (1991) Frauen - die heimliche Ressource der Sozialpolitik, WSI-Mitteilungen 2:58 - 66

Berger P, Kellner H (1965) Die Ehe und die Konstruktion der Wirklichkeit. Soziale Welt 3:220 - 235

Berger P, Berger B, Kellner H (1975) Das Unbehagen in der Modernität. Campus-Verlag, Frankfurt

Bertaux D, Delcroix C (1991) Where Have All the Daddies Gone? In: Björnberg U (ed) European Parents in the 1990s. Transaction Publishers, New Brunswick London

Bumpass LL, Martin TC, Sweet JA (1991) The Impact of Family Background and Early Marital Factors on Marital Disruption. Journal of Family Issues vol 12, 1:22 - 42

Bundesinstitut für Bevölkerungsforschung (Hrsg) (1992) BiB-Mitteilungen 4:8-44

Burkart G, Fietze B, Kohli M (1989) Liebe, Ehe, Elternschaft. Eine qualitative Untersuchung über den Bedeutungswandel von Paarbeziehungen und seine demographischen Konsequenzen. Bundesinstitut für Bevölkerungsforschung, Wiesbaden

Cherlin AJ, Furstenberg FF (1986) The New American Grandparent. Basic Books, New York

Eschweiler P (1989) Zur familienrichterlichen Arbeit in der Trennungsphase einer Ehe. In: Bevollmächtigte der Hessischen Landesregierung für Frauenangelegenheiten (Hrsg) Scheidung und Scheidungsfolgen aus der Sicht der Frau. Wiesbaden S 55 - 64

Fthenakis WE (1987) Psychologische Beiträge zur Bestimmung von Kindeswohl und elterlicher Verantwortung. In: Lampe EJ (Hrsg) Persönlichkeit, Familie, Eigentum. Westdeutscher Verlag, Opladen (Jahrbuch für Rechtssoziologie und Rechtstheorie, XII S 182 - 226)

Fthenakis WE (1991) Aspekte der rechtlichen Regulierung familialer Beziehungen. (Vortrag, gehalten im Rahmen des Deutsch-Französischen Kolloquiums zur Familiensoziologie in Nancy. Hektographiertes Manuskript)

Furstenberg F (1987) Fortsetzungsehen. Ein neues Lebensmuster und seine Folgen. Soziale Welt 1:29 - 39

Furstenberg F, Petersen JL, Nord CW, Zill N (1983) The Life Course of Children of Divorce: Marital Disruption and Parental Contact. American Sociological Review, vol 48: 656-668

Furstenberg F, Morgan P, Allison PD. (1987) Paternal Participation and Children's Well-Being After Marital Dissolution. American Sociological Review, vol 52: 695 - 701

Griebel W, Siefert I, Herz, J (1991) Phasenspezifische Unterstützungsangebote für Scheidungsfamilien, insbesondere für betroffene Kinder. Zeitschrift für Familienforschung 2:62-83

Gysi J, Winkler G (1991) Zur Situation von Frauen in den fünf neuen Bundesländern der Bundesrepublik Deutschland. In: Lissner A, Süssmuth R, Walter K (Hrsg) Frauenlexikon. Herder, Freiburg Basel Wien, S 1194-1235

Hochschild A (1989) Der 48-Stunden-Tag. Wege aus dem Dilemma berufstätiger Eltern. Zsolnay, Wien Darmstadt

Hoffmann-Nowotny HJ (1980) Auf dem Weg zur autistischen Gesellschaft? In: Rupp S, Schwarz K, Wingen M (Hrsg) Eheschließung und Familienbildung heute. Deutsche Gesellschaft für Bevölkerungswissenschaft. Selbstverlag, Wiesbaden S 161 - 184

Hoffmann-Nowotny HJ (1988) Ehe und Familie in der modernen Gesellschaft. Aus Politik und Zeitgeschichte 13:3 - 13

Imhof AE (1984) Die verlorenen Welten. Beck, München

Imhof AE (1988) Reife des Lebens. Beck, München

Jaeggi E (1985) Trennung und die Destruktion des Sinnes. Zeitschrift für personenzentrierte Psychologie und Psychotherapie 2:115 - 134

Jaeggi E, Hollstein W (1985) Wenn Ehen älter werden. Liebe, Krise, Neubeginn. Piper, München

Keshet HF, Rosenthal KM (1978) Fathering after marital separation. Social Work:11 - 18

Kaufmann FX (1990) Zukunft der Familie. Beck, München

Kohen JA (1981) From Wife to Family Head: Transitions in Self-identity. Psychiatry, vol44: 230-240

Krabbe H (Hrsg) (1991) Scheidung ohne Richter. Neue Lösungen für Trennungskonflikte. Rowohlt, Reinbek

Limbach, J (1989) Die gemeinsame Sorge geschiedener Eltern in der Rechtspraxis. Eine Rechtstatsachenstudie. Bundesanzeiger Köln

Mühlfeld C (1991) Verarbeitung von Scheidung und Scheidungsfolgen. Forschungsforum der Otto-Friedrich-Universität Bamberg 3:30 - 35

Napp-Peters A (1987) Ein-Eltern-Familien. Juventa, Weinheim

Neubauer E (1989) Alleinerziehende Mütter und Väter. Eine Analyse der Gesamtsituation. In: Schriftenreihe des Bundesministers für Jugend, Familie, Frauen und Gesundheit, Bd 219: Kohlhammer, Stuttgart

Nave-Herz R (1988) Kinderlose Ehen. Eine empirische Studie über die Lebenssituation kinderloser Ehepaare und die Gründe für ihre Kinderlosigkeit. Juventa, Weinheim

Nave-Herz R (1991) Familie ohne legale Eheschließung - eine soziologische Betrachtung. In: Coester M, Zubke F (Hrsg) Das nichteheliche Kind und seine Eltern - rechtliche und sozialwissenschaftliche Aspekte. Neuwied, S 1 - 12

Petri H (1991) Verlassen und verlassen werden. Angst, Wut, Trauer und Neubeginn bei gescheiterten Beziehungen. Kreuz, Zürich

Reich G (1991) Kinder in Scheidungskonflikten. In: Krabbe H (Hrsg) Scheidung ohne Richter. Neue Lösungen für Trennungskonflikte. Rowohlt, Reinbek, S 59 - 85

Renvoize J (1985) Going Solo. Single Mothers by Choice. Routledge & Kegan Paul, London

Rerrich MS (1991a) Seine Lebensführung + ihre Lebensführung = gemeinsame Lebensführung? Empirische Befunde und kategoriale Überlegungen. In: Voß G (Hrsg) Die Zeiten ändern sich - Alltägliche Lebensführung im Umbruch. Sonderforschungsbereich 333 der Universität München, Mitteilungen, Sonderheft II: 49 - 69

Rerrich MS (1991b) Puzzle Familienalltag: wie passen die einzelnen Teile zusammen? Jugend und Gesellschaft. Zeitschrift für Erziehung, Jugendschutz und Prävention 5/6

Ryder NB (1979) The Future of American Fertility. Social Problems vol 26, 3:359 - 370

Schneider NF (1991) Partnerschaftskonflikte und Trennungsursachen. Forschungsforum der Otto-Friedrich-Universität Bamberg 3:21 - 25

Spanier GB, Thompson L (1987) Parting. The Aftermath of Separation and Divorce. Updated Edition. Sage Publications, Newbury Park

Strümpel B, Prenzel W, Scholz J, Hoff A (1988) Teilzeitarbeitende Männer und Hausmänner. Edition sigma, Berlin

Volhard C (1989) Psychologische Hilfestellung für Kinder und Frauen durch Beratungsstellen. In: Bevollmächtigte der Hessischen Landesregierung für Frauenangelegenheiten (Hrsg) Scheidung und Scheidungsfolgen aus der Sicht der Frau. Wiesbaden, S 81-90

Wachinger L (1986) Ehe. Einander lieben - einander lassen. Kösel, München

Wallerstein J, Blakeslee S (1989) Gewinner und Verlierer. Eine Langzeitstudie. München

Weber-Kellermann I (1974) Die deutsche Familie. Versuch einer Sozialgeschichte. Suhrkamp, Frankfurt

Weber-Kellermann I (1987) Landleben im 19. Jahrhundert. Beck, München

Welter-Enderlin R (1991) Tragödie oder Chance zum Neuanfang? In: Krabbe H (Hrsg) Scheidung ohne Richter. Neue Lösungen für Trennungskonflikte. Rowohlt, Reinbek, S 16 - 35

Weitzman L (1985) The Divorce Revolution: The Unexpected Social and Economic Consequences für Women and Children in America. Free Press, New York

Weymann A (Hrsg) (1989) Handlungsspielräume. Untersuchungen zur Individualisierung und Institutionalisierung von Lebensläufen in der Moderne. Enke, Stuttgart

Willi J (1975) Die Zweierbeziehung. Spannungsursachen - Störungsmuster - Klärungsprozesse - Lösungsmodelle. Rowohlt, Reinbek

Normale versus gestörte Familien: Bedingungen für das Gelingen der Fusion von Partnerschaft und Elternschaft aus der Sicht der systemischen Praxis

Helm Stierlin

Ruprecht-Karls-Universität, Psychosomatische Klinik, Mönchhofstraße 15 a, 69120 Heidelberg

1 Kennzeichen nicht gestörter Familien

Am Anfang meiner Überlegungen steht die Frage: Was läßt sich heute noch unter einer normalen Familie verstehen? Denn die Statistik zeigt: Die dauerhafte (bürgerliche) Zwei-Eltern-Familie scheint in westlichen Ländern immer weniger die Norm zu bilden. Es scheint somit eher angebracht, von nicht gestörten Familien zu sprechen. Das wären dann auch Familien, bei denen die Fusion von Eltern- und Partnerschaft am ehesten gelingt.

In der Literatur zur Familientherapie und Forschung ist hier zumeist die Rede von "funktionierenden" oder "nicht klinischen" Familien. ("functional" oder "non clinical families"). Diese Literatur ist inzwischen beträchtlich. Sie geht zwar noch vorwiegend von der erwähnten "Normal-Familie" aus, beschäftigt sich aber auch zunehmend mit funktionierenden alternativen Familienformen, so funktionierenden Ein-Eltern-Familien, Stieffamilien etc.

Auf die Frage: Was zeichnet funktionierende Familien aus? antwortet die genannte Forschung etwa wie folgt:

Diese Familien kennzeichnet ein Gefühl von Solidarität, Zusammenhalt und Wertschätzung der Familienmitglieder füreinander. Sie sind besser als andere Familien in der Lage, mit Veränderungen fertig zu werden. Das gilt sowohl für Veränderungen, die sich aus dem voranschreitenden individuellen und Familienlebenszyklus ergeben, als auch für Veränderungen, die sich unverhofft im Gefolge von Krisen- oder Notsituationen einstellen. Dazu gehören plötzliche Unglücks-, Krankheits- und Todesfälle, die die Ressourcen der Familie strapazieren. Dazu gehören auch Ortsveränderungen, Arbeitslosigkeit des Vaters, finanzielle Katastrophen und dergleichen. Funktionierende Familien können, eben weil sich deren Mitglieder solidarisch verhalten und dazu flexibel sind, diese Krisen bewältigen. Das bedeutet auch, die Mitglieder können innerhalb der Familie unterschiedliche Rollen und Funktionen übernehmen: Der Vater kann für die Mutter einspringen und umgekehrt, aber auch Kinder können zeitlich begrenzt Elternfunktionen übernehmen.

Weiter kennzeichnet es solche Familien, daß deren Mitglieder eine große Palette von Gefühlen zum Ausdruck zu bringen vermögen. Freundliche, liebevolle, zornige, haßvolle und viele andere. Es fehlt weitgehend das, was Lyman Wynne (et al. 1958) als Pseudo-Feindschaft und Pseudo-Harmonie beschrieben hat. Und wenn es zum Streit kommt, wird daraus kein Dauerstreit. Kräche können somit wie reinigende Gewitter wirken. Dagegen sehen viele Forscher gerade im un-auflösbaren Dauerstreit und der damit verbundenen chronischen Dauerverstim-mung Hauptmerkmale gestörter Familien. Man könnte in funktionierenden Familien von einer gelungenen Streitkultur sprechen: Ihre Mitglieder haben gelernt, sich als faire Partner immer wieder streitend zu einigen und auch bei Nicht-Einigung miteinander auszukommen.

Damit dies möglich wird, bedarf es weiter - zumindest nach der Einschätzung von Forschern wie Robert Beavers (1977) und David Reiss (1981) - eines gemein-samen Wertsystemes oder, wie Reiss es nennt, eines Familienparadigmas. Es ist gekennzeichnet durch von den Mitgliedern geteilte und nicht infrage gestellte Grundannahmen und Vorstellungen über Lebensstil, Rechte und Pflichten innerhalb der Familie. Und es finden sich Rituale, in denen sich der Familien-zusammenhalt immer wieder bezeugt und durch die er sich auch immer wieder festigt.

David Olson (1976) vermochte zu zeigen, daß sich die genannten Kriterien zum Teil schon relativ leicht bei jungen Paaren ermitteln und zu Voraussagen verwerten lassen. Er stellte einen einfachen, aus je zehn auf vier Dimensionen bezogenen Fragetest zusammen, um damit vorauszusagen, welche Paare nach fünf Jahren noch zusammensein und welche sich wieder trennen würden. Die vier Dimensionen waren: 1. keine unrealistischen Erwartungen, 2. Wertschätzung für bestimmte Eigenschaften bzw. Verhaltensweisen des Partners, 3. Bereitschaft und Fähigkeit zur Kommunikation vor allem in dem Sinne, daß sich immer wieder ein gemeinsamer Aufmerksamkeitsfokus schaffen und erhalten ließ und 4. Bereit-schaft zu und Fertigkeit in Konfliktbewältigung, vor allem im Sinne einer Fähig-keit und Bereitschaft zum Aushandeln von Kompromissen. Die Trefferquote der richtigen Voraussagen lag bei 85%.

2 Weitere Ansätze zur Erfassung von Familiennormalität

Aus der Familientherapieliteratur möchte ich noch zwei weitere Ansätze her-vorheben, die für unsere Themenstellung relevant sind:

Zum einen ein Forschungsansatz, in dem ein epigenetisches Modell der Entwicklung von Paar- und Familienbeziehungen zum Zuge kommt. Wohl wich-tigster Vertreter dieses Ansatzes ist Lyman Wynne (1984), der sich dabei von John Bowlbys Attachment-Theorie (Bowlby 1969) inspiriert zeigt. Wynnes Modell impliziert, daß eine dauerhaft erfolgreiche Paarbeziehung - also auch eine Paarbe-ziehung, worin die Fusion von Partner- und Elternschaft gelingt - eine Reihe von

Stadien zu durchlaufen hat, die sich als care giving, communication, joint problem solving, mutuality und schließlich intimacy konzipieren lassen. Auf Deutsch ließen sich diese mit Fürsorge, Kommunikation, gemeinsames Problemlösen und Gegenseitigkeit übersetzen. Wynne zufolge kann es innerhalb jeder dieser Stadien zu pathologischen Ausschlägen nach drei Richtungen kommen. Zum Beispiel kann Fürsorge im Sinne von Überfürsorglichkeit, Gleichgültigkeit und Feindseligkeit gestört sein. Kommunikation zeigt sich störbar im Sinne amorpher Kommunikationsabweichungen (wie diese von Wynne und Singer näher beschrieben wurden), von eingeengter Kommunikation und fragmentierter Kommunikation usw. Interessanterweise kommt in diesem Modell der Intimität für das Funktionieren von Partner- und Elternschaft eine nur untergeordnete Bedeutung zu.

Wynne geht davon aus, daß, soll die Fusion von Partnerschaft und Elternschaft gelingen, die genannten Stadien auseinander hervorgehen bzw. aufeinander aufbauen müssen. Das würde der Vorstellung entsprechen, daß Partner eine Phase des Sich-Kennen-Lernens und des Sich-An-Sich-Gewöhnens und des Sich-Zusammenraufens durchlaufen müssen, ehe erwartet werden kann, daß sie den Anforderungen, die sowohl Partnerschaft als auch Elternschaft stellen, gewachsen sein werden.

Der andere Ansatz verdankt sich Beobachtern der Eltern-Kind-Beziehung, vor allem aber der Mutter-Kind-Beziehung, die sich in der Nachfolge des verstorbenen Psychoanalytikers René Spitz (1988) ansiedeln lassen. Dazu gehören neuerdings etwa Daniel Stern (1985) in den USA und das Ehepaar Großmann (1950, 1991) in Deutschland. Diese Forscher sensibilisieren uns für einen höchst komplexen, wenn man will: dialogischen Prozeß, der zwischen Eltern und Kindern auf verschiedensten Ebenen zum Zuge kommen muß, damit sich das Kind emotional und körperlich entwickeln kann. Zu diesem Prozeß leisten Eltern und Kinder von Anfang an ihre unterschiedlichen aktiven Beiträge.

Auch hier scheint zu gelten, daß gemeinsam bewältigte frühere Stadien eine gute - wenn auch wohl nicht absolut notwendige - Voraussetzung für das erfolgreiche Durchlaufen späterer Stadien sind. Allerdings zeigt diese Forschung auch, wie anpassungsfähig in der Regel Kinder sind, ja wie weit sie sich die Eltern zu schaffen vermögen, die sie jeweils brauchen. Es zeigt sich jedoch auch, daß es keine unverwundbaren Kinder gibt, wie dies etwa Garmezy, ein bekannter Entwicklungspsychologe und Schizophrenie-Forscher, behauptete.

Ich selbst (Stierlin 1987) beschrieb die erwähnten Prozesse - ausgehend von meinen Erfahrungen mit psychosomatisch und psychotisch gestörten Familienmitgliedern - im Begriffsrahmen der bezogenen Individuation bzw. jeweils fälligen familienweiten Ko-Individuation und Ko-Evolution. Dabei betonte ich zunehmend die immer wieder fällige Balancierung von "Individuation mit" und "Individuation gegen". Im Kontext dieses Beitrages stellt sich die Frage: Wieweit zeigt sich solche Balancierung (auch) als Voraussetzung, Ausdruck und/oder Folge einer gelungenen Fusion von Partner- und Elternschaft? Aus Zeitmangel kann ich jedoch dieser Frage nicht im einzelnen nachgehen. Stattdessen möchte ich über einige für mein Thema relevante Erfahrungen aus der systemisch-familientherapeutischen Praxis, wie diese bei uns in Heidelberg gehandhabt wird, berichten und reflektieren. Dazu zunächst einige Anmerkungen zu solcher Praxis.

3 Anmerkungen zur systemischen Praxis

Diese Praxis gestaltete sich überwiegend im Setting einer ambulanten Universitätsklinik. Das brachte in verschiedener Hinsicht eine Auswahl der Klienten mit sich. Zum einen handelte und handelt es sich häufig um Klienten und deren Angehörige, die an ernsthaften psychosomatischen und/oder psychotischen Störungen litten. Zum anderen waren dies oft hoch motivierte Familien, die lange Anfahrtswege zu unserer Institution in Kauf nahmen. Das wiederum bedingte, daß andersartig gestörte - und eben auch weniger motivierte - Familien unterrepräsentiert blieben. Dazu gehören etwa Familien, in denen es zu massiven Gewalttätigkeiten und Inzest kam - Familien, die derzeit viel öffentliches wie auch psychiatrisches Interesse auf sich ziehen. Allerdings: Im Laufe der Jahrzehnte hatte ich auch Gelegenheit, viele Familien und Paare kennenzulernen, die sich vergleichsweise mäßig gestört zeigten.

Aber das genannte Setting engte nicht nur die Klienten-Selektion ein. Unsere um das systemische Fragen zentrierte Vorgehensweise richtet sich - im Gegensatz etwa zu der der Psychoanalyse - nur begrenzt auf das, was in der Vergangenheit geschah oder vielleicht genauer: Was sich darin ansiedeln läßt. Das bedeutet: Wir gewannen und gewinnen vergleichsweise wenig vergangenheitsbezogene Daten. Aber weiter: Systemische Therapeuten - also auch wir in Heidelberg - verstehen uns zunehmend als Ko-Konstrukteure der jeweiligen Familienwirklichkeit, zumindest soweit sich diese in der Interview-Situation darstellt. Wir vermeiden auch möglichst Fragen, die auf ein Diagnostizieren und ein Pathologisieren im Sinne eines medizinischen Modelles hinauslaufen. Im letzteren Modell hat in der Regel eine Diagnose der Therapie vorauszugehen, was auf unser Vorgehen nicht zutrifft.

Und schließlich: Jede Familie zeigt sich uns anders. Ich bin versucht zu sagen: Jede Familie findet heutzutage ihre eigene Lösung, auch für die Fusion von Partner- und Elternschaft oder verfehlt eine Lösung auf ihre je eigene Weise.

Trotz solcher Einschränkungen zeigen sich wiederkehrende Konstellationen und Muster oder, wenn man so will, Sackgassen der Beziehung. Diesen will ich mich, soweit sie sich für mein Thema relevant zeigen, in der Folge zuwenden.

4 Implikationen unterschiedlicher Bedeutungsgebungen

Dazu müssen wir uns vergegenwärtigen, welche Bedeutung in unserer modernen pluralistischen und sich schnell wandelnden Welt den jeweils subjektiv variablen Bedeutungsgebungen zukommt. Dieser Tatbestand ist dazu angetan, jeden Forschungsenthusiasmus, der sich dauerhafte und handgreifliche Ergebnisse verspricht, zu dämpfen. Das gilt insbesondere für den Bereich dessen, was ich als weiche oder Beziehungsrealität bezeichnet habe. Um ein Beispiel zu geben: Der Tod eines langjährigen Partners korreliert in einer Großzahl von Fällen mit depressiven Reaktionen, körperlichen Beschwerden, ja einer verkürzten Lebenserwartung beim überlebenden Partner. Mir sind indessen zwei Fälle bekannt, in denen der überlebende Partner im Anschluß an den Tod seines Partners von einer bereits metastasierenden Krebserkrankung genas. Der Schluß liegt nahe, daß dieser Partner kein trauriges Verlassenheitserlebnis, sondern ein schuldfreies Befreiungserlebnis hatte, das sich positiv auf seine Immunabwehr auswirkte. Ähnlich konträre Bedeutungen kann das Faktum Elternschaft bzw. "ein Kind bekommen" haben. So läßt sich ein Kind, und das bestätigt die klinische Praxis, als einziger Lebenssinn, als einzige Grundlage von Lebensstabilität und Lebenserhaltung wahrnehmen. Das kann dann kinderlose Individuen oder Paare zu heroischen Anstrengungen motivieren, doch noch irgendwie zu einem Kind zu kommen, sei dies durch moderne Konzeptionstechnologie, sei dies durch eine Suche im Adoptionsdschungel ferner Länder. Aber ein Kind kann auch - und diese Fälle häufen sich - gegenteilig erlebt werden: Als Bürde, als Unfall im allerungünstigsten Moment, als Anlaß für sich zerschlagende Hoffnungen auf Ungebundenheit, auf eine neue Partnerschaft, auf eine neue Selbstverwirklichung oder was auch immer. Aber weiter: Solch individuelle Bedeutungsgebung verzahnt sich mit einer jeweils individuellen Kontenführung. Dabei handelt es sich, wie bereits von Ivan Boszormenyi-Nagy (1981) beschrieben, um eine Führung der Konten über Geben und Nehmen, über Schuld und Verdienst, über das Gute und Schlechte, das Partner einander sich angetan oder von einander erfahren haben. Boszormenyi-Nagy geht davon aus, daß solche (mehr oder weniger bewußte) Kontenführung in allen engeren (existentiellen) Beziehungen zum Zuge kommt, also gerade auch in Familien- und Partnerbeziehungen. Aufgrund meiner therapeutischen und Lebenserfahrung möchte ich dem zustimmen. Dabei bleibt zu erinnern, daß der Begriff Kontenführung - obschon dem ökonomischen Bereich entlehnt - hier nicht eine allgemein gebräuchliche und konvertible Währung impliziert. Vielmehr rechnet jedes Familienmitglied in seiner je eigenen Währung ab, bestimmt also selbst Kriterien und Kontext dessen, was es als hilfreich und verdienstvoll und was es als schädlich und ausbeuterisch erlebt. Das könnte mit ein Grund dafür sein, daß sich funktionierende Familien, wie oben angedeutet, offenbar durch ein gemeinsames Wertsystem auszeichnen. Dieses Wertsystem dürfte in vielen Fällen auch ein gemeinsames Währungssystem für die Berechnung von Schuld und Verdienst einschließen. Daher aber auch die Schwierigkeiten, die zu erwarten sind, wenn Partner sich in ihren Ursprungsfamilien ein unterschiedliches Währungs-, Wert- und damit Abrechnungssystem zu eigen gemacht haben und dazu noch partnerschaftliche Funktionen und Rollen aushandeln müssen, für die es in ihren Ursprungsfamilien kein Modell gab.

Zur Illustration, wie unterschiedlich sich "Fakten" im Lichte unterschiedlicher Bedeutungsgebungen und Kontenführungen darstellen können, wieder eine Erfahrung aus der systemischen Praxis:

Tiefste Zerwürfnisse in Paarbeziehungen, so zeigt diese Erfahrung - Zerwürfnisse, die zu dauerhaft schwelenden Gefühlen von ungerechter Behandlung, Irritation, ja von Verrat Anlaß geben - entstehen häufig im Kontext von geplanten oder auch ausgeführten Schwangerschaftsabbrüchen. Nicht selten fühlt sich eine Partnerin verraten, weil ihr Partner auf einem Schwangerschaftsabbruch bestand, während sie sich ein Kind wünschte. Sie gab, so schildert es etwa solch eine Frau, schließlich zähneknirschend nach, aber sah seither die Beziehung zu ihrem Mann vergiftet. Es kam danach nie wieder zu sexuellen Kontakten. Lediglich finanzielle Überlegungen und die Rücksicht auf die Kinder hielten die Frau von einer Scheidung ab. Was jedoch nicht hinderte, daß es von nun an, auch was deren Erziehung anbelangte, zu einem unauflösbaren Dauerstreit kam.

Ich erlebte aber auch - und das wäre nun eine gegenteilige Bedeutungsgebung - wie eine Frau ihrem Manne später gerade seine Festigkeit beim Entschluß zur Abtreibung als Verdienst auslegte. Er habe sie damals, so sah sie es später, vor den verhängnisvollen Folgen einer Impulshandlung bewahrt, und dabei vieles, so auch seine Beziehung zu ihr, aufs Spiel gesetzt.

5 Implikationen des Delegationsmodelles

Wenn auch bislang von individuellen bzw. subjektiven Bedeutungsgebungen und Kontenführungen die Rede war, lassen sich doch auch Einflußfaktoren beobachten oder erschließen, die über das Individuum und das Paar - so wie sich diese in einer therapeutischen Sicht darstellen - hinausweisen. Diese sind, soweit sie sich dem soziologischen Bereich zuordnen lassen, auch Gegenstand dieses Symposiums.

Dazu rechnen nicht zuletzt Vorstellungen und Erwartungen, die sich auf die Rollenverteilung, Machtverhältnisse und Machtansprüche zwischen den Geschlechtern beziehen. Diese enthalten heute, wie eine rapide wachsende Literatur zeigt, ein enormes Konfliktpotential.Im folgenden beschränke ich mich auf einige Faktoren und Zusammenhänge, die sich in erster Linie im Rahmen des von mir anderenorts dargestellten Delegationsmodelles beschreiben lassen. Dabei geht es um transgenerational vermittelte Aufträge, die auf der Basis eines starken Loyalitätsbandes übernommen bzw. verinnerlicht werden. Diese Aufträge erweisen sich oft als überfordernd und/oder widersprüchlich. Und sie wirken sich häufig darauf aus, ob und wie bei einer/einem Delegierten später die Fusion von

Eltern- und Partnerschaft gelingt oder mißlingt. Dazu das folgende Beispiel:
In meiner Sprechstunde erscheint eine erschöpft und depressiv wirkende junge
Frau. Ich erfahre: Seit zwei Jahren lebt sie von ihrem Partner getrennt und zieht
ihr Kind - es ist inzwischen zwei Jahre alt - alleine auf. Sie hat ein Literatur- und
Pädagogikstudium abgeschlossen, aber bisher keine Stelle als Lehrerin finden
können. Dennoch ist sie nicht beschäftigungslos. Im Gegenteil: Sie ist auf kom-
munaler Ebene in mehreren politischen Organisationen aktiv, setzt sich insbesondere für die Besserstellung alleinerziehender Mütter ein. Mit ihrem Partner liegt
sie im Clinch: Der Kampf zwischen beiden geht um Besuchsrechte und Unterhaltszahlungen. Er wird erbittert geführt. Daneben schreibt sie eine Doktorarbeit
über ein feministisch inspiriertes Thema und versucht auch - gerade weil sie ihr
Kind alleine erzieht - diesem eine besonders gute und engagierte Mutter zu sein.
Sie hat diesbezüglich eine enorme Literatur verschlungen. Sie merkt selbst, wie
ihre diversen Projekte sie überfordern, umso mehr, als sie jedes Projekt möglichst
perfekt ausführen möchte - und dies trotz oder wegen der Aufputschmittel (und
dann auch wieder Schlafmittel), die sie seit einiger Zeit in steigenden Dosen
einnimmt.

Sie sieht selbst ihr Sich-Überfordern im Kontext ihrer eigenen engen Beziehung zur Mutter. Diese Mutter hatte ihre Ehe als sehr unglücklich erlebt. Sie
hätte gerne studiert, aber hatte dazu von ihren Eltern weder die Erlaubnis noch
die erforderlichen Mittel erhalten. Sie hätte sich gerne von ihrem Mann, dem
Vater der Klientin, getrennt, aber hatte sich dann doch gegen eine Scheidung
entschieden. Sie hatte ja keinen Beruf gelernt und den mit einer Scheidung
verbundenen finanziellen und Status-Verlust gefürchtet. Umso wichtiger war es
ihr, ihrer Tochter - meiner Klientin - einzuschärfen, daß diese einen Beruf lernen,
sich finanziell unabhängig machen und sich gegen ausbeuterische Männer durchzusetzen lernen mußte. Zugleich verklärte diese Mutter die Mutterschaft. In ihrem
eher glücklosen und beschwerlichen Leben sei dies die einzige wirkliche Quelle
von Freude, Halt und Lebenssinn gewesen. Auch ohne meine Schriften zu
kennen, sah sich meine Klientin als eine überforderte Delegierte ihrer Mutter.

Widersprüchliche bzw. schwer miteinander vereinbarende Delegationen - im
obigen Falle etwa die Delegation: Sei eine ungebundene Kämpferin, aber sei auch
eine total engagierte Mutter - ließen sich als eine, vielleicht die wesentliche
Quelle ihrer Erschöpfung und Depressivität sehen. Andere, zu einer Überforderung Anlaß gebende Delegationen können für eine Mutter-gebundene Tochter
etwa beinhalten: Verwirkliche in deiner Ehe die Art von fairer partnerschaftlicher
Beziehung, die ich selbst in der Beziehung zu deinem Macho-Vater nicht hatte,
aber auch: laß deine Ehe nicht so erfolgreich werden, daß ich mit meiner Ehe zu
sehr als Versager dastehe. Mit anderen Worten: Beweise mir deine Loyalität
gerade dadurch, daß auch du deine Ehe scheitern läßt. Dies zeigt sich mir als eine
Art von widersprüchlichen und überfordernden Beauftragungen, die nicht nur
einer Scheidung, sondern auch einer mehr oder weniger schleichenden - zum
Beispiel durch Alkoholabusus vollzogenen - Selbstdestruktion den Boden bereiten
können. Dies insbesondere auch dann, wenn sich die Tochter zugleich dem Vater
loyal verbunden und damit in einem für sie unlösbaren Loyalitätskonflikt gefangen
erlebt.

Andere problematische mütterliche Aufträge an eine Tochter könnten lauten: Wenn es wirklich hart auf hart geht, sage es zuerst mir, denn ich bin dir ein verläßlicherer stützenderer Team-Partner als dein Mann. Oder auch: Laß dich nicht von deinen Kindern einengen, erhalte dir deine Freiheit, aber, wenn einmal Kinder da sind, dann mußt du als Mutter einen Super-Job leisten usw.

Und noch eine Auftragskonstellation, die verdeutlichen vermag, welch unterschiedliche Bedeutungen Fakten wie eine Schwangerschaft im Delegationsdrama gewinnen können: Eine 16jährige Hauptschülerin bricht ihre Lehre ab, nachdem sie sich von ihrem Verlobten, einem nur wenige Jahre älteren Arbeitslosen, hat schwängern lassen. Aber es kommt bei der jungen Frau zu keiner Angst oder gar Panik-Reaktionen. Eher im Gegenteil: Als Schwangere und später als junge Mutter zeigt sie sich selbstbewußt und locker. Der Familienhintergrund dürfte verständlicher machen, warum das der Fall ist. Sie ist einziges Kind und lebt auf engem Raum mit zwei berenteten Eltern zusammen, die schon lange mit Bangen dem Tag entgegensehen, an dem sich ihre Tochter von ihnen trennen könnte. Die Tochter selbst fühlt sich durch das nahe Zusammenleben aufs äußerste eingeengt, wagt aber keinerlei Trennungsschritte, da sie befürchtet, sie könnte dadurch beim Vater den zweiten Herzinfarkt auslösen. Den würde er dann nicht mehr überleben. Ihre Schwangerschaft wurde von den Eltern freudig begrüßt, ja sie boten sich sofort an, das Baby zu adoptieren. Es wurde deutlich, daß sich die Tochter durch Anlieferung ihres Babys ein Stück Freiheit bzw. Individuation von ihren Eltern erkaufte: Da sie ihre Eltern durch das von ihr angelieferte Enkelkind emotional versorgt wußte (oder wähnte), konnte sie sich relativ schuldfrei anderen Dingen und auch anderen Partnern zuwenden - und doch auch weiter auf regressive Verwöhnung und finanzielle Unterstützung durch ihre Eltern rechnen.

Die bislang gebrachten Beispiele zur Delegationsdynamik dürften verdeutlichen: Gerade im Hinblick auf die Fusion oder Nichtfusion von Partner- und Elternschaft kann solche Dynamik verschiedene Ergebnisse zeitigen. So kann ein Delegierter oder eine Delegierte versuchen, widersprüchlichen und überfordernden Delegationen doch irgendwie gerecht zu werden. Das dann aber nur um den Preis von Erschöpfung und Symptombildung. Oder Betroffene versuchen sich gegen überfordernde Delegationen zu wehren. Ob und wie dies jeweils möglich ist, habe ich in meiner Schrift "Individuation und Familie" näher ausgeführt. Man kann hier auch von Versuchen sprechen, dem in einer Familie zur Wirkung kommenden Wiederholungszwang zu entgehen. Wie die Erfahrung zeigt, gelingt dies indessen oft nicht oder nur teilweise. Das wiederum hat häufig damit zu tun, ob und wie sich Betroffene Ambivalenz jeweils zu eigen oder nicht zu eigen machen und diese bewältigen oder nicht bewältigen. Dieser Problematik möchte ich mich im folgenden zuwenden.

6 Zur Problematik der Ambivalenz

Ganz allgemein läßt sich sagen: Überfordernde und widersprüchliche Delegationen gehen mit Ambivalenz-Konflikten einher. Eine Weise, mit diesen Konflikten fertig zu werden, kann darin bestehen, daß man die eine Seite der Ambivalenz abzuspalten, nicht wahrzunehmen und damit nicht zu leben versucht. Für diesen Tatbestand liefert insbesondere die psychoanalytische Literatur Beschreibungen. Zumeist ist dabei die Rede von Abwehrmechanismen. Dazu rechnen etwa Verdrängung, Reaktionsbildung, Projektion, primitive Spaltung etc. Die Familientherapie-Literatur, insbesondere die der 70er und 80er Jahre, lieferte dann Konzepte, die solche Abwehrmechanismen als Elemente familiärer bzw. systemischer Interaktionen verstanden. Das trifft etwa auf Lyman Wynnes Konzept des "trading of dissociation", des Aushandelns der Dissoziationen, oder auf Jürg Willis Konzept der Kollusion zu (Willi 1978).

Einen ähnlichen Tatbestand erfaßt das von Psychoanalytikern entwickelte Konzept der wechselseitigen projektiven Identifikation.

Ein Aushandeln von Dissoziationen zeigt sich etwa in folgender Situation: Ein Vater, der sich als erfolgreicher, ja rücksichtsloser Geschäftsmann darstellt, attackiert kontinuierlich in seinem Sohn dessen weichliches, ja feminines Gebaren. Der Sohn wiederum attackiert in seinem Vater dessen Macht- und Macho-Züge und kapitalistische Verscheuklappung. Hier rekrutiert jeder Partner den anderen als Projektionsbehälter für eigene abgespaltene (dissoziierte) und nicht gelebte Persönlichkeitsanteile und Strebungen. Dem Außenstehenden zeigt sich dabei eine Art Handel, eben ein "Trading". Ähnliches gilt für das, was Jürg Willi als Kollusion zwischen Ehepartnern beschreibt: Hier rekrutieren sich ein zumeist aktiver und passiver Partner gegenseitig zwecks projektiver Bewältigung und Absicherung der jeweils abgespaltenen Ambivalenzanteile. So unterscheidet Willi etwa den Primär-Narzißten - beispielsweise einen geschäftlich erfolgreichen Macho-Mann - von der Sekundär-Narzißtin, die sich in dessen Erfolg sonnt, aber zu dessen Narzißmus nun komplementär ihre Schönheit und Jugend beisteuert.

In der beschriebenen Art der Ambivalenzbewältigung liegt jedoch der Keim zum zwischenmenschlichen Konflikt. Man kann auch sagen: Der intrapsychische Ambivalenz-Konflikt transformiert sich nunmehr zu einem interaktionellen Konflikt. Mehr noch: Je weniger individuelle Bereitschaft und Fähigkeit besteht, sich den Ambivalenz-Konflikt zu eigen zu machen, das heißt die Spannung der Ambivalenz zu ertragen, umso eher ist zu erwarten, daß es im interaktionellen Konflikt zu Polarisierung und Eskalation kommt. Um dies zu verdeutlichen, wieder ein Beispiel aus der Praxis:

Eine junge Klientin erlebt sich schon früh im Spannungsfeld der schließlich scheiternden Ehe ihrer Eltern. So wie sie sich erinnerte, fand sie sich von ihrer Mutter von Anfang abgewertet und gegenüber der älteren Schwester benachteiligt. Ihre Mutter sah in ihr nicht nur eine äußerliche, sondern auch charakterliche Ähnlichkeit mit dem Mann, dem Vater der jungen Frau, den sie zunehmend haßte und bekämpfte. Der Vater hatte nach Schilderung der Klientin eine leichtlebige, charmante Lebensart und verwöhnte seine Tochter immer wieder mit Geschenken. Er sprach auch gerne dem Alkohol zu. Aber eines Tages verschwand er und ließ seine Tochter nur noch durch gelegentliche Postkarten aus fernen Ländern wissen, daß er lebte. Für eine Weile diente er in der Fremdenlegion. Mit zunehmender Ferne wuchs in der Tochter die Sehnsucht nach dem Vater und wuchs auch die

Tendenz, diesen zu idealisieren. Diese Idealisierung ließ sich als ihre Weise der Ambivalenzbewältigung verstehen. Sie dissoziierte bzw. verdrängte dabei jederlei kritische und feindselige Gefühle dem Vater gegenüber, konstruierte auch dessen Weggang nicht als ein Sich-aus-dem-Staube-machen und Vernachlässigung seiner väterlichen Pflichten, sondern als eine verständliche Reaktion auf das ständige Nörgeln und Abwerten seiner bösen Ehefrau, das heißt ihrer bösen Mutter. Meine Klientin heiratete noch recht jung einen Partner, der in seiner Ursprungsfamilie eine ähnliche, Ambivalenz vermeidende Idealisierung und Projektionsdynamik durchlebt und mitgestaltet hatte. Nur fand dieser sich auf der Seite der Mutter, die er als vom Vater verfolgt und brutalisiert wahrnahm. Deswegen verzieh er ihr auch, daß sie - nach ihrer Trennung von ihrem Mann, seinem Vater - einwilligte, daß dieser das Sorgerecht für sie übernahm. Der Vater entledigte sich dann dieses Sorgerechtes, indem er den Sohn in einem Internat - es glich eher einem militarisierten Waisenhaus - mit fast militärischem Reglement aufziehen ließ.

Als sich meine Klientin und ihr Mann kennenlernten, sahen beide zunächst im anderen positiv bewertete Charakteristika des idealisierten Elternteils, so etwa dessen/deren Leichtlebigkeit, Großzügigkeit, Charme. Im Erleben des Alltages und im Versuch der gemeinsamen Aufzucht der Kinder brach jedoch die anfänglich wechselseitige Idealisierung zusammen. Was zunächst am Partner als Charme, Großzügigkeit und Leichtlebigkeit verklärt wurde, zeigte sich nun als Unzuverlässigkeit, als Verantwortungslosigkeit, als ausbeuterisches und manipulatorisches Verhalten. Da keiner von beiden sich die Ambivalenz, die auch ein Ertragen ambivalent wahrgenommener und bewerteter Elternbilder beinhaltet hätte, zu eigen zu machen vermochte, eskalierte der Partnerkrieg. Bis es dann schließlich zur Trennung und Scheidung kam und somit auch für die Kinder der nächsten Generation eine ähnliche Dynamik der Ambivalenz-Bewältigung - oder eben richtiger: Nicht-Bewältigung - vorprogrammiert schien.

7 Zur Problematik bestimmter Grundannahmen

In einer Delegationsdynamik, worin die Fusion von Partner- und Elternschaft sich gestört bzw. erschwert zeigt, kommen typischerweise weitere Faktoren ins Spiel. Dazu gehören in erster Linie nicht weiter hinterfragte Grundannahmen wie: Ich bin allein nicht überlebensfähig oder bin alleine nicht wert zu überleben. Ich bin mit meinem Partner entweder allzeit ein Herz und eine Seele oder wir haben nichts Gemeinsames. Oder: Ich muß immer wachsam sein, mich zu behaupten, sonst werde ich unterdrückt, bin ich Verlierer. Oder: Ich bin entweder Liebling meiner Eltern bzw. eines Elternteiles oder bin gar nichts, bin verstoßen etc.

Solche Grundannahmen sind den Betroffenen oft nicht deutlich bewußt oder artikulierbar. Einem Beobachter zeigen sie sich indessen als handlungsanleitende Axiome. Nicht selten erweisen sie sich als Teile eines Familiencredos, das sich über mehrere Generationen hinweg ausmachen läßt. In anderen Fällen zeigen sie sich eher als Elemente eines individuellen Skriptes, das wie ein Gegencredo zum Familiencredo anmutet.

Wie immer derartige Grundannahmen auch entstanden sein mögen, sie bezeugen häufig ein Entweder-Oder-Muster und lassen kaum Platz für ein Weder-Noch und ein Sowohl-als-auch. Veröffentlichungen unserer Heidelberger Arbeitsgruppe beschrieben ausführlich, wie eine derartige binäre Handlungslogik - im Verein mit anderen Faktoren - viele Aspekte gestörter Familien verständlicher zu machen vermag.

8 Bindungsfamilien versus Ausstoßungsfamilien

Dabei handelt es sich überwiegend - und das scheint im Rahmen meines Themas wichtig - um sogenannte Bindungsfamilien bzw. um Familien, in denen zentripetale Tendenzen vorherrschen. Ich führte die Unterscheidung zentripetal - zentrifugal 1972 in die Familienliteratur ein (Stierlin et al. 1973), und sie erwies sich seither als nützlich, um unterschiedliche Spielarten und Entwicklungen von Familien-Dysfunktionalität zu erfassen. Von zentripetalen oder Bindungsfamilien läßt sich sprechen, wenn sich die durch die Erfordernisse des individuellen und familiären Lebenszyklus vorgegebene familienweite Ko-Individuation und Ko-Evolution in dem Sinne gebremst oder blockiert zeigt, daß Kinder über Gebühr lange - und oft bis ins Erwachsenalter hinein - gleichsam im Familien-Ghetto gefangen gehalten werden (oder sich gefangen halten lassen). In zentrifugalen oder ausstoßenden Familien dagegen zeigen sich Kinder einem Beobachter als zu schnell und zu unvorbereitet in eine kompetitive und kalte Welt entlassen. Das bringt häuft eine unterschiedliche Symptomatik in den heranwachsenden oder bereits erwachsenen Kindern mit sich. Beispielsweise scheinen Anorexien sowie andere schwere psychosomatische Leiden, schizophrene und affektive Psychosen ganz überwiegend in Bindungsfamilien aufzutreten, bestimmte Formen der Delinquenz und des Drogen-Abusus dagegen in ausstoßenden (zentrifugalen) Szenarien. Im letzteren Falle spricht man auch von "disengaged families".

Ausstoßungsszenarien wurden bis heute vergleichsweise weniger gründlich erforscht als Bindungsszenarien. Sie erscheinen aber gerade für die hier behandelte Thematik, die Fusion bzw. Nicht-Fusion von Eltern- und Partnerschaft, bedeutsam. Ausstoßung ist eher in Situationen zu erwarten, in denen Armut und soziale Entwurzelung zusammentreffen. Das gilt etwa für die von Minuchin und Mitarbeitern untersuchten amerikanischen Slum-Familien und das gilt für zahllose arme und entwurzelte Familien in südamerikanischen Metropolen, wie ich sie auf verschiedenen Reisen kennenzulernen Gelegenheit hatte. Allein in Brasilien, so ließ ich mir sagen, fristen mehrere Millionen ausgestoßene Kinder, sich oft in Banden zusammenrottend, ein Leben am Rande der Gesellschaft. Armut allein bedeutet aber noch nicht Entwurzelung und Zentrifugalität, wie etwa in den USA gemachte Beobachtungen zeigen. Dort bewahren arme chinesische und vietnamesische Einwanderungs-Familien im Gegensatz zu schwarzen und puertorikanischen oft den Familienzusammenhalt und bringen dadurch nicht selten ein kleines Familienunternehmen zum Blühen oder ermöglichen den schnellen sozialen Aufstieg der Kinder.

In einer Studie über schwere psychosomatische Erkrankungen im Jugendalter fanden Michael Wirsching und ich (1982) auch in Deutschland bei etwa einen Drittel unserer Probanden ein Ausstoßungsszenarium. Ich denke an eine Mutter, die unter schwierigsten Umständen drei Kinder aufzuziehen versuchte, die von verschiedenen Vätern stammten. Der eine davon war Alkoholiker, der andere saß eine Zeit im Gefängnis ab. Die Väter schienen sich nicht mehr um die Kinder zu kümmern. Streckenweise verdiente sich die Mutter ihren Lebensunterhalt durch Prostitution. Die Prognose für die psychosomatischen Erkrankungen der Kinder - überwiegend Asthma bronchiale, Neurodermitis, chronische entzündliche Erkrankungen des Magen-Darm-Traktes - zeigte sich in diesen Familien besonders ungünstig. Ebenso ungünstig zeigte sich die Prognose im Hinblick auf die Fähigkeit und Bereitschaft der Kinder, ihrerseits einmal eine glückende Fusion von Eltern- und Partnerschaft zustande zu bringen.

Auch in Familien der oberen und Mittelschicht findet sich indessen nicht selten eine massive Vernachlässigung, wenn nicht Ausstoßung von Kindern, für die sich auch die Bezeichnung Wohlstandsverwahrlosung eingebürgert hat. Sie wurde besonders in Schweden beschrieben. In Mittelschicht-Familien lassen sich Ausstoßungsphänomene insbesondere dann beobachten, wenn es unverhofft zu Trennungen und Fragmentierungen kam und wenn damit - in der Ausdrucksweise von David Reiss - das Familienparadigma zusammenbrach. Hier wurden dann Kinder für die voneinander wegstrebenden Partner überflüssig, ja eine Last. Diese reagierten darauf mit Bitterkeit, destruktivem und selbstdestruktivem Verhalten. Auch für deren Kinder erschienen die Aussichten nicht gut, nunmehr in ihrem Leben Eltern- und Partnerschaft in einer einigermaßen guten Weise zusammenzubringen. Insgesamt läßt sich sagen: Wird in Bindungsfamilien oft eine überstarke Loyalität zum Problem, zeigt sich in Ausstoßungsfamilien gerade das Fehlen solcher Loyalität problematisch.

Das hat auch Konsequenzen für unsere therapeutischen Bemühungen: Insgesamt erscheint es leichter, Mitglieder von Bindungsfamilien zu ent-binden, als jenen zu vertrauensvollen Bindungen zu verhelfen, die bislang Bindungen überhaupt nicht oder kaum erlebten.

Literatur

Beavers WR (1977) Psychotherapy and Growth. A Family Systems Perspective. Brunner/-Mazel, New York

Boszormenyi-Nagy I, Spark G (1981) Unsichtbare Bindungen. Die Dynamik familiärer Systeme. Klett-Cotta, Stuttgart

Bowlby J (1969) Attachment and Loss. Vol I & II, Basic Books, New York

Grossmann K (1990) Entfremdung, Abhängigkeit und Anhänglichkeit im Lichte der Bindungstheorie. PraxPsychotherPsychosom35:231-238

Grossmann K, Grossmann K (1991) Ist Kindheit doch Schicksal? Psychologie heute 18:21-27

Olson DH (1976) Treating Relationships. Graphic Publishing, Lake Mills, Iowa

Reiss D (1981) The Family's Construction of Reality. Harvard University Press, Cambridge, Mass.

Simon FB, Stierlin H (1984) Die Sprache der Familientherapie. Ein Vokabular. Klett-Cotta, Stuttgart

Spitz R (1988) Vom Dialog. DTV, München

Stern DN (1985) The Interpersonal World of the Infant. Basic Books, New York

Stierlin H (1975) Eltern und Kinder. Das Drama von Trennung und Versöhnung im Jugendalter. Suhrkamp, Frankfurt

Stierlin H (1978) Delegation und Familie. Suhrkamp, Frankfurt

Stierlin H (1987) Ko-Evolution und Ko-Individuation. In: Stierlin H, Simon FB, Schmidt G (Hrsg) Familiäre Wirklichkeiten. Klett-Cotta, Stuttgart, S 126

Stierlin H (1989) Individuation und Familie. Studien zur Theorie der therapeutischen Praxis. Suhrkamp, Frankfurt

Stierlin H, Levi LD, Savard RJ (1973) Centrifugal versus centripetal separation in adolescence: Two patterns and some of their implications. In: Feinstein S, Giovacchini P (eds) Annals of American society for adolescent psychiatry vol II: Developmental and Clinical Studies. Basic Books, New York p 211

Willi J (1978) Die Zweierbeziehung. Rowohlt, Reinbek

Wirsching M, Stierlin H (1982) Krankheit und Familie. Klett-Cotta, Stuttgart

Wynne L, Ryckoff JM, Day J, Hirsch SI (1958) Pseudo-mutuality in the family relations of schizophrenics. Psychiatry 21: 205-220

Wynne L (1984) The epigenesis of relational systems: A model for understanding family development. FamProc 23:297-318

Innere Differenzierung im System Familie

Ewald Johannes Brunner

Universität Tübingen, Institut für Erziehungswissenschaft I, Münzgasse 22-30, 72070 Tübingen

Alfred Dorn war in der Zwickmühle. Alfred Dorn, die zentrale Romanfigur in Martin Walsers "Die Verteidigung der Kindheit", konnte sich zwar glücklich schätzen, daß beide Eltern, die getrennt leben, gekommen waren, um ihn am Bahnhof zu verabschieden. Die Freude über das Erscheinen beider war jedoch getrübt: "Alfred durfte weder den Vater noch die Mutter merken lassen, daß ihn Vaters Abschiedsbesuch freute. Vielleicht tat es ihm sogar ein wenig leid, daß er den Vater behandeln mußte, wie die Mutter den behandelte".

Wie wir im Roman weiter erfahren, ist diese verzwickte Situation von Alfred Dorn - sein Hin-und-hergerissen-sein zwischen den Eltern - typisch für seine Lebenssituation. Was Martin Walser beschreibt, gilt vielen Familientherapeuten als symptomatisch für gestörte Familienbeziehungen. Alfred Dorns Konflikt, sich entweder für oder gegen seinen Vater - und damit für oder gegen seine Mutter - entscheiden zu müssen, wird in der Familientherapie als eines der virulenten Muster von Familiendynamik beschrieben: Eine "Dreiecks-Geschichte" besonderer Art, aufreibend genug, um zu dauerhaften Beeinträchtigungen zu führen. Das Kind steht dabei in besonderer Gefahr, zwischen die Fronten zu geraten (z.B. zum Sündenbock zu werden). Ich sehe in einer Rollenzuschreibung dieser Art *eine Form der inneren Differenzierung*. Solche Differenzierungsprozesse im System Familie, die zu relativ überdauernden Differenzierungsmustern führen, sind Thema des vorliegenden Buchbeitrags.

Das Interesse der Familientherapeuten gilt den familialen *Kommunikationsmustern*. Hier setzt innere Differenzierung im System Familie an.

1 Differenzierungskonstrukte

Die Differenzierung "Partnerschaft versus Elternschaft" ist der rote Faden, der den Dialog zwischen Familiensoziologen und Familientherapeuten, dokumentiert in diesem Band, durchzieht. Die eben skizzierte "Dreiecks-Geschichte", in der familientherapeutischen Fachsprache *Triangulation* genannt, kann mit diesem Differenzierungs-Konstrukt in Zusammenhang gebracht werden: Die Partnerschaft der Eltern Alfred Dorns ist gescheitert, die Elternschaft lebt fort, wenn auch untererschwerten Bedingungen und zuweilen skurilen Ausformungen (etwa in dem innigen Mutter-Sohn-Verhältnis). Trotz Trennung der Eltern lebt die "Familie Dorn" weiter, quasi als Phantom-Familie. Es handelt sich offensichtlich um eine "gestörte Familie". Läßt sich die Familienstörung nun mit Hilfe des Differenzierungsmusters "Partnerschaft versus Elternschaft" beschreiben? (Etwa, indem das Auseinanderdriften von Partnerschaft und Elternschaft in der Familie Dorn zum Mißlingen der Familienentwicklung beitrug?)

Ich werde in diesem Beitrag einen anderen Weg der Deutung beschreiten. Dazu werde ich die in der Familientherapie üblichen Denkmuster benutzen. Wenn man die Familienpathologie aus dem Blickwinkel der Familientherapie betrachtet, läßt sich das Differenzierungs-Konstrukt Partnerschaft versus Elternschaft zwar ebenfalls anwenden; dieses Konstrukt spielt aber eine untergeordnete (und zuweilen auch eine problematische) Rolle.

Familiensoziologen räsonieren über die Funktion und die Struktur der modernen Familie; sie betrachten die Lebensform der Familie quasi aus einer makroskopischen Perspektive heraus. Familientherapeuten nehmen dagen einen mikroskopischen Blickwinkel ein: Sie betrachten das Familienleben, wie es sich innerhalb der Familie vollzieht, unter psychologischen Gesichtspunkten. Funktionierende Familien (so schreibt etwa Helm Stierlin in seinem Beitrag in diesem Band) "kennzeichnet ein Gefühl von Solidarität, Zusammenhalt und Wertschätzung der Familienmitglieder füreinander". Auf dieser Folie läßt sich dann entsprechend die "gestörte Familie" beschreiben. Selbst in der Situation der Trennung und der Scheidung bleibt die Familie zunächst als Einheit bestehen, wenn auch unter verqueren Vorzeichen: "Sowohl die Erwachsenen als auch die Kinder befinden sich in einer verrückten Situation: als Ehepaar soll man sich trennen und Elternpaar bleiben; die Kinder wollen Kontakt mit beiden Elternteilen, leben jedoch nur mit einem zukünftig zusammen" (Heiner Krabbe, in diesem Band). *Alle* leiden unter dieser Situation. Entsprechend befassen sich die einschlägigen Hilfssysteme mit dem Familien*ganzen*: Die sozialen und juristischen Systeme, die mit der Auflösung der Familie befaßt sind, und die Beratungs- und Therapieeinrichtungen, die sich darum kümmern, daß das Leiden aller sich in Grenzen hält. Die Familientherapeuten haben die gesamte Dynamik im System Familie im Auge.

Zu solch konzentrierter Betrachtung des Familien*ganzen* treibt die Familientherapeuten nun nicht etwa eine "bürgerliche Einheitssemantik", wie sie - historisch und systematisch - in verschiedenen Ideologien der Neuzeit zum Ausdruck kommt (vgl. dazu den Einleitungsbeitrag von Hartmann Tyrell und Alois Herlth in diesem Band). Es ist vielmehr ein aus einer inneren Notwendigkeit heraus vollzogenes "Ganzheitsdenken", das "das System Familie zu einer Kompakteinheit aus interdependenten Individuen erklärt", wie Tyrell und Herlth (ebd.) es treffend formulieren. Die innere Notwendigkeit nun, derenthalben Familientherapeuten diesem Einheitsgedanken folgen, liegt in der spezifischen Entdeckung des familientherapeutischen Denkens und Handelns begründet, die ich im folgenden skizzieren werde. Kurz gesagt, handelt es sich um die Entdeckung der *Familien-Kommunikations-Dynamik*.

Was bedeutet dies nun für die innere Differenzierung im System Familie? Wie differenzieren Familientherapeuten innerhalb des Systems Familie, wenn sie die gesamte Familien-Kommunikations-Dynamik im Auge haben? Das Differenzierungs-Konstrukt[1] der Familientherapeuten ist die *Kommunikation*. Im Mittelpunkt stehen die beobachtbaren Kommunikations- und Interaktionsmuster in Familien (oder familienähnlichen Systemen).

2 Differenzierung durch Kommunikation

"Therapeut: Haben Sie eine Vorstellung davon, was Ihre Frau will?
Er: Nein. Sie kriegt doch alles. Ich bin doch großzügig.
Sie: Das meine ich doch gar nicht!
Er: Was denn?
Sie: Das begreifst Du nie!"

Diese kurze Sequenz aus einer Paartherapiesitzung (Georgi et al. 1990, S. 71) führt uns geradewegs zum Konstrukt "Kommunikation". Wir sind Zeugen einer Kommunikationssequenz, die sich offenbar ständig wiederholt. Familientherapeuten sprechen hier von *Kommunikationsmustern*. Die Kommunikationsmuster, mit denen sie dabei häufig zu tun haben, sind die "starren, sich ewig wiederkehrenden Abfolgen, die pathologisch wirken" (Haley 1977, S. 112). Diese immer wiederkehrenden Abfolgen und Muster werden in der familientherapeutischen Literatur auch als "Spiel" bezeichnet (Selvini-Palazzoli et al. 1978). Was in aller Welt bringt Familienmitglieder dazu, diese ewigen vertrackten Spiele zu spielen? "Warum spielen die da mit? Warum schaffen diese Leute gerade *die* Form von Interaktion, unter der sie leiden?" (Simon u. Weber 1993, S. 74). Wir wissen es nicht; Familientherapeuten halten sich vorsichtig zurück mit Spekulationen darüber.

Die spektakulärste Erfindung im klinisch-psychologischen Bereich seit Sigmund Freud - die Erfindung der Familientherapie - bezieht sich auf diese gespielten Spiele selbst (und läßt die Fragen nach ihrem Warum offen). Lag bisher der Fokus auf der Suche nach den Defiziten beim einzelnen Individuum, so verschob er sich nun auf die Beobachtung der Interaktionssequenzen der Mitglieder im Kommunikationssystem Familie, auf die Verwobenheit der Spielzüge und das scheinbare Chaos ihrer Abfolgen, auf die Kommunikationsbarrieren und die Kommunikationsfallen und auf die Regulierung von Distanz und Nähe über Interaktionsprozesse. Familientherapeuten fragten nach der Funktion der Spiele für die Familie im Hier und Jetzt. Die bahnbrechende Entdeckung der Familientherapie war die *Semantik der Kommunikation*.

Die Interaktionen, d.h. die wechselseitig prozessierten verbalen und nonverbalen Handlungseinheiten, wurden von nun an als Schlüssel angesehen, der einen Zugang zum System Familie eröffnet. Den jeweils prozessierten verbalen und

nonverbalen Handlungseinheiten entsprechen spezifische Strukturen, die sich im
Verlauf eines Familienlebens in Selbstorganisations-Prozessen herausbilden und
die vor allem in familialen Streßsituationen virulent werden. Familientherapeuten
sprechen hier vom Auftreten spezifischer Interaktions- und Kommunikationsmuster. Für die Frage nach der inneren Differenzierung ergibt sich damit eine
neue Dimension: Die innere Differenzierung orientiert sich am Konstrukt Kommunikation.

Dies erkannt zu haben, ist das Verdienst der Pioniere der Familientherapie.
Auf der Suche nach alternativen Erklärungsmöglichkeiten für schizophrene
Krankheitsformen kamen nordamerikanische Kliniker in den fünfziger Jahren
dieses Jahrhunderts auf die Idee, die Entstehung schizophrener Phänomene mit
dem Kommunikationsstil der Familienmitglieder in Zusammenhang zu bringen.
Schizophrenogen ist nach dieser Auffassung vor allem die sogenannte Double-
Bind-Kommunikation, wie sie Bateson und Mitarbeiter der Palo-Alto-Schule
beschrieben haben (Bateson et al. 1956).

Mit der Beachtung der Kommunikationsmuster war eine neue Emergenzebene
in den Blick geraten. Fortan erwies es sich bei der Analyse psychosozialer
Probleme und bei der Suche nach Lösungen als vorteilhaft, auf dieser Emergenzebene von Konfigurationsmustern zwischenmenschlicher Kommunikationen
anzusetzen: diese Analysen und die Lösungsstrategien auf der Basis dieser Heuri-
stiken erwiesen sich nämlich als äußerst effektiv, und der Wechsel auf die Emergenzebene "Kommunikation" hatte erhebliche Folgen für das, was gemeinhin mit
'Psychotherapie' bezeichnet wird. Es vollzog sich ein paradigmatischer Wechsel,
der in Psychodiagnostik und Psychotherapie eine *Ent-Pathologisierung menschlicher Individuen* möglich machte. Diejenigen, denen bislang das Etikett "psychisch krank" oder "sozial auffällig" angeheftet worden war, wurden durch diesen
Perspektivenwechsel *ent-lastet*: ihre Auffälligkeit wurde in der Folge im Rahmen
der Kommunikations-Semantik dekliniert.

Durch den Perspektivenwechsel vom Individuum zum Kommunikationssystem
ergibt sich prinzipiell eine *eigenständige Form der inneren Differenzierung*, die
ein doppeltes Gesicht hat:

Zum einen sind ja alle Mitglieder im System Familie, ob nun Vater oder Sohn,
Mutter oder Tochter, *in gleicher Weise* an der Aufrechterhaltung der Systemdynamik beteiligt; auf dieser Basis ist keine innere Differenzierung möglich: alle sind
in gleicher Weise für das Gelingen oder Nicht-Gelingen von Kommunikation
verantwortlich. Eltern kommunizieren nicht grundsätzlich mehr (oder weniger) als
Kinder, sie kommunizieren allenfalls anders: Die Familiendynamik hängt aus
dieser systemischen Warte nicht vom funktionierenden Partnersystem oder Elternsystem ab.

Zum andern kann die Familiendynamik jedoch durch erhebliche *"Ungleichge-
wichte" in der Kommunikation* gekennzeichnet sein. Wenn - wie im Fall von
Alfred Dorn - das Mutter-Sohn-Verhältnis ein Übergewicht erlangt, so ist das
Dornsche Familiensystem offenkundig "aus der Balance". Oder (um den Stier-
linschen Beschreibungsmodus aufzugreifen): Wenn jeder in der Familie auf seine

Weise (psychologische) Kontenführung betreibt und es damit keine für alle Familienmitglieder verbindliche "Währungseinheit" mehr gibt, hängt der Haussegen schief (vgl. den Beitrag von Stierlin in diesem Band). Die innere Differenzierung kann hier groteske Formen annehmen: Die einen überbieten sich im gegenseitigen Redestreit, die andern reden überhaupt nicht mehr miteinander; ein Elternpaar trägt seinen Zwist über die Kinder aus; Mutter und Großmutter koalieren mit dem Sohn gegen den Vater; Eltern delegieren ihre unerfüllten Wünsche und Erwartungen an die Kinder; etc. pp. All das sind keine genuin rollenspezifischen Muster innerer Differenzierung (etwa im Sinne des Modells von Parsons), diese innerfamilialen Muster sind adäquat verstehbar nur aus der je spezifischen (verqueren) Familiendynamik heraus.

Das Differenzierungs-Kriterium "Partnerschaft kontra Elternschaft" ist damit nicht gänzlich ausgeschlossen. Dysfunktionale Kommunikation kann nämlich durchaus mit mißlingender Partnerschaft bzw. Elternschaft verquickt sein. Darüber hinaus müssen wir uns vergegenwärtigen, daß die Kommunikations-Semantik stark im Formalen stecken bleibt und von da her verschiedenste inhaltliche Ausführungen zuläßt.

3 Kommunikations-System-Semantik

Ein psychosoziales Problem nicht als individuelles, sondern als Kommunikationsproblem zu betrachten, machte - wie ich im vorangegangenen Abschnitt gezeigt habe - das traditionelle Pathologisierungskonzept überflüssig, indem es den einzelnen "psychisch Kranken" oder "sozial Auffälligen" entmystifizierte. Darüber hinaus bot die Kommunikations-Semantik mit ihrem Fokus auf Konfigurationsmustern (z.B. auf "Spielen") eine Befreiung von den Altlasten herkömmlicher Lösungsversuche in der Psychotherapie. Weder die tiefenpsychologische Suche nach verschütteten Traumata in der Psyche eines einzelnen (oder in der Kollektiv-Seele) noch das verhaltenstherapeutische Aufrollen einer Lern-Geschichte ("reinforcement history") waren nunmehr gefragt, vielmehr nur noch die (scheinbar) voraussetzungslose Analyse der Kommunikation im Hier und Jetzt.

Bis heute wird diese Voraussetzungslosigkeit im psychotherapeutischen Bereich als entlastend und befreiend erlebt. Das Problem ist nur, daß es sich bei der Kommunikations-Semantik um ein *rein formales Kalkül* handelt: Kommunikationen werden in ihrer Abfolge analysiert, Muster der Kommunikation werden registriert und ggf. modifiziert (oder doch wenigstens diskutiert). Diese Art der Vorgehensweise ist durch ihren formalistischen Charakter offen für inhaltliche Ausgestaltungen sowohl in praktischer als auch in theoretischer Hinsicht. Was die theoretische Ausgestaltung der Familientherapie betrifft, so wird bevorzugt systemtheoretisches Gedankengut aufgearbeitet (vgl. den Beitrag von Elke Horn in diesem Band), so daß es sich genau genommen nicht nur um eine Kommunikations-Semantik handelt, sondern um eine Kommunikations-System-Semantik[2].

Mir scheint es überhaupt nicht verwunderlich, daß die spröde Formalität der Kommunikations-System-Semantik viele Familientherapeuten/systemische Therapeuten dazu verführt hat, handfeste Konkretismen aus dem reichhaltigen Angebot psychotherapeutischer Erklärungsmuster zu übernehmen (man vgl. hierzu die vielfältigen Versuche der Kombination von Familientherapie mit Psychoanalyse, Verhaltenstherapie, Gestalttherapie, etc.).

Die inhaltliche Ausgestaltung der (formalen) Kommunikations-System-Semantik variiert sehr breit. Es würde in diesem Rahmen zu weit führen, einen Überblick über die facettenreiche Landschaft der diesbezüglichen familientherapeutischen Szene zu geben. Lediglich in bezug auf unsere Leitfrage nach den Möglichkeiten der inneren Differenzierung im System Familie seien hier einige dieser Facetten beispielhaft genannt.

So wurden vor allem in der ersten Phase der Exploration mit dem neuen Paradigma die verschiedensten Differenzierungs-Konstrukte "getestet"; für das Auftreten familialer Störungen wurde z.B. der Grad der Organisation/Desorganisation in der Familie verantwortlich gemacht (Brown 1972, S. 970). Für die innere Differenzierung mußte dabei anfangs gelegentlich noch das psychoanalytische Konzept der Ich-Entwicklung herhalten (ebd., S. 971). Meist aber wurden kommunikations-spezifische Differenzierungs-Charakteristika benannt, so etwa bei Lidz, der die "intrafamilial schisms" in "gestörten Familien" wie folgt beschreibt: "In such families there is a chronic failure over many years to achieve appropriate complementarity roles in the marriage" (zitiert nach Brown 1972, S. 979). Interessant für unsere Frage nach der inneren Differenzierung ist, wie hier die mögliche "Rollen"verzerrung konkret gedacht ist; etwa so: die Mutter wird vom Vater stark abgewertet; die Tochter geht mit dem Vater eine Koalition ein, sie kann sich nicht mit ihrer Mutter identifizieren etc.

Was ich in diesem Zusammenhang sehr problematisieren möchte, sind die normativen Leitdifferenzen, die sich im Zuge solcher Konkretisierungsbemühungen in Familientherapietheorien eingeschlichen haben. Hierbei sind vor allem die Geschlechterdifferenz und die Generationendifferenz zu nennen (zur Frage der Universalität geschlechtlicher Differenzierung vgl. Tyrell 1989). Die Differenzierung nach Geschlecht und nach Generation spielt schon in einem frühen Stadium der Theorienbildung in der Familientherapie eine Rolle. Als Beispiel wähle ich die Charakterisierung von Fleck im Manual of Child Psychopathology (1972, S. 190): "Before family functions can be outlined as a preliminary to considering pathology, two important and basic divisions that govern family structure and dynamics must be understood. These can be viewed as the two axes of family life. One is the generation boundary ... The other division is that between the two sexes."

Eben diese Differenzierungsstrategien kommen bis heute immer noch zum Zuge. So nennen Georgi et al. (1990, S. 13) folgende 3 Bestandteile "mit grundlegender Bedeutung für das Familienleben:
- das Verhältnis der Geschlechter zueinander,
- die Beziehung zwischen Eltern und Kindern sowie
- der Zusammenhang mehrerer Generationen".

Solche Leitdifferenzen können dann zum Problem werden, wenn sie mit spezifischen normativen Erwartungen verknüpft werden. Differenzierung mündet dann geradewegs wieder in Etikettierung und Pathologisierung.

Die (formale) Kommunikations-System-Semantik hat sich - so können wir zusammenfassend festhalten - also zum einen äußerst positiv ausgewirkt: Die einzelne Person wird durch den Wechsel der Perspektive auf das Insgesamt der Kommunikationsabläufe im Mehr-Personen-System ent-lastet und damit ent-pathologisiert. Als Differenzierungsstrategie konnte die Kommunikations-System-Semantik somit neutralisierend wirken (im Sinne der beschriebenen Ent-Pathologisierungs-Tendenz). Zum andern bot die Kommunikations-System-Semantik die Freiheit (quasi eines psychotherapeutischen Niemandslands), die mißverstanden werden konnte und z.B. in ein gefährliches Fahrwasser einer (wie immer gearteten) Normativität geraten konnte. Dies war der Fall bei Minuchins normativem Modell der funktionierenden Familie, das uns im folgenden Abschnitt gesondert beschäftigen wird.

4 Interne Differenzierung in der Familientherapie

Interne Differenzierung im System Familie wird von Familientherapeuten und Familientherapieforschern offenbar nicht nur auf dem Wege der Ausdifferenzierung von Kommunikation konstruiert. Es kommen weitere Klassifikationsmomente hinzu. Dies wird bereits an einem der grundlegenden Theoreme der Familientherapietheorie deutlich: Dieses Theorem nimmt seinen Ausgangspunkt in einer konflikttheoretisch gefaßten Argumentationsfigur, wonach in einem Konfliktfall zwei Interaktionspartner leicht in das Dilemma geraten können, "daß entweder der eine siegt und der andere verliert oder die Beziehung auseinanderbricht. Unter diesen Umständen erweitern sich die Lösungsmöglichkeiten durch Hinzuziehung eines Dritten. Ein manifest unterlegener Partner etwa kann seine Niederlage durch ein Geheimbündnis mit einem Dritten kompensieren und dadurch innerhalb der Zweierbeziehung das Gleichgewicht wiederherstellen. Ein Konflikt läßt sich ferner vermeiden, wenn der Dritte (meist ein Kind) ein gemeinsames Problem liefert oder dazu delegiert wird" (Simon u. Stierlin 1984, S. 366).

Es handelt sich bei dieser Erweiterung einer konflikthaften Zweierbeziehung um eine dritte Person, die den Konflikt verdeckt oder entschärft, um ein in der familientherapeutischen Praxis oft beobachtbares Phänomen der Dreiecksbildung (Triangulation). Es ist kein Zufall, daß in der eben zitierten Definition von Simon und Stierlin der "Partner"konflikt mit dem Konflikt zwischen zwei Eheleuten assoziiert wird, ein Konflikt, der sich dann im Sinne der eben skizzierten Dreiecksbildung auf die Weise vermeiden oder entschärfen läßt, daß er über das Kind (bzw. über eines der Kinder) dieser Eheleute umgeleitet wird. Aus dieser familientherapeutischen Beobachtung wird leicht eine familientheoretische Setzung ontischer Qualität[3] dann, wenn z.B. die Familientherapeutin Satir (1973, S. 13) konstatiert: "Die eheliche Beziehung ist die Achse, um die herum alle anderen Familienbeziehungen geformt werden. Die Ehepartner sind die 'Architekten' der Familie."

Daß "Eltern ein Kind dazu benützen, ihren ehelichen Konflikt umzuleiten oder abzubiegen" (Minuchin 1977, S. 130), diese Feststellung hebt die scheinbare Besonderheit des elterlichen und ehelichen Subsystems hervor, wie sie eben auch in dem Zitat von Satir deutlich wurde. Anders als in der psychoanalytischen Tradition, in der die pathologisierenden Traumata primär in gestörten Eltern-Kind-Beziehungen gesehen werden, geht die Familientherapie von gestörten Elternbeziehungen aus, die sich in Störungen beim Kind widerspiegeln.

So sehr die Subsystembildung (als eine Form der inneren Differenzierung im System Familie) also von der Warte einer kommunikations- und systemtheoretischen Familientherapie her prinzipiell offen ist für mögliche dyadische und triadische Kommunikationsmusterbildung, so werden durch die Betonung des elterlichen und - wie wir gleich sehen werden - auch des großelterlichen Subsystems entsprechend die Freiheitsgrade der Beschreibung eingeengt.

Dies wird besonders deutlich in dem Konzept der "strukturellen Familientherapie" Salvador Minuchins. "Der Begriff 'Struktur' in Minuchins Ansatz bezieht sich insbesondere auf die Gliederung der Familie in Subsysteme (einzelne Personen, Kinder/Eltern usw.), auf die Starrheit/Flexibilität dieser Subsysteme, auf die Transaktionen zwischen ihnen sowie auf Aspekte der Abgrenzung und der Durchlässigkeit solcher Grenzen" (Kriz 1985, S.285 f.). Es handelt sich, wie Kriz vermerkt, um ein normatives Familienmodell: Minuchin habe eine relativ klare normative Vorstellung darüber, wie die Struktur einer gut funktionierenden Familie beschaffen sein sollte und wie nicht (ebd.).

Eine der wichtigsten Forderungen Minuchins ist dabei, daß "klare Grenzen zwischen den Subsystemen existieren müssen" (ebd.). Grenzen seien wichtig, denn sie hätten die Funktion, die Differenzierung des Systems (in Subsysteme) zu bewahren. Durch die Ausdifferenzierung in die Subsysteme könne das Familiensystem seine Funktionen erfüllen (z.B. die einzelnen Mitglieder zu schützen, sich Veränderungen anzupassen, Kontinuität zu gewährleisten usw.).

Der Begriff der Grenze erhält in diesem familientherapeutischen Konzept eine herausragende Bedeutung. Die Grenzen im Familiensystem, die Grenzen für die Ausdifferenzierung in Subsysteme müssen - so die Forderung - *klar* sein. "Klarheit bedeutet nun in diesem Zusammenhang, daß die Grenzen weder unangemessen starr sind - die Subsysteme wären dann voneinander losgelöst bzw. isoliert - noch diffus - Minuchin spricht hier von 'Verstrickung'. Positiv formuliert kann bei klaren Grenzen das Subsystem seine Funktionen ohne eine unzulässige Einmischung von außen vollziehen und gleichzeitig Kontakt nach außen haben" (ebd.).

Minuchin hebt nun drei der familialen Subsysteme besonders hervor: Das eheliche, das elterliche und das geschwisterliche. Das elterliche Subsystem wird insofern vom ehelichen unterschieden, als das elterliche Subsystem auch einen Teil der Großeltern oder der Geschwister mit einschließen kann, die elterliche Funktionen übernehmen können. Die zentrale Bedeutung des ehelichen Subsystems bei Minuchin faßt Kriz wie folgt zusammen: Das eheliche Subsystem "hat lebenswichtige Funktionen für die Familie - allein schon deshalb, weil es in der Regel die Familie überhaupt erst gründet. Die Interaktionsmuster zwischen den Partnern sollten weitgehend komplementär sein, 'so daß jeder Ehegatte 'nachgeben' kann, ohne das Gefühl, sich 'aufgegeben' zu haben' (Minuchin 1977, S. 76). Die Abgrenzung gegenüber den andern Familienmitgliedern muß für dieses System besonders klar sein, da 'Mann und Frau ein Refugium vor den vielfältigen Anforderungen des Lebens' brauchen" (Kriz 1985, S. 286).

Im Sinne der Systemkonzeption von James G. Miller (1978) erhält das elterliche Subsystem die Funktion des 'decider' (eines der Millerschen Subsysteme). "Solange die Kinder noch sehr klein sind, herrschen die Funktionen des Nährens und Schützens vor. Später werden Kontrolle und Führung wichtiger" (Minuchin 1977, S. 78). Allerdings haben - wie Kriz vermerkt - die Kinder das Recht und die Verpflichtung zu wachsen und Autonomie zu entwickeln; auch die Grenzen des geschwisterlichen Subsystems müssen von daher gewahrt und geschützt werden.

Das Pathologisierende ist nach Minuchin die Grenzüberschreitung bzw. die Grenzverletzung, aber auch das Beharren auf starren Grenzen. Vor allem der Schritt über die Generationengrenze hinweg kann pathologisch wirken: Die Großeltern, die sich in die Erziehung einmischen (und die Eltern, die hier ihre Grenzen ungenügend wahren); der Elternteil, der seine Erziehungspflicht an ein Kind-Subsystem delegiert; der Elternteil, der sich - über die Generationengrenze hinweg - mit einem Kind verbündet (gegen seinen ehelichen Partner): sie alle verletzen Grenzen im Sinne Minuchins.

Auch Minuchin geht in der Beratung und Therapie von Familien von den Transaktionsmustern der Familie aus, die als relativ eingeschliffene Regelstrukturen und Verhaltensmuster direkt beobachtbar sind und Ansatzpunkt für Interventionen bieten. Vom ersten Moment der Begegnung mit seiner Klientenfamilie stellt Minuchin möglichst zahlreiche genaue Beobachtungen an: Der Therapeut "faßt die transaktionalen Muster und die Grenzen genau ins Auge und stellt Hypothesen darüber auf, welche Muster funktional und welche dysfunktional sind" (Minuchin 1977, S. 116). Eine der Lösungsstrategien liegt in der Stärkung der funktionalen Subsysteme.

Zur Aktualität dieses familientherapeutischen Ansatzes läßt sich sagen, daß Minuchins Differenzierungskonstrukt der Generationengrenze Verbreitung bei sehr vielen Praktikern der Familientherapie gefunden hat. Minuchins Ansatz ist ein Musterbeispiel für eine normativ unkritische Kommunikations-System-Semantik. Minuchin liefert, wie Ludewig (1992, S. 51) es formuliert, ein "normatives Modell der funktionierenden Familie, in dem sich viele Elemente des 'American Dream' nachweisen lassen". Eine solche - am Ideal der "bürgerlichen" Familie orientierte - Familientherapie hat denn auch die Kritik verdient, die ihr von der Seite einer kritischen Pädagogik entgegengebracht wird (vgl. Hörmann et al. 1988.; Gröll u. Körner 1991).

5 Differenzierung und Selbstorganisationstheorie

Das Leitbild der modernen Kleinfamilie sensu Minuchin wird auch von Familientherapeuten zunehmend in Frage gestellt; die Vielfalt familialer Lebensformen
kann in der familientherapeutischen Praxis nicht unberücksichtigt bleiben. Hinzu
kommt, daß in der jungen Geschichte der Familientherapie ein Bruch zu verzeichnen ist, der als "epistemologische Wende" bezeichnet werden kann; die
"Objektivität" familientherapeutischer Analysen wurde aus erkenntnistheoretischen Gründen in Frage gestellt. Die "Machbarkeit" von Familientherapie wurde
problematisiert. Das familientherapeutische Geschäft wird zunehmend als ein
Dialog aufgefaßt, bei dem sich die Partner dieses Diskurses, Therapeut und
"Klienten", auf eine gemeinsame Problemsicht verständigen und gemeinsam nach
Lösungswegen suchen.

Die Kommunikations-System-Semantik ist in ihren vielfältigen Ausformungen
kaum noch überschaubar (vgl. dazu Schiepek 1991; Ludewig 1992). Die epistemologische Kehrtwende mit ihrem Schwenk zum Radikalen Konstruktivismus hat
den Familientherapeuten zwar das Feld für metatheoretische Reflexionen geebnet,
läßt dies Feld in objekttheoretischer Hinsicht jedoch brachliegen. Insofern gibt es
in der neueren Entwicklung kaum eine Präzisierung für die Differenzierungs-
debatte. Einzig die feministische Familientherapie gibt hier neue Impulse. So
beschäftigen sich beispielsweise Hare-Mustin u. Marecek (1990; zitiert nach
Welter-Enderlin 1992a, S. 51) mit dem Alpha-Vorurteil ("Männer und Frauen
sind grundsätzlich verschieden") und mit dem Beta-Vorurteil ("Frauen und
Männer wären an sich gleich, wenn sie nicht durch die sozialen Strukturen
ungleich gemacht würden"); beide Vorurteile lenken einseitig auf die "Gender"-
Perspektive. "Wenn zum Beispiel Wissen und Vernunft bzw. emotionale Bezogenheit als Ressourcen nicht mehr auf 'Gender', sondern auf Positionen in sozialen
Hierarchien bezogen werden, wie die Autorinnen vorschlagen, können wir uns
nicht mehr nur auf sozialisierte weibliche oder männliche Moral oder Sprache
abstützen. Wir müssen fragen, wer welche Machtquellen wo bezieht und wie
damit umgeht, und wie es kommt, daß diese nach wie vor so ungleich verteilt
sind. Warum zum Beispiel Männer vorwiegend positional und Frauen vorwiegend
relational handeln" (ebd.).

Das Konstrukt der "Macht" in Familiensystemen rührt an bisher kaum diskutierte Modi innerer Differenzierung. Auf dem Hintergrund der feministischen
Familientherapie (vgl. auch Walters et al. 1991; McGoldrick et al. 1991) gewinnt
das in diesem Buch diskutierte Differenzierungskonstrukt "Partnerschaft kontra
Elternschaft" eine neue Dimension. Auch die Kommunikations-System-Semantik
erfährt dadurch eine Erweiterung.

Theoretisch kann sie m.E. aufgefangen werden über Theoreme aus der Selbstorganisationstheorie (Haken 1984; Tschacher et al. 1992). Aus dieser Perspektive
sind familiäre Interaktionen, Wahrnehmungen, Kognitionen und Emotionen als
Teilaspekte eines Gesamtprozesses anzusehen, die jeweils dynamisch aufeinander
wirken (Jürgen Kriz, in diesem Band). Als "soziale Atome" sind diese rudimentä-

ren Kommunikations-, Kognitions- und Emotionselemente kaum empirisch faßbar; dies ist aber auch nicht unbedingt erforderlich, da nicht die Dynamik auf dieser Mikroebene von Interesse ist, sondern die Dynamik auf der (beobachtbaren) Makroebene der Ordnungsmuster (Tschacher 1990; Brunner u. Tschacher 1991).

Die Theorie der Selbstorganisation befaßt sich vor allem mit der Frage der Entstehung und dem Wandel von Ordnungsmustern. Eine zentrale Rolle spielt hierbei der Begriff des *"Ordnungsparameters"*. Ein Kommunikationsmuster, das eine Familie zeigt, ist solch ein durch wenige Ordnungsparameter beschreibbares Muster auf der Makroebene. Wenn auch die Systeme selbst, quasi von innen heraus dazu in der Lage sind, Ordnungsmuster auszubilden, so sind sie gleichwohl dabei nicht von den Bedingungen der Außenwelt unabhängig. Die selbstorganisierte Strukturbildung bzw. -veränderung hängt auch von der Veränderung der Systemumgebung ab. Die von außerhalb auf das System wirkenden Variablen werden in der Selbstorganisationstheorie *Kontrollparameter* genannt. Wichtig ist nun, daß eine kontinuierliche Veränderung der Kontrollparameter zu diskontinuierlichen Zustandsänderungen der makroskopischen Strukturen führen kann. Muster im Sinne der Selbstorganisationstheorie sind nicht statische Gebilde. Systeme tendieren - so die Aussage der Selbstorganisationstheorie - dazu, einen Gleichgewichtszustand anzustreben. Dieser Gleichgewichtszustand kann aber durch Veränderungen innerhalb des Systems oder in der Systemumwelt wieder aus dem Gleichgewicht gebracht werden. Dieser *dynamische* Aspekt hat eine herausragende Bedeutung für das Verständnis von Differenzierungsprozessen im System Familie.

Ein System, das einem Gleichgewicht zustrebt, erreicht eine gewisse Stabilität; wird es aus dem Gleichgewicht gebracht, so wird es instabil. Während der Phase der Instabilität sind besonders auffällige Fluktuationen beobachtbar. In einer solchen Phase der Instabilität kann sich sprunghaft ein neuer Ordnungszustand einstellen. In der Theorie der nonlinearen Dynamik spricht man hier vom Erreichen eines *Bifurkationspunktes*, bei dem sich das System entweder in die eine oder in die andere Richtung weiterentwickelt. Trennungs- und Scheidungsfamilien lassen sich in ihrer inneren Differenzierung von da her verstehen.[4]

In der Begrifflichkeit der Selbstorganisationstheorie kommen also sowohl die für die inneren Differenzierungsprozesse im System Familie wichtigen "Selbsterhaltungs-Tendenzen" als auch die Außenfaktoren zur Geltung, die für die Musterbildung innerhalb des Familiensystems ebenso bedeutsam sind (vgl. dazu den Beitrag von Beck-Gernsheim in diesem Band). Durch die Betonung des dynamischen Aspekts kommt dem *genetischen Prozeß*, den jedes Familiensystem durchläuft, eine entscheidende Rolle zu. *Innerfamiliale Muster sind nur verstehbar aus der Geschichte der Paarbeziehung heraus* (einschließlich der Geschichte der Ursprungsfamilien der Partner) *und aus der Geschichte der Familienentwicklung heraus, die dieses Paar erlebt, sobald es eigene Kinder hat.* Dies wird in der Monographie von Welter-Enderlin (1992b), in besonders eindrücklicher und überzeugender Weise aufgezeigt.[5] Die genetisch relevante Musterbildung gilt mutatis mutandis natürlich auch für "Familien", die sich nicht nach dem herkömmlichen Muster (z.B. als "Gattenfamilien") entwickeln.

Anmerkungen

[1] Die innere Struktur des sozialen Systems Familie läßt sich anhand einer Vielzahl von Differenzierungsmöglichkeiten beschreiben. Welches Differenzierungs*konstrukt* der Forscher oder der Praktiker anwendet, hängt naturgemäß stark von der Einbettung in die jeweilige Wissenschaftstradition ab, der der betreffende Konstrukteur angehört oder die er als Referenzrahmen präferiert. Wenn sich Familiensoziologen beispielsweise für Fragen der innerfamilialen Arbeitsteilung interessieren, so wählen sie für die innere Differenzierung im System Familie vermutlich das naheliegende Konstrukt der Geschlechtsspezifität, ein Differenzierungskonstrukt, das auch empirisch leicht zu handhaben ist. Auf diese Weise kommen die Familienforscher beispielsweise zu dem Ergebnis, daß sich die (geschlechtsspezifische) Arbeitsteilung in den Familien - auch in den vergangenen Jahrzehnten - kaum wesentlich verändert hat (vgl. Petzold 1991; s. auch den Beitrag von Yvonne Schütze in diesem Band).

Die familientherapeutisch relevante innere Differenzierung läßt sich nicht so einfach konstruieren, wie ich im vorliegenden Buchbeitrag aufzeigen werde. Bei Familientherapeuten spielt das Konstrukt der geschlechtsspezifischen Differenzierung meist nur eine nachrangige Rolle (eine Ausnahme bildet etwa der neuere Ansatz einer feministischen Familientherapie). Offenbar sind für das Verständnis der Beziehungsdynamik in einer Familie differenziertere Beschreibungskonstrukte erforderlich.

Die bisher in Umlauf gebrachten familientherapeutischen Differenzierungskonstrukte divergieren beträchtlich. Da gibt es die Personifizierungskonstrukte psychoanalytischer Provenienz ebenso wie die Konstrukte familienspezifischer Handlungsmuster, wie sie für das Paradigma "Familientherapie" typisch sind. Betrifft die erstgenannte Form (in der älteren psychoanalytischen Familientherapie; vgl. Dührssen 1971) vor allem einzelne Familienmitglieder, die mit Hilfe von Persönlichkeitskonstrukten beschrieben werden, so beziehen sich die (ältere) "system- und kommunikationsorientierte" Familientherapie und die (jüngere) "systemische" Familientherapie (oder "systemische Therapie") vor allem auf das Differenzierungskonstrukt "*Kommunikation*". Im Mittelpunkt stehen nunmehr die beobachtbaren Kommunikations- und Interaktionsmuster in Familien. Das Differenzierungskonstrukt "Kommunikation" wird zu einem *Code* mit universellem Anspruch, wobei die einzelnen inhaltlichen Spezifizierungen wiederum divergieren. So spricht Stierlin (1975) etwa von den Transaktionsmodi "Bindung", "Ausstoßung" und "Delegation", konzentrieren sich Olson et al. (1979) auf die Modi der "Kohäsion" und der "Adaptabilität" und beschreiben Selvini-Palazzoli et al. (1978) Kommunikationsprozesse in Familien als "Spiele". In diesen genannten Konstraktausformungen werden nicht mehr (wie früher) Personen innerhalb der Familie pathologisiert, sondern Kommunikationszusammenhänge innerhalb der Familie (möglichst vorurteilslos) beschrieben.

[2] Als formales Kalkül konnte die Kommunikations-Semantik nacheinander Anleihen machen bei den metatheoretischen Konzepten
- der allgemeinen Systemtheorie sensu von Bertalanffy,
- der Autopoiesis-Theorie sensu Maturana/Varela,
- der Systemtheorie sensu Luhmann und
- der Chaos- und Selbstorganisationstheorie (vgl. Kriz 1992).

Aus der Kommunikations-Semantik wurde durch diese Anleihen die "Kommunikations-System-Semantik"; die beobachteten Kommunikationen wurden - je nach systemtheoretischer Orientierung - durch eine systemtheoretische Metaphorik ergänzt. Hieraus resultierte in praktischer Hinsicht eine ganze Reihe von Theorieentwürfen zur "kommunikations- und systemorientierten Familientherapie" (zusammenfassend vgl. Kriz 1985, Teil IV; Hoffman 1982; zur Frage der theoretischen Grundlegung der kommunikations- und systemorientierten Familientherapie vgl. Brunner 1986).

Für die Frage nach der *inneren Differenzierung* im System Familie bot die neue Semantik auch neue Differenzierungsmöglichkeiten. So kam es etwa zu dem Versuch, die Familienmitglieder als Systemelemente (Subsysteme des Systems Familie) zu definieren oder - in einer elaborierteren Fassung - sogar drei verschiedene Subsysteme zu postulieren: "The family system is composed of three subsystems that interact with each other as well as with the world outside: these are the family-unit subsystem, the interpersonal subsystem, and the personal subsystem" (Kantor u. Lehr 1975, S. 23).

[3] Ich möchte mit Nachdruck auf das Problem des Essentialismus hinweisen: Ontologisierend sind die (älteren) Konzepte der Familien-Pathologie, die einem (oder mehreren) Familienmitglied(ern) eine Störung personifizierend zuschreiben. Aber auch wenn die Familientherapeuten derzeitig nicht mehr davon sprechen, daß ein Familienmitglied "das Problem hat" (oder mehrere Familienmitglieder "das Problem haben"), so ist damit die Gefahr der Ontologisierung noch nicht gebannt. Wohl hat der radikale Konstruktivismus gegenwärtig Hochkonjunktur bei den systemischen Therapeuten, sie hüten sich davor, den Mitgliedern des Systems Familie Probleme anzuheften. Im Sinne dieser Epistemologie geht man - so die Formulierung Ludewigs (1992, S. 115) - davon aus, daß Menschen beunruhigende ("alarmierende") Situationen als "Probleme" *deuten*. Um ein solches als Problem definiertes Thema herum bildet sich dann - dieser Vorstellung gemäß - ein spezielles soziales System heraus, das "Problemsystem". "In diesem Sinne schafft ein Problem ein Sozialsystem, nicht das Sozialsystem (etwa Ehe, Familie, Gruppe) 'hat' ein Problem" (ebd., S. 115). Aber auch dieses Konstrukt des "problem-determinierten Systems" kann essentialistisch mißverstanden werden; dann nämlich, wenn Familientherapeuten respektive systemische Therapeuten ihre Konstruktion der Familienpathologie (z.B. in Form "problem-determinierender Systeme") *hypostasieren*. Konstrukte basieren bekanntlich auf mentalen Konstruktionen; auch Konstrukte *über* Konstrukte sind Konstruktionen und müssen als solche diskutiert werden. Bei der Ent-Koppelung von sozialem System und psychischem System in der Theorie sozialer Systeme sensu Luhmann oder in der Autopoiesis-Theorie sensu Maturana und Varela handelt es sich um ein solches Meta-Konstrukt, das zu problematisieren ist (vgl. dazu den Beitrag von Kriz in diesem Band).

[4] Zum familientherapeutischen Prozeß aus der Sicht der Selbstorganisationstheorie vgl. Brunner u. Lenz 1993.

[5] Zur Familienentwicklungspsychologie vgl. auch Schneewind 1991; Petzold 1991.

Literatur

Bateson G, Jackson DD, Haley J, Weakland J (1956) Towards a Theory of Schizophrenia. Behavioral Science 1:251-264

Brown SL (1972) Family Group Therapy. In: Wolman BB (ed) Manual of Child Psychopathology. McGraw-Hill, New York, S 969-1009

Brunner EJ (1986) Grundfragen der Familientherapie. Systemische Theorie und Methodologie. Springer, Berlin

Brunner EJ, Tschacher W (1991) Distanzregulierung und Gruppenstruktur beim Prozeß der Gruppenentwicklung. I: Theoretische Grundlagen und methodische Überlegungen. Zeitschrift für Sozialpsychologie 22:87-101

Brunner EJ, Lenz G (1993) Was veranlaßt ein Klientensystem zu sprunghaften Veränderungen? Ein Erklärungsversuch aus der Perspektive der Selbstorganisationstheorie. System Familie 6:1-9

Dührssen A (1971) Psychotherapie bei Kindern und Jugendlichen. Verlag f. Med. Psych., Göttingen

Fleck S (1972) Some Basic Aspects of Family Pathology. In: Wolman BB (ed) Manual of Child Psychopathology. McGraw-Hill, New York, S 189-204

Georgi H, Levold T, Wedekind E (1990) Familientherapie: Was sie kann, wie sie wirkt und wem sie hilft. PAL Verlagsgesellschaft, Mannheim

Gröll J, Körner W (1991) Klinisch-psychologische Systemkonzepte. In: Hörmann G, Körner W (Hrsg) Klinische Psychologie. Ein kritisches Handbuch. Rowohlt, Reinbek, S 107-142

Haken H (1984) Erfolgsgeheimnisse der Natur. Synergetik: Die Lehre vom Zusammenwirken. Ullstein, Frankfurt/M

Haley J (1977) Direktive Familientherapie. Strategien für die Lösung von Problemen. Pfeiffer, München

Hörmann G, Körner W, Buer F (Hrsg) (1988) Familie und Familientherapie. Westdeutscher Verlag, Opladen

Hoffman L (1982) Grundlagen der Familientherapie. Konzepte für die Entwicklung von Systemen. Isko-Press, Hamburg

Kantor D, Lehr W (1975) Inside the Family. Toward a Theory of Family Process. Jossey-Bass, San Francisco

Kriz J (1985) Grundkonzepte der Psychotherapie. Eine Einführung. Urban & Schwarzenberg, München Wien Baltimore

Kriz J (1992) Chaos und Struktur. Grundkonzepte der Systemtheorie; Bd 1. Quintessenz, München

Ludewig K (1992) Systemische Therapie. Grundlagen klinischer Theorie und Praxis. Klett-Cotta, Stuttgart

McGoldrick M, Anderson CM, Walsh F (Hrsg) (1991) Feministische Familientherapie in Theorie und Praxis. Lambertus, Freiburg

Miller JG (1978) Living Systems. McGraw-Hill, New York

Minuchin S (1977) Familie und Familientherapie. Theorie und Praxis struktureller Familientherapie. Lambertus, Freiburg

Olson DH, Sprenkle DH, Russell CS (1979) Circumplex Model of Marital and Family Systems: I. Cohesion and Adaptability Dimensions, Family Types, and Clinical Applications. Family Process 18:3-28

Petzold M (1991) Paare werden Eltern. Eine familienentwicklungspsychologische Längsschnittstudie. Quintessenz, München

Satir V (1973) Familienbehandlung. Kommunikation und Beziehung in Theorie, Erleben und Therapie. Lambertus, Freiburg

Schiepek G (1991) Systemtheorie der Klinischen Psychologie. Vieweg, Braunschweig Wiesbaden

Schneewind KA (1991) Familienpsychologie. Kohlhammer, Stuttgart

Selvini-Palazzoli M, Boscolo L, Cecchin G, Prata G (1978) Paradoxon und Gegenparadoxon. Ein neues Therapiemodell für die Familie mit schizophrener Störung. Klett-Cotta, Stuttgart

Simon FB, Stierlin H (1984) Die Sprache der Familientherapie: Ein Vokabular. Überblick, Kritik und Integration systemtherapeutischer Begriffe, Konzepte und Methoden. Klett-Cotta, Stuttgart

Simon FB, Weber G (1993) Systemische Spieltherapie I. Zur Theorie systemischen Intervenierens. Familiendynamik 18:73-81

Stierlin H (1975) Von der Psychoanalyse zur Familientherapie. Klett, Stuttgart

Tschacher W (1990) Interaktion in selbstorganisierten Systemen. Grundlegung eines dynamisch-synergetischen Forschungsprogramms in der Psychologie. Asanger, Heidelberg

Tschacher W, Schiepek G, Brunner EJ (eds) (1992) Self-Organization and Clinical Psychology. Empirical Approaches to Synergetics in Psychology. Springer, Berlin

Tyrell H (1989) Zur Universalität geschlechtlicher Differenzierung. In: Martin J, Zoepffel R (Hrsg) Aufgaben, Rollen und Räume von Frau und Mann. Verlag Karl Alber, Freiburg

Walser M (1991) Die Verteidigung der Kindheit. Suhrkamp, Frankfurt/M

Walters M, Carter B, Papp P, Silverstein O (1991) Unsichtbare Schlingen. Die Bedeutung der Geschlechterrollen in der Familientherapie. Eine feministische Perspektive. Klett-Cotta, Stuttgart

Welter-Enderlin R (1992a) Kommentar zu L.Richterichs Beitrag 'Gender-Sensivity: Bemerkungen aus einer männlichen Perspektive'. Eine unter vielen möglichen Antworten. System Familie 5:49-52

Welter-Enderlin R (1992b) Paare - Leidenschaft und lange Weile. Frauen und Männer in Zeiten des Übergangs. Piper, München Zürich

Soziologische Systemtheorie und systemische Familientherapie: Einige Anmerkungen zu den Möglichkeiten eines Dialogs

Elke Horn

Rheinische Landes- und Hochschulklinik, Bergische Landstraße 2, 40629 Düsseldorf

Der Dialog zwischen Familientherapeuten und Soziologen hat bereits eine kleine Tradition: das von Salvador Minuchin in den sechziger Jahren entwickelte Modell der strukturalistischen Familientherapie orientierte sich weitgehend an Parsons' Modell der bürgerlichen Kleinfamilie und führte Pathologien auf unklare Rollenverteilungen in der Familie mit Verwischung der Generationengrenze zurück. Wegen seiner Normativität wurde dieses Modell von anderen Therapeuten jedoch abgelehnt. Besonders die Mailänder Gruppe um Selvini-Palazzoli suchte nach Beschreibungen von Familien, die einerseits die Autonomie der Beteiligten respektierten, andererseits aber auch erklärten, wie Familien "funktionieren". Durch die Rezeption Batesons kam es zur Einführung kybernetischer Modelle. Seither bildete die Auffassung von Familien als Systemen eine Art semantische Brücke zu Theorien, die sich mit Systemen befassen. Vor allem durch die Auseinandersetzung mit Maturanas Modell autopoietischer Systeme und durch das Aufgreifen des Luhmannschen Kommunikationsansatzes kam es zu deutlichen Veränderungen im Verständnis des therapeutischen Tuns und in der Beschreibung seines Gegenstandes.

Offenbar gibt es einen ausgeprägten Bedarf an theoretischer Fundierung des therapeutischen Handelns. Dies scheint mit Schwierigkeiten der therapeutischen Praxis zusammenzuhängen. Wo es um die Veränderung nicht trivialer Systeme geht, gibt es keine einfachen Erfolgsrezepte. Der Versuch, autopoietische Systeme, also Systeme, die sich per definitionem nur selbst ändern können, zu verändern, ist paradox und führt in ein therapeutisches Dilemma, das im folgenden als Technologieproblem beschrieben wird. Aus der paradoxen Ausgangssituation von Therapie ergeben sich jedoch nicht nur methodische Probleme der Praxis, sondern auch Probleme der Generalisierung von Wissen, die sich in der Schwierigkeit der Vorhersage und Evaluation des Therapieerfolges und der Wissensvermittlung zeigen. Wissenschaft soll weiterhelfen, den Gegenstand der Therapie und das eigene Handeln besser zu verstehen. Daß sich die systemische Familientherapie dabei Maturana und der Luhmannschen Systemtheorie zugewandt hat, mag zunächst ein Zufall gewesen sein. Daß diese Theorien das Therapieverständnis in den letzten Jahren gravierend verändern konnten, hängt jedoch mit ihrer erkenntnistheoretischen Position, mit ihrer radikalen Abkehr von der Ontologie und Hinwendung zu Konstruktivismus und Beobachtertheorie zusammen.

Therapeuten verwenden theoretische Begriffe dabei freilich in einer ihnen angemessenen Weise, die therapeutische Praxis wird hier als eigenständiges System betrachtet mit anderen Empfindlichkeiten für Informationen aus der Umwelt als das Wissenschaftssystem.

Im folgenden wird zunächst das allen Therapieformen eigene Technologieproblem dargestellt (1). Zweitens wird anhand der Entwicklung des Systembegriffs in der systemischen Familientherapie exemplarisch aufgezeigt, wie Therapeuten das Technologieproblem bearbeiten. Die Differenz zwischen wissenschaftlichem und therapeutischem Beobachten wird dabei als "verstörendes" und damit Entwicklung ermöglichendes Element des Dialogs gesehen (2). Drittens wird aufgezeigt, wie Therapeuten auf Probleme, die sich aus der mangelnden Generalisierbarkeit des therapeutischen Wissens ergeben, in der Praxis reagieren. In der Bildung von Reflexionstheorien wird ein wichtiges Instrument des Kontaktes zur Wissenschaft gesehen, mit dem man die beschriebenen Probleme zwar nicht lösen, aber möglicherweise erklären kann (3).

1 Das Therapeutendilemma als Technologieproblem [1]

Der Begriff Technologie stammt aus der Organisationssoziologie und meint die Gesamtheit aller Regeln, nach denen ein Gegenstand durch geordnete Arbeitsprozesse von einem Zustand in einen bestimmten anderen gebracht werden kann. Diese Regeln sind normalerweise unreflektiert anwendbar, Technologien sind Routinen, die das Bewußtsein entlasten. Damit solche Technologien greifen können, müssen ganz bestimmte Voraussetzungen gegeben sein: Ausgangs- und Endzustand müssen genau definiert und alle Sinngebungen so objektiviert sein, daß sie für jeden Bearbeiter denselben Sinn ergeben; gleichzeitig soll es für jeden Transformationsschritt genau eine Strategie, eine beste Möglichkeit der Veränderung geben. Deren Ablauf ist dann quasi über die Prämissen steuerbar, welche im zeitlichen Verlauf konstant bleiben müssen. Durch zuverlässige Kausalannahmen kann bei feststehenden Prämissen und Zielen dann das passende Mittel zur Veränderung ausgesucht werden.

Für Therapeuten ergeben sich mit diesen Zeit- und Kausalvorstellungen Probleme in zweierlei Hinsicht: einmal aus der Struktur des zu verändernden Gegenstandes, zum andern aus der des therapeutischen Gesprächs. Therapie braucht Zeit, und in ihrem Verlauf muß sie sich ständig an der von ihr selbst geschaffenen, soeben entstandenen Situation orientieren. Kommunikationsstrukturen können nur im Prozeß der Kommunikation selbst verändert werden, und an dieser verändernden Kommunikation ist das Objekt der Veränderung, der Klient, in gleichem Maße beteiligt wie der Therapeut. Kausalität läßt sich deshalb nicht mehr linear beschreiben, vielmehr muß man von zirkulärer Kausalität ausgehen. Dem therapeutischen Gespräch liegen zunächst symmetrische Strukturen zugrunde, und erst sekundär werden dann, z.B. durch das Setting, Asymmetrien eingeführt. Wenn man die Subjekthaftigkeit- oder systemtheoretisch: die Selbstreferenz - des Klienten ernst nimmt, dann muß man ihm eine Mitwirkung an seiner Veränderung zusprechen, ihn also als unabhängige Variable betrachten. Gleichzeitig muß der Therapeut damit rechnen, gefragt zu werden, mit welchen Mitteln und welchem Erfolg er Veränderungen erzielen kann, er steht unter dem Druck einer Rechenschaftspflicht, die lineare Verhältnisse voraussetzt.

Das Problem liegt also in der Kombination von Kausalität als in die Zukunft verweisender Erfolgsgarantie mit der Subjekthaftigkeit (Selbstreferenz) des zu verändernden Gegenstandes bzw. in der Paradoxie, jemanden zielgerichtet verändern zu wollen, der sich letztlich nur selbst verändern kann.

Es ist das Verdienst der systemischen Therapeuten, insbesondere der Palo Alto Gruppe und des Mailänder Teams um Selvini-Palazzoli, genau dieses in der therapeutischen Situation gelegene Grundproblem erkannt zu haben. Die Mailänder entwickelten daraufhin die Technik des Gegenparadoxons und berichteten in den siebziger Jahren über spektakuläre Erfolge (Selvini-Palazzoli et al. 1978). Die These vom Technologieproblem mag deshalb für diese Therapeuten überraschend sein, da sie ja mit zunehmend verfeinerten Techniken arbeiten. Einen Hinweis auf die zentrale Position dieses Problems gibt jedoch die Tatsache, daß verschiedene Familientherapieschulen sich gerade in ihrer Einstellung zu diesem Problem unterscheiden. Als extreme Beispiele könnte man die strategische und die humanistische Schule nennen: während die Strategen sich selber großen Einfluß zuschreiben und auf das Funktionieren ihrer Techniken ohne die Notwendigkeit einer Bewußtseinsbeteiligung von Seiten des Klienten vertrauen, wird diese Haltung von den Humanisten als überheblich und unmenschlich verurteilt. Sie setzen gerade auf Prozesse des Verstehens und des Wachstums beim Klienten und lehnen jegliches technische Denken im Umgang mit Menschen ab.[2] Die primäre Symmetrie im Verhältnis von Therapeut und Klient wird von beiden Gruppen in extremer und gegensätzlicher Weise asymmetrisiert: Überzogene Machbarkeitsvorstellungen stehen gegen ein Technologieverbot, welches mit Ideen von Subjektheit und Entwicklung begründet wird. Die grundlegende Paradoxie der therapeutischen Situation wird nach verschiedenen Seiten aufgelöst, ohne daß das - prinzipiell unlösbare - Problem damit behoben wäre. In der Praxis zeigt sich jedoch, daß Therapeuten trotz Technologiedefizit arbeiten können - offenbar besteht gerade darin ihre "Kunst".

2 Der Systembegriff in der Familientherapie als Reaktion auf das Technologieproblem

Eine der interessantesten Beobachtungen im Zusammenhang mit dem Aufkommen der Familientherapie war die der Symptomwanderung in Familien. Neben der frustrierenden Erfahrung, daß Patienten, die als geheilt aus einer stationären Behandlung entlassen werden, nach ihrer Rückkehr in die Familie häufig bald erneut erkranken, kann man gelegentlich auch die Beobachtung machen, daß der Patient, durch Therapie stabilisiert, gesund bleibt, an seiner Stelle jedoch ein anderes Familienmitglied erkrankt. Dieses Phänomen muß, wenn man es nicht als Zufall wertet, das Verständnis von Krankheit verändern. Sie erscheint dann nicht mehr bloß als individuelle, in der Person lokalisierbare Schwäche, vielmehr muß sie als Faktor in einem größeren Kontext gesehen werden, in dem die Personen einander vertreten können. Die Familientherapeuten der ersten Generation stellten sich die Familienmitglieder als Teile eines Netzwerks vor, in dem jeder mit jedem verbunden ist und das seinen eigenen homöostatischen Gesetzen folgt. Krankheit wurde funktional gesehen als stabilisierendes Moment in einem der Person übergeordneten System. Diesem Homöostasemodell zufolge erhält die Familie ihr prekäres Gleichgewicht auf Kosten eines ihrer Mitglieder, des Indexpatienten (Selvini-Palazzoli et al. 1981). Eine Einzeltherapie kann dieses Gleichgewicht stören und dadurch einen Wandel im übergeordneten Familiensystem auslösen. Möglicherweise wird Wandel auf dieser Ebene aber vermieden und statt dessen in die "personale Umwelt" der Familie verlagert, ein anderes Familienmitglied springt in die Lücke und erkrankt. Alle sind Teil eines Ganzen, das als perfekt interdependent gedacht wird. Man geht davon aus, daß Veränderungen an einer Stelle, gleichgültig ob zufällig oder bewußt induziert, immer auch Veränderungen an anderen Stellen hervorrufen.[3]

Eine der Interdependenz verwandte Annahme war die eines Summenkonstanzprinzips in Familien.[4] Haley ging z.B. davon aus, daß in Familien, die eine Therapie aufsuchen, ein konstanter Betrag an Macht ungleich verteilt sei. In einer solchen Familie gibt es für jeden Beteiligten nur zwei Möglichkeiten: Er kann "one up" oder "one down" sein, was einer an Macht gewinnt, geht dem anderen verloren. Indifferenz gegenüber Macht ist in einem solchen System nicht möglich, im Kampf um das knappe Gut kann man nur gewinnen oder verlieren.

Dabei handelt es sich natürlich um eine Fiktion des Therapeuten (vielleicht auch der Klienten), welche den großen Vorteil hat, seine Wahrnehmungsmöglichkeiten erheblich einzuschränken zugunsten der Erhaltung seiner Handlungsfähigkeit in einer sehr komplexen Situation. Bereits die Annahme, daß Symptome eine bestimmte (systemerhaltende) Funktion haben und alle Familienmitglieder in einer Situation perfekter Interdependenz zueinander stehen, strukturiert die handlungsleitenden Hypothesen der Therapeuten. Aus wenigen Beobachtungen können (hypothetische) Schlüsse über familiale Kommunikationsmuster gezogen werden, welche das weitere therapeutische Handeln konditionieren können. Es geht darum, eine begrenzte Menge von Information in strukturierter Form zu gewinnen, so daß Handlungsmöglichkeiten sichtbar werden trotz der in der Situation gegebenen, verwirrenden Komplexität. Dies ist besonders zu Beginn einer Familientherapie wichtig. Man beginnt mit einer "systemischen Hypothese" als Ausgangspunkt der therapeutischen Arbeit (Selvini-Palazzoli et al. 1981). Im Verlauf der Therapie wird diese Art der Vorstrukturierung immer weniger notwendig, was darauf hinweisen könnte, daß das Interdependenzschema das Beoachten von Pathologien erleichtert. Gesundung wird dann als Lockerung von Interdependenz gesehen, interne Grenzbildung zu einer Variablen, anhand derer man gesund und krank unterscheiden kann.[5] Das Wahrnehmungsschema "Summenkonstanz von Macht" eignet sich darüber hinaus besonders für das Beobachten von "Konfliktsystemen", die auch in der Soziologie als überintegrierte Systeme beschrieben werden, in denen alles Handeln im Kontext des Konfliktes interpretiert wird (Luhmann 1987, S. 532).

Dieser Systembegriff, welcher bis Anfang der achtziger Jahre Therapeuten als Erklärungsmodell und Arbeitsbegriff diente, war also auf einen pathologisch veränderten Gegenstand zugeschnitten und hatte gleichzeitig die Aufgabe, Handlungsmöglichkeiten durch Komplexitätsreduktion zu eröffnen. Dieser Vorteil wurde jedoch mit bestimmten Problemen erkauft. Die Interdependenzannahme basierte auf einer noch der Ontologie verhafteten Vorstellung vom Ganzen und seinen Teilen. Sie legte es nahe, die konkreten Menschen als Teile des Familiensystems zu sehen und die Relationen zwischen ihnen zu beobachten. Dies führte zu einer Fixierung des therapeutischen Blickes auf das System selbst, das irgendwie herausgegriffen und nicht in Differenz zu seiner Umwelt gesehen wurde. Da Familien aber mit dieser Umwelt zu tun haben, versuchten Therapeuten zunehmend, Vernetzungen mit der Umwelt einzubeziehen. Wenn man aber von Menschen als Systemelementen ausgeht, kann dies nur geschehen, indem man wichtige Personen, mit denen die Familie in Kontakt steht, in die Therapie miteinbezieht. Bezeichnenderweise nahmen Familientherapeuten deshalb Bezug auf die Umwelt, indem sie sie dem System zuschlugen. Man sprach jetzt nicht mehr vom Familiensystem, sondern von Problemsystem und meinte die Familie, den Lehrer und den Psychiater etc. Das führte zu dem bekannten Problem, daß es schwierig wurde, das ganze Problemsystem in den Therapieraum zu bekommen. Schon aus rein praktischen Erwägungen heraus wurde es jetzt notwendig, den Systembegriff neu zu fassen - den theoretischen Hintergrund dazu fand man bei Maturana und Luhmann.

Die neueren Vorstellungen von Familiensystemen gehen davon aus, daß Familien sich vor allem durch ihre Sprache individuieren und ihre inneren und äußeren Grenzen sinnhaft konstituieren. Die jeweiligen Bedeutungsgebungen sind für Außenstehende nicht offenkundig, so daß der Therapeut gut daran tut, sie zu erfragen. Dieselbe Kommunikation kann für das Ehepaar eine andere Bedeutung haben als für die Kinder und wieder eine andere im Kontext der therapeutischen Sitzung. In einer Kommunikation können sich verschiedene sinnhaft konstituierte Systeme überschneiden, sie ist mehrfach zurechenbar und wird individuiert nur durch den jeweiligen Systemkontext und seine Anschlußmöglichkeiten. Man erreicht mit dieser Vorstellung eine viel höhere Flexibilität als mit der alten Vorstellung von den Teilen, die über Relationen zu einem Ganzen verbunden sind. Auch änderte sich damit die Fragestellung: Man fragte nicht mehr, wie eine Familie funktioniert, sondern wie sie sich selbst beschreibt. Die Familie wird nur in der Kommunikation über sich selbst greifbar, sie konstituiert sich in der Kommunikation, ohne daß ein "Dahinter" sichtbar würde oder wichtig wäre. In der Therapiesitzung entwirft die Familie, geleitet durch die Fragen des Therapeuten, ein Bild von sich selber, das dann die Basis für alles weitere liefert. Man kann es bestärken, in Frage stellen, demontieren, Alternativen anbieten. Etwas übertrieben könnte man sagen: In der Therapie muß das Problem, das gelöst werden soll, gemeinsam mit der Familie erfunden werden. Im Prozeß des Erfindens und Lösens entsteht dann eine neue Realität, die nicht mehr negiert werden kann. Kommunikation bindet, und es kann einem passieren, daß man, einmal verstrickt, sich plötzlich vor der Alternative sieht, sich zu ändern, aus Problemsystemen auszusteigen oder gar Beziehungen zu beenden.[6] Mit Problemsystemen sind jetzt thematisch integrierte Systeme gemeint, also auf ein bestimmtes, als problematisch empfundenes Thema bezogene Kommunikationen innerhalb der Familie. Therapeutisches Ziel kann es dann sein, solche Problemsysteme in der Familie aufzulösen, wozu man weder die einzelnen Personen noch alle Aspekte der Familie kennen und verändern muß.

Der im Technologieproblem implizite Veränderungsanspruch wird damit relativiert. Vor allem wird deutlich, daß Veränderung nur sehr indirekt und gebrochen durch die soziale Realität möglich ist. In der Therapie kann es zu neuen Sinn- und Deutungsangeboten kommen, welche den Beteiligten Möglichkeiten der Veränderung eröffnen. In vielen Fragen und Antworten wird im Interaktionssystem 'therapeutische Sitzung' eine Geschichte von der Familie erzählt, die so vorher nicht existierte und die auch den Beteiligten neue Möglichkeiten der Selbstbeschreibung ohne Kontinuitätsverlust (und damit der Veränderung) bietet. Daß diese Geschichte von Therapeuten und Familie gemeinsam erzählt wird, wird der zirkulären Kausalität gerecht, aus der sich das Technologieproblem ergibt. Daß die Familie den Therapeuten erlaubt, die Fragen zu stellen, gibt diesen dann doch Möglichkeiten einer gewissen Steuerung an die Hand. Während man in der Anfangszeit das Hauptinstrument der Veränderung in der Abschlußintervention sah, liegt der Schwerpunkt jetzt auf dem Gespräch selber. Jede Frage wird als eine kleine Intervention gesehen, weil sie nicht nur der Informationsgewinnung für die Therapeuten dient, sondern selber auch Information vermittelt. Der Therapeut entscheidet, welche Information er zu welchem Zeitpunkt gibt, was er ignoriert und worauf er eingeht. Techniken sollen ihm helfen, an bestimmten, im therapeutischen Gespräch entstandenen Situationen so anzuknüpfen, daß Veränderung möglich wird. Technologie wird damit von Zweckorientiertheit auf Konditionalprogramme umgestellt. Da es unmöglich ist, einen bestimmten Zweck vorhersehbar zu erreichen, kommt es darauf an, für Veränderung günstige Augenblicke zu erzeugen und zu nutzen (vgl. hierzu besonders Luhmann u. Schorr 1979, S. 359).

Die Auseinandersetzung der systemischen Familientherapeuten mit der Systemtheorie hat über den Systembegriff die Selbstbeschreibung und Machbarkeitsvorstellungen der Therapeuten deutlich verändert. Der Systembegriff war dabei immer ein operativer Begriff, d.h. auf Handeln in der therapeutischen Situation und die Entwicklung von Techniken zugeschnitten. Auch der neuere, auf Kommunikation basierende Begriff hat die Praxis deutlich beeinflußt; gleichzeitig bot er in einer Situation, in der die Techniken bereits konsolidiert, aber nicht immer erfolgreich waren, Erklärungen für die therapeutischen Schwierigkeiten.

3 Probleme der Generalisierung von Wissen

Familientherapeuten haben eine Methode entwickelt, mit der sie mit (fast) jeder Familie arbeiten können, unabhängig vom jeweils präsentierten Problem. Es ist bisher jedoch nur ansatzweise gelungen, spezifische Strukturen der Kommunikation in Familien mit bestimmten Problemen wie z.b. Magersucht des Indexpatienten zu abstrahieren (vgl. dazu z.B. Stierlin u. Weber 1989 oder zu Psychosen Retzer et al. 1989). Ein solches allgemeines Wissen über spezielle Kommunikationsmuster müßte im Kontext von Therapiesitzungen respezifizierbar sein, also an Praxis rückgekoppelt und an ihr korrigierbar. Generalisierungsleistungen in dieser Form ermöglichen das Lernen am Gegenstand und das Reden über ihn in einer abstrakten Form. Dies kann der Systembegriff in der Familientherapie - anders als in der Soziologie, wo er gerade heterogene Gegenstände vergleichbar macht - offenbar nicht leisten. Es fällt auf, daß Therapeuten über ihre Erfahrungen meist in Form von Fallbeispielen berichten. Ein besonders gelungenes Beispiel für diese Form der Dokumentation ist das Buch "Familientherapie - Systemtherapie" (Boscolo et al. 1988), welches in der Hauptsache aus transkribierten Familieninterviews und Gesprächen erfahrener Therapeuten über diese Interviews besteht, also (fast) nur aus Dialogen. Offenbar gibt es bisher noch keine Sprache, in der therapeutische Erfahrungen in generalisierter Form adäquat wiedergegeben werden können. Auch dies ist eine Folge des Technologieproblems und hat unmittelbare Auswirkungen auf die Lehre und den wissenschaftlichen Diskurs.

Da es kein ausreichend abstraktes Wissen gibt, ist Wissen nur situationsabhängig vermittelbar. Schüler lernen deshalb am besten aus Beispielen, durch Teilnahme am Therapieprozeß und durch Beobachtung erfahrener Therapeuten. Sie eignen sich damit bestimmte Routinen an und gewinnen Sicherheit in der Strukturierung therapeutischer Situationen. Therapie setzt ein Training der eigenen Wahrnehmungs- und Kommunikationsfähigkeit voraus, welches nur in therapeutischen Situationen erworben werden kann. Infolgedessen ist es schwer, jemandem ohne Therapieerfahrung zu erklären, was eigentlich in einer therapeutischen Sitzung passiert. Und auch für externe Therapeuten, die nicht unmittelbar an den Sitzungen beteiligt sind, ist es schwer zu beurteilen, ob eine Therapie gut verläuft oder nicht. Kommunikationsprobleme gibt es also nicht erst im Kontakt zu Laien oder zur Wissenschaft, sondern auch intern unter Therapeuten. Da der Gegenstand, um den es geht, nicht situations- und personenunabhängig beschrieben werden kann, ist es auch nicht möglich, von einer unbeteiligten Ebene aus steuernd einzugreifen. In der systemischen Familientherapie hat man deshalb die Reflexion des Therapieprozesses strukturell in die Therapie eingebaut durch Einführung der Einwegscheibe und des Beobachters hinter dieser Scheibe. Diese Aufspaltung der Therapeutenrolle in einen handelnden und einen beobachtenden Teil bietet auf einer operativen Ebene interessante Möglichkeiten: Beide Therapeuten sind an derselben Situation beteiligt, darüber muß man sich nicht erst kommunikativ verständigen; gleichzeitig haben sie jedoch grundsätzlich unterschiedliche Perspektiven in ihrer Wahrnehmung des Geschehens, welche Grundlage für die Diskussion dessen, was vorgeht, sein können.[7] Mangel an Generalisierbarkeit und an Objektivierbarkeit wird kompensiert durch Anwesenheit und die Institutionalisierung verschiedener Sichtweisen in den Rollen des handelnden und des beobachtenden Therapeuten. Mit dem Technologieproblem kann man so durchaus umgehen, es ist nur zeit-und personalaufwendig. Auch bleiben solche Ersatztechnologien an die operative Ebene gebunden, und die Probleme der Generalisierung von Wissen treten erneut auf, wenn die Lehre ausdifferenziert werden soll und man in den wissenschaftlichen Diskurs einsteigen will.

Selbstdarstellung in der Wissenschaft ist nicht nur Voraussetzung für die Weiterentwicklung in der Sache selbst, über sie organisieren sich auch die persönlichen Karrieren von Therapeuten, die Verteilung von Forschungsgeldern und nicht zuletzt die kassenärztliche Anerkennung. Man kann vermuten, daß der große gesellschaftliche Erfolg der Psychoanalyse mit ihrer Anlehnung ans Wissenschaftssystem in Form einer sehr elaborierten Theorie zusammenhängt. Allerdings fällt auf, daß neben der allgemeinen Krankheitslehre in der Psychoanalyse die Theorie der Behandlungstechnik recht kurz kommt. Die Brauchbarkeit der differenzierten Reflexionstheorie für die unmittelbare Praxis wird auch von renommierten Analytikern angezweifelt mir der Begründung, die Begriffe seien zu vage und in konkreten Situationen nicht respezifizierbar (vgl. Binder et al. 1992). Man versucht deshalb, zwischen der Reflexionstheorie und der Praxis eine dritte Ebene einzuziehen und eine die Praxis konkret instruierende Theorie der Behandlungstechnik auszuformulieren. Interessanterweise integrieren Psychoanalytiker dabei durchaus "systemische" Vorstellungen (vgl. z.B. Überlegungen zu "zyklischen maladaptiven Mustern" bei Tress et al. 1990 sowie Strupp u. Binder 1991). In der systemischen Familientherapie, die von Anfang an stärker technikorientiert war, wird dagegen zunehmend ein Bedarf an Reflexionstheorie deutllich.[8] Offenbar bedarf es beider Ebenen, der der Behandlungstechnik und der der Reflexionstheorie, um Therapieverfahren weiterzuentwickeln, wobei der Kontakt zur Wissenschaft sich vor allem über Theoriebildung herstellt. Ein Ziel solcher Theoriebildung könnte es sein, geeignete, d.h., der paradoxen therapeutischen Situation angepaßte Methoden der Evaluation zu entwickeln (vgl. dazu Ludewig 1992, S. 177-186). Ob der Dialog mit der Systemtheorie dazu beitragen kann, bleibt abzuwarten.

Anmerkungen

[1] Die folgenden Ausführungen sind weitgehend angelehnt an Überlegungen zum Technologieproblem in der Erziehung, vgl. Luhmann u. Schorr 1979. Die Autoren vertreten die These eines strukturellen Technologiedefizits des Erziehungssystems und nehmen dabei besonders Bezug auf den Schulunterricht. Eine Ausweitung dieses Konzepts

auf andere Interaktionssysteme wie z.B. die Familientherapie ist meines Wissens bisher nicht versucht worden.

[2] Als Vertreter der strategischen Schule könnte Paul Watzlawik, als Vertreterin der humanistischen Virginia Satir genannt werden.

[3] Soziologisch gesehen ist dies jedoch eine Systemeigenschaft, welche nur im praktisch belanglosen Grenzfall sehr einfacher Systeme zu finden ist, während komplexere Systeme sich gerade durch ihre Fähigkeit auszeichnen, Interdependenzen zu unterbrechen und Störungen zu isolieren (Ashby 1954)).

[4] Wie theoriebildend ein solches Konzept sein kann, zeigt das Beispiel Freud, dessen Theorie in weiten Teilen auf der Idee der Summenkonstanz der Libido aufbaut. Zur Wissenschaftsgeschichte des Libidobegriffs vgl. Yehuda Elkana 1986

[5] Diesen Aspekt betont besonders die strukturelle Familientherapieschule um Salvador Minuchin, dessen therapeutisches Modell auf der Hypothese der fehlenden Grenzbildung zwischen Eltern und Kindern als Ausdruck pathologischer Familienbeziehungen aufbaut. Vgl. dazu besonders Minuchin 1977.

[6] Die Beendigung von Beziehungen kann für Familien allerdings letal sein: Familien sind viel stärker abhängig von ihrer "personalen Umwelt" als andere Sozialsysteme (zur Unterscheidung von psychischen und sozialen Systemen und der Beschreibung von psychischen Systemen als Umwelt sozialer Systeme vgl. Luhmann 1991).Neue Gesichter verändern das Familiensystem radikal, und wahrscheinlich liegt darin der Grund dafür, daß einige Therapeuten weiterhin hartnäckig an der Vorstellung von Menschen als System-elementen festhalten, obwohl sie in der Praxis längst mit dem Kommunikationsansatz arbeiten (vgl. dazu Luhmann 1990).

[7] Zur Unterschiedlichkeit der Perspektiven vgl. die attributionstheoretische Literatur zur Zurechnungsweise von beobachtenden und handenden Personen, so besonders Nisbett u. Jones 1971 oder in systemtheoretischer Fortsetzung Luhmann 1981, besonders S. 67 - 81 und 81 - 101 und darin 86ff. In der Psychoanalyse muß diese Leistung von einem Therapeuten erbracht werden, welcher sozusagen innerlich Abstand nehmen und reflektieren muß, während das Interaktionsgeschehen gleichzeitig weiterläuft. Dies ist sicher partiell möglich, wobei es jedoch eine strukturelle Grenze dieses Reflektierens gibt, nämlich die Unvermeidbarkeit des "blinden Flecken" als Voraussetzung von Beobachtung überhaupt. Hier muß dann Supervision einsetzen als Institution, die rein auf Beratung spezialisiert ist und deshalb grundlegende Annahmen der laufenden Therapie als kontingent behandeln kann (vgl. dazu Willke 1990). Diese Supervision des Therapeutenteams bleibt auch in der Familientherapie erforderlich. Durch die Aufspaltung des Teams in Beobachtende und Handelnde werden jedoch unterschiedliche Sichtweisen ständig aktualisiert und können sofort in den Therapieprozeß einfließen.

[8] Versuche der Theoriebildung werden derzeit nicht nur von der Systemtheorie, sondern auch von der Chaostheorie und der Synergetik beeinflußt. Vgl. dazu u.a. Brunner 1986, Simon 1990, insbes. S. 264 ff., Schiepek 1991 und Ludewig 1992.

Literatur

Ashby WR (1954) Design for a Brain, vol II. Chapmann and Hall, London

Binder JL et al (1992) A Proposal for Improving the Psychoanalytic Theorie of Technique. In: Barron et al (eds) Interface Of Psychoanalysis And Psychology. Washington

Boscolo L et al (1990) Familientherapie - Systemtherapie. Das Mailänder Modell. Theorie, Praxis und Konversationen, 2.Aufl. Verlag Modernes Lernen, Dortmund

Brunner EJ (1986) Grundfragen der Familientherapie. Systemische Theorie und Methodologie. Springer-Verlag, Berlin Heidelberg New York Tokyo

Elkana Y (1986) Die Entlehnung des Energiebegriffs in der Freud'schen Psychoanalse. In: Elkana Y (Hrsg) Anthropologie der Erkenntnis. Die Entwicklung des Wissens als episches Theater einer listigen Vernunft. Suhrkamp, Frankfurt/M., S 376 - 401

Ludewig K (1992) Systemische Therapie. Grundlagen klinischer Theorie und Praxis. Klett-Cotta, Stuttgart

Luhmann N (1981) Soziologische Aufklärung 3. Westdt. Verlag, Opladen

Luhmann N (1987) Soziale Systeme: Grundriß einer allgemeinen Theorie, 1.Aufl. Suhrkamp, Frankfurt/M.

Luhmann N (1991) Die operative Geschlossenheit psychischer und sozialer Systeme, (Unveröffentlichtes Manuskript, Bielefeld)

Luhmann N, Schorr KE (1976) Ausbildung für Professionen - Überlegungen zum Curriculum für die Lehrerausbildung. In: Jahrbuch für Erziehungswissenschaft

Luhmann N, Schorr KE (1979) Das Technologiedefizit der Erziehung und die Pädagogik. Zeitschrift f. Pädagogik 25.Jg 3:345 - 365

Minuchin S (1977) Familie und Familientherapie. Theorie und Praxis struktureller Familientherapie. Lambertus-Verlag, Freiburg

Nisbett RE, Jones EE (1971) The Actor and the Observer: Divergent Perceptions of the Causes of Behavior. In: Jones EE et al (eds) Attribution: Perceiving the Causes of Behavior. General Learning Pr., Morris Town N.J.

Retzer A et al (1989) Eine Katamnese Manisch-depressiver Psychosen nach Systemischer Familientherapie. Familiendynamik 14:214-235

Schiepek G et al (1991) Synergetics of Psychotherapie. In: Schiepek G et al (eds) Memorandum No 13, Otto-Friedrich-Universität Bamberg

Selvini-Palazzoli M et al (1978) Paradoxon und Gegenparadoxon, 2.Aufl. Klett, Stuttgart

Selvini-Palazzoli M et al (1981) Hypothetisieren - Zirkularität - Neutralität: Drei Richtlinien für den Leiter der Sitzung. Familiendynamik 6:123 - 138

Simon FB (1990) Meine Psychose, mein Fahrrad und ich. Zur Selbstorganisation der Verrücktheit. Heidelberg

Stierlin H, Weber G (1989) In Liebe entzweit. Rowohlt, Hamburg

Strupp HH, Binder JL (1991) Kurzpsychotherapie. Klett-Cotta, Stuttgart. Originalausgabe (1984): Psychotherapy in a New Key. A Guide to Time-Limited Dynamic Psychotherapy. New York

Tress W et al (1990) Strukturale Analyse Sozialen Verhaltens. Zeitschrift psychosom. Med. 36:240-257

Willke H (1990) Supervision als Revisionsinstanz des therapeutischen Prozesses. Zeitschrift für Ganzheitliche und Kreative Therapie 2:38-48

Personenregister

Stichwortverzeichnis

Druck: Druckhaus Beltz, Hemsbach
Verarbeitung: Buchbinderei Schäffer, Grünstadt